स्वामी विवेकानन्द
और
कल्कि अवतार

notionpress.com

स्वामी विवेकानन्द और कल्कि अवतार

लव कुश सिंह "विश्वमानव"

सत्यकाशी पीठ
पांचवां और अन्तिम शंकराचार्य पीठ

Notion Press

Old No. 38, New No. 6
McNichols Road, Chetpet
Chennai - 600 031

First Published by Notion Press 2020

ISBN 978-16-48994-43-2

समर्पण

यह पुस्तक समर्पित है -

उन सभी खोजी आत्माओं को,

जो सत्य की ज्योति को अपने भीतर

और संसार के हर कोने में जलाना चाहते हैं।

भारतीय संविधान के धारा-51 (ए)

नागरिक का मौलिक कर्तव्य के अनुसार

01. संविधान के प्रति प्रतिबद्धता, इसके आदर्शों, धाराओं, राष्ट्रीय ध्वज व राष्ट्रीय गान का आदर करना।
02. स्वतंत्रता के लिए संघर्ष हेतु प्रेरित करने वाले सुआदर्शों का अनुकरण करना व उन्हें चिरस्थायी बनाना।
03. भारत की सर्वोच्चता, एकता और अखण्डता की रक्षा करना तथा समर्थन करना।
04. जब भी आवश्यकता पड़े देश की रक्षा करना व राष्ट्रीय सेवाओं हेतु समर्पित होना।
05. समाज में भाई-चारें की भावना का विस्तार करना, मातृत्व भाव, धार्मिक, भाषायिक, क्षेत्रीय विभिन्नताओं में एकता कायम करना तथा नारी सम्मान आदि का ध्यान देना।
06. अपने मिश्रित संस्कृति का मूल्यांकन करना उसको स्थायित्व देना और इसकी परम्परा को कायम रखना।
07. प्राकृतिक सम्पदा की रक्षा करना जिसमें जलवायु, जंगल, झील, नदियां, जंगली जीवों व समस्त जीवों के प्रति दया का भाव सम्मिलित है।
08. वैज्ञानिक भावना को प्रोत्साहित करना, मानवीय भावनाओं के स्वरूप की परख करते रहना।
09. जन सम्पत्ति की सुरक्षा करना और हिंसा आदि का परित्याग करना।
10. व्यक्तिगत, सामूहिक गतिविधियों के प्रत्येक क्षेत्र में सर्वोच्चता हासिल करना, जिससे राष्ट्र शतत उत्थान, प्रयत्न व प्राप्ति की ओर अग्रसर होता रहे।
11. जो कि माता-पिता या अभिभावक हो, वे अपने 6 साल से 14 साल के बच्चों को शिक्षा या अन्य ऐसे सुअवसरों का लाभ उन्हें मुहैया करावें।

मूल जीवन मंत्र

"हे प्रभु, तेरे प्यार में बस दो ही बातें है। एक तो अपना कल्याण करूँ, दूसरा तुझ जैसा बन सबका कल्याण करूँ"

विषय- सूची

भाग-1: स्वामी विवेकानन्द की दृष्टि में
(साभार - राम कृष्ण मिशन प्रकाशन)

भाग-2: कल्कि अवतार

भाग-3: स्वामी विवेकानन्द और कल्कि अवतार

काल और पुनर्जन्म मार्ग के अनुसार
नाड़ी ताड़ पत्ते (Nadi Palm Leaves) के अनुसार
विश्वधर्म के सम्बन्ध में स्वामी विवेकानन्द के व्यक्त विचार

भाग-4: परिवर्तन

सीधी समझ
नये भारत में, नये मनुष्य के उदय के लिए
व्यवस्था के परिवर्तन या सत्यीकरण का पहला प्रारूप और उसकी कार्य विधि
वे शब्द जिसके बिना युग परिवर्तन सम्भव नहीं

भाग-5: केन्द्र या मध्य (भारत) में पांचवां और अन्तिम सत्यकाशी पीठ

सत्यकाशी पीठ: स्थान
सत्यकाशी पीठ: इतिहास और उद्देश्य
पाँचवाँ और अंतिम शंकराचार्य पीठ: इसकी विशेषता

भाग-6: सत्यकाशी पीठ के कार्य

धारा-उद्धार: धर्म की पुनर्स्थापना
मनुष्य चेतना का रूपांतरण
साधना, दीक्षा और आध्यात्मिक अनुष्ठान
वैश्विक कार्य: मानवता के लिए संदेश
शिव-तत्व और कल्कि-तत्व का मिलन
"सार्वभौम सत्य-सिद्धान्त" पर आधारित "युग परिवर्तन श्रृंखला" के नवयुग के शास्त्र-साहित्य

मुख पृष्ठ की व्याख्या

यह पुस्तक-आवरण दो महान और परस्पर पूरक धाराओं-**स्वामी विवेकानन्द की चेतना** और **कल्कि अवतार की दिव्य ऊर्जा**-को एक ही दृश्य में समन्वित करता है, मानो दोनों किसी अदृश्य सेतु द्वारा जुड़े हों। यह आवरण केवल एक चित्र नहीं; यह मानवता के दो युगों का संगम-बिंदु है-जहाँ आध्यात्मिक जागरण और धर्म-स्थापन की शक्ति एक साथ प्रकट होती है।

ऊपरी भाग में शांत, धैर्यपूर्ण और प्रकाश से दीप्त **स्वामी विवेकानन्द** विराजमान हैं। हिमालय की चोटियों पर बैठा उनका ध्यानमग्न रूप इस तथ्य का स्मरण कराता है कि विवेकानन्द केवल एक संन्यासी नहीं-बल्कि चेतना-क्रांति के अग्रदूत थे। उनकी पीठ से निकलती आकाशीय आभा बताती है कि उनका कार्य केवल 19वीं–20वीं शताब्दी तक सीमित नहीं, बल्कि भविष्य के युग-परिवर्तन में भी उतना ही महत्वपूर्ण है। उनके पीछे फैला तारों भरा आकाश, ब्रह्मांडीय मंडल और दूर तक पसरी दिव्य किरणें यह सूचित करती हैं कि विवेकानन्द की वाणी और दृष्टि आज भी मानवता के मानसिक व आध्यात्मिक पुनर्जागरण की आधार-रेखा है।

आवरण का निचला आधा भाग एक **परिवर्तनशील युग** को दर्शाता है-अंधकार, विद्युत-चमक, खंडहर होते नगर, और संघर्ष की गर्जना। इसी वातावरण के बीच दिव्य श्वेत अश्व पर आरूढ़ **कल्कि अवतार** प्रकट होते हैं। उनके हाथ में प्रज्वलित ज्ञान-तलवार है, जो धर्म, सत्य और न्याय की अंतिम पुनर्स्थापना का प्रतीक है। यह दृश्य बताता है कि जब संसार अपने सबसे कठिन दौर से गुजरता है, तब दिव्य शक्ति स्वयं हस्तक्षेप करती है, और नये युग की रचना शुरू होती है।

ऊपर धैर्य-नीचे गति।
ऊपर ध्यान-नीचे धर्मयुद्ध।
ऊपर ज्ञान-नीचे क्रिया।

इन दोनों का मध्य वह **उज्ज्वल प्रकाश-रेखा** है, जो आवरण के ठीक केंद्र में दिखाई देती है। यह रेखा संकेत देती है कि विवेकानन्द की चेतना और कल्कि का अवतरण, भिन्न नहीं-बल्कि एक ही दिव्य शक्ति के दो चरण हैं:

पहला-मानवता को ज्ञान देना।
दूसरा-मानवता को धर्म के पथ पर स्थापित करना।

कवर के निचले भाग में अंकित **"सत्यकाशी पीठ - पाँचवाँ और अन्तिम शंकराचार्य पीठ"** यह दर्शाता है कि यह ग्रंथ आध्यात्मिक शोध, दार्शनिक दृष्टि और युग-परिवर्तन की भविष्यदृष्टि का संयोजन है।

समग्र प्रभाव

यह पुस्तक-आवरण पाठक को आरंभ में ही एक गम्भीर संकेत देता है-
कि यह पुस्तक केवल इतिहास, कथा या उपासना नहीं है;
यह दो महान शक्तियों-**विवेकानन्दीय चेतना और कल्कि-ऊर्जा**-के संगम की व्याख्या है।

इसमें भविष्य की उद्घोषणा, वर्तमान की चेतावनी और मानवता की दिव्य दिशा-तीनों एक साथ प्रकट होते हैं।

भूमिका

स्वामी विवेकानन्द का समूचा जीवन आत्मजागरण, शक्तिसंचार और मानवता के पुनर्निर्माण का आह्वान था। उन्होंने केवल वेदान्त का प्रचार नहीं किया, बल्कि एक ऐसे *नये मनुष्य* की कल्पना की जो आध्यात्मिक दृष्टि और वैज्ञानिक विवेक-दोनों से सम्पन्न हो। दस्तावेज़ में व्यक्त उनके विचार स्पष्ट करते हैं कि *वर्तमान युग* केवल पुरानी संरचनाओं के सहारे आगे नहीं बढ़ सकता; उसे एक **नई विचार प्रणाली और नवीन जीवन व्यवस्था** की आवश्यकता है । यही वह चेतना-भूमि है जहाँ "कल्कि अवतार" की परिकल्पना मानवता के परिवर्तनकारी विकास से जुड़ती है।

इस ग्रंथ में 'कल्कि' कोई केवल दैवी या मिथकीय सैन्य-नायक नहीं, बल्कि युगानुसार सत्य का प्रवक्ता, अन्याय और अज्ञान के विनाश का प्रतीक तथा समाज के पुनर्गठन का द्रष्टा रूप में प्रकट होता है। ग्रंथ में वर्णित परंपरागत कथानक-जैसे कल्कि का शिष्य-परंपरा का निर्माण, अधर्माचारी शक्तियों का विनाश, तथा मायावी शक्तियों का उन्मूलन-इस बदलाव की आध्यात्मिक-सांस्कृतिक रूपक के रूप में उभरते हैं ।

स्वामी विवेकानन्द के विचार और कल्कि अवधारणा के बीच एक गहन सेतु दिखाई देता है-*मनुष्य को उसकी सुप्त शक्ति का बोध कराना और युगधर्म के अनुरूप उसे नये आदर्श के लिए तैयार करना*। विवेकानन्द ने कहा था कि प्रत्येक युग में धर्म की व्याख्या नयी होनी चाहिए; और जब-जब समाज जड़ता में फँसता है, तब एक नयी लहर आती है जो चेतना को झकझोर देती है। कल्कि इसी नवजागरण, उसी परिवर्तनशील शक्ति और उसी अंतिम सत्य-संघर्ष का प्रतीक बनते हैं।

यह पुस्तक-स्वामी विवेकानन्द के दृष्टिकोण और कल्कि अवतार के दार्शनिक-सांस्कृतिक अर्थ को जोड़कर-पाठक को यह समझाने का प्रयास करती है कि भविष्य का धर्म, भविष्य का मानव और भविष्य की सभ्यता कैसी होगी। "अवतार" यहाँ एक बाहरी हस्तक्षेप नहीं, बल्कि *भीतर से उठने वाला वह प्रकाश* है जो अंधकार के किसी भी युग को पार कर सकता है। विवेकानन्द का संदेश और कल्कि का आदर्श-दोनों मिलकर यह उद्घोष करते हैं कि *मानवता का उत्थान मन के परिवर्तन से ही संभव है*।

यह ग्रंथ उसी परिवर्तन के मार्ग को समझने, पहचानने और आत्मसात करने का निमंत्रण है।

✍ ***लव कुश सिंह "विश्वमानव"***

एक शोधक, चिंतक और मार्गदर्शक, जिन्होंने अपना जीवन *मानवता, आत्मा और नव-सृष्टि* के अध्ययन एवं लेखन को समर्पित किया है।

- प्रमुख ग्रंथ: *विश्वशास्त्र*
- दृष्टि: *नव-मनुष्य और नव-संसार का निर्माण*

श्री रामकृष्ण "परमहंस"

परिचय

गदाधर का जन्म कलकत्ते से सत्तर मील दूर पश्चिम में कामारपुकुर ग्राम में 18 फरवरी, 1836 ई0 बुधवार को हुआ था। बाद में ये ही श्रीरामकृष्ण के नाम से प्रसिद्ध हुए। धार्मिकता श्रद्धा एवं भक्तिपूर्ण सरल ग्रामीण वातावरण में लालित-पालित होने के कारण गदाधर के हृदय में बाल्यकाल से ही भगवान के दर्शन की तीव्र अभीप्सा थी। पढ़ने लिखने की ओर विशेष ध्यान न देकर वे साधु-संन्यासियों एवं तीर्थयात्रियों के बीच समय बिताते और अपने अन्य समवयस्क संगी-साथियों को लेकर धार्मिक नाटक खेला करते थे। उपयुक्त शिक्षा की ओर उनका मन लगे इसके लिए गदाधर को सत्रह वर्ष की आयु में कलकत्ते लाया गया। परंतु गदाधर ने देखा कि सभी प्रकार से जागतिक ज्ञान का लक्ष्य केवल भौतिक उन्नति ही है। अतः उन्होंने मन ही मन संकल्प किया कि वे अपना जीवन केवल आध्यात्मिक ज्ञान उपलब्धि में लगायेंगे जिससे शाश्वत शान्ति की प्राप्ति निश्चित रूप से हो सके। अब परिस्थितियाँ कुछ इस प्रकार की होती गयी कि अल्प समय के भीतर ही वे दक्षिणेश्वर स्थित काली मन्दिर के पुजारी बन गये जिसे कलकत्ते की एक धनी एवं धार्मिक विधवा रानी रासमणि ने बनवाया था। भगवान की पूजा करना उनकी रूचि का काम था, अतः उन्होंने अपने इस नये कार्य के कर्तव्यों को बड़ी उमंग तथा उत्साहपूर्वक अपना लिया। धीरे-धीरे उनकी पूजा-अर्चना माँ जगदम्बा के साक्षात दर्शन के लिए एक उत्कट अभिलाषा के रूप मे बदल गयी। वे दिन-रात प्रार्थना करते, ध्यान करते और माँ जगदम्बा के दर्शन के लिए फुट-फुटकर रोते। दिन के बीत जाने पर वे रो-रोकर कहते "हे माँ, और एक दिन बीत गया और अभी भी मुझे तेरा साक्षात्कार नहीं हुआ।" वे बहुत कम भोजन करते और सोते प्रायः बिल्कुल नहीं थे। अन्ततः उन्हें भगवददर्शन प्राप्त हुआ। श्रीरामकृष्णदेव अब कठोर आध्यात्मिक साधनाओं में लगे गये और उन्होंने हिन्दू धर्म के विभिन्न पथों का अवलम्बन करते हुए तथा ईसाई धर्म एवं इस्लाम के नियमों का पालन करते हुए, सभी प्रकार से भगवान का साक्षात्कार किया। इस प्रकार विभिन्न रूपों में भगवान के साथ एकत्व का रसास्वादन श्रीरामकृष्ण ने किया। कभी तो अपने को अद्वैत में सम्पूर्ण रूप से लय करके और कभी माँ जगदम्बा के शिशु सन्तान बनकर के बाद द्वैत के ब्रम्हा के रूप को रखते हुए इन सब अनुभवों के बाद उन्होंने घोषणा की, "मैंने देखा है कि भगवान एक ही हैं जिनकी ओर सभी (धर्म) अग्रसर हो रहे हैं।" जिन दिनों श्रीरामकृष्ण इस आध्यात्मिक परमानन्द का अनुभव कर रहे थें तभी उनके गाँव कामारपुकुर में यह जनश्रुति पहुँच चुकी थी कि वे पागल हो गये हैं। उनके इस पागलपन को ठीक करने के लिए उनकी माता तथा बड़े भाई ने उनका विवाह सारदा देवी से करा दिया, जो अब श्रीमाँ सारदा के नाम से विख्यात हैं किन्तु यह विवाह कैसा विचित्र था। श्रीरामकृष्ण वास्तव में उनको माँ जगदम्बा मानकर उनकी पूजा करते थें। उन दोनों का मिलन केवल आध्यात्मिक स्तर पर ही रहा तथापि श्रीरामकृष्ण ने सारदा देवी को गृहस्थी के सब कार्यों से लेकर ब्रह्मज्ञान तक सभी प्रकार की शिक्षा दी आध्यात्मिक जीवन की सभी साधनाओं के विषय में उपदेश दिया। श्रीरामकृष्ण की ही

तरह सारदा देवी भी पवित्रता से भी अधिक पवित्र थीं। वे मूर्तिमन्त सतीत्व थी। श्रीरामकृष्ण कहा करते थे- "जब कमल खिलता है तब भ्रमर आप ही आप आ जाते हैं।" सभी प्रकार के सभी धर्मों के अनुयायी स्त्री-पुरूष उनके पास आध्यात्मिक शान्ति पाने के लिए आते थें। जो भी सच्ची स्पृहा लेकर आता वह उनके असीम प्रेम का अनुभव करता था और उनके सान्निध्य तथा उपदेशों के द्वारा आध्यात्मिक उन्नति प्राप्त करता था। उनका महाप्रयाण 16 अगस्त 1886 को हुआ किंतु इसके पूर्व ही उन्होंने नवयुवकों के एक दल का अपने आध्यात्मिक उद्देश्य को आगे बढ़ाने के लिए विशेष रूप से शिक्षित कर दिया था। श्रीरामकृष्णदेव के महाप्रयाण के बाद इन नवयुवकों ने संसार त्याग दिया और उनके नाम पर एक साधु संघ का गठन किया जिसका उद्देश्य था- "अपनी व्यक्तिगत मुक्ति तथा समस्त जगत का हित।" इनमें सब से अधिक गतिशील तथा तेजस्वी थे - स्वामी विवेकानन्द, जिनके नेतृत्व में उन सब ने श्रीरामकृष्ण के सन्देश का भारत तथा अन्य देशों में प्रचार किया।

श्रीरामकृष्णदेव की वाणी

भगवान के असंख्य नाम और अनन्त रूप हैं जिनके माध्यम से उनके निकट पहुँचा जा सकता है। जिस किसी भी नाम और रूप में उनकी पूजा करोगे, उसी माध्यम से उन्हें प्राप्त कर लोगे। सत्य एक ही है, अन्तर है नाम और रूप का। एक ही जलाशय के तीन या चार घाट है, पर हिन्दू पानी पीते हैं उसे "जल" कहते हैं दूसरे पर मुसलमान उसी को "पानी" कहते हैं और अंग्रेज तीसरे पर उसी को "वाटर" कहते हैं। तीनों का तात्पर्य एक ही वस्तु से है, भेद केवल नाम का है इसी प्रकार कुछ लोग सत्य को "अल्लाह" के नाम से पुकारते हैं, कुछ "गाड" कहकर कुछ लोग "ब्रह्म" कहकर, कुछ लोग "काली" कहकर तो कुछ लोग "राम", "ईसा", "दुर्गा" तथा "हरि" नाम लेकर पुकारते हैं। कोई भी निश्चित रूप से यह नहीं कह सकता कि भगवान केवल यह हैं और कुछ नहीं। वे निराकर हैं और फिर साकार भी। भक्तों के हित वे रूप धारण करते हैं। किन्तु ज्ञानी की दृष्टि में वे अरूप ही हैं। जानते हो यह किस प्रकार है? सच्चिदानन्द परब्रह्म एक अनन्त समुद्र के समान हैं। तेज ठण्डक के कारण समुद्र में यत्र बर्फ की चट्टाने तैयार हो जाती है। इसी प्रकार मानो अपने उपासकों की भक्ति की शीतलता के प्रभाव में अनन्त अपने को शान्त में रूपान्तरित करता है। और उपासकों के सम्मुख साकार भगवान के रूप में प्रकट होता है। दूसरे जिस प्रकार सूर्योदय होने पर समुद्र के ऊपर की बर्फ पिघल जाती है। उसी प्रकार ज्ञान का उदय होने पर देहधारी भगवान फिर अनन्त एवं निराकार ब्रह्म में लय हो जाते हैं तब साधक को ऐसा अनुभव नहीं होता है कि भगवान एक व्यक्ति है, और न तब भगवान के रूप ही दिखाई देते हैं। परन्तु यह ध्यान रखो कि साकार एवं निराकार दोनों एक ही सत्य के दो पक्ष हैं। भगवान निराकार हैं, और साकार भी, फिर वे इन दोनों अवस्थाओं के परे जो है, वह भी हैं केवल वे ही स्वयं जानते हैं कि वे क्या क्या हैं । जो लोग उनसे प्रेम करते हैं उनके हित वे नाना प्रकार से नाना रूपों में स्वयं को व्यक्त करते हैं । किन्तु निश्चय ही वे साकार अथवा निराकार की सीमा से आबद्ध नहीं हैं। निर्गुण और सगुण ब्रह्म और शक्ति इन दोनों में कोई भेद नहीं है। दोनों एक है। भगवान जब निष्क्रिय अवस्था में होते हैं अर्थात जब वे सृष्टि, स्थिति एवं संहार के कार्य में रत नहीं रहते तब हम उन्हें ब्रह्म कहते हैं किन्तु जब वे इन कार्यकलापों में लगे रहते हैं, तब हम उन्हें काली अथवा शक्ति कहते हैं। सत्य और असत्य का विवेक सदा करना चाहिए। केवल भगवान ही सत्य हैं, वे ही नित्य वस्तु हैं बाकी सभी कुछ असत्य है, अनित्य है। इस प्रकार के विवेक द्वारा अपने मन से अनित्य वस्तुओं को झाड़ फेंकना चाहिए। जब तक लज्जा, घृणा और भय ये तीनों विद्यमान है, तब तक भगवान के दर्शन नहीं हो सकते। जो भगवान के लिए व्याकुल होता है, वह खाने-पीने जैसे तुच्छ बातों पर बहुत ध्यान नहीं देता। मनुष्य को कर्म करना ही होगा तभी वह भगवान के दर्शन पा सकता है। कर्म किये बिना भक्ति नहीं हो सकती, न उनके दर्शन ही हो सकते हैं। कर्म का अर्थ है- ध्यान, जप इत्यादि। भगवान का नाम-गुण कीर्तन करना भी कर्म है। दान, यज्ञ ये सब भी कर्म ही हैं। जब मनुष्य नीचे लिखे तीन भावों में से किसी एक में प्रतिष्ठित हो जाता है। तभी वह भगवान को पाता है 1.यह सब कुछ मैं हूँ । 2. यह सब तू है। 3. तू प्रभू है और मै दास हूँ। तुम राधा और कृष्ण को मानो या न मानो किन्तु उनके एक दूसरे के प्रति आकर्षण को अवश्य स्वीकार करो। अपने हृदय में भगवान के लिए उसी प्रकार की व्याकुलता लाने का प्रयत्न करो। उन्हें प्राप्त करने के लिए केवल व्याकुलता की

आवश्यकता है। मैं कौन हूँ? इसका भँली-भाँति विचार करने पर दिखाई देता है कि मैं नाम की कोई वस्तु है ही नहीं। एक प्याज लो और उसके छिलके को अलग करते जाओ पहले बाहरी छिलके फिर मोटे सफेद छिलके मिलेंगे, इन्हें एक-एक करके निकालते जाओ, अन्त में तुम्हें कुछ भी नहीं मिलेगा। उस अवस्था में फिर मनुष्य को अपने अंह का अस्तित्व ही नहीं मिलता है। और तब उसे ढूढ़ने वाला ही कहाँ रह जाता है। उस अवस्था में उसे अपने शुद्ध बोध में ब्रह्म के यथार्थ स्वरूप का जो अनुभव होता है। उसका वर्णन कौन कर सकता है? जब तक भगवान बाहर तथा दूर प्रतीत होते हैं तब तक अज्ञान है परन्तु जब अपने अंतर में उनका अनुभव होता है, तब यथार्थ ज्ञान का उदय होता है। जो अपने हृदय मन्दिर में देखता है वह उन्हें जगत मन्दिर में भी देखता है। जब तक आदमी समझता है कि भगवान वहाँ हैं तब तक वह अज्ञानी है परन्तु जब वह अनुभव करता है कि भगवान यहाँ हैं तभी उसे ज्ञान प्राप्त होता है। ज्ञान एकत्व की ओर ले जाता है। अज्ञान नानत्व की ओर। निम्न श्रेणी का भक्त कहता है- भगवान है किन्तु वे बड़ी दूर स्वर्ग में हैं। मध्यम श्रेणी का भक्त कहता है कि- भगवान सभी जीवों में प्राण एवं चैतन्य के रूप में है। उत्तम श्रेणी का भक्त कहता है- भगवान स्वयं ही सब कुछ बने हुये हैं। मैं जो देखता हूँ वह भगवान का एक रूप मात्र है। एकमात्र वे ही माया, जगत एवं समस्त जीव बनें हैं। भगवान को छोड़ और कुछ है ही नहीं। प्रेम का अर्थ भगवान के प्रति प्यार है जिसमें मनुष्य सारे जगत को भूल जाता है। और साथ ही अपना शरीर जो इतना प्रिय है उसे भूल जाता है। चैतन्यदेव के अन्दर प्रेम उदित हुआ था। याद रखो भक्त का हृदय भगवान का निवास स्थान होता है यह ठीक है कि वे सभी प्राणियों में वास करते हैं किन्तु भक्त के हृदय में वे स्वयं को विशेष रूप से प्रकट करते हैं। भक्त का हृदय भगवान का बैठक खाना है। प्रेम प्रीति तीन प्रकार की होती है। समर्था (स्वार्थहीन), समंजसा (पारस्परिक) और साधारणीय (स्वार्थयुक्त)। समर्था प्रीति ही सबसे उच्च कोटि की है इसमे प्रेमी केवल प्रेमास्पद का ही सुख चाहता है। इसके लिए चाहे स्वयं को कष्ट ही क्यों न सहन करना पड़े। समंजसा प्रीति मध्यम कोटि की है इसमे प्रेमी प्रेमास्पद के सुख के साथ स्वयं के सुख का भी ध्यान रखता है। साधारणी प्रीति सब से निम्न कोटि की है इसमे प्रेमी केवल अपनी ही सुख चाहता है। प्रेमास्पद के सुख-दुःख की कोई परवाह नहीं करता है। यदि तुम्हें पागल ही होना है तो संसार की वस्तुओं के लिए पागल क्यों होते हो। पागल ही होना है तो केवल भगवान के लिए पागल बनों। शुद्ध ज्ञान और भक्ति एक ही वस्तु है दोनों साधक को एक ही लक्ष्य पर पहुँचाते हैं। भक्ति का मार्ग अधिक सरल है। ज्ञान मानो पुरूष है और भक्ति नारी है। ज्ञान की गति भगवान के बैठकखाने तक ही है। किन्तु भक्ति उनके अन्तःपुर तक प्रवेश कर सकती है। तुम्हारे लिए कर्म का पूर्ण रूप से त्याग कर देना सम्भव नहीं। तुम्हारी इच्छा हो या न हो तुम्हारा स्वभाव ही तुमसे कर्म करवायेगा इसीलिए शास्त्र कहते हैं - अनासक्त होकर कर्म करो। अनासक्त होकर कर्म करना यानी कर्मफल की आंकाक्षा न रखना इस प्रकार मोहमुक्त भाव से कर्म करने का नाम कर्मयोग है। यह संसार कर्मक्षेत्र है। यहाँ कर्तव्य करने के लिए हमारा जन्म हुआ है। जैसे लोगों का निवास देहात में होता है किन्तु वे काम करने के लिए कलकत्ते आते हैं। परमहंस अवस्था को प्राप्त होने पर सभी कर्म छूट जाते हैं तब मनुष्य सदा भगवान का स्मरण मनन और ध्यान करता रहता है उसका मन सदा भगवान से युक्त रहता है। यदि वह कभी कुछ कर्म करता है तो वह केवल लोक शिक्षा के लिए होता है। चाहे जो व्यक्ति गुरू नहीं हो सकता जब एक बड़ा भारी शहतीर पानी पर तैरता है तो उस पर पशु भी बैठकर आगे निकल जाते हैं किन्तु एक सड़ियल लकड़ी के टुकड़े पर यदि कौआ भी बैठ जाय तो वह उसको लेकर डूब जाती है। इसीलिए प्रत्येक युग में मनावजाति को शिक्षा देने के लिए भगवान गुरू रूप में अवतीर्ण होते हैं। एकमात्र सच्चिदानन्द ही गुरू हैं। किसी नये देश में जाना हो तो ऐसे भक्ति के निर्देशानुसार ही चलना चाहिए जो वहाँ का रास्ता जानता है। बहुत सारे लोगों से पूछते रहने पर गोलमाल हो जाता है। इसी प्रकार भगवान के निकट जाना हो तो उसे एक ही गुरू का आदेश मानकर चलना चाहिए जो उस पथ को भँलि- भाँति जानता है। सभी गुरू बनना चाहते हैं किन्तु शिष्य भला कौन बनना चाहता है। भगवान मनुष्य के सामने प्रकट होते हैं और बात करते हैं तभी मनुष्य को उनका आदेश प्राप्त होता है। ऐसे आदेश प्राप्त गुरू के वाक्यों में अद्भूत शक्ति होती है। वे पहाड़ों को भी हिला देने वाले होते हैं। कोरे भाषणों से क्या होता है। लोग दो चार दिन उन्हें सुनते हैं और फिर भूल जाते हैं। लोग कोरे शब्दों को ग्रहण नहीं करते। अपनी श्रद्धा में सदैव दृढ़ एवं अचल रहो सारे ढ़ोग तथा असहिष्णुता का परित्याग करो। संसार में बदलचन

स्त्री की भाँति रहो। बदचलन स्त्री अपनी घर गृहस्थी के काम काज ठीक तरह से करती है। किन्तु उसका मन दिन रात अपने यार की ओर ही लगा रहता है। इसी प्रकार तुम भी संसार से सब काम काज करते रहो, किन्तु अपने मन को सदा भगवान की ओर लगाये रहो। साधु अथवा देवता के समीप कभी रिक्त हस्त नहीं जाना चाहिए। जब किसी महापुरूष के पास जाओ तो कुछ न कुछ भेंट एक छोटा सा फल ही सही अवश्य ले जाओ। रूपये से केवल दाल रोटी आदि ही प्राप्त हो सकती है। उसे आना सर्वस्व अथवा एकमात्र ध्येय या साध्य मत समझो। जब किसी को भगवान के दिव्य प्रेम का नशा चढ़ जाता है, तब उसके कौन पिता, कौन माता या कौन पत्नी? तब उसके लिए कोई कर्तव्य शेष नहीं रह जाता है। वह सब ऋणों से मुक्त हो जाता है। इस अवस्था में मनुष्य जगत को भूल जाता है। अपनी देह जो सब को इतनी प्रिय होती है। उस देह तक को भूल जाता है। पण्डित और साधु पुरूष में एक बड़ा अंतर है। कोरे पण्डित का मन कामिनी और कांचन पर ही लगा रहता है। किन्तु साधु का मन हरि के चरण कमलों में लगा रहता है। कहा जाता है कि इस कलियुग में यदि कोई एक दिन और एक रात भगवान के लिए रोये तो वह उनके दर्शन पा जाता है। जिसके पास विश्वास है, उसके पास सब कुछ है, जिसके पास विश्वास नहीं उसके पास कुछ भी नहीं। भगवान के नाम पर विश्वास हो तो असम्भव, सम्भव हो सकता है। विश्वास ही जीवन है और अविश्वास ही मृत्यु। भगवान के लिए बड़ों की आज्ञा का उल्लंघन करना पाप नहीं है। भरत ने राम के लिए कैकेयी की आज्ञा का उल्लंघन किया, गोपियों ने कृष्ण के दर्शन के लिए अपने पति के आदेश का उल्लंघन किया। और प्रहलाद ने भगवान के लिए अपने पिता की आज्ञा का उल्लंघन किया था। यदि तुम स्वयं को भगवान के चरणों में समर्पित कर दो तो भगवान भी तुम्हारे भविष्य के बारे में चिन्ता करेंगे भगवान हमारे बिल्कुल अपने हैं। तुम उन पर जोर जबरजस्ती भी कर सकते हो।

श्रीमाँ शारदा देवी

परिचय

श्री सारदामणि देवी का, जिन्हें सारदा नाम से भी पुकारा जाता था, तथा जो आगे चलकर भारत और विदेशों में श्रीमाँ के नाम से विख्यात हुई। जन्म 22 दिसम्बर 1853 को पश्चिम बंगाल के बाकुड़ा जिले के जयरामबाटी नामक गाँव में हुआ था। सारदा के माता और पिता श्यामासुन्दरी देवी और श्री रामचन्द्र मुखर्जी धर्मनिष्ठ ब्राह्मण थे और अपने धार्मिक तथा सामाजिक परम्पराओं को श्रद्धापूर्वक निभाते थे। पिता रामचन्द्र बहुत ही सरल और उदार प्रकृति के थे और पिता परिवार का भरण-पोषण पैतृक भूमि पर खेती-बारी करके करते थे पुरोहिताई से भी उनकी कुछ आमदनी हो जाया करती थी। श्यामासुन्दरी कर्मठ महिला थी। दुनिया के दाँव पेंच से अनभिज्ञ वे अपने घरेलू कार्यों में ही व्यस्त रहती थी। सारदा ने अपने माता-पिता की ईश्वर भक्ति का परिचय देते हुए कहा था- "यदि वे धर्मप्राण न होते तो भगवती उनके शिशु रूप में कैसे जन्म लेती।" कहा जाता है कि सारदा के जन्म से पहले ही उसके माता-पिता का पूर्वाभास हो गया था कि एक दिव्यात्मा उनके घर में अवतरित होने वाली है। सारदा अपने गाँव के सीधे सादे ग्रामीणों के बीच पली और बढ़ी। ग्रामवासी अपने दैनिक जीवन की नीरसता को धार्मिक अनुष्ठानों द्वारा या भक्ति-भाव से नाच गाकर दूर करते थे। धार्मिक अनुष्ठानों के प्रति निष्ठा उन्हें आत्मिक संतुष्टि देती थी जिसके कारण वे दारिद्रय के कष्ट को काफी हद तक सहन कर पाते थे। इस रमणीय और सरल परिवेश में सारदा के जीवन के कई वर्ष कटे। एक बार उन्होंने कहा था- "जननी जन्मभूमिश्च स्वर्गादपि गरीयसी", यानि जननी और जन्मभूमि स्वर्ग से भी महान है। सारदा स्वयं एक सौम्य और सरल लड़की थी। वह स्वयं अपने साथियों के साथ कभी नहीं झगड़ती, बल्कि उनके झगड़ों को ही निपटाया करती। वह पारिवारिक जिम्मेदारियों को कुशलतापूर्वक निभाती और अपनी माँ को कपास चुनने में, गाय-बकरी को चारा देने में ओर छोटे भाई-बहनों को संभालने में मदद करती। यदा-कदा वह अपने भाईयों के साथ पाठशाला भी चली जाती। उसी दौरान वह रामायण और महाभारत भी पढ़ने लगी थी। पर भारत की आध्यात्मिक परम्पराओं से उसका परिचय साधुओं के भजन-कीर्तन और ग्रामीण नाटकों के माध्यम से ही हुआ जिनमें भारतीय आख्यानों की कथाएँ प्रस्तुत होती। पाँच वर्ष की आयु में सारदा का विवाह तेईस वर्षीय श्रीरामकृष्ण से हो गया। इस समय श्रीरामकृष्ण ईश्वर के ध्यान में पूर्णतया लीन रहते। उन्हें अपने खाने-पीने, सोने और अन्य शारीरिक जरूरतों का कुछ होश न रहता। लोग तो उन्हें पागल ही समझने लगे थे। उनके सम्बन्धियों ने उन्हें सामान्य बनाने के उपाय के तौर पर उनका विवाह करने की सोची। इसे ईश्वर की इच्छा जानकर वे राजी हो गये। उन्होंने तो यहाँ तक बताया कि उनकी वधू कहाँ मिलेगी। किन्तु विवाह के तुरन्त बाद ही वे दक्षिणेश्वर लौट आए और खुद को आध्यात्मिक साधना में लीन कर दिया। लगभग आठ वर्षों के बाद श्रीरामकृष्ण कामारपुकुर लौटे और तभी सारदा का पहली बार अपने पति से परिचय हुआ। श्रीरामकृष्ण अपनी पत्नी के प्रति, जो उनके ही निर्देशों पर निर्भर थी, अपने उत्तरदायित्वों के विषय में पूर्ण रूप से सजग थे। अतः उन्होंने सारदा को सांसारिक तथा आध्यात्मिक शिक्षा देना प्रारम्भ किया। उन्होंने जिस तरह मोहमाया न रखना, आत्मसंयम, ध्यान-धारणा इत्यादि आध्यात्मिक साधनाओं की आवश्यकता पर जोर डाला उसी तरह आतिथ्य धर्म, बड़ों के प्रति सम्मान

का प्रदर्शन, निःस्वार्थ भाव इत्यादि गृहस्थ के कर्तव्यों से भी उसे परिचित कराया। यहाँ तक कि उन्होंने सारदा को दीपक की बत्ती काटना, नाव या ट्रेन से यात्रा करना इत्यादि भी सिखाया इस प्रकार की शिक्षा का मूल उद्देश्य था- व्यक्ति, अवसर, स्थान और परिस्थिति के अनुरूप उचित, विवेकपूर्ण व्यवहार सिखाना। सारदा इस शिक्षा का जीवनपर्यन्त पालन करती रही। श्रीरामकृष्ण का संग पाकर उसके आनन्द की सीमा न रही। उसने स्वयं कहा था- "ऐसा लगता था मानो हृदय में किसी ने आनन्द का पूर्ण घट स्थापित कर दिया हो, उस दिव्य आनन्द का वर्णन नहीं किया जा सकता।" श्रीरामकृष्ण सारदा के भावी जीवन से पूर्वपरिचित थे ही, अतः वे लगातार उसे संसार की निरर्थकता और ईश्वर की सत्यता की शिक्षा देते रहे। एक दिन अकेले में श्रीरामकृष्ण ने सारदा से पूछा- "क्या तुम मुझे संसार मार्ग में खींचने के लिए आई हो?", "बिल्कुल नहीं" सारदा ने रंचमात्र दुविधा किए बिना उत्तर दिया- "मैं आपको संसार मार्ग पर क्यों खीचने लगी? मैं तो आपके इष्टपथ में आपकी सहायता करने ही आई हूँ।" एक दिन सारदा ने श्री रामकृष्ण के पैर सहलाते हुए उनसे पूछा- "आप मुझे किस रूप मे देखते हैं?" श्रीरामकृष्ण ने उत्तर दिया- "जो माँ काली मन्दिर में हैं उसी ने इस शरीर को उत्पन्न किया है, अब नहबतखाने में है फिर वही इस समय मेरे पैर सहला रही हैं।" उस रात दोनों एक ही कमरे में सोए किन्तु दोनों में एक दूसरे के लिए किसी प्रकार का शारीरिक आकर्षण नहीं था। श्रीरामकृष्ण सारदा देवी के दिव्यरूप और जीवन के मकसद से भली-भाँति परिचित थे। उन्होंने उन्हें शिष्यों में आध्यात्मिकता को उभारने के तरीकों के बारे में विस्तृत रूप में निर्देश दिया। अपनी महायात्रा के कुछ समय पहले उन्होंने उनसे कहा- "तुम क्या कुछ भी नहीं करोगी क्या, (अपनी ओर इशारा करके) यही सब करेगा?" लेकिन, सारदा देवी धीरे से बोली, "मैं तो एक औरत हूँ मैं क्या कर सकती हूँ?" नहीं, नहीं श्रीरामकृष्ण ने कहा, " तुम्हें बहुत कुछ करना होगा।" एक अन्य अवसर पर उन्होंने उनसे कहा- "देखो कोलकाता के लोग मानो अँधेरे में कीड़ों की तरह कुलबुला रहे हैं, तुम उनको देखना।" फिर उन्होंने अपने शरीर की ओर संकेत करते हुए कहा, "आखिर इसने किया ही क्या है? तुम्हें इससे कहीं ज्यादा करना होगा।" कई वर्षों बाद सारदा देवी ने अपने शिष्य से कहा था- "ठाकुर (यानि श्रीरामकृष्ण) हर प्राणी में जगदम्बा की अभिव्यक्ति देखते थे। उन्होंने मुझे संसार में ईश्वर के मातृरूप का प्रकाश करने के लिए छोड़ दिया है।" हिन्दू धर्म का यह वैशिष्ट्य है कि इसमें ईश्वर को मातृरूप में भी देखा जाता है। परब्रह्म तो अनाम, निराकार, गुणातीत और निर्विकार है। ब्रह्म की दृष्टि से न कोई सृष्टि है, न उसका पालन और न ही विनाश। ब्रह्म की अबोधगम्य रचानात्मक शक्ति है जो संसार की सृष्टि, स्थिति और प्रलय करती है। ब्रह्म और उसकी शक्ति-शब्द और उसके अर्थ के समान ही अभिन्न है। शक्ति और जननी के बीच एक विशिष्ट समानता यह है, कि सभी जीव उन्हीं से उत्पन्न सामान्यतः हर स्त्री मातृत्व की ईश्वर प्रदत्त इच्छा होती है। जिन स्त्रियों में यह रचनात्मक शक्ति शारीरिक स्तर पर होती है। वे सन्तानोत्पत्ति से इस इच्छा की पूर्ति करती है, पर जिन स्त्रियों की आत्मा में रचना की शक्ति है वे आध्यात्मिक सन्तानों द्वारा इस इच्छा को संतुष्ट करती है। सारदा देवी दूसरी श्रेणी की महिला थी। और इस कारण वे अनेकानेक आध्यात्मिक सन्तानों की माँ थी। श्रीरामकृष्ण के देहावसान के पन्द्रह दिन बाद श्रीमाँ अपने शोक को भुलाने के लिए उनके शिष्यों के साथ तीर्थाटन के लिए निकली उन्होंने वाराणसी, अयोध्या, हरिद्वार तथा इलाहाबाद जैसे कई तीर्थों की यात्रा की इस दौरान श्रीरामकृष्ण ने इन्हें कई बार दर्शन दिए जिससे उनका शोक कुछ हलका हुआ। वृन्दावन में वे एक बालिका की भाँति आनन्दपूर्वक एक मन्दिर से दूसरे मन्दिर जाती। यहीं श्रीरामकृष्ण ने उन्हें स्वामी योगानन्द को औपचारिक रूप से दीक्षा देने का निर्देश दिया और इस प्रकार स्वामी योगानन्द श्रीमाँ के पहले शिष्य बने। अमेरिका से लौटकर स्वामी विवेकानन्द ने गंगा के तट पर बेलुड़ मठ की स्थापना की। यह मठ श्रीरामकृष्ण के अनुयायियों का स्थायी निवास हो गया जब श्रीमाँ ने बेलुड़ मठ देखा तो प्रसन्न हो गई और कहा- "आखिरकार मेरी सन्तानों को एक आश्रय मिल गया है। श्रीरामकृष्ण की कृपा उन पर हुई है।" उपरी तौर से श्रीमाँ एक साधारण गृहस्थ जैसे ही रहती थी। जयरामबाटी में वे सब्जियाँ काटना, खाना पकाना, झाड़ू लगाना, कपड़ें धोना, बर्तन माँजना, आटा गूँथना, आदि गृहस्थी के कामों में व्यस्त रहती थी। इसके साथ ही वे अपने सम्बन्धियों और उनसे मिलने जयरामबाटी आने वाले भक्तों का अपार धैर्य और स्नेह के साथ सेवा-शुश्रशा करती। श्रीमाँ के व्यक्तित्व में मानवी, दैवी, गुरू और एक माँ के गुणों का अद्भूत सम्मिश्रण था। ऐसे तो वे एक सामान्य हिन्दू गृहिणी जैसी ही दिखती थी। अपने एक संबंधी की मृत्यु

पर वे खूब रोई थी। दूसरे दिन अपने शोक का कारण बतलाते हुए उन्होंने कहा- "मैं इस संसार में रहती हूँ, मुझे संसार रूपी वृक्षों के फलों का स्वाद तो चखना ही होगा।" श्रीरामकृष्ण ने एक बार कहा था- "जब-जब ईश्वर मानवरूपी में अवतरित होते हैं तो मानव की तरह ही व्यवहार करते हैं, उन्हें भी भूख प्यास लगती है और रोग, शोक तथा भय सताते हैं।" एक दिन श्रीमाँ के एक शिष्य ने उनसे पूछा अच्छा क्या आपको सदैव अपने स्वरूप का ज्ञान नहीं रहता? माँ ने कहा - "हर घड़ी कहाँ रहता है? वैसा होने से क्या ये सब काम-काज किए जा सकते हैं? पर हाँ काम-काज के बीच जब भी इच्छा होती है। तभी थोड़ा ध्यान करने से ही मेरी चेतना झट उद्दीपित हो जाती है। और महामाया की सारी लीला समझ में आ जाती है।" श्रीमाँ अपने पति की तरह ही ईश्वर का अवतार थी। एक ही शक्ति, श्रीरामकृष्ण और श्रीमाँ के रूपों में प्रकट हुई थी। श्रीरामकृष्ण ने दक्षिणेश्वर के अपने कमरे में इसी दिव्य शक्ति की साकार रूप से पूजा की थी। वे चाहे साध्वी हो या जगदम्बा की अवतार अपने शिष्यों के लिए वे गुरू भी थी और माँ भी। वे उन अतिविरल और असाधारण गुरूओं में से थी जो न केवल अपने शिष्यों के हृदय में आध्यात्मिक चेतना जागृत करते हैं। बल्कि उनकी मुक्ति होने तक उनकी सहायता करते रहते हैं। अपनी अन्तिम बीमारी के समय श्रीमाँ ने कहा था- "क्या तुम सोचते हो कि मृत्यु के बाद भी मुझे तब तक छुटकारा मिल सकता है, जब तक मेरी सारी सन्तानें जिनका भार मैंने लिया है, मुक्त नहीं हो जाती? मंत्र देना क्या खेल है? कितना बोझ सिर पर लेना पड़ता है, शिष्यों के लिए कितना चिन्ता करनी पड़ती है।" अपनी मृत्यु के पाँच दिन पहले उन्होंने भ्रमित और ईष्र्या-द्वेष से प्रताड़ित संसार को अपना अन्तिम संदेश दिया एक शोकाकुल महिला भक्त से उन्होंने धीरे-धीरे कहा- "एक बात कह देती हूँ। यदि शान्ति चाहती हो, बेटी तो किसी का दोष मत देखना, दोष केवल अपना ही देखना संसार को अपनाना सीखो कोई पराया नही, बेटी संसार तुम्हारा ही है।" मंगलवार, 29 जुलाई 1920 को दिन के करीब डेढ़ बजे उन्होंने कुछ गहरी साँसें ली और महासमाधि में लीन हो गई। वे फिर इस भौतिक संसार में नहीं लौटी। दीर्घकालीन रोग से पीड़ित उनका शरीर शान्त हो गया और उसमें से एक दिव्य ज्योति निकलने लगी। कई लोग इस ज्योति से धोखे में आ गए और उन्हें लगा कि श्रीमाँ अब भी जीवित है। उनके शरीर को मालाओं से सुसज्जित कर गंगा के उस पार बेलुड़ मठ ले जाया गया। वहाँ चन्दन काष्ठ की चिता पर उनका अन्तिम संस्कार सम्पन्न हुआ। उनके पुनीत जीवन के स्मारक के रूप मे उसी स्थान पर आज एक सफेद मन्दिर स्थापित है। उनके जन्मस्थान पर भी एक सफेद मन्दिर का निर्माण किया गया। इस मन्दिर पर लहराती ध्वजा पर एक ही शब्द लिखा है- "**माँ!**"

श्रीमाँ सारदा देवी की वाणी

सचमुच ठाकुर (राम कृष्ण परमहंस) ईश्वर ही थे। उन्होंने दूसरे के दुःखों और कष्टों को दूर करने के लिए मानवी देह धारण की थी। वे वैसे ही रहे जैसे एक राजा अपने नगर में वेश बदलकर घूमता है जैसे ही लोगों ने उन्हें पहचाना वैसे ही वे अदृश्य हो गये। ठाकुर सत्य से कितने जुड़े हुए थे। वे कहा करते कि सत्य कलियुग की तपस्या है। व्यक्ति सत्य का पालन करके ईश्वर को पा सकता है। जब ठाकुर चले गये तब मैंने भी जाने का विचार किया वे तत्काल मेरे सामने प्रकट होकर बोले, नहीं तुम्हें यहाँ रहना होगा यहाँ बहुत सा कार्य बाकी है। उन्होंने बताया कि वे तीन सौ वर्ष तक सूक्ष्म शरीर में अपने भक्तों के हदय में निवास करेंगे। जिसका मन शुद्ध होता है वह सभी को शुद्ध समझता है। औरतों का इतना क्रोध करना क्या अच्छा है? उन्हें सहनशील होना चाहिए बचपन में माँ-बाप की गोद और युवावस्था में पति का आश्रय छोड़ उनके लिए और कहीं मर्यादा का स्थान नहीं है। स्त्रियाँ सामान्य रूप से संवेदनशील होती हैं। एक ही शब्द उन्हें क्रोधित कर देता है और आजकल शब्द भी कितने सस्ते हो गये हैं। उनमें सहनशीलता होनी चाहिए और कितनी भी कठिनाई क्यों न हो, उन्हे माँ, बाप या पति के साथ ही रहना चाहिए। एक दिन एक स्त्री भक्त ने श्रीमाँ से कहा कि- वे उसकी लड़की को विवाह करने के लिए आदेश दे। इस पर श्रीमाँ ने कहा- सारा जीवन दूसरे की दासी बनकर रहना उसकी इच्छानुसार चलना यह क्या कम कष्ट की बात है? यद्यपि अविवाहित जीवन में विपत्ति की कुछ सम्भावना रहती है फिर भी यदि कोई विवाह करने की इच्छा नहीं रखे तो उसे विवाह करने के लिए और जीवन भर सांसारिकता में फँसने के लिए बाध्य नहीं करना चाहिए। जो

लड़कियाँ पूर्ण संन्यास के जीवन को ग्रहण करना चाहती हैं। उन्हें ब्रह्मचर्य का जीवन बिताने के लिए प्रोत्साहित करना चाहिए। एक दिन एक सन्यासी की माता ने श्रीमाँ से प्रार्थना की कि वे उसके पुत्र को सांसारिक जीवन में लौटने के लिए कहें, श्रीमाँ ने उत्तर दिया संन्यासी की माता बनना तो एक दुर्लभ सौभाग्य है। लोग तो एक पीतल के लोटे को भी नहीं छोड़ सकते। क्या संसार का त्याग करना सहज है? तुम क्यों चिंता करती है? अपनी ससुराल जाने वाली एक महिला से श्रीमाँ बोलीं- किसी से घनिष्टता मत बढ़ाना परिवार के सामाजिक उत्सवों में अधिक भाग मत लेना, कहती रहना रे मन अपने-आप में रहो। दूसरों के बारे में जानने के लिए उत्सुक मत होना। ध्यान और प्रार्थना की अवधि धीरे-धीरे बढ़ाती जाना। एक महिला किसी लड़के को गोद लेना चाहती थी। उससे श्रीमाँ ने कहा ऐसा काम मत करना जिसके प्रति जो कर्तव्य हो उसे करती रहना, पर प्रेम एक भगवान को छोड़ किसी से न करना। सांसारिक प्रेम सदा अकथनीय दुःखों को साथ लाता है। अगर तुम किसी मनुष्य से प्रेम करोगी तो तुम्हें इसके लिए दुःख सहना होगा। वह धन्य हैं जो केवल भगवान से प्रेम करती हैं। भगवान से प्रेम करने पर दुःख नहीं भोगना पड़ता। एक बात कहती हूँ- यदि शान्ति चाहो बेटी तो किसी का दोष मत देखना दोष देखना अपना, संसार को अपना बना लेना सीखो कोई पराया नहीं है, बेटी यह सारी दुनिया तुम्हारी अपनी है। मृत्यु का कोई निश्चित समय नहीं है इसलिए किसी विशेष अवसर की प्रतीक्षा किये बिना जब भी मौका मिले, सत्संकल्पों को व्यवहार में उतारना चाहिए। मृत्यु समय-असमय का विचार नहीं करती। देखो किसी महापुरूष की सेवा करते हुए भी व्यक्ति गलती कर सकता है। यह ऐसे होता है जब व्यक्ति को ऐसी सेवा का सौभाग्य मिलता है तो उसका अहंकार बढ़ जाता है। तब वह जिनकी सेवा करता है। उन्हीं को कठपुतली के समान नियंत्रण करना चाहता है। वह उनके खाने, बैठने या उठने तक में हुक्म चलाता है। उसकी सेवा की भावना जाती रहती है। अनेक महापुरूष सम्पत्ति और वैभव से घिरे रहते है। इससे बहुत से लोग आकर्षित होकर उनका सेवक बनना चाहते है। ऐसे सेवक अपनी स्थिति के नशे में चूर रहते है और इस प्रकार वे खुद अपने पैरो में कुल्हाड़ी मार लेते है। बताओ भला कितने लोग सच्ची सेवा भावना से कार्य करते हैं। कोई भी व्यक्ति हमेशा दुःख नहीं भोग सकता। कोई भी व्यक्ति इस जगत में जीवन भर कष्ट में नहीं रहेगा। प्रत्येक कर्म का फल होता है और उसके अनुसार ही व्यक्ति सुख या दुःख का भोग करता है। कठिनाई तो आएगी पर वे सदा नहीं रहेगी। तुम देखोगे कि वे सब पुल के नीचे से बहकर निकलने वाले पानी के समान विलीन हो जाएगी। क्या तुम सोचते हो कि मृत्यु होने के बाद भी मुझे तब तक छुटकारा मिल पाएगा जब तक मेरी सन्तानें जिनका भार मैंने लिया मुक्त नहीं हो जाती हैं। मुझे तो उनके साथ निरन्तर रहना पड़ेगा। मैंने तो उनके सब कुछ का, उनके सारे पाप और पुण्य का भार लिया है। मैं उन लोगों को छोड़ नहीं सकती, जिन्हें अपनी सन्तान के रूप में स्वीकार किया है। धनी व्यक्तियों को अपने धन से भगवान और भक्तों की सेवा करनी चाहिए और निर्धनों को भगवान का नाम जपते हुए उनका भजन करना चाहिए। जान लो कि अपनी माता की सेवा ही तुम्हारा सर्वोच्च कर्तव्य है, यदि वह तुम्हारी आध्यात्मिक प्रगति में बाधक होती हो तो बात दूसरी है। कोई वस्तु कितनी ही छोटी क्यों न हो पर उसकी अवमानना नहीं करनी चाहिए। अगर तुम किसी वस्तु का सम्मान करोगे तो उसके द्वारा तुम्हें भी सम्मान मिलेगा, छोटे से छोटा काम भी सम्मानपूर्वक करना चाहिए। व्यक्ति कितना ही आध्यात्मिक क्यों न हो पर शरीर धारण करने का पूरा महसूल उसे चुकाना ही पड़ता है। एक महात्मा और सामान्य व्यक्ति में यह अंतर है कि जहाँ सामान्य व्यक्ति देहत्याग के समय रोता है। वहाँ महात्मा हँसता है। मृत्यु तो उसके लिए एक खेल के समान है। जब पति और पत्नी एकमत होकर आध्यात्मिक साधना करते हैं। तब आध्यात्मिक प्रगति सरलता से होने लगती है। केवल ईश्वर ही सत्य है बाकी सब कुछ मिथ्या है। जीवन का उद्देश्य ईश्वर की अनुभूति करना तथा उनके चिन्तन में निरन्तर लीन रहना है।

स्वामी विवेकानन्द
राम कृष्ण मिशन

परिचय

स्वामी विवेकानन्द, वेदान्त के विख्यात और प्रभावशाली आध्यात्मिक गुरू थे। उनका वास्तविक नाम नरेन्द्र नाथ दत्त था। उन्होंने अमेरिका स्थित शिकागों में सन् 1893 में आयोजित विश्व धर्म महासम्मेलन में सनातन धर्म का प्रतिनिधत्व किया था। भारत का वेदान्त अमेरिका और यूरोप के हर देश में स्वामी विवेकानन्द की वकृतता के कारण ही पहुँचा। उन्होंने रामकृष्ण मिशन की स्थापना की थी जो आज भी अपने उद्देश्य "शिव भाव से जीव सेवा" के अनुसार काम कर रहा है। वे रामकृष्ण परमहंस के सुयोग्य शिष्य थे। रामकृष्ण जी बचपन से ही एक पहुँचे हुए सिद्‌ध पुरूष थे। स्वामी जी ने कहा था की जो व्यक्ति पवित्र ढंग से जीवन निर्वाह करता है उसी के लिए अच्छी एकाग्रता प्राप्त करना सम्भव है।

भारतीय आध्यात्म और व्यवहारिक वेदांत आकाश का यह दीप्तिमान नक्षत्र 12 जनवरी, 1863 के दिन पिता श्री विश्वनाथ एवं माता श्रीमती भुवनेश्वरी के कलकत्ता स्थित परिवार में अवतरित हुआ। वाराणसी के वीरेश्वर महादेव की अराधना से प्राप्त होने के कारण, माता ने वीरेश्वर नाम दिया और प्रेम से "विले" पुकारती, परन्तु पिता ने नरेन्द्रनाथ नाम दिया। बचपन से ही ये नटखटी और जिज्ञासु प्रकृति के थे। नरेन्द्र की बुद्धि बचपन से ही तीव्र थी और परमात्मा को पाने की लालसा भी प्रबल थी। इस हेतु वे "ब्रह्म समाज" में गये किन्तु वहाँ उनके चित्त को सन्तोष नहीं हुआ। श्री विश्वनाथ दत्त की मृत्यु हो गई। घर का भार नरेन्द्र पर आ गया। घर की दशा बहुत खराब थी। अत्यन्त गरीबी में भी नरेन्द्र बड़े अतिथि सेवी थे। स्वयं भूखे रहकर अतिथि को भोजन कराते, स्वयं बाहर वर्षा में रात भर भींगते-ठिठुरते पड़े रहते और अतिथि को अपने बिस्तर पर सुला देते।

शिक्षा के साथ-साथ जीवन के गहन प्रश्नों की ललक से वे रामकृष्ण परमहंस के सम्पर्क में आये और उन्हीं के अंतरंग बन गये। आर्थिक संकट से घिरने के पश्चात् रामकृष्ण जी के कहने पर माँ काली की प्रतिमा के सामने प्रार्थना करने गये, परन्तु भौतिक सुखों की अपेक्षा माँ से ज्ञान, भक्ति और वैराग्य का ही वरदान माँग सके। स्वामी विवेकानन्द अपना जीवन अपने गुरूदेव को रामकृष्ण परमहंस को समर्पित कर चुके थे। गुरूदेव के शरीर त्याग के दिनों में अपने घर और कुटुम्ब की नाजुक हालत की परवाह किये बिना, स्वयं भोजन की परवाह किये बिना वे गुरू सेवा में सतत संलग्न रहे। गुरूदेव का शरीर अत्यन्त रूग्ण हो गया था। एक बार किसी ने गुरूदेव की सेवा में घृणा और लापरवाही दिखायी तथा घृणा से नाक-भौं सिकोड़ी। यह देखकर विवेकानन्द को गुस्सा आ गया। उस गुरू भाई को पाठ पढ़ाते और गुरूदेव की प्रत्येक वस्तु के प्रति प्रेम दर्शाते हुए उनके बिस्तर के पास रक्त, कफ आदि से भरी थुकदान उठाकर फेंकते थे। गुरू के प्रति ऐसी अनन्य भक्ति और निष्ठा के प्रताप से ही वे अपने गुरू के शरीर और उनके दिव्यतम आदर्शों की उत्तम सेवा कर सके। गुरूदेव को वे समझ सके, स्वयं के अस्तित्व को

गुरूदेव के स्वरूप में विलीन कर सके। समग्र विश्व में भारत के अमूल्य खजाने की सुगन्ध को फैला सके। उनके इस महान व्यक्तित्व की नींव मे थी ऐसी गुरूभक्ति, गुरूसेवा और गुरू के प्रति अनन्य निष्ठा।

रामकृष्ण ने पूर्ण पात्र जानकर, अपनी समस्त आध्यात्मिक शक्तियाँ नरेन्द्र को समर्पित कर दीं। 25 वर्ष की अवस्था में नरेन्द्र ने गेरूआ वस्त्र धारण किया। तत्पश्चात् उन्होंने सम्पूर्ण भारत का भ्रमण किया। राजस्थान में, अलवर के खेतड़ी नरेश ने उन्हें अपना गुरू स्वीकार किया। 1893 में खेतड़ी नरेश अजीत सिंह के विशेष अनुरोध पर "विवेकानन्द" की संज्ञा पाकर शिकागो विश्वधर्म सम्मेलन में भाग लेने हेतु अमेरिका पहुँचे। यूरोप-अमेरिका के लोग उस समय पराधीन भारतवासीयों को बहुत ही हीन दृष्टि से देखते थे। वहाँ के लोगों ने बहुत प्रयत्न किया कि स्वामी विवेकानन्द को सर्वधर्म परिषद् में बोलने का समय ही न मिले। एक अमेरिकन प्रोफेसर के सहयोग से उन्हें थोड़ा समय मिला किन्तु उनके विचार सुनकर सभी विद्वान चकित हो गये। धर्म सम्मेलन में स्वामीजी का अलौकिक व्याख्यान सुनकर अमेरिकावासी श्रद्धावनत् हो गये। तीन वर्ष तक अमेरिका-यूरोप की धरती पर वेदान्त का शंखनाद करते हुए वे भारत आये, तो अपूर्व सम्मान पाये। आध्यात्म विद्या और भारतीय दर्शन के बिना विश्व अनाथ हो जायेगा, यह स्वामी विवेकानन्द जी का दृढ़ विश्वास था। अमेरिका में उन्होंने रामकृष्ण मिशन की अनेक शाखाओं की स्थापना की। अनेक अमेरिकन विद्वानों ने उनका शिष्यत्व ग्रहण किया। वे सदा अपने को गरीबों का सेवक कहते थे। भारत के गौरव को देश-देशान्तरों में उज्जवल करने का उन्होंने सदा प्रयत्न किया। जब भी वो कहीं जाते थे तो लोग उनसे बहुत खुश होते थे।

दृढ़ चरित्र, प्रखर स्वदेश प्रेम, दरिद्र-नारायण की सेवा और गहन आध्यात्मिक साधना से भारत में ही नहीं अपितु सम्पूर्ण विश्व में विख्यात हुए। 1897 ई. में स्वामीजी ने "रामकृष्ण मिशन" की स्थापना कलकत्ता में की। यूरोप की सिस्टर मार्गरिट स्वामी जी से प्रभावित हुई और भगिनी निवेदिता के नाम से अनुयायी बनकर भारत आयी और उन्होंने जीवनभर भारत की सेवा का संकल्प लिया।

"उठो, जागो और जब तक अपने अन्तिम लक्ष्य तक नहीं पहुँच जाते, तब तक निश्चिन्त मत हो" का आह्वान करते हुए उन्होंने, भारतीय दर्शन की श्रेष्ठता भारतीयों में स्थापित की। मात्र लगभग 39 वर्ष की अवस्था में 4 जुलाई, 1902 को स्वामीजी ने महाप्रस्थान किया।

स्वामी विवेकानन्द की मुख्य शिक्षा

स्वामी विवेकानन्द युवाओं के लिए एक बड़ा आदर्श हैं। हालांकि उनका जीवन सिर्फ 39 वर्ष का रहा, इसके बावजूद उन्होंने अपने विचारों व कार्यों से पूरे विश्व को एक नई दिशा दी। स्वामी विवेकान्द के व्यक्तित्व के गुणों को अपनाकर कोई भी आगे बढ़ सकता है।

आत्म विश्वासी बनें - स्वामी विवेकानन्द के अनुसार आस्तिक वही है, जो खुद पर विश्वास करे। कोई व्यक्ति भगवान पर विश्वास करता है, पर वह खुद पर विश्वास नहीं करता तो वह नास्तिक है। यानी आत्म विश्वास सबसे महत्वपूर्ण है। खुद पर भरोसा रखने से ही व्यक्ति कोई भी कार्य कर सकता है।

तन-मन हो स्वस्थ - आत्मविश्वास को मजबूत करने के लिए स्वामी विवेकानन्द ने तन-मन को मजबूत बनाने की शिक्षा दी। उन्होंने कहा कि गीता वीरों के लिए है, कायरों के लिए नहीं। यानी ज्ञान प्राप्त करने के लिए पहले शरीर और मन को मजबूत बनायें।

दूर करें हीनता बोध - विवेकानन्द ने लोगों के हीनता बोध दूर करने के लिए ही सबको शिक्षा दी कि खुद को शरीर नहीं आत्मा समझें। वह आत्मा, जो शक्तिशाली परमात्मा है। इससे हीनता बोध खत्म होता है और आत्म विश्वास बढ़ता है। इसलिए कभी भी ऐसी सोच न रखें कि मैं कमजोर, पापी या दुःखी हूँ।

संयम-अनुशासन - खुद पर नियंत्रण करना संयम होता है। संयमी व्यक्ति सारी व्यवधानों के बीच भी अपने कार्य को सहजता से आगे बढ़ाता रहता है। सेवा की भावना, शान्ति, कर्मठता आदि गुण संयम से ही आते हैं। संयमी व्यक्ति तनाव से मुक्त होता है इसलिए वह हर काम गुणवत्ता से करता है। विवेकानन्द ने कहा है-किसी भी क्षेत्र में शासन वही कर सकता है, जो खुद अनुशासित है।

भय को तिलांजलि दें - स्वामी विवेकानन्द के अनुसार, हमेशा यह सोचें कि मेरा जन्म कोई बड़ा काम करने के लिए हुआ है। यह सोच कर बिना किसी से डरे, अपने काम को ईश्वर का आदेश समझ करें। भय तब दूर हो जायेगा, जब हम खुद को अनश्वर आत्मा मानेंगे, नश्वर शरीर नहीं।

स्वावलंबी बनें - स्वामी विवेकानन्द ने कहा कि भाग्य पर भरोसा न करें, बल्कि अपने कर्मों से अपना भाग्य खुद गढ़ें। "उठो, साहसी और शक्तिमान बनों।" इसमें आत्मनिर्भर बनने का सूत्र दिया गया है। स्वामी जी कहते हैं कि सारी शक्ति तुम्हारे भीतर ही है। तुम्हीं अपने मददगार हो, कोई दूसरा तुम्हरा मदद नहीं कर सकता। भगवान भी उसी की मदद करता है, जो अपनी मदद खुद करता है। यानि स्वावलम्बी बनना आवश्यक है।

सेवा परमोधर्मः - स्वामी जी ने निःस्वार्थ भाव से सेवा को सबसे बड़ा कर्म माना है। सेवा भाव का उदय होने से व्यक्ति दूसरों के दुःखों को दूर करने की चेष्टा में अपने दुःखों या परेशानियों को भूल जाता है और उसके तन-मन की सामथ्र्य बढ़ जाती है।

आत्मशक्ति जगायें - विवेकानन्द के अनुसार, आत्मा परमशक्तिशाली है, वही ईश्वर है। इसलिए अपने आत्मतत्व को पहचानकर उसकी शक्ति को जगायें। तब आप स्वयं को ऊर्जावान महसूस करेंगे। असफलता से परेशान होकर अपने प्रयासों को छोड़े नहीं और किंचित सफलता पाकर संतुष्ट होकर बैठें नहीं। स्वामी जी ने कहा है, उठो, जागो और लक्ष्य पाने तक रूको नहीं।

रामकृष्ण मिशन का परिचय

रामकृष्ण या वेदान्त आन्दोलन के दो भाग- रामकृष्ण मिशन और रामकृष्ण मठ है जो दुनियाभर में आध्यात्मिक आन्दोलन के रूप में सफलता पूर्वक अपने स्थापना के समय से ही सक्रिय है। रामकृष्ण मिशन की स्थापना, रामकृष्ण परमहंस के मुख्य शिष्य स्वामी विवेकानन्द द्वारा 1 मई, 1897 को बेलूड़ जो कोलकाता के पास स्थित है में की थी और वहीं उसका मुख्यालय भी है जिसे बेलूड़ मठ के नाम से जानते हैं। मिशन "शिव भाव से जीव सेवा" और "दरिद्र नारायण की सेवा ही भगवान की सेवा है" के मुख्य विचार और कर्मयोग के सिद्धान्त पर कार्य करता है। मिशन का मुख्य कार्य आध्यात्मिक ज्ञान का प्रचार, स्वास्थ्य देखभाल, आपदा राहत, ग्रामीण प्रबन्धन, आदिवासी कल्याण, प्राथमिक व उच्च शिक्षा और संस्कृति में अपने संन्यासीयों और गृहस्थ शिष्यों के माध्यम से व्यापक काम करता है।

मिशन का सिद्धान्त शुद्ध रूप से आध्यात्मिक और मानवीय है और राजनीति से कोई सम्बन्ध नहीं रखता। विवेकानन्द के उद्घोष आधुनिक भारत के निर्माण के लिए "त्याग और सेवा" का आदर्श ही रामकृष्ण मिशन का आदर्श होना चाहिए और इस आदर्श का प्रचार भी आवश्यक है। मठवासी जीवन के लिए सभी नये सदस्यों को प्रशिक्षण से गुजरना पड़ता है जिसमें चार वर्ष तक एक उम्मीदवार के रूप में रहना पड़ता है। इस अवधि में उन्हें ब्रह्मचर्य और प्रतिज्ञा, त्याग और सेवा के दौर से गुजरना पड़ता है और योग्य पाये जाने पर उन्हें संन्यास की दिक्षा देकर गेरूआ वस्त्र धारण कराया जाता है।

प्रतीक चिन्ह का अर्थ

चिन्ह में उर्मिल जल कर्म का, कमल भक्ति का ओर उदीयमान सूर्य ज्ञान का प्रतीक है। परिवेष्ठन करता हुआ सर्प योग और जाग्रत कुण्डलिनी शक्ति का संकेतक है। हंस परमात्मा का प्रतिनिधित्व करता है। इसलिए चिन्ह का भाव है कि कर्म, ज्ञान, भक्ति और योग के समन्वय द्वारा परमात्मा का दर्शन प्राप्त किया जाता है।

भाग-1

स्वामी विवेकानन्द की दृष्टि में

01. धर्म-विज्ञान
02. योग क्या है?
03. ज्ञान योग
04. राजयोग
05. भक्ति योग
06. प्रेम योग
07. कर्मयोग
08. वेद
09. वेदान्त
10. ईश्वर
11. गुरु, शिष्य, अवतार और मन्त्र
12. मरणोत्तर जीवन
13. विज्ञान और आध्यात्मिकता
14. प्राच्य और पाश्चात्य
15. जाति, संस्कृति और समाजवाद
16. समाज नीति
17. भारत का ऐतिहासिक क्रम विकास और अन्य प्रबन्ध
18. संग, सान्निध्य
19. पत्रावली
20. समर नीति
21. समन्वयाचार्य श्री रामकृष्ण "परमहंस"

01.धर्म-विज्ञान

01. धर्म मनुष्य के भीतर से ही उत्पन्न है, वह बाहर की किसी वस्तु से उत्पन्न नहीं है। हमारा विश्वास है, धर्म चिन्तन मनुष्य के पक्ष में प्रकृतिगत है; वह मनुष्य के स्वभाव के सहित ऐसे अविच्छिन्न भाव से जड़ित है कि जब तक मनुष्य अपनी देह तथा मन का त्याग नहीं कर पाता, जब तक वह चिन्ता और जीवन त्याग नहीं कर पाता, तब तक उसके लिए धर्मत्याग असम्भव है। (धर्म-विज्ञान, पृष्ठ-2)

02. वर्तमान काल में सब प्रश्नों में से प्रधान प्रश्न यह है-माना-ज्ञात और ज्ञेय के दोनों ओर अज्ञेय और अनन्त अज्ञात विद्यमान है-किन्तु इस अनन्त अज्ञात को जानने का यत्न क्या है? क्यों हम ज्ञात को लेकर ही सन्तुष्ट नहीं होते? क्यों हम भोजन, पान और समाज का कुछ कल्याण करके ही सन्तुष्ट नहीं रहते? आजकल सुनते रहते हैं-जगत का उपकार करो-यही एक मात्र धर्म है, जगत् से अतीत सत्ता की समस्या लेकर अस्थिर होने का कोई फल नहीं है। यह भाव आजकल इतना अधिक प्रबल हो गया है कि यह एक स्वतः सिद्ध सत्य के रूप में उपस्थित है। (धर्म-विज्ञान, पृष्ठ-3)

03. यदि मनुष्य वर्तमान लेकर सन्तुष्ट रहे और जगदातीत सत्ता के समस्त अनुसन्धान का एकदम परित्याग कर दे, तो मानव जाति को पशु की भूमि में फिर से आना होगा। धर्म-जगदातीत सत्ता का अनुसन्धान ही-मनुष्य और पशु में प्रभेद बनाये रखता है। (धर्म-विज्ञान, पृष्ठ-4)

04. अब प्रश्न आता है, धर्म के द्वारा क्या वास्तव में कोई फल होता है? हाँ होता है। उससे मानव अनन्त जीवन प्राप्त करता है! मनुष्य वर्तमान में जो है, वह इस धर्म की ही शक्ति से हुआ है, और इससे ही यह मनुष्य नामक प्राणी देवता बनेगा। धर्म यही करने में समर्थ है। (धर्म-विज्ञान, पृष्ठ-6)

05. प्रश्न है-हमारा चरम लक्ष्य क्या है? जहाँ से हमने आरम्भ किया है, वहीं अवश्य ही अन्त करना होगा; और जब ईश्वर से आपकी गति आरम्भ हुई है, तब ईश्वर में ही अवश्य फिर लौटना होगा। (धर्म-विज्ञान, पृष्ठ-7)

06. एक और प्रश्न आता है-हम उन्नति पथ में अग्रसर होते-होते क्या धर्म के नये सत्य का अविष्कार नहीं करेंगे? हाँ भी, नहीं भी। प्रथमतः यह समझना होगा कि धर्म के सम्बन्ध में अधिक और कुछ जानने को नहीं है, सभी कुछ जाना जा चुका है। जगत् के सभी धर्म में, आप देखियेगा कि उस धर्म के अवलम्बनकारी सदैव कहते हैं, हमारे भीतर एक एकत्व है। अतएव ईश्वर के सहित आत्मा के एकत्व-ज्ञान की अपेक्षा और अधिक उन्नति नहीं हो सकती। ज्ञान का अर्थ इस एकत्व का अविष्कार ही है। हम आप सब को नर-नारी रूप में पृथक् देखते हैं-यही बहुत्व है। (धर्म-विज्ञान, पृष्ठ-7)

07. "ईश्वर को जब तक आप नहीं जान लेते, तब तक मनुष्य को किस प्रकार जानियेगा?"-ये ईश्वर, यही अनन्त, अज्ञात या निरपेक्ष सत्ता या अनन्त या नामातीत वस्तु-उन्हें जिस नाम से इच्छा हो, उसी नाम से पुकारा जाता है-ये ही वर्तमान जीवन के, जो कुछ ज्ञात हैं और जो कुछ ज्ञेय हैं, सब के ही एकमात्र युक्तियुक्त व्याख्यास्वरूप है। चाहे जिस वस्तु की बात-सम्पूर्ण जड़ वस्तु की कोई बात लीजिए। केवल जड़तत्त्व सम्बन्धी विज्ञान में से कोई भी एक, जैसे-रसायन, पदार्थ विद्या, गणित, ज्योतिष या प्राणितत्व विद्या की बात लीजिये, उसकी विशेष रूप से आलोचना कीजिये, क्रमशः यह तत्वानुसन्धान अग्रसर हो, देखियेगा-स्थूल क्रमशः सूक्ष्म, अतिसूक्ष्म पदार्थ में लय हो रहा है-अन्त में आपको ऐसे स्थान में आना होगा, जहाँ इन सब जड़ वस्तुओं को छोड़कर इन्हें अतिक्रमण करके अर्थात् फाँदकर अजड़ में जाना ही होगा। सब विधाओं में ही स्थूल क्रमशः सूक्ष्म में मिल जाता है, पदार्थ विद्या दर्शन में पर्यवसित हो जाती है। इसी प्रकार मनुष्य को बाध्य होकर जगदातीत सत्ता की आलोचना में उतरना होता है। (धर्म-विज्ञान, पृष्ठ-3)

08. यह बात कहने में अच्छी है कि वर्तमान में जो देख रहे हो वह सब लेकर ही तृप्त रहो; गाय, कुत्ते और अन्यान्य पशुगण इसी प्रकार वर्तमान के द्वारा ही सन्तुष्ट हैं, और इसी कारण वे पशु बने हैं। सब प्राणियों में से मनुष्य ही स्वभावतः उपर की ओर दृष्टि उठाकर देखता है। इसी उध्र्वदृष्टि ऊपर की ओर गमन और पूर्णत्व के अनुसन्धान को ही "परित्राण" अथवा "उद्धार" कहते हैं और ज्योंहि मनुष्य उच्चतर दिशा की ओर गमन करना प्रारम्भ करता है, त्योंहि वह इस परिमाणस्वरूप सत्य की धारणा की दिशा में अपने को अग्रसर

करता है। परित्राण-अर्थ, वेशभूषा अथवा घर पर निर्‌भर नहीं करता, यह मानव मस्तिष्क के भीतर की आध्यात्मिक भाव रत्नराशि के तारतम्य पर निर्भर करता है। (धर्म-विज्ञान, पृष्ठ-5)

09. शिशु गुण अपनी निज की दृष्टि से अर्थात् किस वस्तु से कितनी मिठाई मिलती है, इस हिसाब से समग्र जगत् का विचार कर लेते हैं जो लोग अज्ञान से घिरे होने के कारण शिशु सदृश हैं, जगत् में उन सब शिशुओं का विचार भी उसी प्रकार का है। निम्न वस्तु की दृष्टि से उच्चतर वस्तु का विचार करना कदापि उचित नहीं है। प्रत्येक विषय का विचार उसकी गुरुता के हिसाब से करना होगा। अनन्त का विचार अनन्त की गुरुता के हिसाब से करना होगा। धर्म मानव जीवन का सर्वांश है-केवल वर्तमान नहीं-भूत, भविष्यत्, वर्तमान-सर्वांशव्यापी है। अतएव यह, अनन्त आत्मा और अनन्त ईश्वर के बीच अनन्त सम्बन्ध स्वरूप है। (धर्म-विज्ञान, पृष्ठ-6)

10. रासायनिक गुण सब प्रकार की ज्ञात वस्तुओं को उनके मूल धातुओं का रूप देने का यत्न कर रहे हैं। यदि इस अवस्था पर कभी वे पहुंचे, तब फिर इससे ऊपर और आगे नहीं बढ़ सकेंगे; तब रसायन विद्या सम्पूर्ण होगी। धर्म विज्ञान के सम्बन्ध में भी यही बात है। यदि हम पूर्ण एकत्व का अविष्कार कर सकें तो उससे अधिक उन्नति फिर नहीं हो सकती। (धर्म-विज्ञान, पृष्ठ-8)

11. हमारे सम्मुख दो शब्द हैं-क्षुद्र ब्रह्माण्ड और बृहत् ब्रह्माण्ड; अन्तः और बहिः हम अनुभूति के द्वारा ही इन दोनों से सत्य लाभ करते हैं; अभ्यान्तर अनुभूति और बाह्य अनुभूति। आभ्यान्तर अनुभूति के द्वारा संगृहीत सत्य समूह मनोविज्ञान, दर्शन और धर्म के नाम से परिचित हैं, और वाह्य अनुभूति से भौतिक विज्ञान की उत्पत्ति हुई है। अब बात यह है कि जो सम्पूर्ण सत्य है, उसका इन दोनों जगत् की अनुभूति के साथ समन्वय होगा। क्षुद्र ब्रह्माण्ड, बृहत् ब्रह्माण्ड के सत्यसमूह को साक्षी प्रदान करेगा, उसी प्रकार वृहत् ब्रह्माण्ड की क्षुद्र ब्रह्माण्ड के सत्य को स्वीकार करेगा। चाहे जिस विद्या में हो, प्रकृत सत्य में कभी परस्पर विरोध रह नहीं सकता, आभ्यान्तर सत्य समूह के साथ बाह्य सत्य का समन्वय है। (धर्म-विज्ञान, पृष्ठ-10)

12. अंग्रेजी में हम सब शब्द नेचर का व्यवहार करते हैं। प्राचीन हिन्दू दार्शनिकगण उसके लिए दो विभिन्न संज्ञाओं का प्रयोग करते थे; प्रथम-"प्रकृति" और दूसरा उसकी अपेक्षा अधिक वैज्ञानिक नाम है-"अव्यक्त"-जो व्यक्त अथवा प्रकाशित अथवा भेदात्मक नहीं है-उससे ही सब पदार्थ उत्पन्न हुये हैं, उससे अणु-परमाणु सब आये हैं; उससे ही भूत, शक्ति, मन, बुद्धि सब आये हैं। यह अत्यन्त विस्मयकारक है कि भारतीय दार्शनिकगण अनेक युग पहले ही कह गये हैं कि मन सूक्ष्म जड़मात्र है। (धर्म-विज्ञान, पृष्ठ-12)

13. प्राचीन आचार्यगण ने इस अव्यक्त का लक्षण बताया है-"तीन शक्तियों की साम्यावस्था"। उनमें से एक का नाम सत्व, दूसरी का रजः और तीसरी का तमः है। तमः निम्नतम शक्ति है-आकर्षणस्वरूप, रजः उसकी अपेक्षा किंचित् उच्चतर है-विकर्षणस्वरूप; तथा सर्वोच्च जो शक्ति है वह इन दोनों की संयमस्वरूप है-वही सत्व है। अतएव ज्योंहि ये आकर्षण और विकर्षण दोनों शक्तियां सत्त्व के द्वारा पूर्णतः संयत होती हैं अथवा सम्पूर्ण साम्यावस्था में रहती है, तब सृष्टि अथवा विकार का अस्तित्व नहीं रहता, किन्तु ज्योंहि यह साम्यावस्था नष्ट होती है, ज्योंहि उनका सामंजस्य नष्ट होता है और उनमें से एक शक्ति दूसरी शक्तियों की अपेक्षा प्रबलतर हो उठती है, त्योंहि परिवर्तन तथा गति का आरम्भ होता है और इन सब का परिणाम चलता रहता है। इसी प्रकार व्यापार चक्रगति से चल रहा है। (धर्म-विज्ञान, पृष्ठ-12)

14. ब्रह्माण्ड के सम्पूर्ण वाह्य भाग को-आजकल हम जिसे स्थूल जड़ कहते हैं-प्राचीन हिन्दूगण भूत कहते थे। उनके मतानुसार उनमें से एक ही, शेष सब का कारण है; क्योंकि अन्यान्य सब भूत इसी एक भूत से उत्पन्न हुए हैं। इस भूत को आकाश की संज्ञा प्राप्त है तथा उसके साथ प्राण नाम की एक और वस्तु रहती है। (धर्म-विज्ञान, पृष्ठ-14)

15. जितने दिन सृष्टि रहती है, उतने दिन में प्राण और आकाश रहते हैं। कल्पान्त में प्राण और आकाश तक उसी अनन्त पुरुष में सुप्त भाव में थे, किन्तु किसी प्रकार का व्यक्त प्रपंच नहीं था। इस अवस्था को अव्यक्त कहते हैं-उसका ठीक शब्दार्थ स्पन्दन रहित अथवा अप्रकाशित है। (धर्म-विज्ञान, पृष्ठ-15)

16. प्राण स्वयं आकाश की सहायता के अभाव में कोई काम नहीं कर पाता। यह प्राण स्वयं नहीं रह सकता अथवा किसी मध्यवर्ती के बिना काम नहीं कर सकता। वह कभी आकाश से पृथक् नहीं रह सकता। शक्ति और भूत की अति सूक्ष्मावस्था को ही प्राचीन दार्शनिकगण ने प्राण और आकाश की संज्ञा दी है। प्राण को आप जीवनीशक्ति कह सकते हैं, किन्तु उसको केवल मनुष्य के जीवन में सीमाबद्ध करने से अथवा आत्मा के साथ अमिट समझने से भी काम नहीं चलेगा। अतएव सृष्टि, प्राण और आकाश के संयोग से उत्पन्न है तथा उसका आदि भी नहीं है, अन्त भी नहीं है। (धर्म-विज्ञान, पृष्ठ-17)

17. अतः अव्यक्त प्रकृति, यह सर्वव्यापी बुद्धित्व में अथवा महत्त में परिणत होती है, यह फिर सर्वव्यापी अहंतत्व अथवा अहंकार में और यह परिणाम प्राप्त करके फिर सर्वव्यापी इन्द्रियग्राह भूत (इन्द्रिय और तन्मात्रा) में परिणत होता है। यही भूत-समष्टि इन्द्रिय अथवा केन्द्र समूह में और समष्टि सूक्ष्म परमाणु समूह में परिणत होती है। फिर इन सब के मिलने पर इस स्थूल जगत-प्रपंच की उत्पत्ति होती है। सांख्य मत के अनुसार यही सृष्टि का क्रम है और बृहत् ब्रह्माण्ड में जो है, वह व्यष्टि अथवा क्षुद्र ब्रह्माण्ड में भी अवश्य रहेगा। (धर्म-विज्ञान, पृष्ठ-33)

18. सांख्यवादियों का एक मत अनन्यसाधारण है। उनके मतानुसार एक मनुष्य अथवा कोई भी एक प्राणी जिस नियम से गठित है, समग्र विश्व ब्रह्माण्ड भी ठीक उसी नियम से विरचित है। इसलिए हमारा जैसे एक मन है, उसी प्रकार एक विश्वमन भी है। (धर्म-विज्ञान, पृष्ठ-25)

19. जितने दिनों से जगत् है उतने दिनों से मन का अभाव-उस एक विश्वमन का अभाव, कभी नहीं हुआ। प्रत्येक मानव, प्रत्येक प्राणी उस विश्वमन से ही निर्मित हो रहा है, क्योंकि वह सदा ही वर्तमान है और उन सब के निर्माण के लिए उपादान प्रदान कर रहा है। (धर्म-विज्ञान, पृष्ठ-27)

20. जगत में प्रकृति के प्रथम विकास को सांख्य वादीगण महत् या समष्टि बुद्धि कहते हैं। इसका ठीक शब्दार्थ है-सर्वश्रेष्ठ तत्व। इसे अहंज्ञान नहीं कहा जा सकता, कहने पर भूल होगी। अहंज्ञान इस बुद्धितत्व का अंशविशेष मात्र है, परन्तु बुद्धितत्व सार्वजनिन तत्व है। अहंज्ञान, अव्यक्त ज्ञान और ज्ञानातीत अवस्था, ये सब ही उसके अन्तर्गत आते हैं। (धर्म-विज्ञान, पृष्ठ-31)

21. महत्तत्व ही उन सब परिवर्तनों का कारण है जिनके फलस्वरूप यह शरीर निर्मित हुआ है। महतत्व या समष्टि बुद्धि के भीतर ज्ञान की निम्न भूमि, साधारण ज्ञान की अवस्था और ज्ञान से अतीत अवस्था में सब ही विद्यमान है। (धर्म-विज्ञान, पृष्ठ-27)

22. ज्ञान की निन्म भूमि हम पशुओं में देखते हैं और उसे-सहजात ज्ञान कहते हैं। सहजात ज्ञान में प्रायः कभी भूल नहीं होती। एक पशु इस सहजात ज्ञान के प्रभाव से कौन सी घास खाने योग्य है, कौन सी घास विषाक्त है, यह सुविधापूर्वक समझ लेता है। (धर्म-विज्ञान, पृष्ठ-37)

23. उनके पश्चात् हमारा (मानव का) साधारण ज्ञान आता है, यह सहजात ज्ञान की अपेक्षा उच्चतर अवस्था है। हमारा साधारण ज्ञान भ्रान्तिमय है, यह पग-पग पर भ्रम में जा पड़ता है। इसे ही आप युक्ति अथवा विचारशक्ति कहते हैं। अवश्य सहजात ज्ञान की अपेक्षा उसका प्रसार अधिक दूर तक है, किन्तु सहजात ज्ञान की अपेक्षा युक्ति विचार में अधिक भ्रम की आशंका है। (धर्म-विज्ञान, पृष्ठ-37)

24. मन की और एक उच्चतर अवस्था विद्यमान है,-ज्ञानातीत अवस्था, इस अवस्था में केवल योगीगण का ही अर्थात् जिन्होंने यत्न करके इस अवस्था को प्राप्त किया है, उनका ही अधिकार है। वह सहजात ज्ञान के समक्ष भ्रान्ति से विहिन है और युक्तिविचार से भी उसका अधिक प्रसार है। वह सर्वोच्च अवस्था है। (धर्म-विज्ञान, पृष्ठ-37)

25. जिस प्रकार मनुष्य के भीतर महत् ही ज्ञान की निम्नभूमि, साधारण ज्ञानभूमि और ज्ञानातीत भूमि और ज्ञानातीत भूमि है, उसी प्रकार इस वृहत् ब्रह्माण्ड में भी यही सर्वव्यापी बुद्धितत्व अथवा महत्, सहजात ज्ञान, युक्ति विचार से उत्पन्न ज्ञान और विचार से अतीत ज्ञान, इन तीन प्रकारों से स्थित है। (धर्म-विज्ञान, पृष्ठ-38)

26. ज्ञान का अर्थ है-सदृश वस्तु के साथ उसका मिलन। कोई नया संस्कार आने पर यदि आप लोगों के मन में उसके सदृश सब संस्कार पहले से ही वर्तमान रहे, तभी आप तृप्त होते हैं, और इस मिलन अथवा सहयोग को ही ज्ञान कहते हैं। अतएव ज्ञान का अर्थ, पहले से ही हमारी जो अनुभूति, समष्टि विद्यमान है, उसके साथ और एक सजातीय अनुभूति को एक ही कोष में प्रतिष्ठित कर देना है। तथा पहले से ही आपका एक ज्ञान भण्डार न रहने पर कोई नया ज्ञान ही आपका नहीं हो सकता, यही उसका सर्वोत्तम प्रबल प्रमाण है। (धर्म-विज्ञान, पृष्ठ-38)

27. सांख्यमत के अनुसार सृष्टिवाद में सृष्टि अथवा क्रम विकास और प्रलय अथवा क्रम संकोच-ये दोनों स्वीकृत हुये हैं। सभी उसी अव्यक्त प्रकृति के क्रम विकास से उत्पन्न हैं, और ये सब क्रम संकुचित होकर व्यक्त आकार धारण करते हैं। सांख्य मत के अनुसार ऐसी किसी जड़ अथवा भौतिक वस्तु का अस्तित्व सम्भव नहीं है, ज्ञान का कोई अंशविशेष जिसका उपादान न हो। ज्ञान ही वह उपादान है, जिससे यह प्रपंच निर्मित हुआ है। (धर्म-विज्ञान, पृष्ठ-25)

28. कपिल का प्रधान मत है-परिणाम। वे कहते हैं, एक वस्तु दूसरी वस्तु का परिणाम अथवा विकार स्वरूप है; क्योंकि उनके मत के अनुसार कार्य-कारण भाव का लक्षण यह है कि-कार्य अन्य रूप में परिणत कारण मात्र है। (धर्म-विज्ञान, पृष्ठ-52)

29. कपिल का मत है कि समग्र ब्रह्माण्ड ही एक शरीर स्वरूप है जो कुछ हम देखते हैं, वे सब स्थूल शरीर है, उन सबके पश्चात् सूक्ष्म शरीर समूह और उनके पश्चात् समष्टि अहंतत्व, उसके भी पश्चात् समष्टि बुद्धि है। किन्तु यह सब ही प्रकृति के अन्तर्गत हैं। उसमें से जो हमारे प्रयोजन का है, हम ग्रहण कर रहे हैं; इसी प्रकार जगत के भीतर समष्टि मनस्तत्व विद्यमान है, उससे भी हम चिरकाल से प्रयोजन के अनुसार ले रहे हैं। किन्तु देह का बीज माता-पिता से प्राप्त होना चाहिए। इससे वंश की अनुक्रमणिकता और पुनर्जन्मवाद दोनों ही तत्व स्वीकृत हो जाते हैं। (धर्म-विज्ञान, पृष्ठ-25)

30. समग्र प्रकृति के पश्चात् निश्चित रूप में कोई सत्ता है, जिसका आलोक उन पर पड़कर महत्, अहंज्ञान और यह सब नाना वस्तुओं के रूप में प्रतीत हो रहा है। और इस सत्ता को ही कपिल पुरुष अथवा आत्मा कहते हैं। वेदान्ती भी उसे आत्मा कहते हैं। कपिल के मत के अनुसार पुरुष अमिश्र् पदार्थ है। वह यौगिक पदार्थ नहीं है। वही एकमात्र व जड़ पदार्थ है और सब प्रपंच-विकार ही जड़ है। पुरुष ही एकमात्र ज्ञाता है। (धर्म-विज्ञान, पृष्ठ-52)

31. समस्त प्रकृति आत्मा के भोग अथवा अभिज्ञता का संचय करने के लिए काम करती जा रही है, और आत्मा उसी चरम लक्ष्य में जाने के लिए यह अभिज्ञता संचय कर रही है तथा मुक्ति ही यह चरम लक्ष्य है। सांख्य दर्शन के मत के अनुसार इस आत्मा की संख्या बहुत है। अनन्त संख्यक आत्माएं विद्यमान हैं। उसका और एक सिद्धान्त यह है कि "ईश्वर नहीं है", जगत् का सृष्टिकर्ता कोई नहीं है। सांख्यवादी कहते हैं प्रकृति ही जब इन सब विभिन्न रूपों का सृजन करने में समर्थ है तब ईश्वर स्वीकार करने का प्रयोजन नहीं है। (धर्म-विज्ञान, पृष्ठ-55)

32. साख्य दर्शन सब आत्माओं के एकत्व के प्रति विश्वासी नहीं है। वेदान्त के मतानुसार सब जीवात्माएं ब्रह्मनामधेय एक विश्वात्मा में अमिश्र है, किन्तु सांख्य दर्शन के प्रतिष्ठाता कपिल द्वैतवादी थे। अवश्य उन्होंने जगत का विश्लेषण जहाँ तक किया है, वह अत्यन्त अद्भुत है। वे हिन्दू परिणामवादियों के जनक स्वरूप हैं, और परिवर्ती सब दार्शनिक शास्त्र उनकी ही चिन्तन प्रणाली के परिणाम मात्र हैं। (धर्म-विज्ञान, पृष्ठ-24)

33. ज्ञान चैतन्य सम्पूर्ण रूप से प्रकृति के अधिकार में है, आत्मा में ज्ञान चैतन्य नहीं है। वेदान्त कहता है-आत्मा का स्वरूप असीम है अर्थात् वह पूर्णसत्ता, ज्ञान और आनन्द स्वरूप है। तथापि हमारा सांख्य के साथ इस विषय में एक मत है कि वे जिसे ज्ञान कहते हैं, वह एक यौगिक पदार्थ मात्र है। (पृष्ठ-56)

34. जैसे सोना गलाना हो तो उसमें पोटैशियम साइनाइड मिलाना होता है। पोटैशियम साइनाइड अलग रह जाता है, उस पर कोई रासायनिक कार्य नहीं होता, किन्तु सोना गलाने का काम सफल करने के लिए उसके

सान्निध्य का प्रयोजन है। पुरुष के सम्बन्ध में भी यही बात है। वह प्रकृति के साथ मिश्रित नहीं होता, वह बुद्धि या महत् अथवा किसी प्रकार का विकार नहीं है, वह शुद्ध पूर्ण आत्मा है-"मेरे साक्षी स्वरूप विद्यमान रहने के कारण प्रकृति यह सब चेतन और अचेतन का सृजन कर रही है।" (गीता, 9/10) (धर्म-विज्ञान, पृष्ठ-45)

35. पुरुष में चैतन्य है, किन्तु पुरुष को बुद्धिमान अथवा ज्ञानवान नहीं कहा जा सकता, किन्तु वह ऐसी वस्तु है, जिसके रहने पर ही ज्ञान सम्भव होता है। पुरुष में जो चित्त है, वह प्रकृति से मिलकर हमारे निकट बुद्धि अथवा ज्ञान के नाम से परिचित होता है। जगत् में जो कुछ सुख, आनन्द एवं शान्ति है, सब पुरुष की है; परन्तु वह सब मिश्र है क्योंकि उसमें पुरुष और प्रकृति का मिश्रण है। "जहाँ किसी प्रकार का सुख है, जहाँ किसी प्रकार का आनन्द है वहाँ उस अमृत स्वरूप पुरुष का एक कण विद्यमान है, यह समझ लेना होगा।" (वृहदारण्यक उपनिषद्) (धर्म-विज्ञान, पृष्ठ-46)

36. यदि हम एक मानव का विश्लेषण कर सकें तो समग्र जगत् का विश्लेषण कर लिया; क्योंकि वे सब एक ही नियम से निर्मित हैं। अतएव यदि यह सत्य हो कि इस व्यष्टि श्रेणी के पीछे ऐसे एक व्यक्ति विद्यमान है जो समस्त प्रकृति से अतीत है, जो किसी प्रकार के उपादान से निर्मित नहीं है अर्थात् पुरुष, तो यह एक ही युक्ति समष्टि ब्रह्माण्ड पर भी घटित होगी तथा उसके पश्चात् भी एक चैतन्य स्वीकार करने का प्रयोजन होगा। जो सर्वव्यापी चैतन्य प्रकृति के समग्र विकारों के पश्चात् भाग में विद्यमान है, उसे वेदान्त सब का नियंता, ईश्वर कहता है। (धर्म-विज्ञान, पृष्ठ-64)

37. पहले यह स्थूल शरीर, उसके पश्चात् सूक्ष्म शरीर, उसके पश्चात् जीव अथवा आत्मा, यही मानव का यथार्थ स्वरूप है। मनुष्य का एक सूक्ष्म शरीर और एक स्थूल शरीर है, ऐसा नहीं है। शरीर एक ही है तथापि सूक्ष्म आकार में वह स्थूल की अपेक्षा दीर्घ काल तक रहता है, तथा स्थूल शीघ्र नष्ट हो जाता है। द्वैतवादियों के मतानुसार यह जीव अर्थात् मनुष्य का यथार्थ स्वरूप जो है वह अणु अर्थात् अति सूक्ष्म है। (धर्म-विज्ञान, पृष्ठ-125)

38. सूक्ष्म शरीर भी दीर्घकाल के पश्चात् विश्लिष्ट हो जायेगा, किन्तु जीव अयौगिक पदार्थ है, इसलिए वह कभी ध्वंस प्राप्त नहीं होगा। किसी अयोगिक पदार्थ का जन्म नहीं हो सकता, केवल जो यौगिक है उसका ही जन्म हो सकता है। (धर्म-विज्ञान, पृष्ठ-126)

39. लाख-लाख प्रकार के आकार में मिश्रित यह समग्र प्रकृति ईश्वर की इच्छा के अधीन है। ईश्वर सर्वव्यापी, सर्वज्ञ और निराकार है, एवं वह दिन-रात इस प्रकृति को परिचालित करता है। समस्त प्रकृति ही उसके शासन के अधीन विद्यमान है। किसी प्राणी को स्वाधीनता नहीं है, वह हो ही नहीं सकती। ईश्वर ही रास्ता है। यही द्वैतवादात्मक वेदान्त का उपदेश है। (धर्म-विज्ञान, पृष्ठ-126)

40. इस मानव देह को कर्मदेह कहते हैं, इस मानवदेह में ही हम अपना भविष्यत्: दृष्ट स्थिर किया करते हैं। हम एक वृहत् वृत्त के आकार में भ्रमण कर रहे हैं, तथा मानवदेह ही उस वृत्त के मध्य में एक बिन्दु है, जहाँ हमारी भविष्यत्: अवस्था स्थिर होती है। इस कारण ही अन्यान्य सब प्रकार की देहों की अपेक्षा मानवदेह ही श्रेष्ठतम् निर्दिष्ट की जाती है। देवतागण भी मनुष्य जन्म ग्रहण किया करते हैं। द्वैत वेदान्त यहाँ तक कहता है। (धर्म-विज्ञान, पृष्ठ-129)

41. तथापि ईश्वर की कृपा एवं शुभ कर्म के अनुष्ठान के द्वारा वे (जीवात्मा) पुनः विकास प्राप्त होगी। प्रत्येक जीवात्मा को मुक्तिलाभ के समान सुयोग और सम्भावना प्राप्त है एवं काल में सब ही शुद्धस्वरूप होकर प्रकृति के बन्धन से मुक्त होंगी। किन्तु इतना होने पर भी इस जगत का लोप नहीं होगा, क्योंकि वह अनन्त है। यही वेदान्त का द्वितीय प्रकार का सिद्धान्त है, जिसके मतानुसार ईश्वर, आत्मा और प्रकृति है, तथा आत्मा और प्रकृति ईश्वर का देहस्वरूप है और ये तीनों मिलकर एक है-विशिष्टाद्वैत वेदान्त कहते हैं। (धर्म-विज्ञान, पृष्ठ-131)

42. यह समग्र जगत् एक अखण्ड स्वरूप है, और उसे ही अद्वैत वेदान्त-दर्शन में ब्रह्म कहते हैं। ब्रह्म जब ब्रह्माण्ड के पश्चात् प्रदेश में है ऐसा लगता है, तब उसे ईश्वर कहते हैं। अतएव यह आत्मा ही मानव का

अभ्यन्तरस्थ ईश्वर है। केवल एक पुरुष, उन्हें ईश्वर कहते हैं, तथा जब ईश्वर और मानव दोनों के स्वरूप का विश्लेषण किया जाता है तब दोनों को एक के रूप में जाना जाता है। (धर्म-विज्ञान, पृष्ठ-67)

43. "सभी हाथों से आप काम कर रहे हैं, सभी मुखों से आप खा रह रहे हैं, सब नासिकाओं से आप श्वास-प्रश्वास ले रहे हैं, सब मन से आप चिन्ता अथवा विचार कर रहे हैं।" (गीता, अध्याय-13) समग्र जगत ही आप है। जो कुछ है, सब आप है, यथार्थ "आप"-वह एक अविभक्त आत्मा-जिस क्षुद्र सीमाबद्ध व्यक्ति विशेष को आप "आप" समझते हैं, वह नहीं। तथा आप जो अमुक राम, श्याम, हरि है, यह बात भी किसी काल में सत्य नहीं है, यह केवल स्वप्न मात्र है। यही जानकर मुक्त होइए। यह अद्वैतवादियों का सिद्धान्त है। (धर्म-विज्ञान, पृष्ठ-67-68)

44. यदि आप अपने को बद्ध के रूप में सोंचे तो आप बद्ध ही रहेंगे; आप स्वतः ही अपने बन्धन के कारण होंगे। तथा यदि आप उपलब्धि करे कि आप मुक्त हैं तो इसी मुहुर्त आप मुक्त हैं। यही ज्ञान है-मुक्तिप्रद ज्ञान, तथा समग्र प्रकृति का चरम लक्ष्य ही मुक्ति है। (धर्म-विज्ञान, पृष्ठ-68)

45. एक ही सूर्य विविध जल बिन्दुओं में प्रतिबिम्बित होकर नाना रूप दिखा रहा है। लाख-लाख जलकणों में लाख-लाख सूर्य का प्रतिबिम्ब पड़ा है तथा प्रत्येक जल कण में ही सूर्य की सम्पूर्ण प्रतिमूर्ति विद्यमान है; किन्तु सूर्य वास्तव में एक है। इन सब जीवगण के सम्बन्ध में भी यही बात है-वे उसी एक अनन्त पुरुष के प्रतिबिम्ब मात्र है। स्वप्न कदापि सत्य के बिना रह नहीं सकता, और वह सत्य, वही एक अनन्त सत्ता है। शरीर, मन अथवा आत्मा भाव में मानने पर आप स्वप्न मात्र हैं, किन्तु आपका यथार्थ स्वरूप अखण्ड सच्चिदानन्द है। अद्वैतवादी यही कहते हैं। यह सब जन्म, पुनर्जन्म, यह आना-जाना यह सब उस स्वप्न का अंशभाग है। आप अनन्त स्वरूप हैं। आप फिर कहाँ जायेंगे? आत्मा कभी उत्पन्न नहीं होती, कभी मरेगी भी नहीं, आत्मा के किसी काल में माता-पिता, शत्रु-मित्र कुछ भी नहीं है; क्योंकि आत्मा अखण्ड सच्चिदानंद स्वरूप है। जिस व्यक्ति ने इसका साक्षात्कार किया है उसने ही मुक्तिलाभ किया है, वह इस स्वप्न को भंग करके उसके बाहर चला गया है, उसने अपना यथार्थ स्वरूप जाना है। अद्वैतवेदान्त का यही उपदेश है। (धर्म-विज्ञान, पृष्ठ-133-134)

46. वेदान्त दर्शन एक एक करके इन तीन सोपानों (द्वैत, विशिष्टद्वैत, अद्वैत) का अवलम्बन करके अग्रसर हुआ है तथा हम इस तृतीय सोपान (अद्वैत) को पार करके अधिक अग्रसर नहीं हो सकते, क्योंकि हम एकत्व के उपर अधिक जा नहीं सकते। (धर्म-विज्ञान, पृष्ठ-134)

47. धर्मज्ञान को उच्चतम चूड़ा में आरोहण करने के लिए मानव जाति को जिन सब सोपानों का अवलम्बन करना पड़ा है, प्रत्येक व्यक्ति को भी उसका ही अवलम्बन करना होगा। केवल प्रभेद यह है कि समग्र मानव जाति को एक सोपान से दूसरे सोपान में आरोहण करने के लिए लाख-लाख वर्ष लगे हों, किन्तु व्यक्तिगण कुछ वर्षों में ही मानव जाति का समग्र जीवन यापन कर ले सकते हैं, अथवा वे और भी शीघ्र, सम्भवतः छः मास के भीतर ही उसे सम्पूर्ण कर ले सकते हैं। (धर्म-विज्ञान, पृष्ठ-135)

48. जो व्यक्ति कहता है, इस जगत् का अस्तित्व है, किन्तु ईश्वर नहीं है, वह निर्बोध है, क्योंकि यदि जगत् हो, तो जगत् का एक कारण रहेगा और उसक कारण का नाम ही ईश्वर है। कार्य रहने पर ही उसका कारण है, यह जानना होगा। जब यह जगत् अन्तर्हित होगा, तब ईश्वर भी अन्तर्हित होंगे। जब आप ईश्वर के सहित अपना एकत्व अनुभव करेंगे, तब आपके पक्ष में यह जगत् फिर नहीं रहेगा। जिसे हम इस क्षण जगत् के रूप में देख रहे हैं, वही हमारे सम्मुख ईश्वर के रूप में प्रतिभासित होगा, एवं जिनको एक दिन हम बहिर्देश में अवस्थित समझते थे, वे ही हमारी आत्मा के अन्तरात्मा रूप में प्रतीत होंगे।-"तत्वमसि"-वही तुम हो। (धर्म-विज्ञान, पृष्ठ-135)

02. योग क्या है?

01. इन सारी योग प्रणाणिलों में जो कुछ गुह्य या रहस्यात्मक है, सब छोड़ देना पड़ेगा। जिससे बल मिलता है उसी का अनुसरण करना चाहिए। अन्यान्य विषयों में जैसा है, धर्म में भी ठीक वैसे ही है, जो तुमको दुर्बल बनाता है, वह समूल त्याज्य है। रहस्य-स्पृहा मानव मस्तिष्क को दुर्बल कर देती है। इसके कारण ही आज योग शास्त्र नष्ट सा हो गया है किन्तु वास्तव में यह एक महाविज्ञान है।

02. वह तरीका जिसके माध्यम से हम अपनी सारी भावनाओं को परम तत्व की ओर मोड़कर आनन्द प्राप्ति कर सकते हैं, यानि भक्ति के द्वारा भगवान से सम्बद्ध हो सकते हैं, भक्तियोग कहलाता है। विवेक का वह तरीका जिसके माध्यम से हम उससे ऐक्य स्थापित कर सकते हैं या उसकी अनुभूति प्राप्ति कर सकते हैं, ज्ञान योग या बुद्धि-विज्ञान कहलाता है। अनाशक्ति की कला जिसके माध्यम से हम कर्म से सम्बन्ध रखते हुए भी कर्म के जाल में नहीं फँस सकते, वह कर्मयोग या कर्म का विज्ञान कहलाती है। अन्त में वह तरीका जिसके माध्यम से हम मन को नियत्रित कर सकते हैं, जो सारे दुःखों का जड़ है, राजयोग कहलाता है। (योग क्या है?, पृष्ठ-14)

03. एक ईसाई रहस्यवादी ने ठीक ही कहा है कि “अगर हम लोग प्रार्थना के क्षेत्र में बहुत दूर चले गये हो तो हमें कर्म पर जोर देना चाहिए, अगर हम लोग आन्तरिक जीवन में मध्य तक ही पहुंचे हों तो हमें बाहरी जीवन में बहुत कम ही उतरना चाहिए, अगर हम आध्यात्मिक जीवन में बिल्कुल ही न बढ़े हों तो हमें व्यावहारिक दुनिया में बिल्कुल ही नहीं उतरना चाहिए।” (योग क्या है?, पृष्ठ-44)

04. खासतौर से वह नेता जो धर्म और सुधार की आड़ में वास्तव में राजनैतिक सत्ता के खतरनाक खेल में व्यस्त था। जब ये अभागे व्यक्ति राजनीति में प्रथम बार प्रवेश करते हैं तो सचमुच में उनमें मानव कल्याण की भावना रहती है क्योंकि वे मानव को ईश्वर की सन्तान समझते हैं, लेकिन वे बहुत जल्द ही सत्ता के जाल में फंस जाते हैं और इनमें से अधिकांश इससे निकल नहीं पाते। ऐसे ही व्यक्ति ने अपने आप को कुछ स्वार्थी तत्वों से जोड़कर कुछ क्षेत्रों में धर्म को घृणास्पद बना दिया है। (योग क्या है?, पृष्ठ-44)

05. श्री रामकृष्ण ने कहा था-“वर्षा के प्रारम्भ के समय गंगा में जन्में छोटे-छोटे केकड़ों को तुमने देखा है? इस व्यापक विश्व में तुम उस एक छोटे से केकड़ें से भी क्षुद्र हो। तुम विश्व के लोगों की मदद कर रहे हो, यह कहने का साहस ही कैसे करते हो. . .? पहले मनुष्य को भगवान से अधिकार प्राप्त करने दो, उसे उसकी शक्ति से सम्पन्न होने दो, तभी वह दूसरों की मदद करने की बात सोच सकता है। पहले मनुष्य को सभी अहंकारों से मुक्त होना चाहिए। तभी आनन्दमयी माँ उसे संसार की सेवा करने का आदेश देगी।” (योग क्या है?, पृष्ठ-45)

06. योग के बारे में कुछ लोग तो यहाँ तक सोचने पर विवश हैं, कि यह व्यर्थ का प्रयास है, क्योंकि जब हम जीवन के सभी क्षेत्रों में अनेक सफल व्यक्तियों को देखते और जानते हैं, वहाँ योग के क्षेत्र में हम मुश्किल से किसी ऐसे व्यक्ति से मिलते हैं जो यह कह सकता है कि वह अपनी मंजिल पर वास्तव में पहुँच चुका है, वशर्ते वह धोखेबाज और आत्मप्रवंचना का शिकार न हो। हजार वर्ष में कभी ऐसा होता है कि कोई महात्मा या दूरद्रष्टा जन्म लेता है जो अधिकार के साथ धर्म के सारतत्व पर बोल सकता हो और ऐसे व्यक्ति की आवाज भी शीघ्र ही भ्रम में तिरोहित हो जाती है जो विश्व में चतुर्दिक व्याप्त है। (योग क्या है, पृष्ठ-80)

07. फिर भी एक बात निश्चित है, अगर पथ की पहचान सही हो और लक्ष्य असंभव न हो तो दृढ़ संकल्पी और लगनशील यात्री के लिए प्रयास करते रहने के अलावा दूसरा कोई विकल्प नहीं रहता यद्यपि “पथ पहाड़ियों में पूरे रास्ते भर चक्करदार ही रहता है।” अन्तिम मंजिल तक पहुँचने में सैकड़ों असफल हो सकते हैं, लेकिन प्रयास जो एक बार प्रारम्भ हो चुका है, छोड़ा नहीं जा सकता, अन्यथा वही यात्री कायर ही कहलायेगा। (योग क्या है, पृष्ठ-81)

08. वेदान्त यह भी कहता है कि कोई व्यक्ति अपनी वर्तमान क्रियाओं द्वारा भविष्य को बहुत अधिक हद तक निश्चित कर सकता है। जिसका अर्थ है कि प्रत्येक व्यक्ति अपने इस जीवन के अच्छे कार्यों द्वारा अपने गत कर्मों के बुरे प्रभावों को मिटा डालने के लिए बहुत हद तक स्वतंत्र है। (योग क्या है, पृष्ठ-82)

09. शास्त्र कहते हैं कि कोई साधक यदि एक जीवन में सफलता प्राप्त करने में असफल होता है तो वह पुनः जन्म लेता है और अपने अधूरे कार्य को अधिक सफलता से आगे बढ़ाता है। (योग क्या है, पृष्ठ-83)

10. विभिन्न योगों में कोई विशेष विभाजन रेखा नहीं है। आध्यात्मिक अभ्यास के दौरान कर्म, भक्ति और ज्ञान सभी एक दूसरे से प्रायः मिल जाते हैं। साधक का स्वभाव ही यह निश्चित करेगा कि इन तीनों में से किस का अधिक प्रभाव उसके जीवन पर पड़ा है। (योग क्या है, पृष्ठ-41)

11. योगी कहते हैं अप्राकृतिक नाम की कोई चीज नहीं है, पर हाँ, प्रकृति में दो प्रकार की अभिव्यक्तियाँ हैं-एक है स्थूल और दूसरी है सूक्ष्म। सूक्ष्म कारण है और स्थूल कार्य। स्थूल सहज ही इन्द्रियों द्वारा उपलब्ध की जा सकती है, पर सूक्ष्म नहीं। राजयोग के अभ्यास से सूक्ष्म की अनूभुति होती रहती है। (राजयोग, पृष्ठ-2)

12. भारतवर्ष में जितने वेदमतानुयायी दर्शनशास्त्र हैं, उन सब का एक ही लक्ष्य है,और वह है-पूर्णता प्राप्त करके आत्मा को मुक्त कर लेना। इसका उपाय है-योग। "योग" शब्द बहुभावव्यापी है। सांख्य और वेदान्त उभयमत किसी न किसी प्रकार के योग का समर्थन करते हैं। (योगःपृष्ठ-3)

13. हमारे समस्त ज्ञान स्वानुभूति पर टिके हैं। अनुमानिक ज्ञान (सामान्य से सामान्यतर या सामान्य से विशेष, दोनों) की बुनियाद स्वानुभूति है। जिनको निश्चित विज्ञान (Exact Science) जैसे गणित, गणित-ज्योतिष इत्यादि, कहते हैं, उनकी सत्यता सहज ही लोगों की समझ में आ जाती है, क्योंकि वे प्रत्येक व्यक्ति से कहते हैं-"तुम स्वयं यह देख लो कि यह बात सत्य है अथवा नहीं, और तब उस पर विश्वास करो।" विज्ञानविद् तुमको किसी भी विषय पर विश्वास कर बैठने को नहीं कहेंगे। (राजयोगःपृष्ठ-5)

14. संसार के समस्त धर्म उस प्रत्यक्ष अनुभव पर स्थापित है जो ज्ञान की सार्वभौमिक और सुदृढ़ भित्ति है। सभी धर्माचार्यों ने ईश्वर को देखा था। उन सभी ने आत्मदर्शन किया था, अपने अनन्त स्वरुप का ज्ञान सभी को हुआ था, सब ने अपनी भविष्य अवस्था देखी थी, और जो कुछ उन्होंने देखा था, उसी का वे प्रचार कर गये। (राजयोग, पृष्ठ-7)

15. योग विद्या के आचार्यगण कहते हैं कि धर्म पूर्णकालीन अनुभूतियों पर केवल स्थापित नहीं, वरन् इन अनुभूतियों से स्वयं सम्पन्न हुए बिना कोई भी धार्मिक नहीं हो सकता। जिस विद्या के द्वारा ये अनुभूतियाँ होती हैं, उसका नम है योग। धर्म के सत्यों का जब तक कोई अनुभव नहीं कर लेता, तब तक धर्म की बात करना ही व्यर्थ है। (राजयोग, पृष्ठ-8)

16. प्रत्येक विद्या की अपनी एक निर्दिष्ट प्रणाली है। मैं तुम्हें सैकड़ों उपदेश दे सकता हूँ, परन्तु तुम यदि साधना न करो, तो तुम कभी धार्मिक न हो सकोगे। सभी युगों में, सभी देशों में, निष्काम, शुद्धस्वभाव साधु-महापुरुष इसी सत्य का प्रचार कर गये हैं। संसार का हित छोड़कर कोई कामना उनमें नहीं थी। (राजयोग, पृष्ठ-10)

17. इस तरह के ज्ञान की उपयोगिता क्या है? पहले तो, ज्ञान ही ज्ञान का सर्वोच्च पुरस्कार है, दूसरे, इसकी उपयोगिता भी है-यह समस्त दुःखों का हरण करेगा। ज्ञान लाभ का एकमात्र उपाय है-एकाग्रता। (राजयोग, पृष्ठ-12)

18. जिस प्रकार वासनाएँ और अमरत्व मानव के अन्तर्भाव में हैं, उसी प्रकार उसके भीतर ही उन अभावों के मोचन शक्ति भी है। और जहाँ कहीं और कभी किसी वासना, अभाव या प्रार्थना की पूर्ति होती है, तो समझना होगा कि वह इस अनन्त भण्डार से ही पूर्ण होती है, किसी अप्राकृतिक पुरुष से नहीं। (राजयोग, पृष्ठ-2)

19. मनुष्य को आत्मोन्नति के लिए अधिक धन अनुकूल नहीं। फिर बिल्कुल निर्धन होने पर भी उन्नति दूर रहती है। संसार में जितने भी महात्मा पैदा हुए हैं, सभी मध्यम श्रेणी के लोगों से हुए थे। मध्यम श्रेणी वालों में सब विरोधी शक्तियों का समन्वय रहता है। (राजयोग, पृष्ठ-30)

20. ईश्वर के निकट प्रार्थना करें-अर्थ, स्वास्थ्य अथवा स्वर्ग के लिए नहीं, वरन् हृदय में ज्ञान और सत्य तत्व के उन्मेष के लिए। इसको छोड़ बाकी सब प्रार्थनाएँ स्वार्थ से भरी है। इसके बाद भाव करनी होगी, "मेरा शरीर वज्रवत् दृढ़, सबल और स्वस्थ है। यह देह ही मेरी मुक्ति में एकमात्र सहायक है। इसी की सहायता से मैं यह जीवन समुद्र पार कर लूंगा।" (राजयोग, पृष्ठ-34)

21. योगी कहते हैं-इन सब विशिष्ट अभिव्यक्तियों के पीछे एक साधारण सत्ता है। उसको पकड़ सकने या जान लेने पर सब कुछ जाना जा सकता है। इसी प्रकार वेदों में सम्पूर्ण जगत को एक अखण्ड निरपेक्ष सत्यस्वरुप में पर्यवसित किया है। जिन्होंने इस "अस्ति"-स्वरुप को पकड़ा है वे ही सम्पूर्ण विश्व को समझ सके हैं। (राजयोग, पृष्ठ-38)

22. आत्मा की उन्नति का वेग बढ़ाकर किस प्रकार थोड़े समय में मुक्ति पायी जा सकती है, यह सारी योग विद्या का लक्ष्य और उद्देश्य है। संसार के सभी महापुरुष, साधु और सिद्ध पुरुषों ने क्या किया? उन्होंने एक जन्म में ही, समय को कम करके, उन सब अवस्थाओं का भोग कर लिया है, जिनमें से होते हुए साधारण मानव करोड़ों जन्म में मुक्त होता है। (राजयोग, पृष्ठ-50)

23. योगी कहते हैं कि-मनुष्य में जो शक्ति काम-क्रिया, काम-चिन्तन, आदि रुपों में प्रकाशित हो रही है, उसका दमन करने पर वह सहज ही ओजधातु में परिणत हो जाती है। (राजयोग, पृष्ठ-67)

03. ज्ञान योग

01. प्रत्येक व्यक्ति केवल अपने ही विश्व को देखता है, इसलिए उस विश्व की उत्पत्ति उसके बन्धन के साथ होती है और उसकी मुक्ति से वह विश्व मय हो जाता है। तथापि वह औरों के लिए, जो बन्धन में हैं, अवशेष रहता है। नाम और रुप से ही विश्व बना है। समुद्र की तरंग, उस हद तक ही तरंग कहला सकती है, जब तक कि नाम और रुप से वह सीमित है। यदि तरंग लुप्त हो जाये तो वह समुद्र ही है। यह नाम और रुप माया कहलाता है। और पानी ब्रह्म। (पत्रावली भाग-1,-424)

02. अपने ही विचारों से भयभीत हो जाना एक आम अनुभव है। लेकिन हम चाहें जितना ही इस चिन्तन की उपेक्षा करें, हम जीवन और मृत्यु के वास्तविकता से बच नहीं सकते। (योग क्या है। पृष्ठ-50)

03. एक ज्ञान योगी जीवन की किसी भी समस्या का सामना करने से भयभीत नहीं होता और वह मृत्यु के भूत से भी नहीं डरता। वह जीवन के सभी पक्षों-सुखात्मक और दुःखात्मक दोनों को देखने के लिए तैयार रहता है, किन्तु इसके साथ ही वह इनके फंदों से बचने के लिए उपाय भी सोचता है। (योग क्या है, पृष्ठ-50)

04. आधुनिक पदार्थ विज्ञान भी यह मत नहीं देता कि जिन वस्तुओं को हम द्रव्य के रुप में देखते हैं वह वास्तव में ठोस पदार्थ ही है और अपने अन्तिम विश्लेषण में क्या यह द्रव विचार या प्रतीक नहीं बन जाता? लेकिन फिर भी हमारे आँखों के सामने इस भैतिक जगत का भ्रम बना हुआ है। (योग क्या है, पृष्ठ-51)

05. यह जानते हुए भी कि उसका भौतिक शरीर देर-सवेर नष्ट होगा ही, वह हमेशा अपने शरीर से अलग अपने चेतना की ज्योति जगाये रखने का प्रयास करता है। इस तरह जब एक व्यक्ति सारी अवास्तविक वस्तुओं को इंकार कर देता है, तब जो अवरोध रहता है, वही आत्म तत्व और सत्य होता है। (योग क्या है, पृष्ठ-52)

06. रात में एक पेड़ का ठूठ भय पैदा करता है, एक मित्र आता है और उस भयभीत पथिक से कहता है कि जिस वस्तु को देखकर वह डर गया है, वह भूत न होकर पेड़ है। पथिक इस विचार को अपने मन में रखकर उसके पास जाता है, देखता है कि जिसमें उसने भूत की कल्पना की थी, वह वास्तव में पेड़ के सिवाय कुछ भी नहीं है। यह उदाहरण कुछ हद तक ज्ञान योग के तरीकों को ही उद्घाटित करता है। जो

भी इस कठिन पथ का अनुसरण करने का प्रयास करता है, उसके पास पूर्ण निर्भीकता तथा अतिमानवीय मानसिक बल होना चाहिए। (योग क्या है, पृष्ठ-53)

07. कितने लोग ईमानदारी पूर्वक कह सकते हैं कि उनके पास साहस और आत्मबल है? यह एक असाधारण गुण है और शायद शताब्दी में विवेकानन्द जैसे एक ही होते हैं जो अपने बंधुओं में विशिष्ट होते हैं। (योग क्या है, पृष्ठ-53)

08. हिन्दू शास्त्र ज्ञानयोग की साधना करने वालों के लिए कुछ विशेष प्रारम्भिक अनुशासनों का निर्देश देते हैं। इनमें से सबसे प्रमुख है-सत्य और असत्य के भेद का विवेक, इस लोक और परलोक के सुखों से विरक्ति, मन-नियन्त्रण और इन्द्रिय-निग्रह बाह्य वस्तुओं से विकर्षण, शारीरिक सहनशीलता, गुरु के उपदेशों की ग्रहण शक्ति से युक्त होकर अपनी शक्ति के प्रति पूर्ण आस्था और सर्वतोभावेन मानव अस्तित्व के बन्धनों से मुक्त होने की अदम्य लालसा। कोई भी व्यक्ति इनकार नहीं कर सकता कि सब मिलाकर ये प्रारम्भिक योग्यताएँ औसत आदमी से लगभग असम्भव क्षमता की माँग करती है। (योग क्या है, पृष्ठ-54)

09. धर्मशास्त्र राय देते हैं कि वे ही व्यक्ति ज्ञान साधना की सफलता की आशा रख सकते हैं जिन्होंने इसके प्रारम्भिक अनुशासन को अपने पूर्व जन्म में ही सफलतापूर्वक हासिल कर लिया है। (योग क्या है, पृष्ठ-54)

10. अनुभव से यह सिद्ध हो चुका है कि सभी विचार, चाहें वह अच्छे हों या बुरे, व्यक्ति के जीवन पर अत्यधिक प्रभाव छोड़ते हैं। इसलिए, अगर कोई स्वयं को बलवान समझे तो अनजाने ही उसमें धीरे-धीरे शक्ति का प्रादुर्भाव होगा। अगर कोई साधक अपने को कालातीत आत्मा के रुप में मानता है, तो उसमें एक अवचेतन प्रक्रिया सम्पन्न होगी और वह दैहिक कमजोरियों से स्वयं मुक्त हो जायेगा। (योग क्या है, पृष्ठ-55)

11. तात्पर्य यह कि ज्ञान योग की कठिन साधना केवल उसी व्यक्ति द्वारा सम्भव है जो दृढ़ इच्छा-शक्ति और विश्लेषण-बुद्धि से पूर्णरुपेण सम्पन्न हो। (योग क्या है, पृष्ठ-57)

12. साधक के लिए यह वैधिक विश्वास ही पर्याप्त नहीं है कि ज्ञान योग का पथ उसकी प्रकृति के सर्वथा अनुकूल है। उसे खुले मैदान और खुले आकाश के नीचे अपना आध्यात्मिक युद्ध लड़ने के लिए तैयार रहना होगा। उसे लगातार मानवीय कमजोरियों और सूक्ष्मवृत्तियों से लड़ना पड़ेगा क्योंकि मन इसी बातों में रमता है, उसे इस कठोर संघर्ष से तब तक विराम नहीं मिलेगा जब तक कि वह अपनी मानसिक ऊँचाई को प्राप्त नहीं कर लेता और अपने को सुरक्षित नहीं कर पाता। (योग क्या है, पृष्ठ-57)

13. पवित्रता (इच्छाओं और वासनाओं का दमन) के क्षेत्र में जो जितना ही सफल होगा, वह उतना ही ज्ञान योग की साधना में सफल होगा। मन का दृढ़ नियन्त्रण और उच्च ध्यान-स्थिति, ये दोनों ज्ञान योग की साधना के लिए आवश्यक हैं और ये दोनों ज्ञान योग द्वारा वर्णित तरीकों को अपनाकर अच्छी तरह प्राप्त किये जा सकते हैं। (योग क्या है, पृष्ठ-58)

14. जब एक साधक शरीर बोध का अतिक्रमण कर जाता है, तो स्वभावतः उसके शरीर का अन्त हो जाता है और यह देखा गया है कि सामान्यतः एक ज्ञानी परमसत्ता के अनुभव के बाद अपने उस विराट अनुभव के बाद अपने उस विराट अनुभव को झेल नहीं पाता। फिर भी शंकर की तरह कुछ अपवाद हैं जिन्होंने विराट के अनुभव के बाद भी मानवता को ऐसी स्थिति की उपलब्धि के साधनों की शिक्षा देने के लिए अपने उच्च विचारों को कायम रखा। ये आत्माएं बन्धन से प्राप्त अनन्त मुक्ति को स्वयमेव तज देती हैं जिसे उन्होंने दूसरों की मुक्ति दिलाने के लिए प्राप्त किया है। उनके लिए उच्चतम अनुभव का द्वार हमेशा खुला रहता है, लेकिन वे उस द्वार में प्रवेश करने से इनकार कर देते हैं, जब तक वे उन लोगों को जो दुःख से पीड़ित हैं और प्रकाश की तलाश में हैं, अपने साथ न ले जा सकें। वे लोग बहुत बड़े सिद्ध, भविष्यद्द्रष्टा और संत हैं जो गहन अंधकार से मानवता को बचाने के लिए अपनी आत्मा की मशाल को जलाए रखते हैं। वे वहीं लोग हैं जो साधारण जीवन जीते हुए कम से कम थोड़ी देर के लिए थके हारे संसार को खाई में गिरने से रोकते हैं। वे धरती पर भगवान के सच्चे प्रतिनिधि होते हैं। (योग क्या है। पृष्ठ-62)

04. राजयोग

01. राजयोग विद्या पहले मनुष्य को उसकी अपनी आभ्यन्तरिक अवस्थाओं के पर्यवेक्षण का रास्ता दिखा देती है। मन ही उस पर्यवेक्षण का यन्त्र है। (राजयोग, पृष्ठ-11)

02. मन की शक्तियाँ इधर-उधर बिखरी हुई प्रकाश की किरणों के समान है। जब उन्हें केन्द्रीभूत किया जाता है, तब वे सब कुछ आलोकित कर देती हैं। यही ज्ञान का हमारा एक मात्र उपाय है। वाह्य जगत् में हो अथवा अन्तर्जगत् में; लोग इसी को काम में ला रहे हैं। पर वैज्ञानिक जिस सूक्ष्म पर्यवेक्षण शक्ति का प्रयोग वहिर्जगत् में करता है, मनस्तत्त्वान्वेसी उसी का मन पर करते हैं। (राजयोग, पृष्ठ-11)

03. मानव-मन की शक्ति की कोई सीमा नहीं। वह जितना ही एकाग्र होता है, उतनी ही उसकी शक्ति एक लक्ष्य पर आती है; बस यही रहस्य है। (राजयोग, पृष्ठ-13)

04. राजयोग की शिक्षा किसी धर्म विशेष पर आधारित नहीं है। तुम्हारा धर्म चाहे जो हो, तुम चाहे आस्तिक हो या नास्तिक, यहूदी या बौद्ध या ईसाई, इससे कुछ बनता-बिगड़ता नहीं; तुम मनुष्य हो, बस यही पर्याप्त है। प्रत्येक मनुष्य में धर्मतत्व का अनुसंधान करने की शक्ति है, उसे उसका अधिकार है। (राजयोग, पृष्ठ-14)

05. राजयोग की साधना में दीर्घकाल और निरन्तर अभ्यास की आवश्यकता है। इस अभ्यास का कुछ अंश शरीर संयम विषयक है, परन्तु इसका अधिकांश मनःसंयमात्मक है। जिन्होंने इन आभ्यान्तरिक शक्तियों का अविष्कार करके उन्हें इच्छानुसार चलाना सीख लिया है, वे सम्पूर्ण प्रकृति को वश में कर सकते हैं। सम्पूर्ण जगत् को वशीभूत करना और सारी प्रकृति पर अधिकार हासिल करना, इस वृहत् कार्य को योगी अपना कर्तव्य समझते हैं। (राजयोग, पृष्ठ-14-16)

06. वहिर्वादी और अन्तर्वादी जब अपने अपने ज्ञान की चरमसीमा प्राप्त कर लेंगे, तब दोनों अवश्य एक ही स्थान पर पहुँच जायेंगे। (राजयोग, पृष्ठ-16)

07. पांतजल-सूत्र राजयोग का शास्त्र है और उस पर सर्वोच्च प्रमाणिक ग्रन्थ है। अन्यान्य दार्शनिकों का किसी दार्शनिक विषय में पतंजलि से मतभेद होने पर भी, वे सभी निश्चित रूप से, उनकी साधन प्रणाली का अनुमोदन करते हैं। (राजयोग, पृष्ठ-3)

08. पांतजल दर्शन सांख्यमत पर स्थापित है। इन दोनों मतों में अन्तर बहुत थोड़ा है। इनके दो प्रधान मतभेद ये हैं-पहला तो, पतंजलि आदि-गुरु के रूप में एक सगुण ईश्वर की सत्ता स्वीकार करते हैं, जबकि सांख्य का ईश्वर लगभग-पूर्णता प्राप्त एक व्यक्तिमात्र है, जो कुछ समय तक एक सृष्टि-कल्प का शासन करता है। और दूसरा, योगीगण आत्मा या पुरुष के समान मन को भी सर्वव्यापी मानते हैं, पर सांख्यमत वाले नहीं। (राजयोग, पृष्ठ-3)

09. वह मन जिसमें एक लक्ष्यता और एकाग्रता का अभाव है, वह कभी भी सत्य की अनुभूति के लिए उपयुक्त साधन नहीं बन सकता। मनुष्य का मन जब पूर्णरूपेण शान्त और स्थिर रहता है, तब कभी-कभी अचानक ही उसमें सत्य का उदय होता है, भले ही उसने इसको चेतन भाव से खोजने का प्रयास न किया हो। (योग क्या है?, पृष्ठ-63)

10. सभी योगों में राजयोग का विशेष दुरूपयोग हुआ है। मन असीमित शक्तियों का भण्डार है। जब यह एकाग्रित होना प्रारम्भ करता है, तब कभी-कभी मनुष्य विलक्षण सिद्धियों का अनुभव करने लगता है। एकाग्रता के इन साधनों द्वारा मन एक ऐसा सुन्दर यंत्र बन सकता है कि इसका स्वामी अपने में कुछ प्राकृतिक शक्तियों को, जैसे भविष्य को देख लेना या दूसरे के विचारों को पढ़ लेना विकसित कर सकता है। यद्यपि ऐसी शक्तियाँ अपने आप में शायद ही कोई आध्यात्मिक मूल्य रखती हैं, फिर भी इसका प्राप्तकर्ता आसानी से इनसे लाभ कमाने की ओर प्रवृत्त हो सकता है। (योग क्या है?, पृष्ठ-66)

11. सच्चा आदमी सदा ही स्पष्ट और निर्भीक होता है क्योंकि उसे कुछ भी छिपाना नहीं पड़ता और किसी भी प्रकार के छल से उसे दिमाग को बोझिल या अशान्त करने की भी आवश्यकता नहीं रहती। लगातार

साधना द्वारा किसी भी व्यक्ति के लिए सत्य में ऐसे दृढ़ विश्वास को विकसित करना सम्भव है कि वह अंत में किसी भी स्थिति में जीवन की कठिन और विचित्र समस्याओं का सामना कर सके। (योग क्या है?, पृष्ठ-71)

12. वह मनुष्य जिसने निर्लोभ की साधना की है, वह सांसारिक इच्छाओं द्वारा विचलित नहीं होता। (योग क्या है?, पृष्ठ-72)

13. संयम (ब्रह्मचर्य) एक दूसरा गुण है जो किसी भी प्रकार की योग साधना के लिए आवश्यक है। वह व्यक्ति जो विचार, वाणी और कर्म से पवित्र होता है, वह अनेक कठिनाईयों से मुक्त होता है जबकि वासना का गुलाम व्यक्ति इन दुःखों को स्वयं बुला लेता है। (योग क्या है?, पृष्ठ-72)

14. साधना में यह सदा ही अपेक्षित है कि नकारात्मक विचारों की अपेक्षा सकारात्मक विचारों पर विशेष बल दिया जाय। जैसा कि श्री राम कृष्ण कहा करते थे-"अगर तुम पूर्व दिशा की ओर जाते हो तो तुम पश्चिम दिशा से उतनी ही दूर हो।" (योग क्या है?, पृष्ठ-73)

15. राजयोग आठ अंगों में विभक्त है। पहला है-यम अर्थात् अहिंसा, सत्य, अस्तेय (चोरी का अभाव), ब्रह्मचर्य और अपरिग्रह। दूसरा है नियम अर्थात् शौच, सन्तोष, तपस्या, स्वाध्याय (आध्यात्मक-शास्त्रपाठ) और ईश्वर-प्राणिधान अर्थात् ईश्वर को आत्मसमर्पण। तीसरा है आसन अर्थात् बैठने की प्रणाली। चौथा है-प्राणायाम। पांचवां है-प्रत्याहार अर्थात् मन की विषयाभिमुखी गति को फेरकर उसे अन्तर्मुखी करना। छठा है धारणा अर्थात् किसी स्थल पर मन को एकाग्र करना। सातवां है ध्यान। और आठवां है समाधि अर्थात् ज्ञानातीत अवस्था। (राजयोग, पृष्ठ-22)

16. "यम और नियम"-चरित्र निर्माण के साधन हैं। इनको नींव बनाये बिना किसी तरह की योगसाधना सिद्ध न होगी। यम और नियम के दृढ़ प्रतिष्ठ हो जाने पर योगी अपनी साधना का फल अनुभव करना आरम्भ कर देते हैं। इनके न रहने पर साधना का कोई फल न होगा। (राजयोग, पृष्ठ-22)

17. यम और नियम के बाद "आसन" आता है। जब तक बहुत उच्च अवस्था की प्राप्ति नहीं हो जाती, तब तक रोज नियमानुसार कुछ शारीरिक और मानसिक क्रियायें करनी पड़ती है अतएव जिससे दीर्घकाल तक एक भाव में बैठा जा सके, ऐसे एक आसन का अभ्यास है। जिनको जिस आसन से सुभीता मालूम होता है, उनको उसकी आसन पर बैठना चाहिए। (राजयोग, पृष्ठ-22)

18. आसन के सम्बन्ध में इतना समझ लेना होगा कि मेरूदण्ड को सहजभाव से रखना आवश्यक है-ठीक सीधा बैठना होगा-वक्ष, ग्रीवा और मस्तक सीधे और समुन्नत रहे, जिससे देह का सारा भार पसलियों पर पड़े। राजयोग का यह भाग हठयोग से बहुत कुछ मिलता-जुलता है। (राजयोग, पृष्ठ-23)

19. हठयोग केवल स्थूलदेह को लेकर व्यस्त रहता है। इसका उद्देश्य केवल स्थूल देह को सबल बनाना है। मनुष्य किस प्रकार दीर्घजीवी हो, यही हठयोग का एकमात्र उद्देश्य है। शरीर किस प्रकार पूर्ण स्वस्थ रहे, यही हठयोगियों का एकमात्र लक्ष्य है। हठयोगियों का यही दृढ़ संकल्प हैं कि मुझे और पीड़ा न हो। और इस दृढ़ संकल्प के बल से उनको पीड़ा होती भी नहीं। वे दीर्घजीवी हो सकते हैं, सौ वर्ष तक जीवित रहना तो उनके लिए मामूली सी बात है। उनकी 150 वर्ष की आयु हो जाने पर भी देखोगे, वे पूर्ण युवा और सतेज है; उनका एक केश भी सफेद नहीं हुआ। किन्तु इसका फल बस यही तक है। वे बस एक बड़े स्वस्थकाय जीव भर रहते हैं। (राजयोग, पृष्ठ-23-24)

20. "प्राणायाम" के द्वारा जिस मन का मैल धुल गया है, वही मन ब्रह्म में स्थिर होता है। इसलिए शास्त्रों में प्राणायाम के विषय का उल्लेख है। पहले नाड़ी शुद्धि करनी पड़ती है तभी प्राणायाम करने की शक्ति आती है। (राजयोग, पृष्ठ-25)

21. अँगूठे से दाहिनी नथुना दबाकर बायें नथुने से यथाशक्ति वायु अन्दर खींचो, फिर बीच में तनिक देर भी विश्राम किये बिना बायीं नासिका बन्द करके दाहिनी नासिका से वायु निकालो। फिर दाहिनी नासिका से वायु ग्रहण करके बायीं नासिका से निकालो। दिन भर में चार बार अर्थात् उषा, मध्याहन, सायाहन और

निशीथ, इन चार समय पूर्वोक्त क्रिया का तीन बार या पांच बार अभ्यास करने पर, एक पक्ष या महीने भर में नाड़ी शुद्धि हो जाती है। उसके बाद प्राणायाम पर अधिकार होगा। (राजयोग, पृष्ठ-25)

22. साधना में बहुत से विघ्न भी हैं। पहला तो व्याधिग्रस्त देह है। दूसरा विघ्न है-सन्देह। (राजयोग, पृष्ठ-25-26)

23. चित्तवृत्तियों के निरोध से प्राणायाम का क्या सम्बन्ध है। श्वास-प्रश्वास मानो देह-यन्त्र का गतिनियामक मूल यन्त्र हैं। एक बृहत् इंजन पर निगाह डालने पर देखोगे कि एक बड़ा चक्र घूम रहा है और उस चक्र की गति क्रमशः सूक्ष्म से सूक्ष्मतर यन्त्रों में संचारित होती है। इस प्रकार उस इंजन के अत्यन्त सूक्ष्मतम यन्त्र तक गतिशील हो जाते हैं। श्वास-प्रश्वास ठीक वैसा ही एक गतिनियामक चक्र है। वही इस शरीर के सब अंगों में जहाँ जिस प्रकार कि शक्ति की आवश्यकता है, उसकी पूर्ति कर रहा है और उस शक्ति को नियमित कर रहा है। (राजयोग, पृष्ठ-30)

24. अभ्यास का उपयुक्त समय है प्रातः और सायं। जब रात बीतती है और पौ फटती है तथा जब दिन बीतता है और रात आती है, इन दो समयों में प्रकृति अपेक्षाकृत शान्तभाव धारण करती है। ब्रह्ममुहुर्त और गोधुलि ये दो समय मन की स्थिरता के लिए अनुकूल है। (राजयोग, पृष्ठ-33)

25. यथार्थ प्राणायाम की साधना में अधिकारी होने के लिए बहुत से अलग-अलग उपाय हैं। श्वास-प्रश्वास की क्रिया उनमें से एक उपाय मात्र है। प्राणायाम का अर्थ प्राणों का संयम। भारतीय दार्शनिकों के मतानुसार सारा जगत् दो पदार्थों से निर्मित है। उनमें से एक का नाम है-आकाश। (राजयोग, पृष्ठ-35)

26. यह प्राण ही गतिरूप में प्रकाशित हुआ है-यही गुरूत्वाकर्षण या चुम्बकीय शक्ति के रूप में प्रकाशित हो रहा है। यह प्राण ही स्नायविक शक्तिप्रवाह के रूप में, विचारशक्ति के रूप में और समुदाय दैहिक क्रिया के रूप में प्रकाशित हुआ है। विचारशक्ति से लेकर अति सामान्य दैहिक तब सब कुछ प्राण का ही विकास है। वाह्य और अन्तर्जगत् की समस्त शक्तियां जब अपनी मूल अवस्था में पहुंचाती हैं, तब उसी को प्राण कहते हैं। (राजयोग, पृष्ठ-36)

27. इस प्राणायाम में सिद्ध होने पर हमारे लिए मानो अनन्तशक्ति का द्वार खुल जाता है। मान लो, किसी व्यक्ति की समझ में यह प्राण का विषय पूरी तरह आ गया और वह उस पर विजय प्राप्त करने में भी कृतकार्य हो गया; तो फिर संसार में ऐसी कौन सी शक्ति है, जो उसके अधिकार में न आयें? उसकी आज्ञा से चन्द्र-सूर्य अपनी जगह से हिलने लगते हैं, क्षुद्रतम परमाणु से वृहत्तम सूर्य तक सभी उसके वशीभूत हो जाते हैं, क्योंकि उसने प्राण को जीत लिया है। प्रकृति को वशीभूत करने की शक्ति प्राप्त करना ही प्राणायाम की साधना का लक्ष्य है। (राजयोग, पृष्ठ-37)

28. किस प्रकार इस प्राण पर विजय पायी जाय, यही प्राणायाम का एकमात्र उद्देश्य है। जो योगी इस विषय में कृतकार्य होते हैं, वे सिद्धि पा लेते हैं; तब कोई भी शक्ति उन पर प्रभुत्व नहीं जमा सकती। वे एक प्रकार से सर्वशक्तिमान और सर्वत्र हो जाते हैं। (राजयोग, पृष्ठ-38-39)

29. कोई भी वस्तु स्थिर नहीं। मेरा शरीर, तुम्हारा शरीर नामक वास्तव में कोई वस्तु नहीं। वैसा कहना केवल मुख की बात है। है केवल एक अखण्ड जड़राशि। उसी के किसी बिन्दु का नाम है चन्द्र, किसी का सूर्य, किसी का मनुष्य, किसी का पृथ्वी; कोई बिन्दु उद्भिद है, तो कोई खनिज पदार्थ। इनमें से कोई भी सदा एक भाव में नहीं रहता, सभी वस्तुओं का सतत् परिवर्तन हो रहा है; जड़ का एक बार संश्लेषण होता है फिर विश्लेषण। (राजयोग, पृष्ठ-42)

30. यह भी सिद्ध हो चुका है कि यह शक्ति समष्टि दो तरह से अवस्थित है-कभी स्तिमित या अव्यक्त अवस्था में और कभी व्यक्त अवस्था में। व्यक्त अवस्था में वह इन नानाविध शक्तियों के रूप धारण करती है। इस प्रकार वह अनन्त काल से कभी व्यक्त और कभी अव्यक्त भाव धारण करती आ रही है। इस शक्तिरूपी प्राण के संयम का नाम ही प्राणायाम है।(राजयोग, पृष्ठ-43)

31. प्राणायाम के साथ साथ श्वास-प्रश्वास की क्रिया का सम्बन्ध बहुत थोड़ा है। यथार्थ प्राणायाम का अधिकारी होने में यह श्वास-प्रश्वास की क्रिया एक उपाय मात्र है। मनुष्य देह में प्राण का सबसे स्पष्ट प्रकाश है-फेफड़े की गति। (राजयोग, पृष्ठ-43)

32. प्राणायाम का यथार्थ अर्थ है-फेफड़े की इस गति का रोध करना। प्राणायाम श्वास-प्रश्वास की क्रिया नहीं है। पेशियों की जो शक्ति फेफड़ों को चलाती है, उसका वश में लाना ही प्राणायाम है। जब प्राण पर विजय प्राप्त हो जायेगी, तब हम देखेंगे कि शरीरस्थ प्राण की अन्यान्य सभी क्रियाएं हमारे अधिकार में आ गयी है।(राजयोग, पृष्ठ-44)

33. देह के सारे अंगों को प्राण अर्थात् इस जीवनी शक्ति द्वारा भरा जा सकता है, और जब तुम इसमें कृतकार्य होगे, तो सम्पूर्ण शरीर तुम्हारे वश हो जायेगा; देह की समस्त व्याधियाँ, सारे दुःख तुम्हारी इच्छा के अधीन हो जायेंगे। इतना ही नहीं, दूसरे के शरीर पर भी अधिकार जमाने में तुम कृतकार्य हो जाओगे। (राजयोग, पृष्ठ-45)

34. जगत् को हिला-डुला देने वाली तीव्र इच्छाशक्ति सम्पन्न महापुरुष अपने प्राण में बहुत ऊँचा कम्पन उत्पन्न करके उस प्राण के वेग को इतना अधिक कर सकते हैं और उसको इतनी शक्ति से युक्त कर सकते हैं कि वह दूसरे को पल भर में लपेट लेती हैं, हजारों मनुष्य उनकी ओर खिंच जाते हैं और संसार के आधे लोग उनके भाव से परिचालित हो जाते हैं। जगत् में जितने महापुरुष हुए, सभी प्राणाजित थे। प्राण कहाँ अधिक है और कहाँ अल्प, इसका ज्ञान प्राप्त करना भी प्राणायाम का अंग है। (राजयोग, पृष्ठ-48)

35. जैसे हम अनुवीक्षण यन्त्र और दूरबीन की सहायता से अपनी दृष्टि का क्षेत्र बढ़ा सकते हैं, उसी प्रकार मन को विभिन्न प्रकार के स्पन्दनों से युक्त करके हम दूसरे स्तर का समाचार अर्थात् वहां क्या हो रहा है, यह जान सकते हैं। (राजयोग, पृष्ठ-52)

36. जिस प्राणायाम में प्राण के स्थूल रूपों को बाह्य उपायों द्वारा जीतने की चेष्टा की जाती है, उसे पदार्थ विज्ञान या भौतिक विज्ञान कहते हैं; और जिस प्राणायाम में प्राण के मानसिक विकासों को मानसिक उपायों द्वारा संयत करने की चेष्टा की जाती है, उसी को राजयोग कहते हैं। (राजयोग, पृष्ठ-53)

37. योगियों के मतानुसार मेरूदण्ड के भीतर इड़ा और पिंगला नाम के दो स्नायविक शक्तिप्रवाह, और मेरूदण्डस्थ मज्जा के बीच सुषुम्ना नाम की एक शून्य नाली है। इस शून्य नाली के सब से नीचे कुण्डलिनी का आधारभूत पद्म अवस्थित है। जब यह कुण्डलिनी शक्ति जगती है, तब वह इस शून्य नाली के भीतर से मार्ग बनाकर ऊपर उठने का प्रयत्न करती है; और ज्यों-ज्यों वह एक एक सोपान उपर उठती जाती है, त्यों-त्यों मन के स्तर पर स्तर मानो खुलते जाते हैं। जब वह कुण्डलिनी शक्ति मस्तक पर चढ़ जाती है तब योगी सम्पूर्ण रूप से शरीर और मन से पृथक् हो जाते हैं और उनके आत्मा अपने मुक्त स्वभाव की उपलब्धि करती है। (राजयोग, पृष्ठ-54)

38. सबसे नीचे वाला पद्म सुषम्ना के सबसे नीचे भाग में अवस्थित है उसका नाम है-मूलाधार। इसके बाद है-स्वाधिष्ठान। तीसरा-मणिपुर। चौथा-अनाहत, पांचवा-विशुद्ध, छठां-आज्ञा ओर सातवां है-सहस्रार या सहस्रदल पद्म। यह सहस्रार सब से उपर, मस्तिष्क में स्थित है। (राजयोग, पृष्ठ-66)

39. सब चक्रों में से सब से नीचे स्थित-मूलाधार, मस्तिष्क में स्थित सहस्रार और नाभिदेश में स्थित-मणिपर इन तीन चक्रों की बात हमें विशेष रूप से ध्यान में रखनी होगी। (राजयोग, पृष्ठ-55)

40. जिस केन्द्र में विषय-अभिघात से उत्पन्न गति प्रवाहों के बचे हुए अंश या संस्कार समष्टि मानो संचित सी रहती है, उसे मूलाधार कहते हैं, और उस कुण्डलीकृत क्रिया शक्ति को कुण्डलिनी कहते हैं। (राजयोग, पृष्ठ-59)

41. कुण्डलिनी को जगा देना ही तत्व-ज्ञान, ज्ञानातीत अनुभूति या आत्मानुभूति का एकमात्र उपाय है। कुण्डलिनी को जाग्रत करने के अनेक उपाय है। किसी को कुण्डलिनी भगवान के प्रति प्रेम के बल से ही

जाग्रत हो जाती है; किसी की सिद्ध-महापुरुषों की कृपा से और किसी की सूक्ष्म ज्ञान विचार द्वारा। (राजयोग, पृष्ठ-60)

42. मेरूमज्जा-मध्यस्थ ज्ञानात्मक और कर्मात्मक स्नायुगुच्छ स्तम्भ ही योगियों की इड़ा और पिंगला नाड़ियां हैं। प्रधानतः उन दोनों नाड़ियों के भीतर से ही पूर्वोक्त अन्तर्मुखी और बहिर्मुखी शक्ति प्रवाह द्वय आना-जाना कर रहे हैं। (राजयोग, पृष्ठ-58)

43. इस साधना (प्राणायाम साधना) का पहला फल यह देखोगे कि तुम्हारे मुख की कान्ति बदलती जा रही है। मुख की शुष्कता या कठोरता का भाव प्रदर्शित करने वाली रेखाएं दूर हो जायेगी। मन की शान्ति मुख से फुटकर बाहर निकलेगी। दूसरे, तुम्हारा स्वर बहुत मधुर हो जायेगा। (राजयोग, पृष्ठ-63)

44. प्राणायाम के बाद "प्रत्याहार" की साधना करनी पड़ती है। इन्द्रियों के द्वार-स्वरूप ये बाहर के यन्त्र हैं। फिर हैं इन्द्रियाँ। ये इन्द्रियाँ मस्तिष्क में स्थित स्नायु केन्द्रों की सहायता से शरीर पर कार्य करती हैं। इसके बाद है मन। जब ये समस्त एकत्र होकर किसी बाहरी वस्तु के साथ संलग्न होते हैं, तभी हम उस वस्तु का अनुभव कर सकते हैं। (राजयोग, पृष्ठ-58)

45. मन को संयत करने का फल क्या है? यही कि मन संयत हो जाने पर वह फिर विषयों का अनुभव करने वाली भिन्न भिन्न इन्द्रियों के साथ अपने को संयुक्त न करेगा और ऐसा होने पर सब प्रकार के भाव और इच्छाएं हमारे वश में आ जायेंगी। (राजयोग, पृष्ठ-70)

46. विश्वास के बल से आरोग्य लाभ कराने वाला सम्प्रदाय दुःख, कष्ट, अशुभ आदि के अस्तित्व को बिल्कुल अस्वीकार कर देने की शिक्षा देता है। इसमें सन्देह नहीं कि इनका दर्शन बहुत कुछ सिर के पीछे से हाथ ले जाकर नाक पकड़ने की तरह है; किन्तु वह भी एक प्रकार का योग है। (राजयोग, पृष्ठ-70)

47. वशीकरण विद्या वाले इसी प्रकार सूचनाशक्ति या आज्ञा से कुछ देर के लिए अपने वश्य व्यक्तियों में एक प्रकार का अस्वाभाविक प्रत्याहार ले आते हैं जिसे साधारणतः वशीकरण सूचना कहते हैं, वह केवल रोगग्रस्त देह और कमजोर मन पर ही अपना प्रवाह फैला सकता है। (राजयोग, पृष्ठ-70)

48. वशीकरणकारी या विश्वासबल से आरोग्य करने वाले थोड़े समय के लिए जो अपने वश्य व्यक्तियों के शरीरस्थ शक्ति केन्द्रों (इन्द्रियों) को वशीभूत कर लेते हैं, वह अत्यन्त निन्दाई कर्म है, क्योंकि वह उस वश्य व्यक्ति को अन्त में सर्वनाश के रास्ते ले जाता है। (राजयोग, पृष्ठ-71)

49. उस (वश्य) व्यक्ति पर यह प्रक्रिया जितनी की जाती है, उतना ही वह अपने मन की शक्ति क्रमशः खोने लगता है, और अन्त में मन को पूर्ण रूप से जीतना तो दूर रहा, उसका मन बिल्कुल शक्तिहीन और विचित्र सा हो जाता है तथा पागलखाने में ही उसकी चरमगति आ ठहरती है। (राजयोग, पृष्ठ-71)

50. वह इच्छाशक्ति हम पर किसी भी रूप से क्यों न प्रयुक्त हो, और चाहे उससे हमारी इन्द्रियाँ प्रत्यक्ष वशीभूत हो जायें, चाहे वह एक प्रकार की पीड़ित या विकृतावस्था में हमें इन्द्रियों को संयत करने के लिए बाध्य करे। इसलिए सावधान! दूसरे को अपने उपर इच्छाशक्ति का संचालन न करने देना। अथवा दूसरे पर ऐसी इच्छाशक्ति का प्रयोग करके अनजाने उसका सत्यनाश न कर देना। यह सत्य है कि कोई-कोई लोग कुछ व्यक्तियों की प्रवृत्ति का मोड़ फेरकर कुछ दिनों के लिए उनका कुछ कल्याण करने में कृत कार्य होते हैं, परन्तु साथ ही वे दूसरों पर इस वशीकरण शक्ति का प्रयोग करके, बिना जाने, लाखों नर-नारियों को एक प्रकार से विकृत जड़ावस्थापन्न कर डालते हैं, जिसके परिणामस्वरूप उन वश्य व्यक्तियों की आत्मा का अस्तित्व तक मानों लुप्त हो जाता है। इसलिए जो कोई व्यक्ति तुमसे अन्धविश्वास करने को कहता है, अथवा अपनी श्रेष्ठतम इच्छाशक्ति के बल से लोगों को वशीभूत करके अनुसरण करने के लिए बाध्य करता है, वह मनुष्य जाति का भारी अनिष्ट करता है, भले ही वह इसे इच्छापूर्वक न करता हो। (राजयोग, पृष्ठ-71)

51. अतएव अपने मन का संयम करने के लिए सदा अपने ही मन की सहायता लो, और सदा याद रखो कि तुम यदि रोगग्रस्त नहीं हो, तो कोई भी बाहरी इच्छाशक्ति तुम पर कार्य न कर सकेगी जो व्यक्ति तुमसे अन्धे के

समान विश्वास कर लेने को कहता हो, उससे दूर ही रहो, वह चाहे कितना भी बड़ा आदमी या साधु क्यों न हो। (राजयोग, पृष्ठ-72)

52. जो इच्छामात्र से अपने मन को केन्द्रों में संलग्न करने अथवा उनसे हटा लेने में सफल हो गया है उसी का प्रत्याहार सिद्ध हुआ है। प्रत्याहार का अर्थ है, एक ओर आहरण करना अर्थात् खींचना, मन की बहिर्गति को रोककर, इन्द्रियों की अधीनता से मन को मुक्त करके उसे भीतर की ओर खींचना। (राजयोग, पृष्ठ-73)

53. प्रत्याहार के बाद है-"धारणा"। धारणा का अर्थ है-मन को देह के भीतर या उसके बाहर किसी स्थानविशेष में धारण या स्थापन करना। मन को स्थान विशेष में धारण करने का अर्थ क्या है? इसका अर्थ यह है कि मन को शरीर के अन्य सब स्थानों से अलग करके किसी एक विशेष अंश के अनुभव में बलपूर्वक लगाये रखना। (राजयोग, पृष्ठ-75)

54. योगाभ्यास करने पर जो चिह्न योगियों में प्रकट होते हैं, देह की स्वस्थता उनमें प्रथम है। स्वर भी मधुर हो जायेगा, स्वर में जो कुछ दोष है, सब निकल जायेगा। कभी-कभी घण्टाध्वनि की तरह का शब्द सुन पड़ेगा। कभी-कभी देखोगे, आलोक के छोटे-छोटे कण हवा में तैर रहे हैं और क्रमशः कुछ-कुछ बड़े होते जा रहे हैं। जब ये लक्षण प्रकाशित होंगे, तब समझना कि तुम दुर्त गति से साधना में उन्नति कर रहे हो। (राजयोग, पृष्ठ-76-77)

55. देह के भीतर या उसके बाहर किसी स्थान में मन को कुछ समय तक स्थिर रखने की पुनः-पुनः चेष्टा करते रहने से, उसका उस दिशा में अविच्छिन्न गति से प्रवाहित होने की शक्ति प्राप्त होगी। इस अवस्था का नाम है-"ध्यान"। जब ध्यानाशक्ति इतनी तीव्र हो जाती है कि मन अनुभूति के बाहरी भाग को छोड़कर केवल उसके अन्तर्भाग या अर्थ की ही ओर सम्पूर्ण रूप से जाता है, तब उस अवस्था का नाम है-"समाधि"। (राजयोग, पृष्ठ-91)

56. धारणा, ध्यान और समाधि इन तीनों को एक साथ लेने से "संयम" कहते हैं अर्थात् यदि किसी का मन पहले किसी वस्तु में एकाग्र हो सकता है, फिर उस एकाग्रता की अवस्था में कुछ समय तक रह सकता है, और उसके बाद ऐसी दीर्घ एकाग्रता की अवस्था में वह अनुभूति के केवल आभ्यान्तरिक भाग पर, जिसका कि वह वस्तु वाह्य प्रकाश है, अपने आपको लगाये रख सकता है, तो सभी कुछ ऐसे शक्ति सम्पन्न मन के वशीभूत हो जाता है। (राजयोग, पृष्ठ-92)

57. जीव की कितने प्रकार की अवस्थायें हैं, उनमें यह ध्यानावस्था ही सर्वोच्च है। जब कोई व्यक्ति इस ध्यानावस्था से अर्थात् साक्षीभाव से सारी वस्तुओं की चर्चा कर सकता है, तभी उसे यथार्थ सुख प्राप्त होता है। अन्य प्राणी इन्द्रियों में सुख पाते हैं, मनुष्य बुद्धि में और देवमानव आध्यात्मिक ध्यान में। (राजयोग, पृष्ठ-92)

58. इस समाधि में प्रत्येक मनुष्य का, यही नहीं, प्रत्येक प्राणी का अधिकार है। सब से निम्नतर प्राणी से लेकर अत्यन्त उन्नत देवता तक सभी, कभी न कभी, इस अवस्था को अवश्य प्राप्त करेंगे; और जब किसी को यह अवस्था प्राप्त हो जायेगी, तभी हम कहेंगे कि उसने यथार्थ धर्म की प्राप्ति की है। (राजयोग, पृष्ठ-94)

59. जब मनुष्य समाधिस्थ होता है, तो समाधि प्राप्त करने के पहल यदि वह महामूर्ख रहा हो, अज्ञानी रहा हो, तो समाधि से वह महाज्ञानी होकर नीचे आता है। (राजयोग, पृष्ठ-83)

60. सारा नीतिशास्त्र, मनुष्य के सारे काम, मनुष्य के सारे विचार इस निःस्वार्थपरतारूप एक मात्र भाव (भित्ति) पर स्थापित है। मानव जीवन के सारे भाव इस निःस्वार्थपरतारूप एकमात्र भाव के अन्दर ढाले जा सकते हैं। (राजयोग, पृष्ठ-86)

61. परमार्थिक ज्ञान सारे देश में वस्तुतः एक होने पर भी, किसी देश में वह देवदूत से, किसी देश में देव विशेष से, अथवा फिर कहीं साक्षात् भगवान से प्राप्त हुआ क्यों सुना जाता है। इसका तात्पर्य क्या है? यही कि मन ने अपनी प्रकृति के अनुसार ही अपने भीतर से उस ज्ञान को प्राप्त किया है, किन्तु जिन्होंने उसे पाया है,

उन्होंने अपनी शिक्षा और विकास के अनुसार इस बात का वर्णन किया है कि उन्हें वह ज्ञान कैसे मिला। असल बात तो यह है कि ये सभी उस ज्ञानातीत अवस्था में अचानक जा पड़े थे। (राजयोग, पृष्ठ-88)

62. योगीगण कहते हैं कि उस ज्ञानातीत अवस्था में अचानक जा पड़ने से एक भारी धोखे की आशंका रहती है। अनेक स्थलों में तो मस्तिष्क के बिल्कुल नष्ट हो जाने की सम्भावना रहती है। (राजयोग, पृष्ठ-88)

63. राजयोग, यथार्थ धर्म विज्ञान है। वह सारी उपासना, सारी प्रार्थना, विभिन्न प्रकार की साधना पद्धति और समुदाय अलौकिक घटनाओं की युक्तिसंगत व्यवस्था है। (राजयोग, पृष्ठ-61)

64. सिर्फ पुस्तकों पर निर्भर रहने से मानव मन केवल अवनति की ओर जाता है। यह कहने से और घोर नास्तिकता क्या हो सकती है कि ईश्वरीय ज्ञान केवल इस पुस्तक में या उस शास्त्र में आबद्ध है। (राजयोग, पृष्ठ-91)

65. मनुष्य पहले भगवान से आता है, मध्य में वह मनुष्य के रूप में रहता है और अन्त में पुनः भगवान के पास चला जाता है। यह हुई द्वैतभाव की भाषा। अद्वैतवाद की भाषा में यह भाव व्यक्त करने पर कहना पड़ेगा कि मनुष्य भगवान है, और आकर फिर उन्हीं में लौट जाता है। (राजयोग, पृष्ठ-107)

66. हम गुरु बिना कोई ज्ञान प्राप्त नहीं कर सकते। अब बात यह है कि यदि मनुष्य, देवता अथवा कोई स्वर्गदूत हमारे गुरु हों, तो वे भी तो ससीम हैं; फिर उनसे पहले उनके गुरु कौन थे? हमें मजबूर होकर यह चरम सिद्धान्त स्थिर करना ही होगा कि एक ऐसे गुरु हैं, जो काल के द्वारा सीमाबद्ध या अविच्छिन्न नहीं हैं। उन्हीं अनन्तज्ञानसम्पन्न गुरु को, जिनका आदि भी नहीं और अन्त भी नहीं, ईश्वर कहते हैं। (राजयोग, पृष्ठ-134)

67. प्रत्यक्ष उपलब्धि करना ही यथार्थ धर्म है, वही धर्म का सार है, और शेष सब उदाहरणार्थ, धर्म सम्बन्धी भाषण सुनना, धार्मिक ग्रन्थों का पाठ करना या विचार करना, उस रास्ते के लिए तैयारी मात्र है। वह यथार्थ धर्म नहीं है। केवल किसी मत के साथ बौद्धिक सहमति अथवा असहमति धर्म नहीं है। (राजयोग, पृष्ठ-154)

68. भोग अवश्यम्भावी है, वह तो करना ही होगा, अतएव जितनी जल्दी हो वह कर लिया जाय, उतना ही मंगल है। अतएव पति-पत्नी सम्बन्धी, मित्र सम्बन्धी तथा और भी जो सब छोटी-छोटी प्रेम की आकांक्षाएं हैं सभी का भोग कर डालो। यदि अपना स्वरूप तुम्हें सदा याद रहे, तो तुम शीघ्र ही निर्विघ्न इसके पार हो जाओगे। भोग-सुख-दुःख का यह अनुभव ही हमारा एकमात्र महान शिक्षक है। (राजयोग, पृष्ठ-177)

05. भक्ति योग

01. निष्कपट भाव से ईश्वर की खोज को भक्तियोग कहते हैं। इस खोज का आरम्भ, मध्य और अन्त प्रेम में होता है। ईश्वर के प्रति एक क्षण की भी प्रेमोन्मत्तता हमारे लिए शाश्वत् मुक्ति की देने वाली होती है। इस प्रेम से किसी काम्य वस्तु की प्राप्ति नहीं हो सकती, क्योंकि जब तक सांसारिक वासनाएँ घर किये रहती हैं, तब तक प्रेम का उदय ही नहीं होता। भक्ति, कर्म से श्रेष्ठ और ज्ञान तथा योग से उच्च है क्योंकि इन सबका एक न एक लक्ष्य है पर भक्ति स्वयं ही साध्य और साधन स्वरूप है। (भक्तियोग, पृष्ठ-3)

02. भक्तियोग का एक बड़ा लाभ यह है कि वह हमारे चरम लक्ष्य (ईश्वर) की प्राप्ति का सबसे सरल और स्वाभाविक मार्ग है। पर साथ ही उससे एक भय की आशंका यह है कि वह अपनी निम्न या गौणी अवस्था में मनुष्य को बहुधा भयानक मतान्ध और कट्टर बना देता है। देखोगे, जो व्यक्ति अपने सम्प्रदाय के अपने मतवाले लोगों के प्रति दयालु हैं, भला और सच्चा हैं, सहानुभूति सम्पन्न हैं, वही अपने सम्प्रदाय से बाहर के लोगों के प्रति बुरा से बुरा काम करने में भी न हिचकेगा। (भक्तियोग, पृष्ठ-4-5) परन्तु जब भक्ति परिपक्व होकर उस अवस्था को प्राप्त हो जाती है, जिसे हम "परा" कहते हैं, तब इस प्रकार की भयानकता मतान्धता और कट्टरता की फिर आशंका नहीं रह जाती।

03. ज्ञानी और भक्त दोनों ही अपनी-अपनी साधना प्रणाली पर विशेष जोर देते हैं; वे भूल जाते हैं कि पूर्ण भक्ति के उदय होने से पूर्ण ज्ञान बिना मांगे ही प्राप्त हो जाता है और इसी प्रकार पूर्ण ज्ञान के साथ पूर्ण भक्ति भी आप ही आ जाती है।(भक्तियोग, पृष्ठ-6)

04. यह आसक्ति किसके प्रति? उन्हीं परम प्रभु ईश्वर के प्रति। किसी अन्य पुरुष (चाहे वह कितना ही बड़ा क्यों न हो) के प्रति आसक्ति को कभी भक्ति नहीं कह सकते। (भक्तियोग, पृष्ठ-10)

05. जो व्यक्ति मुक्तिलाभ के बाद भी अपने व्यक्तित्व की रक्षा के इच्छुक हैं, भगवान से स्वतन्त्र रहना चाहते हैं, उन्हें अपनी स्पृधयों को चरितार्थ करने और सगुण ब्रह्म का सम्भोग का यथेष्ठ अवसर मिलेगा। ऐसे लोगों के बारे में भागवत पुराण में कहा है-"हे राजन, हरि के गुण ही ऐसे हैं कि समस्त बन्धनों से मुक्त, आत्माराम ऋषिमुनि भी भगवान की अहैतुकी भक्ति करते हैं।" (श्रीमद्भागवत, 1/7/10) (भक्तियोग, पृष्ठ-17)

06. एक मात्र ईश्वर की उपासना ही भक्ति है। देव, पितर या अन्य किसी की उपासना भक्ति नहीं कही जा सकती। विभिन्न देवताओं की जो विभिन्न उपासना पद्धतियाँ है, उनकी गणना कर्मकाण्ड में ही की जाती है। उसके द्वारा उपासक को किसी प्रकार के स्वर्ग भोग के रूप में एक विशिष्ट फल ही मिलता है, उससे न भक्ति होती है, न मुक्ति। परन्तु जब उस देवता या उस पुरूष को ब्रह्मरूप मानकर उसकी उपासना की जाती है, तो उससे वही फल प्राप्त होता है जो ईश्वरोपासना से। (भक्तियोग, पृष्ठ-49-50)

07. श्री राम कृष्ण कहते थे-जिस प्रकार एक कंजूस धन से, एक माँ बेटे से और एक प्रेमी अपनी प्रेमिका से प्रेम करता है, अगर कोई व्यक्ति इन तीनों के प्रेम से युक्त होकर भगवान की खोज करें, तो वह आसानी से उसका अनुभव कर सकता है। लेकिन कौन ऐसा करता है? व्यक्ति तो सांसारिक सम्बन्धों के लिए ही घड़े भर आँसू बहाता है, भगवान के लिए कौन रोता है? (योग क्या है?, पृष्ठ-17)

08. वे लोग वास्तव में बहुत भाग्यशाली हैं जो भगवान के प्रति अपने बाल सुलभ एवं सहज प्रेम के कारण या तो भगवान की ओर मुड़ते हैं या वे स्वयं भगवान द्वारा खोज लिये जाते हैं और भगवान की भुजाओं में ले लिये जाते हैं लेकिन उनके बारे में क्या कहा जाय जो पूर्णरूपेण लगनशील होते हुये भी भगवान के प्रति स्वतः स्फूर्त प्रेम नहीं रखते। इतना ही नहीं, वे अनेक प्रकार की आशंकाओं से आक्रान्त रहते हैं जैसे क्या ईश्वर सचमुच में हैं? (योग क्या है?, पृष्ठ-18)

09. बिना प्रार्थना और उत्कट लालसा के कोई व्यक्ति भगवान को नहीं जान सकता। यह सर्वप्रथम तो विरोधाभास सा लगता है, लेकिन यह विवाद तुरन्त ही शान्त हो जाता है, जब सन्देहशील व्यक्ति महान संतों एवं द्रष्टाओं के प्रमाणों में विश्वास करने लग जाता है जो यह कहते हैं कि-हाँ, ईश्वर प्रार्थनाओं का उत्तर देते हैं, और कोई भी प्रेम एवं निःस्वार्थ भाव से की गई प्रार्थना व्यर्थ नहीं जाती। (योग क्या है?, पृष्ठ-18)

10. यह बात एक बालक भी जानता है कि मिट्टी का लोंदा भगवान नहीं है, लेकिन वह लोंदा जब एक मूर्ति का रूप ग्रहण कर लेता है तो भक्त के हृदय में भगवान के प्रति प्रेम-भावना को जागृत करता है। तब उसका मन मूर्ति में प्रयुक्त मिट्टी का अतिक्रमण कर जाता है परम चेतना की स्थिति को भी प्राप्त करता है। (योग क्या है?, पृष्ठ-23)

11. प्रार्थना और पूजा के अलावे महान आत्माओं की संगति भी भक्ति के विकास में बड़ी महत्वपूर्ण होती है। यह कहा जाता है कि साधुओं की क्षणिक संगति भी एक ऐसी नाव का काम करती है जिसमें बैठकर संसार-सागर को आसानी से पार किया जा सकता है। (योग क्या है?, पृष्ठ-23)

12. भक्ति विचित्र रूप धारण करती है, कुछ भक्त भगवान को पिता के रूप में, कुछ माँ के रूप में और कुछ बालक आदि के रूप में देखते हैं। यह तब तक चलता है जब तक कि सारी सांसारिक साधन भक्त के स्वभावानुसार प्रयुक्त नहीं हो जाती। (योग क्या है?, पृष्ठ-28)

13. जब एक विशेष भक्त ऐसी उत्कट भक्ति का विकास कर लेता है तब उसे न तो दीर्घ जीवन की लालसा रहती है और न मृत्यु का कोई भय। अगर वह जीता है तो मानवता के लिए वरदान बनता है और वह ऐसी ज्योति प्रज्वलित करता है जो उस पथ पर चलने वाले दूसरे भक्तों को शाश्वत् रूप से प्रकाशित करती है।

वह मृत्यु में भी अमरत्व प्राप्त करता है क्योंकि वह भगवान के सभी सच्चे प्रेमियों के हृदय में विराजमान रहता है। (योग क्या है?, पृष्ठ-28-29)

14. प्रतीक का अर्थ है वे वस्तुएं, जो थोड़े बहुत अंश में ब्रह्म के स्थान में उपास्य रूप से ली जा सकती है जो वस्तु ब्रह्म नहीं है, उसमें ब्रह्म-बुद्धि करके ब्रह्म का अनुसंधान प्रतीकोपासना कहलाता है। (योग क्या है?, पृष्ठ-48)

15. संसार के मुख्य धर्मों में से वेदान्त, बौद्ध धर्म और ईसाई धर्म के कुछ सम्प्रदाय बिना किसी आपत्ति के प्रतिमाओं का उपयोग करते हैं। केवल इस्लाम और प्रोटेस्टेण्ट ये ही दो ऐसे धर्म हैं जो इस सहायता की आवश्यकता नहीं मानते। फिर भी मुसलमान प्रतिमा के स्थान में अपने पीरों और शहीदों की कब्रों का उपयोग करते हैं।

16. ईसाई और इस्लाम धर्म में जो कुछ प्रतिमा उपासना विद्यमान है, वह उस श्रेणी की है, जिसमें प्रतीक या प्रतिमा की उपासना केवल प्रतीक या प्रतिमा रूप से होती है, ब्रह्म दृष्टि से नहीं। अतएव वह कर्मानुष्ठान के ही समान है, उससे न भक्ति मिल सकती है, न मुक्ति। इस प्रकार की प्रतिमा-पूजा में उपासक ईश्वर को छोड़ अन्य वस्तुओं में आत्मसमर्पण कर देता है और इसलिए प्रतिमा, कब्र, मन्दिर आदि के इस प्रकार उपयोग को ही सच्ची मूर्तिपूजा कहते हैं। पर वह न तो कोई पाप कर्म है और न कोई अन्याय, वह तो बस एक कर्म मात्र है, और उपासकों को उसका फल भी अवश्य मिलता है। (भक्तियोग, पृष्ठ-51)

17. जो भक्त होना चाहता है, उसे यह जान लेना चाहिए कि "जितने मत हैं उतने पथ हैं।" उसे अवश्य जान लेना चाहिए कि विभिन्न धर्मों के भिन्न सम्प्रदाय उसी प्रभु की महिमा की अभिव्यक्तियाँ हैं। "लोग तुम्हें कितने नाम से पुकारते हैं। लोगों ने विभिन्न नामों से तुम्हें विभाजित सा कर दिया है परन्तु फिर भी प्रत्येक नाम में तुम्हारी पूर्णशक्ति वर्तमान है। भक्त को यह भी ध्यान रखना चाहिए कि अन्य सम्प्रदायों के तेजस्वी प्रवर्तकों के प्रति उसके मन में घृणा उत्पन्न न हो, वह उनकी निन्दा न करे और न कभी उनकी निन्दा सुने ही।" (भक्तियोग, पृष्ठ-56)

18. भक्तिकाल के उपायों तथा साधनों के सम्बन्ध में भगवान रामानुज वेदान्त-सूत्रों की टीका करते हुए कहते हैं, "भक्ति की प्राप्ति विवेक, विमोक (दमन), अभ्यास, क्रिया (यज्ञादि), कल्याण (पवित्रता), अनवसाद (बल) और अनुद्धर्स (उल्लास का विरोध) से होती है।" (भक्तियोग, पृष्ठ-56)

19. "विवेक" का अर्थ यह कि अन्य बातों के साथ ही हमें खाद्याखाद्य का भी विचार रखना चाहिए। खाद्य वस्तु के अशुद्ध होने के तीन कारण होते हैं-(1) जातिदोष अर्थात् खाद्य वस्तु का प्रकृतिगत दोष-जैसे लहसुन, प्याज आदि; (2) आश्रयदोष अर्थात् दुष्ट और पापी व्यक्तियों के पास से आने में दोष; और (3) निमित्तदोष अर्थात् किसी अपवित्र वस्तु, जैसे-धूल, केश आदि के संस्पर्श से होने वाला दोष। (भक्तियोग, पृष्ठ-56)

20. सूक्ष्म शरीर (मन) का संयम करना स्थूल शरीर के संयम से निश्चय ही श्रेष्ठ है, परन्तु साथ ही साथ सूक्ष्म के लिए स्थूल का भी संयम परमावश्यक है। इसलिए आरम्भिक दशा में साधक को आहार सम्बन्धी उन सब नियमों का विशेष रूप से पालन करना चाहिए, जो उसकी गुरु परम्परा से चले आ रहे हैं। आजकल हमारे अनेक सम्प्रदायों में इस आहारादि विचार की इतनी बढ़ी-चढ़ी है, अर्थहीन नियमों की इतनी पाबन्दी है कि उन सम्प्रदायों ने मानो धर्म को रसोईघर में ही सीमित कर रखा है जो लोग खाद्याखाद्य के इस विचार को ही जीवन का सार कर्तव्य समझ बैठे हैं, उनकी गति ब्रह्मलोक में न होकर पागलखाने में होना ही अधिक सम्भव है। (भक्तियोग, पृष्ठ-58)

21. वास्तव में खाद्य के सम्बन्ध में यह शुद्धाशुद्ध विचार गौण है। "जो कुछ आहत हो, वही आहार है।" आहार-शुद्धि का अर्थ है-आसक्ति, द्वेष और मोह से रहित होकर विषय का ज्ञान प्राप्त करना। अतएव यह ज्ञान या "आहार" शुद्ध हो जाने से उस व्यक्ति का सत्त्व पदार्थ अर्थात् अन्तःकरण शुद्ध हो जाता है, और सत्वशुद्धि हो जाने से अनन्त पुरुष के यथार्थ स्वरूप का ज्ञान और अविच्छिन्न स्मृति प्राप्त हो जाती है। (भक्तियोग, पृष्ठ-57)

22. “विमोक” अर्थात् इन्द्रिय निग्रह, इन्द्रियों को विषयों की ओर जाने से रोकना ओर उनको वश में लाकर अपनी इच्छा के अधीन रखना। इसे धार्मिक साधना की नींव ही कह सकते हैं। (भक्तियोग, पृष्ठ-59)

23. “अभ्यास” अर्थात् आत्मसंयम और आत्मत्याग का अभ्यास। भगवान श्रीकृष्ण गीता में कहते हैं, “हे कौन्तेय, अभ्यास और वैराग्य से यह प्राप्त होता है” (गीता, 6/35) (भक्तियोग, पृष्ठ-59)

24. “क्रिया” अर्थात् यज्ञ। पंच महायज्ञों का नियमित रूप से अनुष्ठान करना होगा। (भक्तियोग, पृष्ठ-59)

25. “कल्याण” अर्थात् पवित्रता ही एकमात्र ऐसी भित्ति है, जिस पर सारा भक्तिप्रसाद खड़ा है। वाह्य शौच और खाद्याखाद्य विचार ये दोनों सरल है, पर अन्तःशुद्धि बिना उसका कोई मूल्य नहीं। अन्तःशुद्धि के लिए इन गुणों को उपास्यस्वरूप बतलाया गया है-(1) सत्य (2) आर्जव अर्थात् सरला (3) दया अर्थात् निःस्वार्थ परोपकार (4) दान (5) अहिंसा अर्थात् मन, वचन और कर्म से किसी की हिंसा न करना (6) अनमिध्या अर्थात् परद्रव्यलोभ, वृथा चिन्तन और दूसरे द्वारा किये गये अनिष्ट आचरण के निरन्तर चिन्तन का त्याग। (भक्तियोग, पृष्ठ-59)

26. इन गुणों में से अहिंसा विशेष ध्यान देने योग्य है। सब प्राणियों के प्रति अहिंसा का भाव हमारे लिए परमावश्यक है। अहिंसा की कसौटी है, ईर्ष्या का अभाव। मानव जाति का सच्चा प्रेमी तो वह है, जो किसी के प्रति ईर्ष्या भाव नहीं रखता। बहुधा देखा जाता है कि संसार में जो बड़े मनुष्य कहे जाते हैं, वे अक्सर एक दूसरे के प्रति केवल थोड़े से नाम, कीर्ति या चांदी के चन्द टुकड़ों के लिए ईर्ष्या करने लगते हैं। (भक्तियोग, पृष्ठ-60)

27. जिस प्रकार घास-फूस खाने वाले जानवरों की कोई विशेष उन्नत नहीं कहा जा सकता, उसी प्रकार वहीं कोई खाद्य विशेष त्याग देने से ही ज्ञानी या उन्नत स्वभाव का नहीं हो जाती। जिसके हृदय में कभी भी किसी के प्रति अनिष्ट विचार तक नहीं आता, जो अपने बड़े से बड़े शत्रु की भी उन्नति पर आनन्द मनाता है, वही वास्तव में भक्त है, वही योगी है और वही सब का गुरु है, फिर भले ही वह प्रतिदिन शूअर मांस ही क्यों न खाता हो। (भक्तियोग, पृष्ठ-61)

28. जब बाह्य कर्मों के साधन में छोटी-छोटी बातों का पालन करना सम्भव न हो, तो उस समय केवल अन्तःशौच का अवलम्बन करना श्रेयस्कर है। पर धिक्कार है उस व्यक्ति को, धिक्कार है उस राष्ट्र को, जो धर्म के सार को तो भूल जाता है और अभ्यासवश वाह्य अनुष्ठानों को ही कसकर पकड़े रहता है तथा उन्हें किसी तरह छोड़ता नहीं! (भक्तियोग, पृष्ठ-61)

29. “अनवसाद” अर्थात् बल। श्रुति कहती है-“बलहीन व्यक्ति आत्मसम्मान नहीं कर सकता”। इस दुर्बलता का तात्पर्य है-शारीरिक और मानसिक दोनों प्रकार की दुर्बलताएं। “युवा, स्वस्थकाय, सबल” व्यक्ति ही सिद्ध हो सकता है। दुर्बल चित्त व्यक्ति भी आत्मलाभ नहीं कर सकता। जो मनुष्य भक्त होने का इच्छुक है, उसे सदैव प्रसन्न चित्त रहना चाहिए। (भक्तियोग, पृष्ठ-62)

30. “अनुद्धर्ष”। साथ ही साथ यह भी ध्यान रखना चाहिए कि मनुष्य कहीं अत्यधिक आमोद में मत्त न हो जाय। यह अनुद्धर्ष है। अत्यन्त हास्य-कौतुक हमें गंभीर चिन्तन के अयोग्य बना देता है। उससे मानसिक शक्ति व्यर्थ ही क्षय हो जाती है। इन्हीं सब साधनों द्वारा क्रमशः ईश्वर भक्ति का उदय होता है। (भक्तियोग, पृष्ठ-63)

31. सब प्रकार की साधनाओं का उद्देश्य है-आत्मशुद्धि। नाम-जप, कर्मकाण्ड, प्रतीक, प्रतिमा आदि केवल आत्मशुद्धि के लिए हैं। इसके बिना कोई भी पराभक्ति के क्षेत्र में प्रवेश नहीं कर सकता। यह त्याग ही सारी आध्यात्मिकता का प्रथम सोपान है, उसका सार है, यही वास्तविक धर्म है। जब मानवता संसार की समस्त वस्तुओं को दूर फेंक, गंभीर तत्वों के अनुसंधान में लग जाती है, तभी वास्तविक आध्यात्मिकता की नींव पड़ती है। (भक्तियोग, पृष्ठ-64)

32. कर्मयोगी सारे कर्मफलों का त्याग करता है; वह जो कुछ कर्म करता है, उसके फल में वह आसक्त नहीं होता। राजयोगी जानता है कि सारी प्रकृति का लक्ष्य आत्मा को भिन्न-भिन्न प्रकार के सुख-दुःखात्मक अनुभव प्राप्त कराना है। राजयोगी प्रकृति के अपने नानाविध सुख-दुःखों के अनुभवों से वैराग्य की शिक्षा

पाता है। ज्ञान योगी का वैराग्य सब से कठिन है, क्योंकि आरम्भ से ही उसे यह जान लेना पड़ता है कि यह ठोस दिखने वाली प्रकृति निरीमिथ्या है। (भक्तियोग, पृष्ठ-65)

33. सब प्रकार के वैराग्यों में भक्तियोगी का वैराग्य सब से स्वाभाविक है। उनमें न कोई कठोरता है, न कुछ छोड़ना पड़ता है, न हमें अपने आप से कोई चीज छोड़नी पड़ती है, और न बलपूर्वक किसी चीज से हमें अपने आपको अलग ही करना पड़ता है। भक्ति के लिए जिस वैराग्य की आवश्यकता होती है, उसके प्राप्त करने के लिए किसी का नाश करने की आवश्यकता नहीं होती। वह वैराग्य तो स्वभावतः ही आ जाता है। (भक्तियोग, पृष्ठ-65-67)

34. यही ईश्वर-प्रेम क्रमशः बढ़ते हुए एक ऐसा रूप धारण कर लेता है, जिसे "पराभक्ति" कहते हैं।, तब तो इस प्रेमिक पुरुष के लिए अनुष्ठान की और आवश्यकता नहीं रह जाता, शास्त्रों का कोई प्रयोजन नहीं रह जाता; प्रतिमा, मन्दिर, गिरजे, विभिन्न सम्प्रदाय, देश, राष्ट्र-ये सब छोटे-छोटे सीमित भाव और बन्धन अपने ही आप चले जाते हैं। तब संसार में ऐसी कोई भी वस्तु नहीं बच रहती, जो उसको बांध सके, जो उसकी स्वाधीनता को नष्ट कर सके। (भक्तियोग, पृष्ठ-67)

35. "तदीयता"। जब मनुष्य अपने आपको बिल्कुल भूल जाता है और जब उसे यह भी ज्ञान नहीं रहता कि कोई चीज अपनी है, तभी यह "तदीयता" की अवस्था प्राप्त होती है। तब, सब कुछ उसके लिए पवित्र हो जाता है, क्योंकि वह सब उसके प्रेमास्पद का ही तो है। सांसारिक प्रेम में भी, प्रेमी अपनी प्रेमिका की प्रत्येक वस्तु को बड़ी प्रिय और पवित्र मानता है। अपनी प्रणयिनी के कपड़े के एक छोटे से टुकड़े को भी वह प्यार करता है इसी प्रकार जो मनुष्य भगवान से प्रेम करता है, उसके लिए सारा संसार प्रिय हो जाता है, क्योंकि यह संसार आखिर उन्हीं का तो है। (भक्तियोग, पृष्ठ-81)

36. भक्त कहता है कि हमें ऐसा रहना चाहिए, मानों हम दुनिया की सारी चीजों के लिए मर से गये हों और वास्तव में यही यथार्थ समर्पण है। यही सच्ची शरणागति है-"जो होने का है, हो"। उसके हृदय के अन्तरतम प्रदेश से तो बस यही प्रार्थना निकलती है, "प्रभो, लोग तुम्हारे नाम पर बड़े-बड़े मन्दिर बनवाते हैं, बड़े-बड़े दान देते हैं; पर मैं तो निर्धन हूँ; मेरे पास कुछ भी नहीं है। अतः मैं अपने इस शरीर को ही तुम्हारे श्री चरण कमलों में समर्पित करता हूँ। मेरा परित्याग न करना प्रभो!" जिसने एक बार इस अवस्था का आस्वादन कर लिया है, उसके लिए प्रेमास्पद भगवान के श्री चरणों में यह चिर आत्मसमर्पण कुबेर के धन और इन्द्र के ऐश्वर्य से भी श्रेष्ठ है, नाम-परा और सुख-सम्पदा की महान आकांक्षा से भी महत्तर है। (भक्तियोग, पृष्ठ-86-87)

37. भक्त के लिए पराविद्या और पराभक्ति दोनों एक ही है। "ब्रह्मज्ञानी के मतानुसार परा और अपरा ये दो प्रकार की विद्याएं जानने योग्य है। अपरा विद्या में ऋग्वेद, यजुर्वेद, सामवेद, अथर्ववेद, शिक्षा (उच्चारणादि की विद्या), कल्प (यज्ञ पद्धति), व्याकरण, निरूक्त (वैदिक शब्दों की उत्पत्ति और अर्थ बताने वाला शास्त्र), छन्द और ज्योतिष आदि है; तथा पराविद्या द्वारा उस अक्षर ब्रह्म का ज्ञान होता है।" इस प्रकार परा विद्या स्पष्टतः ब्रह्मविद्या है। (भक्तियोग, पृष्ठ-88)

38. एक बर्तन से दूसरे बर्तन में तेल डालने पर जिस प्रकार एक अविच्छिन्न धारा में गिरता है, उसी प्रकार जब मन भगवान के सतत् चिन्तन में लग जाता है, तो पराभक्ति की अवस्था प्राप्त हो जाती है। (भक्तियोग, पृष्ठ-88)

39. केवल प्रेम के लिए प्रेम करना संसार में निस्संदेह प्रेम की सर्वोच्च अभिव्यक्ति है और यही पूर्ण निःस्वार्थ प्रेम है। इस प्रकार का प्रेम जब आध्यात्मिकता के क्षेत्र में कार्य करने लगता है, तो वही हमें पराभक्ति में ले जाता हैं। (भक्तियोग, पृष्ठ-89)

40.

06. प्रेम योग

01. भक्ति विभिन्न रूपों में प्रकाशित होती है-(1) श्रद्धा (2) प्रीति (3) विरह (4) तदीयता। (भक्तियोग, पृष्ठ-79)

02. "श्रद्धा", इस श्रद्धा का मूल है प्रेम। हम जिससे प्रेम नहीं करते, उसके प्रति कभी भी श्रद्धालु नहीं हो सकते।

03. "प्रीति" अर्थात् ईश्वर-चिन्तन में आनन्द। (भक्तियोग, पृष्ठ-79)

04. "विरह", प्रेमास्पद के अभाव में उत्पन्न होने वाला तीव्र दुःख। यह दुःख संसार के समस्त दुःखों में सबसे मधुर है-अत्यंत मधुर है। जब मनुष्य भगवान को न पा सकने के कारण संसार में एकमात्र जानने योग्य वस्तु को न जान सकने के कारण भीतर तीव्र वेदना अनुभव करने लगता है और फलस्वरूप अत्यन्त व्याकुल हो बिल्कुल पागल-सा हो जाता है तो उस दशा को विरह कहते हैं। मन की ऐसी दशा में प्रेमास्पद को छोड़ उसे और कुछ अच्छा नहीं लगता (इतर-विचिकित्सा)। बहुधा यह विरह सांसारिक प्रणय में देखा जाता है। जब स्त्री-पुरुष में यथार्थ और प्रगाढ़ प्रेम होता है, तो उन्हें ऐसे किसी भी व्यक्ति की उपस्थिति अच्छी नहीं लगती, जो उनके मन का नहीं होता। (भक्तियोग, पृष्ठ-79)

05. प्रकृति में सर्वत्र हम प्रेम का विकास देखते हैं। पहला मानव समाज में जो कुछ सुन्दर और महान है, वह समस्त प्रेम प्रसूत है, दूसरा फिर जो कुछ खराब, यही नहीं, बल्कि पैशाचिक है, वह भी उसी प्रेमाभाव का विकृत रूप है। दूसरा जिस प्रकार अपने आप से प्यार करता है। पहला उसी प्रकार दूसरों से प्यार करता है। पहली दशा में प्रेम की गति ठीक और उचित दिशा में है, पर दूसरी दशा में वह बुरी दिशा में। जो आग हमारे लिए भोजन पकाती है, वह एक बच्चे को जला भी सकती है। किन्तु इसमें आग का कोई दोष नहीं। (भक्तियोग, पृष्ठ-69)

06. भक्तियोग उच्चतर प्रेम का विज्ञान है। वह हमें दर्शाता है कि हम प्रेम को ठीक रास्ते से कैसे लगायें, कैसे उसे वश में लायें, उसका सदव्यवहार किस प्रकार करें, किस प्रकार एक नये मार्ग में उसे मोड़ दें और उसके श्रेष्ठ और महत्तम फल अर्थात् जीवन्मुक्त अवस्था किस प्रकार प्राप्त करें। और जो परमेश्वर के प्रेम में उन्मुक्त हो गया है, उसकी स्वभावतः, नीच विषयों में कोई प्रवृत्ति नहीं रह सकती। (भक्तियोग, पृष्ठ-70)

07. समष्टि से प्रेम किये बिना हम व्यष्टि से प्रेम कैसे कर सकते हैं? ईश्वर ही वह समष्टि है। सारे विश्व का यदि एक अखण्ड रूप से चिन्तन किया जाय, तो वही ईश्वर है, और उसे पृथक-पृथक रूप से देखने पर वही यह दृश्यमान संसार है, व्यष्टि है। समष्टि वह इकाई है, जिसमें लाखों छोटी-छोटी इकाईयों का मेल है। इस समष्टि के माध्यम से ही सारे विश्व को प्रेम करना सम्भव है। (भक्तियोग, पृष्ठ-82)

08. प्रेम की उपमा एक त्रिकोण से दी जा सकती है, जिसका प्रत्येक कोण एक-एक अविभाज्य गुण का सूचक है। जिस प्रकार बिना तीन कोण के एक त्रिकोण नहीं बन सकता, उसी प्रकार निम्नलिखित तीन गुणों के बिना यथार्थ प्रेम का होना असम्भव है। (भक्तियोग, पृष्ठ-90)

09. पहला कोण तो यह है कि प्रेम में किसी प्रकार का क्रय-विक्रय (खरीद-बेच) नहीं होता। (भक्तियोग, पृष्ठ-90)

10. दूसरा कोण यह है कि प्रेम में कोई भय नहीं रहता। (भक्तियोग, पृष्ठ-92)

11. तीसरा कोण यह है कि प्रेम में कोई प्रतद्वन्द्वी अर्थात् दूसरा प्रेमपात्र नहीं होता। (भक्तियोग, पृष्ठ-93)

12. जो प्रेमी स्वार्थपरता और भय के परे हो गया है, जो फलाकांक्षा शून्य हो गया है, उसका आदर्श क्या है? वह परमेश्वर से भी यही कहेगा। "मैं तुम्हें सर्वस्व अर्पण करता हूँ, मैं तुमसे कोई चीज नहीं चाहता। वास्तव में ऐसा कुछ भी नहीं है, जिसे मैं अपना कह सकूँ।" जब मनुष्य इस प्रकार की अवस्था प्राप्त कर लेता है, तब उसका आदर्श पूर्ण प्रेम का आदर्श हो जाता है। वह आदर्श तो सार्वभौमिक प्रेम, अनन्त और असीम प्रेम, पूर्ण स्वतन्त्र प्रेम का आदर्श होता है; यही क्यों, वह साक्षात् प्रेम स्वरूप होता है। (भक्तियोग, पृष्ठ-96)

13. जब भक्त इस अवस्था में पहुंच जाता है, तब उसमें ये सब तर्क-वितर्क नहीं उठते कि भगवान को प्रमाणित किया जा सकता है अथवा नहीं, भगवान सर्वज्ञ और सर्वशक्तिमान है या नहीं। उसके लिए भगवान तो

प्रेममय हैं, प्रेम के सर्वोच्च आदर्श हैं, और बस यह जानना ही उसके लिए यथेष्ट है। भगवान प्रेमरूप होने के कारण स्वतः सिद्ध हैं। (भक्तियोग, पृष्ठ-98)

14. कोई-कोई कहते हैं कि समस्त मानवी कार्यों की एकमात्र प्रेरक-शक्ति है स्वार्थपरता। किन्तु वह भी तो प्रेम ही है; पर हाँ, वह प्रेम विशिष्टता के कारण निम्नभावापन्न हो गया है, बस इतना ही। जब मैं अपने को संसार की सारी वस्तुओं में अवस्थित सोचता हूँ, तब निश्चय ही मुझमें किसी प्रकार की स्वार्थपरता नहीं रह सकती। (भक्तियोग, पृष्ठ-98)

15. प्रेम के इस परमोच्च और पूर्ण आदर्श को मानवी भाषा में प्रकट करना असम्भव है। उच्चतम मानवी कल्पना भी उसकी अनन्त पूर्णता तथा सौन्दर्य का अनुभव करने में असमर्थ है। मनुष्य दैवी विषयों के सम्बन्ध में अपने मानवी ढंग से ही सोच सकता है, वह पूर्ण निरपेक्ष सत्ता हमारे समक्ष हमारी सापेक्ष भाषा में ही प्रकाशित हो सकती है। पराभक्ति के कई व्याख्याताओं ने इस दैवी प्रेम को अनेक प्रकार से समझने और उसका प्रत्यक्ष अनुभव करने की चेष्टा की है। (भक्तियोग, पृष्ठ-99)

16. इस दैवी प्रेम के-(1) शान्त (2) दास्य (3) सख्य (4) वात्सल्य (5) मधुर (6) अवैध (परकीय) छः रूप है।

17. इस प्रेम के निम्नतम रूप को "शान्त" भक्ति कहते हैं। जब उसकी उपासना में प्रबल प्रेम की उन्मत्तता नहीं रहती है तब वह उपासना शान्त भक्ति या शान्त प्रेम कहलाती है। (भक्तियोग, पृष्ठ-100)

18. इससे (शान्त प्रेम) से कुछ ऊँची अवस्था है-"दास्य"। इस अवस्था में मनुष्य अपने को ईश्वर का दास समझता है। विश्वासी सेवक की अपने स्वामी के प्रति अनन्य भक्ति ही उसका आदर्श है।

19. इसके (दास्य प्रेम) के बाद है-"सख्य प्रेम"। इस सख्य प्रेम का साधक भगवान से कहता है-"तुम मेरे प्रिय सख्य हो"। जिस प्रकार एक व्यक्ति अपने मित्र के सम्मुख अपना हृदय खोल देता है और यह जानता है कि उसका मित्र उसके अवगुणों पर कभी ध्यान न देगा, वरन् उसकी सदा सहायता ही करेगा, उन दोनों में जिस प्रकार समानता का एक भाव रहता है। इस तरह भगवान हमारे अन्तरंग मित्र हो जाते हैं, जिनके हम अपने जीवन की सारी बातें दिल खोलकर बता सकते हैं, जिनके समक्ष हम अपने हृदय के गुप्त भावों को भी बिना हिचकिचाहट के प्रकट कर सकते हैं। भगवान मानो हमारे संगी हो, सखा हो। हम सभी इस संसार में मानो खेल रहे हैं। जिस प्रकार बच्चे अपना खेल खेलते हैं। (भक्तियोग, पृष्ठ-100)

20. इसके (सख्य प्रेम) के बाद है-"वात्सल्य प्रेम"। उसमें भगवान का चिन्तन पिता रूप से न करके सन्तान रूप से करना पड़ता है। प्रेम कहता है कि भगवान को महामहिम, ऐश्वर्यशाली, जगननाथ या देवदेव के रूप में सोचने की मेरी इच्छा ही नहीं होती। भगवान के साथ सम्बन्धित यह जो भयोत्पादक ऐश्वर्य की भावना है, उसी को दूर करने के लिए वह भगवान को अपनी सन्तान के रूप में प्यार करता है। माता-पिता अपने बच्चे से भयभीत नहीं होते, उसके प्रति उनकी भक्ति नहीं होती। वे उस बच्चे से कुछ याचना नहीं करते। बच्चा तो सदा पाने वाला ही होता है और उसके लिए वे लोग सौ बार भी मरने को तैयार रहते हैं। बस इसी प्रकार भगवान से वात्सल्याभाव से प्रेम किया जाता है जो सम्प्रदाय भगवान के अवतार में विश्वास करते हैं, उन्हीं में यह वात्सल्य भाव की उपासना स्वाभाविक रूप से आती और पनपती है। मुसलमानों के लिए भगवान को एक सन्तान के रूप में मानना असम्भव है। वे तो डर कर इस भाव से दूर रहेंगे। पर ईसाई और हिन्दू इसे सहज ही समझ सकते हैं, क्योंकि उनके तो बालक ईसा और बालक कृष्ण हैं। भारतीय रमणियाँ बहुधा अपने आपको श्रीकृष्ण की माता के रूप में सोचती हैं। (भक्तियोग, पृष्ठ-102-103)

21. मानवी जीवन में प्रेम का यह दैवी आदर्श एक और प्रकार से प्रकाशित होता है। उसे "मधुर" कहते हैं और वही सब प्रकार के प्रेमों में श्रेष्ठ है। दैवी प्रेम के इस मधुर भाव में भगवान का चिन्तन पति रूप में किया जाता है, ऐसा विचार कर कि हम सभी स्त्रियाँ हैं, इस संसार में और कोई पुरुष नहीं; एकमात्र पुरुष हैं, वे। हमारे वे प्रेमास्पद ही एकमात्र पुरुष हैं जो प्रेम पुरुष-स्त्री के प्रति और स्त्री-पुरुष के प्रति प्रदर्शित करती है, वही प्रेम भगवान को देना होगा। भगवान ही मनुष्य के मन और शरीर की समस्त शक्तियों के एकमात्र लक्ष्य हैं, एकापन हैं, फिर वे शक्तियाँ किसी भी रूप से क्यों न प्रकट हो। मानव हृदय का समस्त प्रेम-सारे भाव

भगवान की ओर हो जाय। वे ही हमारे एकमात्र प्रेमास्पद हैं। यह मानव हृदय भला और किसे प्यार करेगा? वे परम सुन्दर हैं, परम महान् हैं, अहा! वे साक्षात् सौन्दर्य स्वरूप हैं, महत्त्व स्वरूप हैं। इस दुनिया में भला और कौन पति होने के उपयुक्त है? उनके सिवा जगत में भला और कौन हमारा प्रेमपात्र हो सकता है? अतः वे ही हमारे पति हों, वे ही हमारे प्रेमास्पद हों। "हे प्रियतम, तुम्हारे अधरों के केवल एक चुम्बन के लिए! जिसका तुमने एक बार चुम्बन किया है, तुम्हारे लिए उसकी पिपासा बढ़ती ही जाती है। उसके समस्त दुःख चले जाते हैं। वह तुम्हें छोड़ और सब भुल जाता है।" प्रियतम के उस चुम्बन के लिए, उनको अधरों के उस स्पर्श के लिए व्याकुल होओ, जो भक्त को पागल कर देता है, जो मनुष्य को देवता बना देता है। (भक्तियोग, पृष्ठ-103-104, 106-107)

22. प्रेमान्माद की यही (मधुर प्रेम) चरम अवस्था है। पर सच्चा भगवत्प्रेमी यहाँ पर भी नहीं रूकता; उसके लिए तो पति और पत्नी की प्रेमोन्मत्तता भी यथेष्ट नहीं। अतएव ऐसे भक्त "अवैध (परकीय)" प्रेम का भाव ग्रहण करते हैं, क्योंकि वह अत्यन्त प्रबल होता है। फिर देखो, उसकी अवैधता उनका लक्ष्य नहीं है। इस प्रेम का स्वभाव ही ऐसा है कि उसे जितनी बाधा मिलती है, वह उतना ही उग्र रूप धारण करता है। पति-पत्नी का प्रेम अबाध रहता है, उसमें किसी प्रकार की विघ्नबाधा नहीं आती। इसलिए भक्त कल्पना करता है, मानो कोई स्त्री, परपुरुष में आसक्त है और उसके माता, पिता या स्वामी उसके इस प्रेम का विरोध करते हैं। (भक्तियोग, पृष्ठ-107)

23. श्रीकृष्ण वृन्दावन के कुंजों में किस प्रकार लीला करते थे, किस प्रकार सब लोग उन्मत्त होकर उनसे प्रेम करते थे, किस प्रकार उनकी बाँसुरी की मधुर तान सुनते ही चिर-धन्या गोपियाँ सब कुछ भूलकर, इस संसार और इसके समस्त बन्धनों को भूलकर, यहाँ के सारे कर्तव्य तथा सुख-दुःख को बिसराकर, उन्मत्त-सी उनसे मिलने के लिए छुट पड़ती थीं, यह सब मानवी भाषा द्वारा व्यक्त नहीं किया जा सकता। हे मानव, तुम दैवी प्रेम की बाते तो करते हो, पर साथ ही इस संसार की असार वस्तुओं में भी मन दिये रहते हो। क्या तुम सच्चे हो, क्या तुम्हारा मन और मुख एक है? "जहाँ राम है, वहां काम नहीं, और जहाँ काम है, वहां राम नहीं।" (भक्तियोग, पृष्ठ-107-108)

24. जब प्रेम का यह उच्चतम आदर्श प्राप्त हो जाता है, तो ज्ञान फिर न जाने कहाँ चला जाता है। तब भला ज्ञान की इच्छा भी कौन करे? तब तो मुक्ति, उद्धार, निर्वाण की बातें न जाने कहाँ गायब हो जाती है। इस दैवी प्रेम में छके रहने से फिर भला कौन मुक्त होना चाहेगा? "प्रभो! मुझे धन, जन, सौन्दर्य, विद्या यहाँ तक कि मुक्ति भी नहीं चाहिए। बस इतनी ही साध है, कि जन्म-जन्म में तुम्हारे प्रति मेरी अहैतुकी भक्ति बनी रहे।" (भक्तियोग, पृष्ठ-109)

25. भक्त कहता है, "मैं जानता हूँ कि वे और मैं दोनों एक हैं, पर तो भी मैं उनसे अपने को अलग रखकर उन प्रियतम का सम्भोग करूंगा।" प्रेम के लिए प्रेम, यही भक्ति का सर्वोच्च सुख है। प्रियतम का सम्भोग करने के लिए कौन न हजार बार भी बद्ध होने को तैयार रहेगा? एक सच्चा भक्त प्रेम को छोड़ और किसी वस्तु की कामना नहीं करता। वह स्वयं प्रेम करना चाहता है कि भगवान भी उससे प्रेम करें। (भक्तियोग, पृष्ठ-109)

26. मैं एक ऐसे महापुरुष को जानता हूँ, जिन्हें लोग पागल कहते थे। इस पर उनका उत्तर था, "भाईयों सारा संसार ही तो एक पागलखाना है। कोई सांसारिक प्रेम के पीछे पागल है, कोई नाम के पीछे, कोई यश के लिए, तो कोई पैसे के लिए। फिर कोई ऐसे भी हैं, जो उद्धार पाने या स्वर्ग जाने के लिए पागल हैं। इस विराट पागलखाने में मैं भी एक पागल हूँ-मैं भगवान के लिए पागल हूँ। तुम पैसे के लिए पागल हो, और मैं भगवान के लिए। जैसे तुम पागल हो, वैसा ही मैं भी। फिर भी मैं सोचता हूँ कि मेरा ही पागलपन सब से उत्तम है और इसके सामने अन्य सब कुछ उड़ जाता है।" (भक्तियोग, पृष्ठ-109)

27. प्रेम के धर्म में हमें द्वैतभाव से आरम्भ करना पड़ता है। उस समय हमारे लिए भगवान हमसे भिन्न रहते हैं, और हम भी अपने को उनसे भिन्न समझते हैं। फिर प्रेम बीच में आ जाता है तब मनुष्य भगवान की ओर

अग्रसर होने लगता है और भगवान भी क्रमशः मनुष्य के अधिकाधिक निकट आने लगते हैं। इस प्रेम के प्रकाश में मनुष्य स्वयं सम्पूर्ण रूप से परिवर्तित हो जाता है और अन्त में इस सुन्दर और प्राणों को उन्मत्त बना देने वाले सत्य का अनुभव करता है कि प्रेम, प्रेमी और प्रेमास्पद तीनों एक ही है। (भक्तियोग, पृष्ठ-110-111)

07. कर्मयोग

01. संसार में कुछ व्यक्ति ऐसे हैं जो भगवान के प्रति शरणागति और प्रार्थना की तुलना में कर्तव्य भावना से अधिक प्रेरित होते हैं। मृत्यु के बाद क्या होगा, इस दृष्टि से वे संसार को देखना पसंद नहीं करते। उनके लिए वर्तमान संसार ही यथार्थ संसार है और इसमें उनका मन और शक्ति इतनी लग जाती है कि उन्हें सपनों अथवा दार्शनिक धारणाओं के लिए समय नहीं रहता। वे अनुभव करते हैं कि वे अपने कर्तव्य अपने प्रति और राष्ट्र के प्रति है। अगर उनका हृदय व्यापक है तो वे अपने कर्तव्य की जिम्मेंदारी विश्व और मानवता के प्रति भी मानते हैं। स्वभाव से ही कर्मठ एवं महत्त्वाकांक्षी होने के कारण वे हर समय किसी न किसी काम में व्यस्त रहते हैं। जब तक वे किसी एक विचार को कार्य में परिणत करते हैं, तब तक सैकड़ों विचार उनमें दिमाग में प्रवेश कर जाते हैं। अगर वे जीवन में सफल होते हैं, तो वे बहुत बड़े देशभक्त, राजनैतिक नेता, समाज सुधारक, परोपकारी, वैज्ञानिक या लेखक आदि बन जाते हैं। इस तरह वे अपनी व्यक्तिगत रूचि के अनुसार अपनी अदम्य ऊर्जा को एक अथवा अनेक कठिन कार्यों में लगा देते हैं। (योग क्या है?, पृष्ठ-30)

02. यह कहना सर्वथा अनुचित होगा कि ऐसे फुर्तीले व्यक्ति ईश्वर के राज्य से बाहर होते हैं क्योंकि वे ईश्वर की विधिवत् पूजा नहीं करते। इनमें से कई उच्च आदर्शों द्वारा प्रेरित होते हैं और वे ईमानदार, लगनशील और आत्मत्यागी होते हैं। कभी-कभी उनमें ऐसा गुण पाया जाता है कि प्रत्येक धार्मिक व्यक्ति केवल उनकी प्रशंसा ही नहीं करता, बल्कि स्वयं भी वैसा ही होना चाहता है। (योग क्या है?, पृष्ठ-31)

03. केवल संकीर्ण और पागल व्यक्ति ही ऐसा कहने का दावा करेगा कि जो व्यक्ति धार्मिक परम्पराओं से परे है, उससे किसी प्रकार की आशा नहीं करनी चाहिए। हमारी प्रत्येक क्रिया चाहे वह अनजाने ही क्यों न हो, उसी महत् सत्य तक पहुंचने का प्रयास है। (योग क्या है?, पृष्ठ-31)

04. कोई भी व्यक्ति संसार से सारे कष्टों को दूर नहीं कर सकता। आप एक क्षेत्र से कष्ट दूर कर सकते हैं, अगर आप कर सकें, तो यह दूसरे क्षेत्र में प्रगट होता है। मानवता के उषाकाल से ही मानव इस धरती के कष्टों को दूर करने का प्रयास करता रहा है, लेकिन वह कहाँ तक सफल हुआ है? फिर भी मनुष्य अवश्य काम करेगा। वह एक क्षण भी बिना काम के नहीं रह सकता। अगर वह बाहरी क्रियाओं को बन्द करेगा, तो उसकी भीतरी क्रियाएं चलती ही रहेंगी। (योग क्या है?, पृष्ठ-32-32)

05. ऐसा कहा जाता है कि जो मनुष्य एकान्त में अधिक समय तक सुखपूर्वक रह पाता है वह या तो संत है या फिर पशु! औसत आदमी तो, जो इन दोनों में से कुछ भी नहीं होता, एक साधारण आदमी होता है और उसके साथ उसकी सारी कमजोरियां होती हैं।

06. कर्मयोग मनुष्य को कर्म का रहस्य बतलाता है कि वह किस प्रकार काम करें जिससे उसे अधिकतम उपलब्धि हो, नैराष्य के दुःख से वंचित रहे साथ ही जीवन के आध्यात्मिक उद्देश्य को भी प्राप्त कर सके। इस मार्ग का उद्देश्य केवल बाहरी सफलता को प्राप्त करना न होकर, दासता से मुक्ति पाना और स्वार्थ रहित होने की सीख लेना है। अगर कोई मनुष्य वास्तविक सुख चाहता है, तो उसे अवश्य ही स्वार्थरहित होना होगा। जितना ही कोई मनुष्य दूसरों के कल्याण के लिए अपने सुख का त्याग करेगा उतना ही उसे अपने जीवन में अधिक सुख प्राप्त होगा। यद्यपि यह विरोधाभास सा लगता है। (योग क्या है?, पृष्ठ-34)

07. "कर्मयोग" कहता है कि पूरी शक्ति एवं तीव्रगति से काम करो, किन्तु उसकी सफलता और असफलता के बारे में मत सोचो। सफलता की स्थिति में अहंकार का और विफलता की स्थिति में दुःख और नैराश्य का

त्याग करो क्योंकि सफलता और असफलता का भाव स्वार्थपरत और अहंकार का परिचायक होता है जो अन्ततोगत्वा दुःख की ओर ले जाता है। (योग क्या है?, पृष्ठ-34)

08. बहुत कम लोग ऐसा समझ सकते हैं कि जो व्यक्ति अपने कार्यों को पुरे दिलो-दिमाग से, किन्तु निरासक्त भाव से करते हैं, वे उनकी तुलना में अधिक कुशल होते हैं जो परिणाम की चिन्ता किये हुए अपने कार्यों को सम्पन्न करते हैं। (योग क्या है?, पृष्ठ-35)

09. आध्यात्मिक जीवन में मूल्यांकन का एक सही मापदण्ड उस व्यक्ति की निःस्वार्थपरता है। आध्यात्मिकता के क्षेत्र में जो जितना ही विकास करता है वह उतना ही स्वार्थरहित होता है। एक पशु सामान्यतया: अपने ही भोजन और आराम के बारे में व्यस्त रहता है किन्तु एक मनुष्य अपने परिवार, पड़ोसी और देश के बारे में सोचता है; एक संत बिना किसी जातिगत, विश्वासगत और राष्ट्रगत भेदभाव के सम्पूर्ण मानवता को समानरूप से देखता है, वह सम्पूर्ण विश्व को ईश्वर की सृष्टि समझकर प्यार करता है। (योग क्या है?, पृष्ठ-36)

10. कुछ राष्ट्र, दूसरे राष्ट्रों को विनष्ट कर विकास करना चाहते हैं और इस प्रकार के युद्ध नायक की प्रशंसा की जाती है तथा उसे एक महान नायक समझकर प्रशस्ति भी दी जाती है जबकि वह वास्तव में निम्नकोटि का जीव होता है। (योग क्या है?, पृष्ठ-36)

11. एक कर्मयोगी जो दिन-प्रतिदिन निःस्वार्थी होने की चेष्टा करता है वह अपने अनजाने ही धर्म के उच्चतम पथ पर अग्रसर हो जाता है। वह दर्शन और आध्यात्मिक समस्याओं पर बिना किसी प्रकार की बहस किये ही दिव्य सत्य की अनुभूति करने लगता है। (योग क्या है?, पृष्ठ-37)

12. किसी भी दशा में एक सच्चे कर्मयोगी का आध्यात्मिक महत्व किसी भी भक्त से अगर अधिक नहीं है तो कम भी नहीं है। (योग क्या है?, पृष्ठ-38)

13. एक भक्त मन्दिर में फूल और अगरबत्ती लेकर ईश्वर की पूजा करता है। ठीक इसी तरह एक कर्मयोगी विस्तृत संसार में विभिन्न कर्मों को ईश्वरीय पूजा समझकर ही करता है। (योग क्या है?, पृष्ठ-38-39)

14. अगर कर्मयोगी एक सच्चे भक्त की मुद्रा में अपने प्रतिदिन के कार्यों को सम्पन्न करता है, तब वह निश्चय ही अनुभव करेगा कि उसकी व्यक्तिगत इच्छा धीरे-धीरे दैवी इच्दा में परिणत हो रही है। जब यह भावना अन्त में वास्तविक अनुभूति में बदल जाती है, तो उस शान्ति का अनुभव करता है जिसे विश्व की कोई शक्ति भंग नहीं कर सकती। (योग क्या है?, पृष्ठ-40)

15. वे कर्मयोगी जो दार्शनिक विचार के हैं, उनके लिए गीता की राय यह है कि वे स्वयं को आत्मा के रूप में स्मरण करें। वे यह भी याद रखें कि अतीत की प्रवृत्तियों और इच्छाओं से प्रेरित इन्द्रियाँ ही काम करती हैं। (योग क्या है?, पृष्ठ-40)

16. उदात्त और परिपक्व विचार पहले कल्पना में ही आता है, लेकिन जब कर्मयोगी इसे व्यवहार में परिणत करता है, तब उसकी कल्पना अनुभूति में बदल जाती है और आत्मतत्व का अनुभव करने लगता है। (योग क्या है?, पृष्ठ-41)

17. वे व्यक्ति जो सांसारिक वासना के गुलाम हैं, प्रायः बड़े ही मधुर ढंग से भ्रमवश इस बात पर जोर देते हैं कि वे कर्मयोग का अभ्यास कर रहे हैं। वह यह नहीं अनुभव करते कि कर्मयोगी का पथ सचमुच में बड़ा कठिन होता है। एक व्यक्ति दूसरे को धोखा दे सकता है, वह अपने-आप को भी धोखा दे सकता है, लेकिन वह ईश्वर को कभी धोखा नहीं दे सकता है। जीवन के दूसरे क्षेत्रों में चतुराई से विश्वास पैदा करके सफलता प्राप्त की जा सकती है, किन्तु आध्यात्मिक क्षेत्र में यह कदापि सम्भव नहीं है। (योग क्या है?, पृष्ठ-41)

18. सच्चे कर्मयोगी बनने के पहले साधक को अपने सूक्ष्मातिसूक्ष्म अहंकार को दूर करना होगा और इसके लिए सतर्कता और साधना की अपेक्षा होती है। (योग क्या है?, पृष्ठ-42)

19. कर्मयोग के कठिन पथ पर चलने वाले साधक के लिए सबसे बड़ा खतरा गुण का गर्व और दूसरों की कमजोरियों को न सह पाने की क्षमता आदि होता है जिसके प्रति उसे सतर्क रहना चाहिए। (योग क्या है?, पृष्ठ-46)

20. जहाँ भक्त ज्ञानी और राजयोगी मानव संसार को भूलने में समर्थ होते हैं, वहां कर्मयोगी निरंतर विश्व में रहता है, किन्तु उसका नहीं होता। (योग क्या है?, पृष्ठ-46)

21. ज्ञानातीत भूमि में पहुंचकर जो कुछ दिया जाता है, वह ठीक-ठीक ही होता है। वे सब काम जीवन और जगत के लिए होते हैं। क्योंकि उस समय कर्ता का मन फिर स्वार्थबुद्धि द्वारा अथवा अपने लाभ-हानि के विचार द्वारा दूषित नहीं होता। ईश्वर ने सदा ज्ञानातीत भूमि में रहकर ही इस जगत रूपी विचित्र सृष्टि को बनाया है इसलिए इस सृष्टि में कुछ भी अपूर्ण नहीं पाया जाता। इसलिए कह रहा था कि अत्यज जीवन के, फलकामना से शून्य कर्म आदि कभी अंगहीन अथवा असम्पूर्ण नहीं होते, उनसे जीव और जगत् का यथार्थ कल्याण ही होता है। (विवेकानन्द जी के संग में, पृष्ठ-194)

22. हम वर्तमान जीवन में जो कुछ हैं, वह हमारे पूर्व जीवन के कर्मों और विचारों का फल है, और हम जो कुछ भविष्य में होंगे, वह हमारे अभी के कर्मों और विचारों का फल होगा। पर, हम स्वयं ही अपना भाग्य निर्माण कर रहे हैं, बल्कि अधिकतर स्थलों में तो इस प्रकार की सहायता नितान्त आवश्यक होती है। (भक्तियोग, पृष्ठ-26)

23. देह तो स्थूल है, यह मरकर पंचभूतों में मिल जाती है; परन्तु संस्कारों की गठरी अर्थात् मन शीघ्र नहीं मरता। बीज की भांति कुछ दिन रहकर वृक्ष रूप में परिणत होता है; फिर स्थूल शरीर धारण करके जन्म-मृत्यु के पथ में आया-जाया करता है। जब तक आत्मज्ञान नहीं हो जाता है तब तक यही क्रम चलता रहता है इसलिए कहता हूँ। ध्यान, धारणा और विचार के बल पर मन को सच्चिदानंद समुद्र में डुबो दे। मन के मरते ही सभी गया समझ , बस फिर तू ब्रह्मस्थ हो जायेगा। (विवेकानन्द जी के संग में 210)

24. हाँ, एक बात और है और वह यह कि गीता में फलाकांक्षा छोड़कर कार्य करने का यथार्थ उपाय क्या है, उससे ठीक-ठीक मानसिक अभ्यास का यथार्थ उपाय क्या है, यह मैंने आविष्कृत कर लिया है। ध्यान, मन, संयोग तथा एकाग्रता के साधन के सम्बन्ध में मुझे ऐसा ज्ञान प्राप्त हुआ है कि उसके अभ्यास से सब प्रकार के कष्ट-उद्वेगों से हम छुटकारा पा सकते हैं। मन को अपनी इच्छानुसार किसी स्थल पर केन्द्रित कर रखने के कौशल के सिवाय यह और कुछ नहीं है। (पत्रावली भाग-2, पृष्ठ-222)

25. शास्त्र में जिस अवस्था को समाधि कहा गया है, वह अवस्था तो सहज में हर एक को प्राप्त नहीं होती, और किसी को हुई भी तो अधिक समय तक टिकती नहीं है। तब बताओ वह किस प्रकार समय बितायेगा? इसलिए शास्त्रोक्त अवस्था लाभ के बाद साधक प्रत्येक भूत में आत्मदर्शन कर अमिन्न ज्ञान से सेवा परायण बनकर अपने प्रारब्ध को नष्ट कर देते हैं। इस अवस्था को शास्त्रकर जीवन्मुक्त अवस्था कह गये हैं। (विवेकानन्द जी के संग में, पृष्ठ-91)

08.वेद

01. वेद का अर्थ अनादि सत्यों का समूह है। वेदज्ञ ऋषियों ने इन सत्यों को प्रत्यक्ष किया था। बिना अतिन्द्रिय दृष्टि के साधारण दृष्टि से ये सत्य प्रत्यक्ष नहीं होते। इसी से वेद में ऋषि का अर्थ मन्त्रार्थ दर्शी है, यज्ञोपवीतधारी ब्राह्मण नहीं। ब्राह्मण आदि जाति विभाग वेद के बाद हुआ था। वेद शब्दात्मक अर्थात् भावात्मक हैं अथवा अनन्त भाव राशि की समष्टि को ही वेद कहते हैं। "शब्द" इस पद का वैदिक प्राचीन अर्थ सूक्ष्म भाव है, जो फिर आगे स्थूल रुप से अपने को व्यक्त करता है इसलिए प्रलय काल में भावी सृष्टि का सूक्ष्म बीज समूह वेद में ही संपुटित रहता है। इसी से पुराण में पहले-पहल मीनावतार से वेद का उद्धार दिखाई देता है। प्रथमावतार से ही वेद का उद्धार हुआ। (विवेकानन्द जी के संग में, पृष्ठ-61)

02. भारत में यह सर्वसम्मत है कि "वेद" शब्द में तीन भाग सम्मिलित हैं-संहिता, ब्राह्मण और उपनिषद्। इनमें से पहले दो भाग कर्मकाण्ड सम्बन्धी होने के कारण अब लगभग एक ओर कर दिये गये हैं। सब मतों के निर्माताओं तथा तत्व ज्ञानियों ने केवल उपनिषदों को ही ग्रहण किया है। केवल संहिता ही वेद है, यह स्वामी दयानन्द का शुरु किया हुआ विल्कुल नया विचार है और पुरातनमतावलम्बी या सनातनी जनता में इसको मानने वाला कोई नहीं है। इस मतावलम्बन का कारण यह था कि स्वामी दयानन्द समझते थे कि संहिता की एक नई व्याख्या के अनुसार वे पुरे वेद का एक सुसंगत सिद्धान्त निर्माण कर सकेंगे। परन्तु कठिनाइयाँ कुछ कम न हुई, केवल वे अब ब्राह्मण (वेदों के एक भाग का नाम) भाग के सम्बन्ध में उठ खड़ी हुई और अनेक व्याख्याओं तथा प्रक्षिप्तता की कल्पनाओं का सहारा लेने पर भी बहुत कुछ कठिनाइयाँ शेष ही रह गयीं। अब यदि यह सम्भव है कि संहिता के आधार पर एक समन्वयपूर्ण धर्म का निर्माण किया जाये तो यह सहस्त्र गुना अधिक सम्भव है कि एक समन्वयपूर्ण और सामंजस्य युक्त मत उपनिषदों के आधार पर बन सकता है, फिर इसमें पहले से प्राप्त राष्ट्रीय सम्मति के विपरीत न जाना पड़ेगा। यहाँ भूतकाल के सब आचार्य तुम्हारा साथ देंगे तथा उन्नति के नये मार्गों का विशाल क्षेत्र तुम्हारे सामने खुला है। निस्सन्देह गीता हिन्दुओं की बाइबिल बन चुकी है और यह इस मान के सर्वथा योग्य भी है। परन्तु श्रीकृष्ण का व्यक्तित्व काल्पनिक कथाओं के झुण्ड में ऐसा आच्छादित हो गया है कि उनके जीवन से जीवनदायिनी स्फूर्ति प्राप्त करना असम्भव सा जान पड़ता है दूसरे, वर्तमान युग में नई विचार प्रणाली और नवीन जीवन की आवश्यकता है (पत्रावली भाग-2, पृष्ठ-97)

03. स्मृति और पुराण, सीमित बुद्धि वाले व्यक्तियों की रचनाएँ हैं और भ्रम, प्रमाद, भेद तथा द्वेष भाव से परिपूर्ण हैं। उनके कुछ अंश जिनमें मन की उदारता और प्रेम का आविर्भाव है, ग्रहण करने योग्य है और शेष सब का त्याग कर देना चाहिए। उपनिषद् और गीता सच्चे शास्त्र हैं, और राम, श्रीकृष्ण, बुद्ध, चैतन्य, नानक, कबीर आदि सच्चे अवतार हैं, क्योंकि उनके हृदय आकाश के समान विशाल थे। ओर इन सब में श्रेष्ठ हैं- रामकृष्ण। रामानुज, शंकर इत्यादि संकीर्ण हृदय वाले केवल पंडित मालूम होते हैं। वह प्रेम कहाँ है, वह हृदय जो दूसरों का दुःख देखकर द्रवित हो? पंडितों का शुष्क विद्याभिमान-जैसे-तैसे केवल अपने आप को मुक्त करने की इच्छा। परन्तु महाशय क्या यह सम्भव है? क्या इसकी कभी सम्भावना थी या हो सकती है? क्या अहम भाव का अल्पांश भी रहने से किसी चीज की प्राप्ति हो सकती है? (पत्रावली भाग-2, पृष्ठ-95)

04. सभी देशों में, सभी काल में कर्मकाण्ड, सामाजिक रीति-नीति सदा ही परिवर्तित होते रहते हैं। एक मात्र ज्ञान काण्ड ही परिवर्तित नहीं होता। वैदिक युग में भी देख, कर्मकाण्ड धीरे-धीरे परिवर्तित हो गया, परन्तु उपनिषद् का ज्ञान प्रकरण आज तक भी एक ही भाव से मौजूद है, सिर्फ उसकी व्याख्या करने वाले अनेक हो गये। (विवेकानन्द जी के संग में, पृष्ठ-259)

09.वेदान्त

01. समग्र धर्म वेदान्त में ही है अर्थात् वेदान्त दर्शन के द्वैत, विशिष्टाद्वैत और अद्वैत। इन तीन स्तरों या भूमिकाओं में है और ये एक के बाद एक आते हैं तथा मनुष्य की आध्यात्मिक उन्नति के क्रम से तीन भूमिकाएं हैं। प्रत्येक भूमिका आवश्यक है। यही सार रुप से धर्म है भारत के नाना प्रकार के जातीय आचार व्यवहारों और धर्म मतों में वेदान्त के प्रयोग का नाम है-हिन्दू धर्म। यूरोप की जातियों के विचारों नें उसकी पहली भूमिका अर्थात् द्वैत का प्रयोग है-ईसाई धर्म। सेनेटिक जातियों में उसका ही प्रयोग है-इस्लाम धर्म। अद्वैतवाद ही अपनी योगानुभूति के आकार में हुआ-बौद्ध धर्म। इत्यादि, इत्यादि। धर्म का अर्थ है वेदान्त, उसका प्रयोग विभिन्न जातियों के विभिन्न प्रयोजन, पारिपार्शिवक अवस्था एवं अन्यान्य अवस्थाओं के अनुसार विभिन्न रुपों में बदलता ही रहेगा। मूल दार्शनिक तत्व एक होने पर भी तुम देखोगे कि शैव, शाक्त

आदि हर एक ने अपने विशेष धर्ममत और अनुष्ठान पद्धति में उसे रुपान्तरित कर लिया है (पत्रावली भाग-1, पृष्ठ-318)

02. एक श्रेणी के वेदान्तवादियों का ऐसा ही मत है-वे कहते हैं "व्यष्टि की मुक्ति, मुक्ति का वास्तविक स्वरुप नहीं है। इस समष्टि की मुक्ति ही मुक्ति है।" हाँ, इस मत के दोष-गुण अवश्य दिखाए जा सकते हैं (विवेकानन्द जी के संग में, पृष्ठ-255)

10.ईश्वर

01. जिस प्रकार मानवी शरीर एक व्यक्ति है और उसका प्रत्येक सूक्ष्म भाग जिसे हम "कोश" कहते हैं एक अंश है। उसी प्रकार सारे व्यक्तियों का समष्टि ईश्वर है, यद्यपि वह स्वयं भी एक व्यक्ति है। समष्टि ही ईश्वर है, व्यष्टि या अंश, जीव है। इसलिए ईश्वर का अस्तित्व जीवों के अस्तित्व पर निर्भर है जैसे कि शरीर का उसके सूक्ष्म भाग पर और सूक्ष्म भाग का शरीर पर। इस प्रकार जीव और ईश्वर परस्परावलम्बी हैं। जब तक एक का अस्तित्व है तब तक दूसरे का भी रहेगा। और हमारी इस पृथ्वी को छोड़कर अन्य सब उँचे लोकों में शुभ की मात्रा अशुभ से अधिक होती है। इसलिए वह समष्टि स्वरुप ईश्वर शिव स्वरुप, सर्वशक्तिमान और सर्वज्ञ कहा जा सकता है। ये गुण प्रत्यक्ष प्रतीत होते हैं। ईश्वर से सम्बद्ध होने के कारण उन्हें प्रमाण करने के लिए तर्क की आवश्यकता नहीं होती। ब्रह्म इन दोनों से परे है और वह कोई विशिष्ट अवस्था नहीं है वह एक ऐसी वस्तु है जो अनेकों की समष्टि से नहीं बनी है। वह एक ऐसी सत्ता है जो सूक्ष्मातित सूक्ष्म से लेकर ईश्वर तक सब में व्याप्त है और उसके बिना किसी का अस्तित्व नहीं हो सकता सभी का अस्तित्व उसी सत्ता या ब्रह्म का प्रकाश मात्र है। जब मैं सोचता हूँ "मैं ब्रह्म हूँ" तब मेरा यथार्थ अस्तित्व होता है ऐसा ही सबके बारे में है विश्व की प्रत्येक वस्तु स्वरुपतः वही सत्ता है (पत्रावली भाग-2, पृष्ठ-18)

02. सबका स्वामी (परमात्मा) कोई व्यक्ति विशेष नहीं हो सकता, वह तो सबकी समष्टि स्वरुप ही होगा। वैराग्यवान मनुष्य आत्मा शब्द का अर्थ व्यक्तिगत "मैं" न समझकर, उस सर्वव्यापी ईश्वर को समझता है जो अन्तर्यामी होकर सबमें वास कर रहा हो। वे समष्टि के रुप में सब को प्रतीत हो सकते हैं ऐसा होते हुए जब जीव और ईश्वर स्वरुपतः अभिन्न हैं, तब जीवों की सेवा और ईश्वर से प्रेम करने का अर्थ एक ही है। यहाँ एक विशेषता है। जब जीव को जीव समझकर सेवा की जाती है तब वह दया है, किन्तु प्रेम नहीं। परन्तु जब उसे आत्मा समझकर सेवा करो तब वह प्रेम कहलाता है। आत्मा ही एक मात्र प्रेम का पात्र है, यह श्रुति, स्मृति और अपरोक्षानुभूति से जाना जा सकता है। भगवान चैतन्यदेव ने इसलिए यह ठीक कहा था-"ईश्वर से प्रेम और जीवों पर दया" वे द्वैतवादी थे, इसलिए उनका अन्तिम निर्णय जिसमें वे जीव और ईश्वर में भेद करते हैं उनके लिए ठीक है परन्तु हम अद्वैत वादी हैं हमारे लिए जीव को परमात्मा से पृथक करना बन्धन का कारण है इसलिए मूल तत्व दया न होना चाहिए परन्तु प्रेम। हमारा धर्म करुणा नहीं वरन् सेवा धर्म है और सब में आत्मा ही को देखना है। (पत्रावली भाग-2, पृष्ठ-109)

03. "स ईशोऽनिर्वचनीयप्रेमस्वरुपः"-ईश्वर अनिर्वचनीय प्रेम स्वरुप है। नारद द्वारा वर्णन किया हुआ ईश्वर का यह लक्षण स्पष्ट है और सब लोगों को स्वीकार है। यह मेरे जीवन का दृढ़ विश्वास है। बहुत से व्यक्तियों के समूह को समष्टि कहते हैं और प्रत्येक व्यक्ति, व्यष्टि कहलाता है आप और मैं दोनों व्यष्टि हैं, समाज, समष्टि है आप और मैं, पशु, पक्षी, कीड़ा, कीड़े से भी तुक्ष प्राणी, वृक्ष, लता, पृथ्वी, नक्षत्र और तारे यह प्रत्येक व्यष्टि है और यह विश्व समष्टि है जो कि वेदान्त में विराट, हिरण गर्भ या ईश्वर कहलाता है। और पुराणों में ब्रह्मा, विष्णु, देवी इत्यादि। व्यष्टि को व्यक्तिशः स्वतन्त्रता होती है या नहीं, और यदि होती है तो उसका नाम क्या होना चाहिए। व्यष्टि को समष्टि के लिए अपनी इच्छा और सुख का सम्पूर्ण त्याग करना चाहिए या नहीं, वे प्रत्येक समाज के लिए चिरन्तन समस्याएँ हैं सब स्थानों में समाज इन समस्याओं के समाधान में संलग्न रहता है ये बड़ी-बड़ी तरंगों के समान आधुनिक पश्चिमी समाज में हलचल मचा रही हैं जो समाज के अधिपत्य के

लिए व्यक्तिगत स्वतन्त्रता का त्याग चाहता है वह सिद्धान्त समाजवाद कहलाता है और जो व्यक्ति के पक्ष का समर्थन करता है वह व्यक्तिवाद कहलाता है। (पत्रावली भाग-2, पृष्ठ-288)

04. यन्त्र कभी नियम को उल्लंघन करने की कोई इच्छा नहीं रखता। कीड़ा नियम का विरोध करना चाहता है और नियम के विरुद्ध जाता है चाहे उस प्रयत्न में वह सिद्धि लाभ करे या असिद्धि, इसलिए वह बुद्धिमान है। जिस अंश में इच्छाशक्ति के प्रकट होने में सफलता होती है उसी अंश में सुख अधिक होता है और जीव उतना ही उँचा होता है परमात्मा की इच्छा शक्ति पूर्ण रुप से सफल होती है इसलिए वह उच्चतम है। (पत्रावली भाग-2, पृष्ठ-290)

05. ईश्वर उस निरपेक्ष सत्ता की उच्चतम अभिव्यक्ति है, या यों कहिए, मानव मन के लिए जहाँ तक निरपेक्ष सत्य की धारणा करना सम्भव है, बस वही ईश्वर है। सृष्टि अनादि है और उसी प्रकार ईश्वर भी अनादि है (भक्ति योग, पृष्ठ-13)

06. यह सारा झगड़ा केवल इस "सत्य" शब्द के उलटफेर पर आधारित है। "सत्य" शब्द से जितने भाव सूचित होते हैं वे समस्त भाव "ईश्वर भाव" में आ जाते हैं। ईश्वर उतना ही सत्य है जितनी विश्व की कोई अन्य वस्तु। और वास्तव में, "सत्य" शब्द यहाँ पर जिस अर्थ में प्रयुक्त हुआ है, उससे अधिक "सत्य" शब्द का कोई अर्थ नहीं। यही हमारी ईश्वर सम्बन्धी दार्शनिक धारणा है। (भक्ति योग, पृष्ठ-21)

11.गुरु, शिष्य, अवतार और मन्त्र

01. जिस व्यक्ति की आत्मा से दूसरी आत्मा में शक्ति का संचार होता है वह गुरु कहलाता है और जिसकी आत्मा में यह शक्ति संचारित होती है उसे शिष्य कहते हैं (भक्ति योग, पृष्ठ-27)

02. "यथार्थ धर्म गुरु" में अपूर्व योग्यता होनी चाहिए, और उसके शिष्य को भी कुशल होना चाहिए। जब दोनों ही अद्भुत और असाधारण होते हैं तभी अद्भुत आध्यात्मिक जागृति होती है अन्यथा नहीं (भक्ति योग, पृष्ठ-27)

03. सत्य स्वयं ही प्रमाण है उसे प्रमाणित करने के लिए किसी दूसरे साक्षी की आवश्यकता नहीं, वह स्व प्रकाश है। वह हमारी प्रकृति के अन्तः स्थल तक प्रवेश कर जाता है और उसके समक्ष सारी दुनियाँ उठ खड़ी होती है और कहती है-"यही सत्य है" जिन आचार्यों के हृदय में सत्य और ज्ञान सूर्य के समान दैदिप्यमान होते हैं, वे संसार में सर्वोच्च महापुरुष हैं और अधिकांश मानव जाति द्वारा उनकी उपासना ईश्वर के रुप में होती है (भक्ति योग, पृष्ठ-31)

04. शिष्य के लिए यह आवश्यक है कि उसमें पवित्रता, सच्ची ज्ञान पिपासा और अध्यवसाय हो। अपवित्र आत्मा कभी यथार्थ धार्मिक नहीं हो सकती। धार्मिक होने के लिए तन, मन और वचन की शुद्धता नितान्त आवश्यक है (भक्ति योग, पृष्ठ-31)

05. गुरु के सम्बन्ध में यह जान लेना आवश्यक है कि उन्हें शास्त्रों का मर्म ज्ञान हो। वैसे तो सारा संसार ही बाइबिल, वेद, पुराण पढ़ता है, पर वे तो केवल शब्द राशि है। धर्म की सूखी ठठरी मात्र है। जो गुरु शब्दाडंबर के चक्कर में पड़ जाते हैं, जिनका मन शब्दों की शक्ति में बह जाता है, वे भीतर का मर्म खो बैठते हैं। जो शास्त्रों के वास्तविक मर्मज्ञ हैं, वे ही असल में सच्चे धार्मिक गुरु हैं (भक्ति योग, पृष्ठ-32)

06. संसार के प्रधान आचार्यों में से कोई भी शास्त्रों की इस प्रकार नानाविध व्याख्या करने के झमेले में नहीं पड़ा। उन्होनें श्लोकों के अर्थ में खींचातानी नहीं की। वे शब्दार्थ और भावार्थ के फेर में नहीं पड़े। फिर भी उन्होंने संसार को बड़ी सुन्दर शिक्षा दी। इसके विपरीत, उन लोगों ने जिनके पास सिखाने को कुछ भी नहीं, कभी एकाध शब्द को ही पकड़ लिया और उस पर तीन भागों की एक मोटी पुस्तक लिख डाली, जिसमें सब अनर्थक बातें भरी हैं (भक्ति योग, पृष्ठ-33)

07. धर्म ही सर्वोच्च ज्ञान है-वही सर्वोच्च विद्या है। वह पैसों से नहीं मिल सकता और न पुस्तकों से ही। तुम भले ही संसार का कोना-कोना छान डालो, जब तक गुरु का आगमन नहीं होता, जब जक तुम धर्म को कहीं ना पाओगे। और ये विधाता-निर्दिष्ट गुरु प्राप्त हों जाय जो उनके निकट बालकवत विश्वास और सरलता के साथ अपना हृदय खोल दो और साक्षात ईश्वर ज्ञान से उनकी सेवा करो। जो लोग इस प्रकार प्रेम और श्रद्धा सम्पन्न होकर सत्य की खोज करते हैं, उनके निकट सत्य स्वरुप भगवान सत्य, शिव और सौन्दर्य के अलौकिक तत्वों को प्रकट कर देते हैं (भक्ति योग, पृष्ठ-38)

08. वह भक्त सचमुच ही भाग्यशाली है जिसे ऐसा गुरु मिलता है जिन्हें साक्षात्कार हो गया हो या परम पुरुष हों क्योंकि ऐसे गुरु केवल शिक्षा ही नहीं देते बल्कि अपने शिष्यों में शिक्षा के पालन हेतु शक्ति का संचार भी करते हैं। ऐसे आध्यात्मिक आचार्यों के शब्दों में दृढ़ विश्वास रहता है जो दूसरे साधनों से प्राप्त नहीं हो सकता और शिष्य ऐसे गुरु से दीक्षित होकर कभी अंधेरे में भटकता नहीं है बल्कि कठिन से कठिन पथ पर अग्रसर होता है। ऐसे आध्यात्मिक शिक्षक से एक बार सम्पर्क हुआ नहीं कि साधक की मंजिल प्राप्ति का विकास निश्चित हो जाता है। इसका अभिप्राय यह नहीं कि वह अपने उद्देश्य के लिए संघर्ष नहीं करेगा, बल्कि उसका संघर्ष सौ गुना कम हो जायेगा (योग क्या है, पृष्ठ-24)

09. दो प्रकार के लोग ईश्वर की मनुष्य रुप में उपासना नहीं करते। एक तो नर पशु, जिसे धर्म का कोई ज्ञान नहीं और दूसरे परमहंस, जो मानव जाति के सारी दुर्बलताओं के उपर उठ चुकें हैं और जो अपनी मानवी प्रकृति की सीमा के भी उस पार चले गये हैं। उनके लिए सारी प्रकृति आलस्यरुप हो गयी है। वे ही भगवान को उनके असल स्वरुप में भज सकते हैं। (भक्ति योग, पृष्ठ-42)

10. साधारण गुरुओं से श्रेष्ठ एक और श्रेणी के गुरु होते हैं, और वे हैं-इस संसार में ईश्वर के अवतार। वे केवल स्पर्श से, यहाँ तक कि इच्छा मात्र से ही आध्यात्मिकता प्रदान कर सकते हैं। उनकी इच्छा मात्र से पतित से पतित व्यक्ति क्षण मात्र में साधु हो जाता है। वे गुरुओं के भी गुरु हैं-नरदेहधारी भगवान हैं। (भक्तियोग, पृष्ठ-39)

11. अवतार का अर्थ है जीवनमुक्त अर्थात् जिन्होंने ब्रह्मत्व प्राप्त किया है। अवतार विषयक और कोई विशेषता मेरी दृष्टि में नहीं है। ब्रह्मादिस्तम्यपर्यत्त सभी प्राणी समय आने पर जीवनमुक्ति को प्राप्त करेंगे, उस अवस्था विशेष की प्राप्ति में सहायक बनना ही हमारा कर्तव्य है। इस सहायता का नाम धर्म है बाकी कुधर्म है। इस सहायता का नाम कर्म है। बाकी कुकर्म है। (पत्रावली भाग-1, पृष्ठ-328)

12. जिस आत्मा की इतनी महिमा शास्त्रों से जानी जाती है वह आत्मा का ज्ञान जिनकी कृपा से एक मुहूर्त में प्राप्त होता है, वे ही हैं सचल तीर्थ-अवतार पुरुष। वे जन्म से ही ब्रह्मज्ञ हैं और ब्रह्म तथा ब्रह्मज्ञ में कुछ भी अन्तर नहीं है-"ब्रह्म वेद ब्रह्मेव भवति"। आत्मा को तो फिर जाना नहीं जाता क्योंकि यह आत्मा ही जानने वाला और जनन करने वाला बना हुआ है यह बात पहले ही मैंने कही है। अतः मनुष्य का जानना उसी अवतार तक है जो आत्मस्थ है। मानव बुद्धि ईश्वर के सम्बन्ध में जो सबसे उच्च भाव ग्रहण कर सकती है, वह वहीं तक है। इसके बाद और जानने का प्रश्न नहीं रहता। उस प्रकार के ब्रह्मज्ञ कभी-कभी ही जगत में पैदा होते हैं। उन्हें कम लोग ही समझ पाते हैं। वे ही शास्त्र वचनों के प्रमाण स्थल हैं भव सागर के आलोक स्तंभ हैं। (विवेकानन्द जी के संग में, पृष्ठ-214)

13. बुद्ध अवतार में भगवान कहते हैं कि आधि भौतिक दुःख का कारण भेद ही है अर्थात् जन्मगत, गुणगत या धनगत। सब तरह का भेद इन दुखों का कारण है। आत्मा में लिंग, वर्ण या आश्रम या इस प्रकार का कोई भेद नहीं होता और जैसे कीचड़ के द्वारा कीचड़ नहीं धोया जाता उसी तरह से भेद भाव से अभेद साबित होना असम्भव है। श्रीकृष्ण अवतार में वे कहते हैं कि सब दुःखों का मूल अविद्या है और निष्काम कर्म चित्त को शुद्ध करता है परन्तु "कर्म क्या है और अकर्म क्या है" इसका निर्णय करने में महात्मा भी मोह में पड़ जाते हैं। जिस कर्म के द्वारा इस आत्मा भाव का विकास होता है वही कर्म है और जिसके द्वारा अनात्म भाव का विकास होता है वही अकर्म है। अतएव कर्म या अकर्म का निर्णय व्यक्तिगत, देशगत और कालगत

परिस्थिति के अनुसार होना चाहिए। यज्ञ इत्यादि कर्म प्राचीन काल में उपयोगी थे तथा जातिगत कर्म भी। परन्तु वर्तमान काल के लिए वैसा नहीं है। रामकृष्ण अवतार में नास्तिक विचार ज्ञान रुपी तलवार से नष्ट होंगे और सम्पूर्ण जगत भक्ति और प्रेम से एक रुप होगा। दूसरे शब्दों में, उसका जीवन धन्य है जो इस अवतार के उपदेश को व्यवहार में लायें चाहे वह उन्हें स्वयं माने या न माने (पत्रावली भाग-1, पृष्ठ-373)

14. भगवान मनुष्य की दुर्बलताओं को समझते हैं और मानवता के कल्याण के निए नर देह धारण करते हैं। भगवान श्रीकृष्ण ने अवतार के सम्बन्ध में गीता में कहा है, "जब-जब धर्म की ग्लानि होती है और अधर्म का अभ्युत्थान होता है, तब-तब मैं अवतार लेता हूँ। साधुओं की रक्षा और दुष्टों के नाश के लिए तथा धर्म संस्थापनार्थ मैं युग-युग में अवतीर्ण होता हूँ।" (गीता 4/7-9) मूर्ख लोग मुझ जगदीश्वर के यथार्थ रुप को न जानने के कारण मुझ नरदेह धारी की अवहेलना करते हैं। (गीता 9/11) (भक्ति योग, पृष्ठ-43)

15. भगवान श्री राम कृष्ण कहते थे-"जब एक बहुत बड़ी लहर आती है, तो छोटे-छोटे नाले और गड्ढे अपने आप ही लबालब भर जाते हैं। इसी प्रकार जब एक अवतार जन्म लेता है, तो समस्त संसार में आध्यात्मिकता की एक बड़ी बाढ़ आ जाती है और लोग वायु के कण कण में धर्मभाव का अनुभव करने लगते हैं।" (भक्ति योग, पृष्ठ-43)

16. मतों आदि के बारे में मुझे यही कहना है कि कोई श्री राम कृष्ण देव को अवतार आदि को स्वीकार करे तो अच्छा है, यदि न करे तो भी ठीक है। परन्तु सच बात तो यह है कि चरित्र के विषय में श्री राम कृष्ण देव सबसे आगे बढ़े हुए हैं। उनके पहले जो अवतारी महापुरुष हुए हैं उनसे वे अधिक उदार, अधिक मौलिक और अधिक उन्नतशील थे, परन्तु इस नये अवतार या आचार्य की शिक्षा यह है कि योग, भक्ति, ज्ञान और कर्म के सर्वोच्च भावों का सम्मिलन होना चाहिए जिससे एक नये समाज का निर्माण हो सके। प्राचीन आचार्य निःसन्देह अच्छे थे परन्तु यह इस युग का नया धर्म है-अर्थात् योग, ज्ञान, भक्ति और कर्म का समन्वय, आयु और लिंग भेद के बिना, पतित से पतित तत्व में ज्ञान और भक्ति का प्रचार। पहले के अवतार ठीक थे, परन्तु श्री राम कृष्ण के व्यक्तित्व में अच्छा समन्वय हो गया है। (पत्रावली भाग-1, पृष्ठ-441)

17. उन्हें (सिद्ध गुरुओं) मंत्र द्वारा शिष्यों में आध्यात्मिक ज्ञान का बीजारोपड़ करना पड़ता है। ये मंत्र क्या हैं? भारतीय दर्शन के अनुसार नाम और रुप ही इस जगत की अभिव्यक्ति के कारण हैं। मानवीय अन्तर्जगत में एक भी ऐसी चित्तवृत्ति नहीं रह सकती, जो नाम-रुपात्मक न हो। (भक्ति योग, पृष्ठ-44)

18. बृहत् ब्रह्माण्ड में भी ब्रह्मा, हिरण्यगर्भ या समष्टि महत् ने पहले अपने आप को नाम के, और फिर बाद में रुप के आकार में अर्थात् इस परिदृश्यमान जगत के आकार में अभिव्यक्त किया। (भक्ति योग, पृष्ठ-44)

19. यह सारा व्यक्त इन्द्रियग्राह्य जगत रुप है, और इसके पीछे है अनन्त अव्यक्त स्फोट। स्फोट का अर्थ-समस्त जगत की अभिव्यक्ति का कारण शब्द-ब्रह्म है। समस्त नामों अर्थात् भावों की नित्य समवायी उपादान स्वरुप यह नित्य स्फोट ही वह शक्ति है, जिससे भगवान इस विश्व की सृष्टि करते हैं। यही नहीं बल्कि भगवान पहले स्फोट रुप में परिणत हो जाते हैं और तत्पश्चात् अपने को उससे भी स्थूल इस इन्द्रियग्राह्य जगत के रुप में परिणत कर लेते हैं। (भक्ति योग, पृष्ठ-45)

20. इस स्फोट का एक मात्र वाचक शब्द है-"ऊँ"। और चूँकि हम किसी भी उपाय से शब्द को भाव से अलग नहीं कर सकते, इसलिए यह "ऊँ" भी इस नित्य स्फोट से नित्य संयुक्त है। (भक्ति योग, पृष्ठ-45)

21. एकमेव यह "ऊँ" ही इस प्रकार सर्वभावाव्यापी वाचक शब्द है, अन्य कोई भी इसके समान नहीं। स्फोट ही सारे भावों का उपादान है, फिर भी वह स्वयं पूर्ण रुप से विकसित कोई विशिष्ट भाव नहीं है। अर्थात् यदि उन सब भेदों को, जो एक भाव को दूसरे से अलग करते हैं, निकाल दिया जाय, तो जो कुछ बचा रहता है, वही स्फोट है। इसलिए इस स्फोट को "नादब्रह्म" कहते हैं। (भक्ति योग, पृष्ठ-45)

22. जो वाचक शब्द उसे सब से कम विशेषभावापन्न करेगा, पर साथ ही उसके स्वरुप को यथासम्भव पूरी तरह प्रकाशित करेगा, वही उसका सबसे सच्चा वाचक होगा। और यह वाचक शब्द है-एकमात्र "ऊँ" क्योंकि ये

तीनों अक्षर अ, उ और म्, जिनका एक साथ उच्चारण करने से "ऊँ" होता है, समान शब्दों के साधारण वाचक के तौर पर लिये जा सकते हैं। (भक्ति योग पृष्ठ, पृष्ठ-46)

23. अक्षर "अ" सारे अक्षरों में सबसे कम विशेषभावापन्न है। इसीलिए भगवान श्रीकृष्ण गीता में कहते हैं-"अक्षरों में मैं "अ" कार हूँ।" (गीता,10/33) स्पष्ट रुप से उच्चारित जितने भी शब्द हैं, उनकी उच्चारण क्रिया मुख में जिह्वा के मूल से आरम्भ होती है और ओठों में आकर समाप्त हो जाती है। "अ" जिह्वा मूल अर्थात् कण्ठ से उच्चारित होता है, और "म" ओठों से होने वाला अन्तिम शब्द है। और "उ" उस शक्ति का सूचक है, जो जिह्वा मूल से आरम्भ होकर मुँह भर में लुढ़कती हुई ओठों में आकर समाप्त हो जाती है। यदि "ऊँ" का उच्चारण ठीक ढंग से किया जाय, तो इसके शब्दोच्चारण की सम्पूर्ण क्रिया सम्पन्न हो जाती है-दूसरे किसी भी शब्द में यह शक्ति नहीं। (भक्ति योग, पृष्ठ-46)

24. जिस प्रकार अल्पतम् विशेष भावात्मक तथा सार्वभौमिक वाचक शब्द "ऊँ" के सम्बन्ध में वाच्य और वाचक आपस में अभेद्य रुप से सम्बद्ध हैं उसी प्रकार वाच्य और वाचक का यह अविच्छिन्न सम्बन्ध भगवान और विश्व के विभिन्न खण्ड भावों पर भी लागू है, अतएव उनमें से प्रत्येक का एक विशिष्ट वाचक शब्द होना आवश्यक है। (भक्ति योग, पृष्ठ-47)

25. ये वाचक शब्द ऋषियों की गम्भीरतम आध्यात्मिक अनुभूति से उत्पन्न हुए हैं और वे भगवान तथा विश्व के जिन विशेष-विशेष खण्ड भाव के वाचक हैं, उन विशेष भावों को यथासम्भव प्रकाशित करते हैं। जिस प्रकार "ऊँ" अखण्ड ब्रह्म का वाचक है, उसी प्रकार अन्यान्य मंत्र भी उसी परम पुरुष के खण्ड-खण्ड भावों के वाचक हैं। ये सभी ईश्वर के ध्यान और प्रकृत ज्ञान की प्राप्ति में सहायक हैं। (भक्ति योग, पृष्ठ-47)

12.मरणोत्तर जीवन

01. यदि प्रवृत्ति बारम्बार किये हुये कर्म का परिणाम है, तो जिन प्रवृत्तियों को साथ लेकर हम जन्म धारण करते हैं, उनको समझने के लिए उस कारण का भी उपयोग करना चाहिए। यह तो स्पष्ट है कि वे प्रवृत्तियाँ हमें इस जन्म में प्राप्त हुई नहीं हो सकती; अतः हमें उनका मूल पिछले जन्म में ढूंढना चाहिए। अब यह भी स्पष्ट है कि हमारी प्रवृत्तियों में से कुछ तो मनुष्य के ही जान-बूझकर किये हुए प्रयत्नों के परिणाम है, और यदि यह सच है कि हम उन प्रवृत्तियों को अपने साथ लेकर जन्म लेते हैं, तब तो बिल्कुल यही सिद्ध होता है कि उनके कारण गतजन्म में जान-बूझकर किये हुये प्रयत्न ही हैं अर्थात् इस वर्तमान जन्म के पूर्व हम उसी मानसिक भूमिका में रहे होंगे, जिसे हम मानव भूमिका कहते हैं। (मरणोत्तर जीवन, पृष्ठ-25)

02. पुनर्जन्मवादी लोग यह मानते हैं कि सभी अनुभव प्रवृत्तियों के रूप में अनुभव करने वाली जीवात्मा में संगृहीत रहते हैं और उसे अविनाशी जीवात्मा के पुनर्जन्म द्वारा संक्रमित किये जाते हैं; भौतिकवाद वाले मस्तिष्क को सभी कर्मों के आधार होने के और बीजाणुओं के द्वारा उनके संक्रमण का सिद्धान्त मानते हैं। यदि बीजाणुओं द्वारा आनुवंशिक संक्रमण समस्या को हल करने के लिए पूर्णतः पर्याप्त है, तब तो भैतिकता ही अपरिहार्य है और आत्मा के सिद्धान्त की कोई आवश्यकता नहीं है। यदि वह पर्याप्त नहीं है, तो प्रत्येक आत्मा अपने साथ इस जन्म में अपने भूतकालिक अनुभवों को लेकर आती है, यह सिद्धान्त पूर्णतः सत्य है। पुनर्जन्म या भौतिकता, इन दो में से किसी एक को मानने के सिवा और कोई गति नहीं है। प्रश्न यह है कि हम किसे मानें? (मरणोत्तर जीवन, पृष्ठ-26)

13.विज्ञान और आध्यात्मिकता

01. यदि हम अपने व्यक्तिगत एवं सामूहिक जीवन में वैज्ञानिक चेतना सम्पन्न एवं आध्यात्मिक एक साथ न हो पाए, तो मानवजाति का अर्थपूर्ण अस्तित्व ही संशय का विषय हो जाएगा। (विज्ञान और आध्यात्मिकता, पृष्ठ-9)

02. अवश्य, सदाचार बहुत महत्वपूर्ण है। यह सही है कि अपने विचारों एवं भावनाओं को अनुशासित किये बिना मनुष्य धर्म के लक्ष्य तक नहीं पहुँच सकता, लेकिन आचार किसी भी अर्थ में धर्म का अन्तिम लक्ष्य नहीं है। (विज्ञान और आध्यात्मिकता, पृष्ठ-17)

03. अन्त में देश-काल की सीमाओं में बद्ध ज्ञान का महामिलन उस ज्ञान से होगा जो इन दोनों से परे है, जो मन तथा इन्द्रियों के पहुँच से परे है, जो निरपेक्ष है, असीम है, अद्वितीय है। (विज्ञान और आध्यात्मिकता, पृष्ठ-36)

04. विज्ञान, सहज निर्धारण एवं उसे प्राप्त करने की प्रेरणा लक्ष्यों एवं प्रेरणाओं की सिद्धि के उपायों के बारे में धर्म, परोक्ष या अपरोक्ष रूप से विज्ञान से बहुत कुछ सीख सकता है। विज्ञान यह बता सकता है कि अमुक लक्ष्य कैसे प्राप्त किया जाय। लेकिन वह यह नहीं बता सकता कि उसे कौन सा लक्ष्य प्राप्त करना चाहिए। (विज्ञान और आध्यात्मिकता, पृष्ठ -55)

05. अनुभव ही ज्ञान का एक मात्र स्रोत है। विश्व में केवल धर्म ही ऐसा विज्ञान है जिसमें निश्चयत्व का अभाव है, क्योंकि अनुभव पर आश्रित विज्ञान के रूप में उसकी शिक्षा नहीं दी जाती। ऐसा नहीं होना चाहिए। परन्तु कुछ ऐसे लोगों का एक छोटा समूह भी सर्वदा विद्यमान रहता है, जो धर्म की शिक्षा अनुभव के माध्यम से देते हैं। ये लोग रहस्यवादी कहलाते हैं। और वे हरेक धर्म में, एक ही वाणी बोलते हैं। और एक ही सत्य की शिक्षा देते हैं। यह धर्म का यथार्थ विज्ञान है। जैसे गणित शास्त्र विश्व के किसी भी भाग में भिन्न-भिन्न नहीं होते। वे सभी एक ही प्रकार के होते हैं तथा उनकी स्थिति भी एक ही होती है। उन लोगों का अनुभव एक ही है और यही अनुभव धर्म का रूप धारण कर लेता है। (विज्ञान और आध्यात्मिकता, पृष्ठ-70)

06. धर्म तात्त्विक (आध्यात्मिक) जगत के सत्यों से उसी प्रकार सम्बन्धित है, जिस प्रकार रसायन शास्त्र तथा दूसरे भौतिक विज्ञान भौतिक जगत के सत्यों से। रसायन शास्त्र पढ़ने के लिए प्रकृति की पुस्तक पढ़ने की आवश्यकता है। धर्म की शिक्षा प्राप्त करने के लिए तुम्हारी पुस्तक अपनी बुद्धि तथा हृदय है। सन्त लोग प्रायः भौतिक विज्ञान से अनभिज्ञ ही रहते हैं। क्योंकि वे एक भिन्न पुस्तक अर्थात् आन्तरिक पुस्तक पढ़ा करते हैं; और वैज्ञानिक लोग भी प्रायः धर्म के विषय में अनभिज्ञ ही रहते हैं क्योंकि वे भी भिन्न पुस्तक अर्थात् वाह्य पुस्तक पढ़ने वाले हैं। (विज्ञान और आध्यात्मिकता, पृष्ठ-71)

07. काल प्रवाह में सुसंगत परिवर्तन लाने के लक्ष्य को प्राप्त करना ऐसा आसान कार्य नहीं है जो इने-गिने मुट्ठी भर उत्साही लोगों द्वारा चन्द दिनों में किया जा सके। यह कार्य लाखों लोगों के युग-युगान्तर तक किये गये साग्रह एवं निष्ठापूर्ण प्रयास द्वारा ही सम्भव है। इसके लिए हमारी शिक्षा पद्धति को पुनर्गठित करना होगा जिससे मानव के विचारों, आदर्शों एवं कार्यों को नई दिशा प्रदान की जा सके। (विज्ञान और आध्यात्मिकता, पृष्ठ-78)

08. सम्भवतः ऐसा समय आ रहा है जब इस भौतिकवादी समाज में एक नयी भावना का उदय होगा और वह यह कि ईश्वर दर्शन प्रत्येक व्यक्ति के लिए सम्भव है; तब सभी के उस दिशा में संघर्ष न करने पर भी जो ईश्वर का प्रत्यक्ष प्रयोगात्मक अनुभव करना चाहेंगे उन्हें युग-चेतना से उपहास एवं संदेह के बदले, प्रोत्साहन प्राप्त होगा। (विज्ञान और आध्यात्मिकता, पृष्ठ-100)

14.प्राच्य और पाश्चात्य

01. हिन्दू शास्त्र कहते हैं कि धर्म की अपेक्षा मोक्ष बहुत ही बड़ा है, किन्तु पहले धर्म करना होगा। बौद्धों ने इसी स्थान पर भ्रम में पड़कर, अनेक उत्पात खड़े कर दिये। अहिंसा ठीक है, निश्चय बड़ी बात है, कहने में बात तो अच्छी है, पर शास्त्र कहते हैं, तुम गृहस्थ हो, तुम्हारे गाल पर यदि कोई एक थप्पड़ मारे, और यदि उसका जवाब तुम दस थप्पड़ों से न दो, तो तुम पाप करते हो। "आततापिनमायान्तम्" इत्यादि, हत्या करने के लिए यदि कोई आये तो ऐस ब्रह्मवध भी पाप नहीं है। ऐसा मनुस्मृति में लिखा है। यह ठीक बात है, इसे भूलना न चाहिए। वीरभोग्या वसुन्धरा, वीर्य प्रकाशित कीजिये, पृथ्वी का भोग कीजिए, तब आप धार्मिक होंगे और गाली-गलौज सहकर चुपचाप घृणित जीवन बिताने से यहाँ नरक भोगना होगा और परलोक में भी वही होगा। यही शास्त्र मत है। (प्राच्य और पाश्चात्य, पृष्ठ-8)

02. जिस अवस्था में सत्वगुण की प्रधानता होती है उस अवस्था में निष्क्रिय हो जाता है तथा परम ध्यानावस्था को प्राप्त होता है। जिस अवस्था में रजोगुण की प्रधानता होती है। उस अवस्था में वह अच्छे-बुरे काम करता है तथा जिस अवस्था में तमोगुण की प्रधानता होती है, उस अवस्था में फिर वह निष्क्रिय, जड़ हो जाता है। (प्राच्य और पाश्चात्य, पृष्ठ-11)

03. केवल वैदिक धर्म में ही इन चारों वर्गों के साधन का उपाय है-धर्म, अर्थ, काम और मोक्ष। (प्राच्य और पाश्चात्य, पृष्ठ-14)

04. बौद्ध धर्म और वैदिक धर्म का उद्देश्य एक ही है। पर बौद्ध के उपाय ठीक नहीं है, यदि उपाय ठीक होता तो हमारा यह सर्वनाश कैसे होता? "समय ने सब कराया" क्या यह कहने से काम चल सकता है? समय तथा कार्य-कारण के सम्बन्ध को छोड़कर काम कर सकेगा? (प्राच्य और पाश्चात्य, पृष्ठ-14)

05. अंग्रेजों के चरित्र में व्यवसाय बुद्धि तथा आदान-प्रदान की प्रधानता है। अंग्रेजों की आवश्यक विशेषता है समान भाग, न्याय विभाग। अंग्रेज राजा और कुलीन जाति के अधिकार को नतमस्तक होकर स्वीकार कर लेते हैं, परन्तु गांठ में से पैसा बाहर करना हो तो वे हिसाब मांगते हैं। (प्राच्य और पाश्चात्य, पृष्ठ-18)

06. देवता आस्तिक थे-उन्हें आत्मा में विश्वास था, ईश्वर और परलोक में विश्वास करते थे। असुरों का कहना था कि इस जीवन को महत्व दो, पृथ्वी का भोग करो, इस शरीर को सुखी रखो। इस समय हम इस बात पर विचार नहीं कर रहे कि देवता अच्छे थे या असुर। पर पुराणों को पढ़ने से पता चलता है कि असुर ही अधिकतर मनुष्यों की तरह के थे, देवता तो अनेक अंशों में हीन थे। (प्राच्य और पाश्चात्य, पृष्ठ-32)

07. हिन्दुओं का सिद्धान्त है कि यज्ञस्थल को छोड़कर किसी दूसरे स्थान पर जीव हत्या करना पाप है, किन्तु यज्ञ करके सुख से मांस भोजन किया जा सकता है। इतना ही नहीं, गृहस्थों के लिए ऐसे अनेक नियम हैं कि अमुक, अमुक स्थान पर हत्या न करने से पाप होगा जैसे श्राद्धादि। उन सब स्थानों पर निमंत्रित होकर मांस न खाने से पशु जन्म होता है, ऐसा मनु ने लिखा है। जैन और बौद्ध कहते हैं कि हम तुम्हारा शास्त्र नहीं मानते, हत्या किसी प्रकार की भी नहीं की जा सकती। बौद्ध सम्राट अशोक की आज्ञा थी-"जो यज्ञ करेगा व निमंत्रण देकर मांस खिलायेगा वह दण्डित होगा"। आधुनिक वैष्णव कुछ और ही असमंजस में पड़े हैं उनके देवता राम और कृष्ण मद-मांस आदि उड़ा रहे हैं-यह रामायण और महाभारत में लिखा है। (रामायण, उत्तर 52, अयोध्या 33, महाभारत आदिपर्व) सीता देवी ने गंगा जी को मांस, भात और हजार कलशी मद्य चढ़ाने की मनौती मानी थी। वर्तमान काल में लोग शास्त्र की बातें भी नहीं मानते और महापुरुष का कहा हुआ है, ऐसा कहने से भी नहीं सुनते। (प्राच्य और पाश्चात्य, पृष्ठ-41)

08. सब पक्षों की राय जान-सुनकर मेरी तो यही राय होती है कि हिन्दू ही ठीक रास्ते पर है। अर्थात् हिन्दुओं की यह जो व्यवस्था है कि जन्म-कर्म के भेद से आहार आदि में भिन्नता होगी, यही ठीक सिद्धान्त है। मांस खाना अवश्य असभ्यता है। निरामिष भोजन ही पवित्र है। जिनका उद्देश्य, धार्मिक जीवन है, उनके लिए निरामिष भोजन अच्छा है और जिसे रात दिन परिश्रम करके प्रतिद्वन्द्विता के बीच में जीवन नौका खेनी है। उसे मांस

खाना ही होगा। जितने दिन "बलवान की जय" का भाव मानव समाज में रहेगा, उतने दिन मांस खाना ही पड़ेगा अथवा किसी दूसरे प्रकार की मांस जैसी उपयोगी चीजें खाने के लिए ढूंढ निकालनी होगी। (प्राच्य और पाश्चात्य, पृष्ठ-43)

09. ज्ञान का अर्थ है-बहु के भीतर एक को देखना। जो वस्तुएं अलग-अलग हैं, जिनमें अन्तर मालूम होता है, उनमें भी एक ऐक्य है। वह विशेष सम्बन्ध जिससे मनुष्य को इस एकत्व का पता लगाना है, "नियम" कहलाता है। इसी को प्राकृतिक नियम भी कहते हैं। (प्राच्य और पाश्चात्य, पृष्ठ-81)

10. यूरोपीय पण्डितों का यह कहना कि आर्य लोग कहीं से घूमते-फिरते आकर भारत में जंगली जाति को मार-काटकर और जमीन छीनकर यहाँ बस गये। केवल अहमकों की बात है। आश्चर्य तो इस बात का है कि हमारे भारतीय विद्वान भी उन्हीं के स्वर में स्वर मिलाते हैं और वही सब झूठी बात हमारे बाल बच्चों को पढ़ाई जाती है, यही घोर अन्याय है। (प्राच्य और पाश्चात्य, पृष्ठ-96)

11. यूरोप का उद्देश्य है, सब को नाश करके स्वयं अपने को बचाये रखना। आर्यों का उद्देश्य था, सब को अपने समान करना अथवा अपने से भी बड़ा करना। (प्राच्य और पाश्चात्य, पृष्ठ-99)

15.जाति, संस्कृति और समाजवाद

01. संस्कृत में "जाति" का अर्थ है वर्ग या श्रेणी विशेष। यह सृष्टि के मूल में ही विद्यमान है। विचित्रता अर्थात् जाति का अर्थ ही सृष्टि है। "एकोऽहं बहुस्याम्"-मैं एक हूँ अनेक हो जाऊँ। विभिन्न वेदों में इस प्रकार की बात पायी जाती है। सृष्टि के पूर्व एकत्व रहता है, सृष्टि हुई कि विचित्रता शुरु हुई। अतः यदि यह विचित्रता बन्द हो जाय तो सृष्टि का ही लोप हो जायेगा। जब तक कोई जाति शक्तिशाली और क्रियाशील रहेगी, तब तक वह विचित्रता अवश्य पैदा करेगी। ज्योंहि उसका ऐसी विचित्रता उत्पादन करना बन्द होता है या बन्द कर दिया जाता है त्योंहि वह जाति नष्ट हो जाती है जाति का मूल अर्थ था एवं सैकडों वर्ष तक यही अर्थ प्रचलित था, प्रत्येक व्यक्ति को अपनी प्रकृति को, अपने विशेषत्व को प्रकाशित करने की स्वाधीनता। आधुनिक शास्त्र ग्रन्थों में भी जातियों का आपस में खाना-पीना निषिद्ध नहीं हुआ है और न किसी प्राचीन ग्रन्थ में उनका आपस में ब्याह-शादी करना मना है। तो फिर भारत के अधःपतन का कारण क्या था?-जाति सम्बन्धी इस भाव का त्याग। जैसे गीता कहती है-जाति नष्ट हुई कि संसार भी नष्ट हुआ। यह हमें सत्य ही प्रतीत होता है कि इस विचित्रता का नाश होते ही जगत का भी नाश हो जायेगा। आजकल का वर्ण विभाग यथार्थ जाति नहीं है, बल्कि जाति की प्रगति में वह एक रुकावट ही है (पत्रावली भाग-1, पृष्ठ-269)

02. प्रत्येक दास जाति का मुख्य दोष ईर्ष्र्या होती है। ईर्ष्र्या और मेल का अभाव ही पराधीनता उत्पन्न करता है और उसे स्थायी बनाता है। जितना ही कोई राष्ट्र निर्बल या कायर होगा, उतना ही यह अवगुण अधिक प्रकट होगा। (पत्रावली भाग-1, पृष्ठ-239)

03. तुमने मांस खाने वाले क्षत्रियों की बात उठाई है। क्षत्रिय लोग चाहे मांस खाये या ना खाये, वे ही हिन्दू धर्म की उन सब वस्तुओं के जन्मदाता हैं जिनको तुम महत और सुन्दर देखते हो। उपनिषद् किसने लिखे थे? राम कौन थे? श्रीकृष्ण कौन थे? बुद्ध कौन थे? जैनों के तिर्थंकर कौन थे? जब कभी क्षत्रियों ने धर्म का उपदेश दिया, उन्होंने सभी को धर्म पर अधिकार दिया। और जब कभी ब्राह्मणों ने कुछ लिखा उन्होंने औरों को सब प्रकार के अधिकारों से वंचित करने की चेष्टा की। गीता और व्यास सूत्र पढ़ो या किसी से सुन लो। गीता में मुक्ति की राह पर सभी नर-नारियों, सभी जातियों और सभी वर्णों को अधिकार दिया गया है, परन्तु व्यास गरीब शूद्रों को वंचित करने के लिए वेद की मनमानी व्याख्या कर रहे हैं। क्या ईश्वर तुम जैसा मूर्ख है कि एक टुकड़े मांस से उसकी दया रुपी नदी में बाधा खड़ी हो जायेगी? अगर वह ऐसा ही है तो उसका मोल एक फूटी कौड़ी भी नहीं। (पत्रावली भाग-1, पृष्ठ-115)

04. हमारी अपनी भिन्न-भिन्न जातियों के होते हुए भी और एक जाति के अन्तर्गत उपजातियों में ही विवाह करने की हमारी वर्तमान प्रथा के रहते हुए भी (यद्यपि यह प्रथा सर्वत्र नहीं है) हमारा यह मानववंश हर तरह से मिश्रित वंश ही कहा जा सकता है। (जाति, संस्कृति और समाजवाद, पृष्ठ-5)

05. भारतवर्ष में यदि कोई उच्चतर जाति में उठना चाहता है, तो उसे पहले अपनी समग्र जाति को उन्नत करना होगा, और फिर उसकी उन्नति के मार्ग में रोकने वाला कुछ भी नहीं रहता। भारतवर्ष की सामाजिक व्यवस्था का आधार क्या है? वह है जाति-नियम, जाति के लिए जन्म लेता है और जाति के लिए ही जीता है। जाति में जन्म लेने पर जाति के नियमों के अनुसार ही सम्पूर्ण जीवन बिताना होगा। या आधुनिक भाषा में इसे हम यों कह सकते हैं कि. . . पाश्चात्य मनुष्य मानों वैयक्ति रूप से जन्म लेता है और हिन्दू सामाजिक रूप में। (जाति, संस्कृति और समाजवाद, पृष्ठ-6)

06. हमारी जातियां और हमारी संस्थाएं हमें एक राष्ट्र के रूप में सुरक्षित रखने के लिए आवश्यक रही हैं और जब इस आत्मरक्षा की आवश्यकता नहीं रहेगी, तब ये स्वाभाविक रूप से नष्ट हो जायेंगी। (जाति, संस्कृति और समाजवाद, पृष्ठ-7)

07. ऊँची श्रेणी वालों को नीचे खींचने से समस्या हल नहीं हो सकती, बल्कि नीचे की श्रेणीवालों को उपर उठाने से ही वह हल होगी। और यही कार्य प्रणाली हम अपने सभी ग्रन्थों में पाते हैं। (जाति, संस्कृति और समाजवाद, पृष्ठ-8)

08. यहाँ सहस्त्रों जातियां हैं, और कुछ जातियां तो ब्राह्मण वर्ग में भी प्रवेश पा गयी हैं। कारण, किसी भी जाति वालों को "हम ब्राह्मण हैं" ऐसी घोषणा करने से कौन रोक सकता है? इस प्रकार अपनी समस्त कठोरता के साथ, जाति निर्माण इसी तरह होता रहा है। मान लो, यहाँ ऐसी अनेक जातियां हैं, जिनमें प्रत्येक में दस हजार मनुष्य हैं। अगर ये लोग एकमत होकर कहें कि "हम अपने को ब्राह्मण कहेंगे" तो उनके रोकने वाला कौन है? शंकराचार्य आदि शक्तिमान युग प्रवर्तक गण महान जाति निर्माता थे। ((जाति, संस्कृति और समाजवाद, पृष्ठ-9-10)

09. भारत की यही योजना है कि प्रत्येक व्यक्ति को ब्राह्मण बनाया जाय; क्योंकि ब्राह्मण ही मानवता का आदर्श है। ऐसी जातियां हैं, जो ऊपर उठ चुकी हैं और बहुत सी जातियां ऊपर उठेंगी, जब तक कि सभी ब्राह्मण नहीं बन जाती। यही योजना है किसी को नीचे गिराये बिना हमें उनको ऊपर उठाना है। हमारे पूर्वजों का आदर्श पुरुष ब्राह्मण था। (जाति, संस्कृति और समाजवाद, पृष्ठ-10)

10. भारतवर्ष में. . . तुम्हारी जाति सब से ऊँची तब गिनी जायेगी, जब तुम किसी ऋषि से पूर्वज का सम्बन्ध जोड़ सको, अन्यथा नहीं। "ब्राह्मण आदर्श" से मेरा मतलब क्या है? मेरा मतलब है-आदर्श ब्राह्मणत्व, जिसमें संसारी भाव बिल्कुल नहीं और यथार्थ ज्ञान प्रचुर मात्रा में हो। ब्राह्मण-जाति और ब्राह्मण-गुण दो भिन्न बातें हैं। भारतवर्ष में मनुष्य अपनी जाति के कारण ब्राह्मण माना जाता है। पर पाश्चात्य देशों में तो वह ब्राह्मण गुणों के कारण ही ब्राह्मण माना जा सकेगा। (जाति, संस्कृति और समाजवाद, पृष्ठ-11)

11. भारतवर्ष में भी ब्राह्मण है, पर उन्होंने अपने भयंकर अत्याचार के कारण देश को नष्टप्राय कर दिया है और फलतः जो कुछ उनमें स्वभाविक गुण थे, वे क्रमशः नष्ट होते जा रहे हैं। मेरे शिष्य सब ब्राह्मण हैं!. . . ब्राह्मण का पुत्र सदा ब्राह्मण ही होता है ऐसा नहीं। यद्यपि हर तरह सम्भावना तो यही है कि वह ब्राह्मण ही हो, फिर भी हो सकता है कि वैसा न भी हो। (जाति, संस्कृति और समाजवाद, पृष्ठ-13)

12. जब वह वेतन के लिए दूसरे की सेवा करने में लगा है, तब वह शूद्र है; जब वह अपने लाभ के लिए कोई व्यापार कर रहा है, तब वैश्य है, अत्याचार के विरूद्ध जब वह लड़ रहा है, तब उसमें क्षत्रिय के गुण प्रकट होते हैं; और जब वह परमेश्वर का ध्यान करता है या अपना समय ईश्वर सम्बन्धी वार्तालाप में बिताता है, तब वह ब्राह्मण है, अतएव यह स्पष्ट है कि एक जाति दूसरी जाति में परिवर्तित हो जाना बिल्कुल सम्भव है। अन्यथा विश्वामित्र, ब्राह्मण और परशुराम, क्षत्रिय कैसे हुए। (जाति, संस्कृति और समाजवाद, पृष्ठ-13)

13. हम पढ़ते हैं कि सत्ययुग में केवल एक ही जाति थी वह थी ब्राह्मण। हम महाभारत में पढ़ते हैं, प्रारम्भ में सारे संसार में केवल ब्राह्मण ही बसते थे और जैसे-जैसे उनकी अवनति होती गयी, उनकी भिन्न-भिन्न जातियां बनती गयी; और जब चक्र घुमेगा, तब वे पुनः मूल स्थान ब्राह्मणत्व को प्राप्त होंगे। यह चक्र अब घूम रहा है, इसी बात की ओर मैं तुम्हारा ध्यान आकर्षित करना चाहता हूँ। (जाति, संस्कृति और समाजवाद, पृष्ठ-20)

14. आधुनिक प्रतिस्पर्धा के प्रचलित होने से देखो, जाति का कितना शीघ्र लोप हो रहा है। अब उसे मिटाने के लिए किसी धर्म की आवश्यकता नहीं है। उत्तर भारत में ब्राह्मण जाति के लोग दूकानदारी करते हुए तथा जूते और शराब बनाते हुए अनेक पाये जाते हैं ऐसा क्यों हुआ? प्रतिस्पर्धा के कारण वर्तमान राजशासन में किसी भी मनुष्य की अपनी आजीविका के लिए वह चाहे जो करे, स्वतंत्रता है। (जाति, संस्कृति और समाजवाद, पृष्ठ-26)

15. जाति प्रथा तो वेदान्त धर्म के विरूद्ध है। जाति एक सामाजिक रूढ़ी है और हमारे सभी महान आचार्य उसे तोड़ने का प्रयत्न करते आये हैं। बौद्ध धर्म से लगाकर सभी पंथों ने जाति के विरूद्ध प्रचार किया है, किन्तु प्रत्येक समय वह श्रृंखला दृढ़ होती है। जाति तो केवल भारत वर्ष की राजनीतिक संस्थाओं से निकली हुई है; वह एक परम्परागत व्यावसायिक संस्था है। धर्म में कोई जाति नहीं होती, जाति तो केवल एक सामाजिक रूढ़ि है। (जाति, संस्कृति और समाजवाद, पृष्ठ-32)

16. कोई भी व्यक्ति, चाहे वह शूद्र हो या चाण्डाल, ब्राह्मण को भी तत्वज्ञान की शिक्षा दे सकता है। सत्य की शिक्षा अत्यन्त नीच व्यक्ति से भी ली जा सकती है, वह व्यक्ति किसी भी जाति या पन्थ का क्यों न हो। हमारे अधिकांश उपनिषद् क्षत्रियों के लिखे हुए हैं। भारतवर्ष में हमारे मध्य आचार्य अधिकतर क्षत्रिय ही थे और उनके उपदेश सदा सार्वभौमिक रहे हैं।. . . राम, कृष्ण, बुद्ध, जिनकी पूजा अवतार मानकर की जाती है, ये सब क्षत्रिय ही थे। (जाति, संस्कृति और समाजवाद, पृष्ठ-33)

17. उन लोगों को समाज पुरोहितों के अधिकार से तुरन्त वंचित कर देता है। उन तथाकथित ब्राह्मणों के ब्राह्मणत्व पर समाज की कोई श्रद्धा नहीं है, जो शिखा रखने के बदले बालों को संवारते हैं, जो अपने पुरातन आचारों और पूर्वजों की रूढ़ियों को त्यागकर अर्ध-यूरोपियन पोशाक पहनते हैं तथा परिश्रम से आये हुए रीति-रिवाजों का दोगले ढंग से पालन करते हैं। (जाति, संस्कृति और समाजवाद, पृष्ठ-41)

18. जो लोग पुरोहित वर्ग के अधिपत्य को नष्ट करने की चेष्टा का दोष अन्य किसी एक व्यक्ति या जनसमूह के माथे मढ़ना चाहते हैं, उन्हें यह जान लेना चाहिए कि प्रकृति के अटल नियम के वशीभूत होकर ही ब्राह्मण जाति अपने ही हाथों अपनी कब्र खोद रही है; और यही होना भी चाहिए। उच्च घराने में जन्म लेने वाले और विशेष अधिकार रखने वाले प्रत्येक जाति के लोग अपने ही हाथों अपनी चिता तैयार करना अपना मुख्य कर्तव्य बना लें, यही अच्छा और उपयुक्त है। (जाति, संस्कृति और समाजवाद, पृष्ठ-42)

19. पुरोहिती दल भारतवर्ष के लिए अभिशाप स्वरूप है। क्या कोई मनुष्य अपने भाई को नीचे गिराकर स्वयं अपने को नीचे गिरने से बचा सकता है? क्या कोई स्वयं को चोट पहुंचाये बिना दूसरे को चोट पहुंचा सकता है। ब्राह्मणों और क्षत्रियों के अत्याचार अब स्वयं उन्हीं के सिरों पर चक्रवृद्धि ब्याज सहित टूट पड़े हैं और कर्मफल के अटल नियमानुसार उन्हें एक सहस्त्र वर्ष तक दासत्व और अधःपतन भोगना पड़ रहा है। (जाति, संस्कृति और समाजवाद, पृष्ठ-40-42)

20. मुझे इस बात का खेद है कि वर्तमान काल में जातियों के बीच इतना विवाद (विरोध) है। यह तो अवश्य बन्द होना चाहिए। यह दोनों ओर से निरर्थक है, विशेषकर उच्च जाति वालों (ब्राह्मणों) की ओर से, क्योंकि अब इन अधिकारों और विशेष हकों के दिन बीत गये। समाज के प्रत्येक उच्च पदाधिकारों का कर्तव्य है कि वह अपने विशेषाधिकरों की कब्र आप ही खोदे और जितना शीघ्र हो, उतना ही सब के लिए बेहतर होगा। जितनी देर होगी, उतना ही वह सड़ेगा और उतनी ही बुरी मौत वह मरेगा। इसीलिए भारतवर्ष में ब्राह्मण का यह कर्तव्य है कि वह शेष मानव जाति की मुक्ति के लिए कर्मशील बने। यदि वह ऐसा करता है और जब

तक वह ऐसा करता है तभी तक वह ब्राह्मण है; पर जब वह केवल पैसा कमाने में लग जाता है तब वह ब्राह्मण नहीं है। (जाति, संस्कृति और समाजवाद, पृष्ठ-50)

21. रक्षा का एक ही उपाय, अपनी स्थिति सुधारने का एक मात्र मार्ग, जो तुम निम्न जातिवालों को मैं बतलाता हूँ, वह है संस्कृत का अध्ययन। उच्च जातियों के साथ लड़ना-भिड़ना, उनके विरूद्ध लेख लिखना और कुड़कुड़ाना सब व्यर्थ है। उसमें कोई भलाई नहीं, उससे तो लड़ाई-झगड़े ही पैदा होते हैं; और इस राष्ट्र में जहाँ दुर्भाग्यवश पहले से ही फूट फैली हुई है, और भी अधिक फूट फैल जायेगी। जातियों को समतल करने का एक ही मार्ग है, उस संस्कृति को, उस शिक्षा को अपनाना, जो उच्चतर जातियों का बल है। इतना कर लेने पर तुम अपनी इष्ट वस्तु को प्राप्त कर लोगे। (जाति, संस्कृति और समाजवाद, पृष्ठ-69)

22. कोई भी व्यक्ति, जो ब्राह्मण होने का दावा करता है, अपने इस दावे को, पहले तो अपनी आध्यात्मिकता प्रकट कर और तत्पश्चात् दूसरों को भी उसी श्रेणी में उठाकर, प्रभावित करें। पर दिखायी यह देता है कि उनमें से अधिकतर ऐसे हैं, जो केवल जन्म के कारण मिथ्या अभिमान कर रहे हैं। ब्राह्मणों! सावधान! यह मृत्यु के लक्षण हैं! उठकर खड़े हो जाओ और अपने आस-पास के अ-ब्राह्मणों को उन्नत बनाकर अपना मनुष्यत्व, ब्राह्मणत्व दिखाओ। यह कार्य न तो स्वामी भाव से करो, और न ही इस कार्य में पूर्व तथा पश्चिम के अन्धविश्वास एवं कपट व्यवहार युक्त घृणास्पद अहंभाव ही हो; यह कार्य तो केवल सेवा की भावना में किया जाय। कारण, यह निश्चित सत्य है कि जो सेवा करना जानता है, वही शासन करना भी जानता है। यदि कोई ब्राह्मण समझता है कि उसमें आध्यात्मिक संस्कृति के लिए विशेष योग्यता है, तो उसे खुले क्षेत्र में शूद्र के साथ उतर आने में क्या डर है? क्या बढ़िया घोड़ा अड़ियल टट्टू के साथ घुड़दौड़ करने में डरेगा? (जाति, संस्कृति और समाजवाद, पृष्ठ-71-73)

23. यदि शूद्र जाति में कोई असाधारण बुद्धि और योग्यता वाला मनुष्य पैदा हो जाय, तो समाज के प्रभावशाली उच्च वर्गवाले व्यक्ति तुरन्त उस पर पदवियों द्वारा सम्मान की वृष्टि करके उसे स्वयं अपने वर्ग में उठा लेते थे। इस प्रकार उसकी सम्पत्ति और बुद्धि की शक्ति का उपयोग अन्य जाति के लाभ के लिए हो जाता है, जब कि उसकी अपनी जाति वाले उसके गुणों से कोई लाभ नहीं उठा पाते थे। वशिष्ठ, नारद, सत्यकाम, जाबाल, व्यास, कृप, द्रोण, कर्ण तथा अन्य दूसरे, जिनके माता-पिता के सम्बन्ध में निश्चित जानकारी नहीं है, विशेष विद्वान या पराक्रमी होने के कारण ब्राह्मण या क्षत्रिय पद पर प्रतिष्ठित कर दिये गये थे; पर देखना यह है कि इस प्रकार उनके ऊपर चढ़ जाने से वेश्या, दासी, ढीमर या सूत जाति को क्या लाभ हुआ? फिर, इसके विपरीत, ब्राह्मण, क्षत्रिय या वैश्य वर्गों के पतित मनुष्य सदैव शूद्रों के पद पर नीचे उतार दिये जाते थे। (जाति, संस्कृति और समाजवाद, पृष्ठ-79)

24. ऐ भाइयों! सब लोग उठो! जागो! अब और कितनी देर तक सोते रहोगे?. . . अब तक ब्राह्मणों ने धर्म पर एकाधिपत्य कर रखा है; पर वे जब काल के प्रबल तरंग के विरूद्ध अपना एकाधिपत्य नहीं रख सकते, तब चलो, और ऐसे प्रयत्न करो कि देश भर में प्रत्येक को वह धर्म प्राप्त हो जाय। उनके मन में यह बैठा दो कि ब्राह्मणों के समान उनका भी धर्म पर वही अधिकार है। (जाति, संस्कृति और समाजवाद, पृष्ठ-85)

25. भारत की उच्च जातिवालों, तुम चाहे जितना भी अपने को आर्य पूर्वजों की संतान कहने का प्रदर्शन करो, चाहे जितना भी प्राचीन भारत के वैभव का रात दिन गुणगान करो और अपने जन्म के अभिमान में अकड़ते रहो, पर क्या तुम ऐसा समझते हो कि तुम सजीव हो? तुम तो दस सहस्त्र वर्षों से सुरक्षित रखे हुए मृत देह जैसे ही हो! भारतवर्ष में जो थोड़ी बहुत जीवन शक्ति अभी भी है, वह उन्हीं में मिलेगी; जिन्हें तुम्हारे पूर्वज "चलते-फिरते, सड़े-गन्दे, मांस पिण्ड" मानकर घृणा करते थे और यथार्थ में "चलते हुए मुर्दे" तो तुम लोग हो। तुम्हारे घर-द्वार, तुम्हारे साज-समान ऐसे निर्जीव और पुराने हैं कि वे अजायबघर के नमूनों के समान दिखाई देते हैं और तुम्हारे रीति-रिवाज, चाल-ढ़ाल और रहन-सहन को देखकर कोई भी यही सोचेगा कि "नानी की कहानी" सुन रहा है। (जाति, संस्कृति और समाजवाद, पृष्ठ-85)

26. अब ब्रिटिश राज-शासन में प्रतिबन्धरहित शिक्षा एवं ज्ञान प्रसार के दिनों में, उन सब वस्तुओं को अपने उत्तराधिकारियों को सौंप दो। यह बात यथा सम्भव शीघ्र कर डालो। तुम अपने को शून्य में लीन करके अदृश्य हो जाओ और अपने स्थान में "नव-भारत" का उदय होने दो। उसका उदय हल चलाने वाले किसान की कुटिया से, मछुए, मोचियों और मेहतरों की झोपड़ियों से हो। बनिये की दुकान से, रोटी बेचने वाले की भट्टी के पास से वह प्रकट हो। कारखानों, हाटों और बाजारों से वह निकले। वह "नव भारत" अमराइयों और जंगलों से, पहाड़ों और पर्वतों से प्रकट हो। ये साधारण लोग सहस्त्रों वर्षों से अत्याचार सहते आये हैं, बिना कुड़बुड़ाये उन्होंने यह सब सहा है और परिश्रम में उन्होंने आश्चर्यकारक धैर्य शक्ति प्राप्त कर ली है। वे सतत् विपत्ति सहते रहे हैं, जिससे उन्हें अविरल जीवन शक्ति प्राप्त हो गयी है। मुट्ठी भर अन्न से पेट भरकर वे संसार को कँपा सकते हैं। उनमें "रक्तबीज" की अक्षय जीवनशक्ति भरी है। इसके अतिरिक्त उनमें पवित्र और नीतियुक्त जीवन से आने वाला वह आश्चर्यजनक बल है जो संसार में अन्यत्र नहीं मिलता। ऐसी शक्ति, ऐसा संतोष, ऐसा प्रेम और चुपचाप सतत् कार्य करने की ऐसी शक्ति और कार्य के समय इस प्रकार सिंह बल प्रकट करना, यह सब तुम्हें अन्यत्र कहाँ मिलेगा? भूतकाल के कंकाल! देखो तुम्हारे सामने तुम्हारे उत्तराधिकारी खड़े हैं, भावी भारत वर्ष खड़ा है। अपने अदृश्य होते ही तत्काल तुम पुनर्जात भारतवर्ष का वह प्रथम उद्घोष सुनोगे, जिसकी करोड़ों गर्जनाओं से सारे विश्व में यही पुकार गूँजती रहेगी-"वाह गुरु की फतह!" (जाति, संस्कृति और समाजवाद, पृष्ठ-86-87)

16.समाज नीति

01. सभी कालों में प्राचीन रितियों को नये ढंग में परिवर्तित करने से ही उन्नति हुई है। भारत में प्रचीन युग में भी धर्म प्रचारकों ने इसी प्रकार काम किया था। केवल बुद्ध देव के धर्म ने ही प्राचीन रिति और नीतियों का विध्वंस किया था भारत से उसके निर्मूल हो जाने का यही कारण है। (विवेकानन्द जी के संग में, पृष्ठ-19)

02. तथाकथित समाज सुधार के विषय में हस्तक्षेप न करना क्योंकि पहले आध्यात्मिक सुधार हुये बिना अन्य किसी भी प्रकार का सुधार हो नहीं सकता (पत्रावली भाग-1, पृष्ठ-296)

03. लोगों को यदि आत्मनिर्भरशील बनने की शिक्षा नहीं दी जाय तो जगत के सम्पूर्ण ऐश्वर्य पूर्ण रुप से प्रदान करने पर भी भारत के एक छोटे से छोटे गाँव की भी सहायता नहीं की जा सकती। शिक्षा प्रदान हमारा पहला काम होना चाहिए, चरित्र एवं बुद्धि दोनों।के ही उत्कर्ष साधन के लिए शिक्षा विस्तार आवश्यक है (पत्रावली भाग-2, पृष्ठ-125)

04. मेरे भाई बिना अवरोध के कोई भी अच्छा काम नहीं हो सकता। जो अन्त तक प्रयत्न करते हैं उन्हें सफलता प्राप्त होती है। मेरा विस्वास है कि जब एक जाति, एक वेद, शान्ति और एकता होगी तब सतयुग आयेगा। वह सतयुग का विचार ही भारत को पुनः जीवन प्रदान करेगा। विस्वास रखो। (पत्रावली भाग-1, पृष्ठ-127)

05. पिछले महापुरुष अब कुछ प्राचीन हो चले हैं। अब नवीन भारत है जिसमें नवीन ईश्वर, नवीन धर्म और नवीन वेद है। हे भगवान भूतकाल पर निरन्तर ध्यान लगा रखने की आदत से हमारा देश कब मुक्त होगा? अच्छा, अपने मत में थोड़ी कट्टरता भी आवश्यक है परन्तु दूसरे की ओर हमें विरोध भाव नहीं रखना चाहिए (पत्रावली भाग-1, पृष्ठ-442)

06. हमेशा यूरोप से सामाजिक तथा एशिया से आध्यात्मिक शक्तियों का उद्भव होता रहा है एवं इन दोनों शक्तियों के विभिन्न प्रकार के सम्मिश्रण से ही जगत का इतिहास बना है। वर्तमान मानवेतिहास का एक और नवीन पृष्ठ धीरे-धीरे विकसित हो रहा है एवं चारो ओर उसी का चिन्ह दिखाई दे रहा है। कितनी ही नवीन योजनाओं का उद्भव तथा नाश होगा, किन्तु योग्यतम वस्तु की प्रतिष्ठा सुनिश्चित है, सत्य और शिव की अपेक्षा योग्यतम वस्तु और हो ही क्या सकती है? (पत्रावली भाग-1, पृष्ठ-310)

07. बौद्ध धर्म और नव हिन्दू धर्म के सम्बन्ध में मेरे विचारों में क्रांतिकारी परिवर्तन हुआ है। उन विचारों को निश्चित रुप देने के लिए कदाचित मैं जिवित न रहूँ परन्तु उसकी कार्यप्रणाली का संकेत मैं छोड़ जाऊँगा और तुम्हें और तुम्हारे भ्रातृगणों को उस पर काम करना होगा (पत्रावली भाग-2, पृष्ठ-310)

17.भारत का ऐतिहासिक क्रम विकास और अन्य प्रबन्ध

01. जाति समस्या का सूत्रपात था एवं भारत में कर्मकाण्ड, दर्शन तथा जड़वाद के मध्य उस त्रिभुजात्मक संग्राम का मूल भी यही था। जिसका समाधान हमारे इस युग तक सम्भव नहीं हो पाया है। इस समस्या के समाधान का प्रथम प्रयास था-सर्वसमन्वय के सिद्धान्त का उपयोग, जिसने आदिकाल से ही मनुष्य को अनेकत्व में भी विभिन्न स्वरूपों में लक्षित एक ही सत्य के दर्शन की शिक्षा दी। इस सम्प्रदाय के महान नेता क्षत्रिय वर्ग के स्वयं श्रीकृष्ण एवं उनकी उपदेशावली गीता ने, जैनियों, बौद्धों एवं इतर जन सम्प्रदायों द्वारा लायी गयी उथल-पुथल के फलस्वरूप विविध क्रान्तियों के बाद भी अपने को भारत का “अवतार” एवं जीवन का यथार्थतम् दर्शन सिद्ध किया। यद्यपि थोड़े समय के लिए तनाव कम हो गया, लेकिन उसके मूल में निहित सामाजिक अभावों का, जाति परम्परा में क्षत्रियों द्वारा सर्वप्रथम होने का दावा एवं पुरोहितों के विशेषाधिकार की सर्वविदित असहिष्णुता का, जो अनेक कारणों से दो थे, समाधान इससे नहीं हो सका। जातिभेद एवं लिंगभेद को ठुकराकर कृष्ण ने आत्मज्ञान एवं आत्मसाक्षात्कार का द्वार सब के लिए समान रूप से खोल दिया, लेकिन उन्होंने इस समस्या को सामाजिक स्तर पर ज्यों का त्यों बना रहने दिया। पुनः यह समस्या आज तक चली आ रही है। (भारत का ऐतिहासिक क्रम विकास और अन्य प्रबन्ध, पृष्ठ-6)
02. भारत के इतिहास में साधारणतः देखा गया है कि धार्मिक उथल-पुथल के बाद सदा ही एक राजनीतिक एकता स्थापित हो जाती है, जो न्यूनाधिक रूप से समस्त देश में व्याप्त हो जाती है। इस एकता के फलस्वरूप उसको जन्म देने वाला धार्मिक दृष्टिकोण भी शक्तिशाली बनता है। (भारत का ऐतिहासिक क्रम विकास और अन्य प्रबन्ध, पृष्ठ-14)
03. भौतिकीकरण की अर्थात् यान्त्रिक क्रिया-कलाप के स्तर की ओर अधिकाधिक खिंचते जाने की इच्छाएं, पशु मानव की है। इन्द्रियों के इन समस्त बन्धनों का निराकरण कर देने की इच्छा उत्पन्न होने पर ही मनुष्य के हृदय में धर्म का उदय होता है। इस प्रकार हम देखते हैं कि धर्म का समग्र अभिप्राय मनुष्य को इन्द्रियों के बन्धनों में फंसने से बचाना और अपनी स्वतंत्रता को सिद्ध करने में उसकी सहायता करना है। उस लक्ष्य की ओर निवृत्ति की इस शक्ति के प्रथम प्रयास को नैतिकता कहते हैं। समग्र नैतिकता का अभिप्राय इस अधःपतन को रोकना और इस बन्धन को तोड़ना है। समस्त नैतिकता को विधायक और निषेधात्मक तत्वों में विभक्त किया जा सकता है। (भारत का ऐतिहासिक क्रम विकास और अन्य प्रबन्ध, पृष्ठ-18)
04. प्रकृति तीन रूपों में प्राप्त होती है-ईश्वर, चेतन और अचेतन अर्थात् ईश्वर, व्यक्तितायुक्त आत्माएं और अचेतन प्राणी। इन सब की वास्तविकता ब्रह्म है, यद्यपि माया के कारण वह विविध प्रतीत होता है। किन्तु ईश्वर का दर्शन वास्तविकता के निकटतम और उच्चतम है। (व्यक्तितायुक्त) सगुण ईश्वर की धारणा मनुष्य के लिए सर्वोच्च सम्भव विचार है। ईश्वर में आरोपित समस्तगुण उसी अर्थ में सत्य है, जिसमें प्रकृति के गुण सत्य है। फिर भी हमें यह कभी नहीं भूलना चाहिए कि सगुण ईश्वर माया के माध्यम से देखा जाने वाला ब्रह्म ही है। (भारत का ऐतिहासिक क्रम विकास और अन्य प्रबन्ध, पृष्ठ-34)
05. जिस किसी जाति में शस्त्र-बल आता है, वह क्षत्रिय हो जाती है; जिस किसी जाति में ज्ञान-बल आता है, वह ब्राह्मण हो जाती है और जिस किसी जाति में धन-बल आता है, वह वैश्य हो जाती है। (भारत का ऐतिहासिक क्रम विकास और अन्य प्रबन्ध, पृष्ठ-38)

06. क्षत्रियत्व, ब्राह्मण बनने के लिए यह सोपान पार करना होगा। अतीत में कुछ ने पार कर लिया होगा, पर वर्तमान के लोगों को तो प्रत्यक्ष दिखाना होगा। (भारत का ऐतिहासिक क्रम विकास और अन्य प्रबन्ध, पृष्ठ-56)

07. इसलिए सब से बड़ी समस्या है इन विविध तत्वों का बिना उनका विशिष्ट व्यक्तित्व नष्ट किये हुये, समन्वय करना, उन्हें एक सूत्र में बांध देना। (भारत का ऐतिहासिक क्रम विकास और अन्य प्रबन्ध, पृष्ठ-56)

08. यही अद्वैत दर्शन की महिमा है जो एक तत्व का उपदेश देता है, व्यक्ति का नहीं; और फिर भी लौकिक और अलौकिक, दोनों ही प्रकार के व्यक्तियों को कार्य करने का पूर्ण अवसर देता है। (भारत का ऐतिहासिक क्रम विकास और अन्य प्रबन्ध, पृष्ठ-56)

09. भविष्य में यह होने जा रहा है। यदि शेष समस्त समुदायों के श्रम का उपयोग करने वाली एक जाति की शक्ति की अभिव्यक्ति कम से कम एक विशेष अवधि में आश्चर्यजनक फल उत्पन्न कर सकती है। तो फिर यहाँ उन समस्त जातियों का संचयन और केन्द्रीकरण होने जा रहा है, जिनके विचारों का और रक्त का सम्मिश्रण मन्द गति से, पर अनिवार्य रूप से होता आ रहा है। और मैं अपने मानस चच्छुओं से उस भावी विराट-पुरुष को धीरे-धीरे परिपक्व होता देख रहा हूँ, धरती के समस्त राष्ट्रों में कनिष्ठतम, सर्वाधिक महिमामण्डित और ज्येष्ठतम भारत का भविष्य। (भारत का ऐतिहासिक क्रम विकास और अन्य प्रबन्ध, पृष्ठ-57)

10. कलियुग में दान ही एकमात्र कर्म है। जब तक कर्म द्वारा शुद्ध न हो तब तक किसी को ज्ञान की प्राप्ति नहीं होती। आध्यात्मिक और लौकिक ज्ञान का दान। राष्ट्र की पुकार-त्याग, त्यागी पुरुष। (भारत का ऐतिहासिक क्रम विकास और अन्य प्रबन्ध, पृष्ठ-57)

11. सुदूर भविष्य में देख सकने की विचार-शक्ति और वर्तमान में अतीत पुनः प्रस्तुत कर सकने वाली स्मरण शक्ति हमारे लिए स्वर्गिक जीवन सुलभ बना देती है; वही हमें नरक का जीवन बिताने को भी विवश कर देती है। (भारत का ऐतिहासिक क्रम विकास और अन्य प्रबन्ध, पृष्ठ-67)

12. नियम कभी घटनाचक्र से, सिद्धान्त कभी व्यक्ति से भिन्न नहीं होता। अपनी सीमा के भीतर, पृथक पदार्थ की, क्रिया अथवा निष्क्रिय सम स्थिति की विधि ही नियम कही जाती है। (भारत का ऐतिहासिक क्रम विकास और अन्य प्रबन्ध, पृष्ठ-68)

13. नियम पदार्थों की यथास्थिति में है, इस विधि से कि पदार्थ एक दूसरे के प्रति कैसे क्रियमान होते हैं; न कि कैसे उन्हें होना चाहिए। (भारत का ऐतिहासिक क्रम विकास और अन्य प्रबन्ध, पृष्ठ-68)

14. आध्यात्मिक नियम, नैतिक नियम, सामाजिक नियम, राष्ट्रीय नियम, तभी नियम है जब वे प्रस्तुत आत्मिक और मानव इकाईयों के अंग हो और इन नियमों से शासित मानी जाने वाली प्रत्येक इकाई को कर्म की अनिवार्य अनुभूति हो। (भारत का ऐतिहासिक क्रम विकास और अन्य प्रबन्ध, पृष्ठ-68)

15. हमारा निर्माण नियम द्वारा और हमारे द्वारा नियम का निर्माण, यह चक्र चलता है। कुछ विशिष्ट परिस्थितियों में मनुष्य अनिवार्यतः क्या करता है, इस सम्बन्ध में सामान्य निष्कर्ष, एक उन परिस्थितियों के सम्बन्ध में मनुष्य पर लागू होने वाला नियम है। अचल, सार्वभौम मानवीय व्यापार ही मनुष्य का नियम है, जिससे कोई भी व्यक्ति बच नहीं सकता, किन्तु यह भी सत्य है कि अलग-अलग व्यक्तियों के कार्यों का योग ही सार्वभौम नियम है। पूर्ण योग या सार्वभौम अथवा असीम ही व्यक्ति का निर्माण कर रहा है और व्यक्ति अपने क्रिया से उस विधान को सजीव बनाये हुए है। इस अर्थ में नियम सार्वभौम का ही दूसरा नाम है। सार्वभौम, व्यक्ति पर निर्भर है, व्यक्ति, सार्वभौम पर निर्भर है। यह अनन्त शान्त अंशों से निर्मित है। (भारत का ऐतिहासिक क्रम विकास और अन्य प्रबन्ध, पृष्ठ-69)

16. आध्यात्मिक और नैतिक नियम प्रत्येक मनुष्य की क्रिया पद्धति नहीं है। शीलाचार, नैतिकता, और राष्ट्रीय नियमों के पालन की अपेक्षा इनका उल्लंघन ही अधिक किया जाता है। यदि ये सब नियम होते तो भंग कैसे किये जा सकते। (भारत का ऐतिहासिक क्रम विकास और अन्य प्रबन्ध, पृष्ठ-70)

17. प्रकृति के नियमों के विपरीत जाने की सामथ्र्य किसी भी व्यक्ति में नहीं है। तो फिर ऐसा क्यों है कि हम सर्वदा मनुष्य द्वारा नैतिक और राष्ट्रीय नियमों के भंग किये जाने की शिकायत सुनते हैं? (भारत का ऐतिहासिक क्रम विकास और अन्य प्रबन्ध, पृष्ठ-70)

18. राष्ट्रीय नियम, अपने सर्वोत्कृष्ट रूप में, राष्ट्र के बहुमत की इच्छा के मूर्त रूप है, सर्वदा एक अन्य स्थिति, न कि यथार्थ स्थिति। इस प्रकार प्राकृतिक नियमों के सम्बन्ध में प्रयुक्त "नियम" शब्द का अर्थ सामान्यतः नीतिशास्त्र और मानव क्रियाओं की भूमिका में बहुत बदल जाता है। (भारत का ऐतिहासिक क्रम विकास और अन्य प्रबन्ध, पृष्ठ-70)

19. संसार के नैतिक नियमों का विश्लेषण करने पर और यथार्थ स्थिति से उनकी तुलना करने पर दो नियम सर्वोपरि ठहरते हैं। एक है अपने से प्रत्येक वस्तु के विकर्षण का नियम, हर व्यक्ति से अपने को पृथक करना जिसका परिणाम होता है, अन्ततः दूसरों की सुख-सुविधा की बलि देकर भी अपने अभ्युदय की सिद्धि। दूसरा है आत्म-बलिदान का विधान, अपनी चिन्ता से सर्वथा मुक्ति7सर्वदा केवल दूसरों का ध्यान करना। संसार में महान और सत्पुरुष वे हैं जिनमें यह दूसरी क्षमता प्रबल होती है। फिर भी ये दोनों शक्तियाँ साथ-साथ संयुक्त रूप से काम कर रही हैं; प्रायः प्रत्येक व्यक्ति में वह मिली हुई पायी जाती हैं, एक या दूसरी प्रमुख होती है। चोर, चोरी करता है; पर शायद, किसी दूसरे के लिए जिसे वह प्यार करता है। (भारत का ऐतिहासिक क्रम विकास और अन्य प्रबन्ध, पृष्ठ-70)

20. मुक्ति ही विश्व की प्रेरक है और मुक्ति ही इसका लक्ष्य है। प्रकृति के नियम में ऐसी पद्धतियाँ हैं जिनके द्वारा हम जगदम्बा के निर्देशन में, उस मुक्ति तक पहुँचने का संघर्ष करते हैं। मुक्ति के लिए इस विश्वव्यापी संघर्ष की सर्वोच्च अभिव्यक्ति मनुष्य में मुक्त होने की सजग अभिलाषा के रूप में होती है। यह मुक्ति तीन प्रकार से प्राप्त होती है-कर्म, उपासना और ज्ञान से। कर्म-दूसरों की सहायता करने और दूसरों को प्रेम करने का सतत अविरत प्रयत्न। उपासना-प्रार्थना-वन्दना, गुणगान और ध्यान। ज्ञान-जो ध्यान से उत्पन्न होता है। (भारत का ऐतिहासिक क्रम विकास और अन्य प्रबन्ध, पृष्ठ-73)

18.संग में और सान्निध्य में

01. हमारे देश में जो कुछ है सो वेदान्त धर्म ही है। पाश्चात्य के साथ तुलना करने से यह कहना ही पड़ता है कि हमारी सभ्यता उसके पासंग भर भी नहीं है, परन्तु धर्म के क्षेत्र में यह सार्वभौमिक वेदान्तवाद ही नाना प्रकार के मतावलम्बियों को समान अधिकार दे रहा है। इसके प्रचार से पाश्चात्य सभ्य संसार को विदित होगा कि किसी समय में भारतवर्ष में कैसे आश्चर्यजनक धर्म-भाव का स्फुरण हुआ था और वह अब तक वर्तमान है। (विवेकानन्द जी के संग में, पृष्ठ-3)

02. हिन्दुओं के बारह महीनों में कितने ही पर्व होते हैं और उनका उद्देश्य यही है कि धर्म में जितने बड़े-बड़े भाव है उनको सर्वसाधारण में फैलायें। परन्तु इसमें एक दोष भी है। साधारण लोग इनका यथार्थ भाव न जान उत्सवों में ही मग्न हो जाते हैं और उनकी पूर्ति होने पर कुछ लाभ न उठा ज्यों के त्यों बने रहते हैं। इस कारण ये उत्सव धर्म के बाहरी वस्त्र के समान धर्म के यथार्थ भावों को ढांके रहते हैं। (विवेकानन्द जी के संग में, पृष्ठ-27)

03. अवतार तुल्य महापुरुष लोग समाधि अवस्था से जब "मैं" और "मेरा" राज्य में लौट आते हैं तब वे प्रथम ही नाद का अनुभव करते हैं। फिर नाद के स्पष्ट होने पर ओंकार का अनुभव करते हैं। ओंकार के पश्चात् शब्दमय जगत् का अनुभव कर अन्त में स्थूल पंच भौतिक जगत् को प्रत्यक्ष देखते हैं। किन्तु साधारण साधक लोग अनेक कष्ट सहकर यदि किसी प्रकार से नाद के परे पहुंचकर ब्रह्म की साक्षात् उपलब्धि करे भी, तो फिर जिस अवस्था में स्थूल जगत का अनुभव होता है वहां वे उतर नहीं सकते, ब्रह्म में ही लीन हो जाते हैं-"क्षीरे नीरवत्"। (विवेकानन्द जी के संग में, पृष्ठ-63)

04. मन में ऐसे भाव उदय होते हैं कि यदि जगत् के दुःख दूर करने के लिए मुझे सहस्त्रों बार जन्म लेना पड़े तो भी मैं तैयार हूँ। इससे यदि किसी का तनिक भी दुःख दूर हो, तो वह मैं करूंगा और ऐसा भी मन में आता है कि केवल अपनी ही मुक्ति से क्या होगा। सबको साथ लेकर उस मार्ग पर जाना होगा। (विवेकानन्द जी के संग में, पृष्ठ-67)

05. श्रीरामकृष्ण देव के अन्तर्धान होने पर स्वामी जी ने उपनिषदादि शास्त्रों में वर्णित संन्यास लेने की पद्धतियों को मंगवाकर उनके अनुसार श्रीगुरुदेव के चित्र के सम्मुख रखकर अपने गुरु भाईयों के साथ वैदिक मत से संन्यास ग्रहण किया था। (विवेकानन्द जी के संग में, पृष्ठ-71)

06. श्रीरामकृष्ण सिद्धाईयों की बड़ी निन्दा किया करते थे। वे कहा करते थे कि इन शक्तियों के प्रकाश की ओर मन लगाये रखने से कोई परमार्थ तत्वों को नहीं पहुंचता; परन्तु मनुष्य का मन ऐसा दुर्बल है कि गृहस्थों का तो कहना ही क्या है, साधुओं में भी चौदह आने लोग सिद्धाई के उपासक होते हैं। पाश्चात्य देशों में लोग इन जादुओं को देखकर निर्वाक हो जाते हैं। सिद्धाई लाभ करना बुरा है और वह धर्मपथ में विघ्न डालता है। (विवेकानन्द जी के संग में, पृष्ठ-82)

07. समस्त ब्रह्माण्ड जब नित्य आत्मा ईश्वर का ही विराट शरीर है तब विशेष-विशेष स्थानों (तीर्थस्थान) के महात्म्य में आश्चर्य की क्या बात है? विशेष स्थानों पर उनका विशेष विकास है। कहीं पर आप ही से प्रकट होते हैं और कहीं शुद्ध सत्य मनुष्य के व्याकुल आग्रह से प्रकट होते हैं। फिर भी यह तुम निश्चित जानो कि इस मानव शरीर की अपेक्षा और कोई बड़ा तीर्थ नहीं है। इस शरीर में जितना आत्मा का विकास हो सकता है उतना और कहीं नहीं। (विवेकानन्द जी के संग में, पृष्ठ-98)

08. छात्र जीवन में (स्वामी विवेकानन्द) दिन भर अपने साथियों के साथ आमोद-प्रमोद में ही रहते थे। रात को घर के द्वार बन्द कर अपना अध्ययन करते थे। दूसरे किसी को यह नहीं जान पड़ता था कि वे कब अपना अध्ययन कर लेते थे। (विवेकानन्द जी के संग में, पृष्ठ-102)

09. इस संसार में निरी दुनियादारी है जो यथार्थ, साहसी और ज्ञानी है। वह क्या ऐसी दुनियादारी से कभी घबड़ाता है? "जगत चाहे जो कहे, क्या परवाह है, मैं अपना कर्तव्य पालन करता चला जाऊँगा" यह वीरों की बातें हैं। यदि "वह क्या कहता है और क्या लिखता है" ऐसी ही बातों पर रात-दिन ध्यान रहे तो जगत् में कोई महान कार्य हो ही नहीं सकता। (विवेकानन्द जी के संग में, पृष्ठ-105)

10. बहुत दिनों तक मास्टरी करने से बुद्धि बिगड़ जाती है। ज्ञान का विकास नहीं होता। दिन रात लड़कों के बीच रहने से धीरे-धीरे जड़ता आ जाती है; इसलिए आगे अब मास्टरी न कर। (विवेकानन्द जी के संग में, पृष्ठ-126)

11. जाकर सभी को यह बात सुना "तुम्हारे भीतर अनन्त शक्ति मौजूद है, उसी शक्ति को जागृत करो।" केवल अपनी मुक्ति प्राप्त कर लेने से क्या होगा? मुक्ति की कामना भी तो महा स्वार्थपरता है। छोड़ दे ध्यान, छोड़ दे मुक्ति की आकांक्षा, मैं जिस काम में लगा हूँ उसी में लग जा। (विवेकानन्द जी के संग में, पृष्ठ-161)

12. अतः जब कर्म करके उसे शान्ति प्राप्त नहीं होती तभी साधक कर्मत्यागी बनता है। परन्तु देह धारण करके मनुष्य को कुछ न कुछ लेकर तो रहना ही होगा, क्या लेकर रहेगा बोल? इसलिए साधक दो चार सत्कर्म करता जाता है, परन्तु उस कर्म के फलाफल की आशा नहीं रखता, क्योंकि उस समय उसने जान लिया है कि उस कर्मफल में ही जन्म-मृत्यु के नाना प्रकार के अंकुर भरे पड़े हैं। इसलिए ब्रह्मज्ञ व्यक्ति सारे कर्म त्याग देते हैं, दिखाने के दो-चार कर्म करने पर भी उनमें उनके प्रति आकर्षण बिल्कुल नहीं रहता। ये ही लोग शास्त्र में निष्काम कर्मयोगी बताये गये हैं। (विवेकानन्द जी के संग में, पृष्ठ-193)

13. निष्क्रियता, हीनबुद्धि और कपट से देश छा गया है। क्या बुद्धिमान लोग यह देखकर स्थिर रह सकते हैं? रोना नहीं आता? मद्रास, बम्बई, पंजाब, बंगाल-कहीं भी तो जीवनी शक्ति का चिन्ह दिखाई नहीं देता। तुम लोग सोच रहे हो, "हम शिक्षित हैं" क्या खाक सीखा है? दूसरों की कुछ बातों को दूसरी भाषा में रटकर मस्तिष्क में भरकर, परीक्षा में उत्तीर्ण होकर सोच रहे हो कि हम शिक्षित हो गये हैं। धिक्धिक्, इसका नाम

कहीं शिक्षा है? तुम्हारी शिक्षा का उद्देश्य क्या है? या तो? क्लर्क बनना या एक दुष्ट वकील बनना, और बहुत हुआ तो क्लर्की का ही दूसरा रूप एक डिप्टी मजिस्ट्रेट की नौकरी यही न? इससे तुम्हें या देश को क्या लाभ हुआ? (विवेकानन्द जी के संग में, पृष्ठ-196)

14. सर्वेश्वर कभी भी विशेष व्यक्ति नहीं बन सकते। जीव है व्यष्टि; और समस्त जीवों की समष्टि है, ईश्वर। जीव में अविद्या प्रबल है; ईश्वर विद्या और अविद्या की समष्टि रूपी माया को वशीभूत करके विराजमान है और स्वाधीन भाव से उस स्थावर-जंगमात्मक जगत को अपने भीतर से बाहर निकाल रहा है। परन्तु ब्रह्म उस व्यष्टि-समष्टि से अथवा जीव-ईश्वर से परे है। ब्रह्म का अशांश भाग नहीं होता। (विवेकानन्द जी के संग में, पृष्ठ-207)

15. मुख्य बात है मन को एकनिष्ठ बनाना। एक विषय में निष्ठा होने से मन की एकाग्रता होती है अर्थात् मन की अन्य वृत्तियाँ शान्त होकर एक विषय में ही केन्द्रित हो जाती है। बहुतों का बाहर की नियम, निष्ठा या विधि निषेध के झंझट में ही सारा समय बीत जाता है, फिर उसके बाद आत्म चिंतन करना नहीं होता। दिन रात विधि निषेधों की सीमा से आबद्ध रहने से आत्मा का प्रकाश कैसे होगा? जो आत्मा का जितना अनुभव कर सका उसके विधि निषेध उतने ही शिथिल हो जाते हैं। (विवेकानन्द जी के संग में, पृष्ठ-227)

16. सच्चे मनुष्य वही हैं जो इस सुख-दुख के द्वन्द्व-प्रतिघातों से तंग आकर भी विवेक के बल पर उन सभी को क्षणिक मान आत्म प्रेम में मग्न रहते हैं। मनुष्य तथा दूसरे जीव-जानवरों में यही भेद है जो चीज जितनी निकट होती है, उसकी उतनी ही कम अनुभूति होती है। आत्मा निकट से निकट है, इसलिए असंयत चंचल चित्त जीव उसे समझ नहीं पाते। (विवेकानन्द जी के संग में, पृष्ठ-246)

17. आखिर इस उच्च शिक्षा के रहने या न रहने से क्या बनता बिगड़ता है? यह कहीं ज्यादा अच्छा होगा कि यह उच्च शिक्षा प्राप्त कर नौकरी के दफ्तरों को खाक छानने के बजाय लोग थोड़ी सी यान्त्रिक शिक्षा प्राप्त करें जिससे काम-धन्धे में लगकर अपना पेट तो भर सकेंगे। (विवेकानन्द जी के सान्निध्य में, पृष्ठ-5)

18. पर ब्राह्मण का पुत्र सर्वदा ब्राह्मण ही नहीं होता, यद्यपि उसके ब्राह्मण होने की सम्भावना अवश्य रहती है। जाति से ब्राह्मण होना और गुणों से ब्राह्मण होना, ये दो भिन्न बातें हैं। भारत वर्ष में ब्राह्मण कुल में जन्म लेने से कोई ब्राह्मण कहलाने लगता है, पर पश्चिम में यदि कोई ब्राह्मण गुण युक्त हो तो उसे ब्राह्मण ही मानना चाहिए। यह स्पष्ट है कि मनुष्य के लिए एक जाति से दूसरी जाति में चला जाना सम्भव है। यदि नहीं है तो विश्वामित्र, ब्राह्मण कैसे बन सके और परशुराम, क्षत्रिय कैसे बन सके? (विवेकानन्द जी के सान्निध्य में, पृष्ठ-34)

19. पत्रावली

01. ब्रह्म ज्ञानी को भोजन किसी परिश्रम के बिना अपने-आप मिल जाता है। वह जहाँ पाता है पानी पी लेता है, वह स्वेच्छानुसार सर्वत्र विचरण करता है, वह निर्भय, कभी जंगल में और कभी श्मशान में सो जाता है और जिस मार्ग पर जाने से वेद भी शेष हो जाते है, वहाँ वह संचरण करता है। वह बालकों की तरह दूसरों की इच्छानुसार परिचालित होता है, कभी नंगा, कभी वस्त्रालंकारमण्डित रहता है। और कभी-कभी तो उसका आच्छादन ज्ञान मात्र रहता है, कभी अबोध बालक की भाँति, कभी उन्मत्त के समान और कभी पिशाचवत् व्यवहार करता है। (पत्रावली भाग-1, पृष्ठ-40)

02. मैं व्याख्यान देते-देते और इस प्रकार के निरर्थक वाद से थक गया हूँ। सैकड़ों प्रकार के मानवी पशुओं से मिलते-मिलते मेरा मन अशान्त हो गया है। मैं मेरी मनोनुकूल बात आपको बतलाता हूँ। मैं लिख नहीं सकता, मैं बोल नहीं सकता, परन्तु मैं गम्भीर विचार कर सकता हूँ और जब मुझे स्फुर्ति आ जाती है तो अग्निरूपी वचन बोल सकता हूँ। परन्तु यह होना चाहिए कुछ चुने हुए, केवल चुने हुये लोगों के सामने ही। वे यदि चाहे तो मेरे विचारों को ले जाकर चारों और फैला दें, परन्तु यह मैं नहीं कर सकता। यह तो कर्म का

ठीक ही बंटवारा है, एक ही आदमी सोचने में और विचारों के प्रसार करने में सफल नहीं हो सकता। इस तरह के दिये हुए विचारों का मूल्य कुछ नहीं होता। सोचने वाले मनुष्य को अन्य कार्यों से मुक्त होना चाहिए, विशेषतः जबकि विचार आध्यात्मिक हो। (पत्रावली भाग-1, पृष्ठ-117)

03. पूर्णता का मार्ग यह है कि स्वयं पूर्ण बनने का प्रयत्न करना तथा कुछ थोड़े से स्त्री-पुरुषों को पूर्ण बनाने का प्रयत्न करना। "भला करने" का मेरा यह अर्थ है कि कुछ असाधारण योग्यता के मनुष्यों का विकास, न कि "भैंस के आगे बीन बजाकर" समय, स्वास्थ्य और शक्ति का नाश करना। (पत्रावली भाग-1, पृष्ठ-118)

04. मेरा जी चाहता है कि कुछ वर्षों तक मैं चुप हो जाऊँ और बिल्कुल न बोलूं। मैं स्वभाव से ही स्वप्न के राज्य में विचरण करने वाला और कर्मविमुख हूँ। भौतिक वस्तुओं का स्पर्श मेरी दृष्टि को अस्थिर कर देता है और मुझे दुःखी बनाता है। परन्तु हरि-इच्छा पूर्ण हो! (पत्रावली भाग-1, पृष्ठ-118)

05. जिस देश में करोड़ों मनुष्य महुए के फूल खाकर दिन गुजारते हैं, और दस बीस लाख साधु और दस बारह करोड़ ब्राह्मण उन गरीबों का खून चूसकर पीते हैं और उनकी उन्नति के लिए कोई चेष्टा नहीं करते, क्या वह देश है या नरक? क्या वह धर्म है या पिशाच का नृत्य? भाई, इस बात को गौर से समझो, मैं भारत वर्ष को घूमघाम कर देख चुका और इस देश को भी देखा, क्या बिना कारण के कहीं कार्य होता है? क्या बिना पाप के सजा मिल सकती है। (पत्रावली भाग-1, पृष्ठ-123)

06. मैंने एक योजना सोची तथा उसे कार्यान्वित करने का मैंने दृढ़ सकल्प किया। कन्याकुमारी में माता कुमारी के मन्दिर में बैठकर, भारतवर्ष की अन्तिम चट्टान पर बैठकर, मैंने सोचा कि हम जो इतने संन्यासी घूमते फिरते हैं और लोगों को दर्शनशास्त्र की शिक्षा दे रहे हैं, यह सब निरा पागलपन है। क्या हमारे गुरुदेव नहीं कहा करते थे कि खाली पेट से धर्म नहीं होता? (पत्रावली भाग-1, पृष्ठ-124)

07. हमारी जाति अपनी स्वतंत्र सत्ता खो बैठी है और यही भारत की सारी आपत्ति का कारण है। हमें जाति को उसकी खोई हुई स्वतंत्र सत्ता वापस देनी ही होगी और निम्न जातियों को उठाना होगा। हिन्दू, मुसलमान, ईसाई सभी ने उनको पैरों तले रौंदा है। उनको उठाने वाली शक्ति भी अन्दर से अर्थात् सनातनमार्गी हिन्दुओं से ही आयेगी। प्रत्येक देश में बुराइयां धर्म के कारण नहीं, बल्कि धर्म को न मानने के कारण ही विद्यमान रहती है। अतः धर्म का कोई दोष नहीं, दोष मनुष्य का है। (पत्रावली भाग-1, पृष्ठ-124)

08. वह हार प्रेम का हार है और वह धागा धनीभूत प्रेम का भावरूप अपूर्व धागा है। मूर्ख तुम इस रहस्य को नहीं जानते हो कि वह असीम तत्व प्रेम के बन्धन में फंसकर मेरी मुट्ठी के अन्दर आ चुका है। क्या तुम्हें यह पता नहीं है कि वे जगन्नाथ प्रेम डोर से बंध जाते हैं, क्या तुम यह नहीं जानते हो कि इस विशाल विश्व के संचालक वृन्दावन की गोपियों की नूपुरध्वनि के साथ नाचते फिरते थे। (पत्रावली भाग-1, पृष्ठ-140)

09. यह तो तुम्हें पता ही है कि रूपया रखना, यहाँ तक कि रूपया छूना भी मेरे लिए कठिन है। इसे मैं अत्यन्त कष्टदायक कार्य समझता हूँ और इससे मन अधोगामी बन जाता है। अतः कार्य संचालन तथा आर्थिक मामलों की व्यवस्था के लिए तुम लोगों को संगठित होकर किसी समिति की स्थापना करनी ही होगी। यहाँ पर जो मेरे मित्र हैं, आर्थिक मामलों की व्यवस्था वे ही करते हैं। अर्थ विषयक इस भयानक झंझट से मुक्ति मिलने पर ही मैं सुख के श्वास ले सकूँगा। अतः तुम लोग जितना शीघ्र संगठित होकर मन्त्री तथा कोषाध्यक्ष बनकर मेरे मित्र तथा सहायकों से स्वयं पत्र व्यवहार कर सको, उतना ही तुम्हारे तथा मेरे लिए मंगल है। (पत्रावली भाग-1, पृष्ठ-164)

10. आलासिंगा (एक मद्रासी मित्र), यह निश्चित जानना कि भविष्य में तुमको अनेक महान कार्य करने होंगे। यदि तुम उचित समझो तो कुछ बड़े आदमियों को राजी कर समिति के कार्यकर्ताओं के रूप में उनका नाम प्रकाशित करना-उनके नाम से बहुत कुछ कार्य होंगे, किन्तु वास्तव में कार्य तुमको ही करना होगा। (पत्रावली भाग-1, पृष्ठ-165)

11. हम ठीक वैसे ही हैं। गुलाम कीड़े, पैर उठाकर रखने की भी ताकत नहीं, बीबी का आंचल पकड़े ताश खेलते और हुक्का गुड़गुड़ाते हुए जिन्दगी पार कर देते हैं, और अगर उनमें से कोई एक कदम बढ़ जाता है तो सब के सब उसके पीछे पड़ जाते हैं, हरे हरे! (पत्रावली भाग-1, पृष्ठ-234)

12. सैकड़ों युगों के उद्यम से चरित्र का गठन होता है। निराश न होओ। सत्य का एक शब्द भी लोप नहीं हो सकता। वह दीर्घकाल तक चाहे कूड़े के नीचे भले ही दबा पड़ा रहे, परन्तु शीघ्र हो या देर से हो, वह प्रकट होगा ही। सत्य अनश्वर है, पवित्रता अनश्वर है। मुझे सच्चे मनुष्य की आवश्यकता है, मुझे शंख, ढपोल चेले नहीं चाहिए। (पत्रावली भाग-1, पृष्ठ-241)

13. परन्तु वही महात्मा काम कर सकता है जो दूसरों में परमाणु के बराबर गुण देखकर उसे पर्वत के समान मानता है और जिसे जगत् की भलाई छोड़कर कोई भी इच्छा नहीं है-"परगुणपरमाणु पर्वतीकृत्य" इसलिए जिनकी मन्द गति है, जिनकी बुद्धि अज्ञान में डूबी हुई है और जो अनात्मा को ही सर्वस्व मानते हैं उन्हें अपनी बाल-क्रीड़ा करने दो। जब वे प्रबल कष्ट का अनुभव करेंगे तब वे उसी क्षण छोड़ देंगे। उन्हें चन्द्रमा पर थूकने दो, वह थूक उलटकर उन्हीं पर पड़ेगी। (पत्रावली भाग-1, पृष्ठ-256)

14. मैं, बराबर न्यूयार्क और बोस्टन के बीच यात्रा करता रहा। इस देश के ये दो ही बड़े केन्द्र हैं, जिनमें से बोस्टन की मस्तिष्क से तुलना की जा सकती है और न्यूयार्क की जेब से। दोनों स्थानों में आशातीत सफलता प्राप्त हुई है। मैं समाचार पत्रों के वर्णन से उदासीन हूँ, इसलिए तुम यह आशा मुझसे न करो कि उनमें से किसी के उल्लेख मैं तुम्हें भेजूंगा। काम आरम्भ करने के लिए थोड़े से शोर की आवश्यकता थी, वह जरूरत से अधिक हो चुका है। (पत्रावली भाग-1, पृष्ठ-273)

15. मुझे चुपचाप शान्ति से काम करना अच्छा लगता है और प्रभु हमेशा मेरे साथ हैं। यदि तुम मेरे अनुगामी बनना चाहते हो तो सम्पूर्ण निष्कपट होओ, पूर्णरूप से स्वार्थ त्याग करो,. . . और सबसे अधिक पूर्णरूप से पवित्र बनों। मेरा आशीर्वाद हमेशा तुम्हारे साथ है। इस अल्पायु में परस्पर प्रशंसा का समय नहीं है। संग्राम के बाद किसने क्या किया इसकी तुलना करेंगे और एक दूसरे की यथेष्ट प्रशंसा करेंगे। (पत्रावली भाग-1, पृष्ठ-275)

16. अगले जाड़े में मैं लौट रहा हूँ। दुनिया में आग फूंक दूंगा, जो मेरे साथ चाहे आये, उसका भाग्य अच्छा है; जो न आयेगा, इहकाल तथा परकाल वह पड़ा ही रह जायेगा, उसे पड़े रहने दो। कुछ परवाह नहीं, तुम लोगों के मुंह तथा हाथों पर बागदेवी का अधिष्ठान होगा, हृदय में अनन्तवीर्य श्री भगवान अधिष्ठित होंगे-तुम लोगों से ऐसे कार्य सम्पादित होंगे कि जिन्हें देखकर दुनिया आश्चर्यचकित हो उठेगी। (पत्रावली भाग-1, पृष्ठ-281)

17. मुझे संसार से मधुर व्यवहार करने का समय नहीं है, और मधुर बनने का प्रत्येक यत्न मुझे कपटी बनाता है। चाहे स्वदेश हो या विदेश, परन्तु इस मूर्ख संसार की प्रत्येक आवश्यकता पूरी करने की अपेक्षा तथा निम्नतम स्तर का आसार जीवन व्यतीत करने की अपेक्षा मैं सहस्त्र बार मरना अच्छा समझता हूँ। (पत्रावली भाग-1, पृष्ठ-291)

18. अन्तः प्रेरणा से मनुष्य को काम करना चाहिए और यदि वह काम शुभ और कल्याणप्रद है तो अपनी मृत्यु के पश्चात्, शताब्दियों के बाद, समाज की भावना में परिवर्तन अवश्य ही उत्पन्न होगा। मन, प्राण और शरीर से हमें काम में लग जाना चाहिए। और जब तक हम एक और एक ही आदर्श के लिए अपना सर्वस्व त्यागने को तैयार न रहेंगे तब तक हम कदापि आलोक नहीं देख पायेंगे। जो मनुष्य जाति की सहायता करना चाहते हैं उन्हें उचित है कि अपना सुख और दुःख, नाम और यश और सब प्रकार के स्वार्थ की एक पोटली बनाकर समुद्र में फेंक दें और तब वे ईश्वर के समीप आये। सब गुरुजनों ने यही कहा और किया है। (पत्रावली भाग-1, पृष्ठ-300)

19. मैं आपकी पत्रिका सम्बन्धी विचार से पूरी तरह सहमत हूँ, परन्तु यह सब करने के लिए व्यवसाय बुद्धि का मुझमें पूरा अभाव है। मैं शिक्षा और उपदेश दे सकता हूँ और कभी-कभी लिख सकता हूँ, परन्तु सत्य पर

मुझे श्रद्धा है। प्रभु मुझे सहायता देंगे और मेरे साथ काम करने के लिए मनुष्य भी वही देंगे। मैं पूर्णतः शुद्ध, पूर्णतः निष्कपट और पूर्णतः निःस्वार्थ रहूं-यही मेरी एकमेव इच्छा है। (पत्रावली भाग-1, पृष्ठ-309)

20. श्रीरामकृष्ण की कृपा से किसी व्यक्ति के चेहरे की ओर देखते ही मैं अपने स्वाभाविक संस्कार के द्वारा तत्काल ही भांप लेता हूं कि वह व्यक्ति कैसा है और मेरी धारणा प्रायः ठीक हुआ करती है। (पत्रावली भाग-1, पृष्ठ-313)

21. हर काम को तीन अवस्थाओं में से गुजरना होता है-उपहास, विरोध और फिर स्वीकृति। जो मनुष्य अपने समय से आगे विचार करता है, लोग उसे निश्चय ही गलत समझते हैं, इसलिए विरोध और अत्याचार हम सहर्ष स्वीकार करते हैं। (पत्रावली भाग-1, पृष्ठ-335)

22. मैं, बराबर यह देख रहा हूँ कि मानव जब वेदान्त के महान गौरव की उपलब्धि करने लगता है, तब मन्त्रतन्त्रादि अपने आप छूट जाते हैं। जिस समय मनुष्य को सत्य के किसी उच्चतर अवस्था विशेष का आभास मिलता है, तत्काल ही तद्विषयक निम्नतर अवस्था स्वतः ही विलुप्त हो जाती है। संख्या बाहुल्य का कोई महत्व नहीं है। असंगठित जनता सौ वर्ष में भी जिस कार्य को नहीं कर सकती, कुछ थोड़े से निष्कपट, संगठित तथा उत्साही युवक एक वर्ष के अन्दर उससे कहीं अधिक कार्य कर सकते हैं। एक देह की ताप उसके निकटवर्ती अन्यान्य देहों में भी संक्रमित होता है, प्रकृति का यही नियम है।(पत्रावली भाग-1, पृष्ठ-337)

23. यदि हम इतिहास को देखें तो विदित होगा कि जो विचारधारा सर्वश्रेष्ठ होगी वही जीवित रहेगी, और निष्कलंक चरित्र के समान अन्य ऐसी कौन सी शक्ति है जो मनुष्य को यथार्थ योग्यता प्रदान कर सकती है? विचारशील मनुष्य जाति का ही भविष्य धर्म, अद्वैत होगा, इसमें सन्देह नहीं। और सब सम्प्रदायों में उन्हीं की विजय होगी जो अपने जीवन में सब से अधिक चरित्र का उत्कर्ष दिखा सकेंगे, चाहे वे सम्प्रदाय कितने ही दूर भविष्य में क्यों न जन्म लें। (पत्रावली भाग-1, पृष्ठ-339)

24. रामानुज का मत है कि बद्ध आत्मा या जीव की पूर्णता उसमें अव्यक्त या सूक्ष्म भाव से रहती है। जब इस पूर्णता का पुनः विकास होता है। तभी जीव मुक्त हो जाता है। परन्तु अद्वैतवादी कहता है कि ये दोनों बातें केवल भास मान होती है। न क्रम संकोच है, न क्रम विकास। दोनों क्रियायें माया रूप है, केवल भास मान-परिदृश्यमान अवस्थामात्र। (पत्रावली भाग-1, पृष्ठ-346)

25. जगत के लिए, जिससे कि मुझे यह शरीर मिला है, देश के लिए, जिसने कि मुझे यह भावना प्रदान की है तथा मनुष्य जाति के लिए, जिसमें कि मैं अपनी गणना कर सकता हूँ, कुछ करना है। जितनी मेरी उम्र बढ़ रही है, उतना ही मैं "मनुष्य सब प्राणियों में श्रेष्ठ है"-हिन्दुओं की इस धारणा का तात्पर्य अनुभव कर रहा हूँ। मुसलमान भी यही कहते हैं, अल्ला न देवदूतों से आदम को प्रणाम करने के लिए कहा था। इवलिस ने ऐसा नहीं किया, इसलिए वह शैतान बना। यह पृथ्वी सब स्वर्गों से ऊँची है। सृष्टि का यही सर्वश्रेष्ठ विद्यालय है। केवल मनुष्य ही ईश्वर बन सकता तथा अन्य लोगों को पुनः मनुष्य जन्म मिलने के बाद फिर ईश्वरत्व की प्राप्ति हो सकती है। (पत्रावली भाग-1, पृष्ठ-348)

26. तुम्हारे सामने एक भयानक दलदल है-उससे सावधान रहना; सब कोई उस दलदल में फंसकर खतम हो जाता है। वर्तमान हिन्दुओं का धर्म न तो वेद में है और न पुराण में, न भक्ति में है और न मुक्ति में. . . धर्म तो भोजन पात्र में समा चुका है।. . . यही वह दलदल है। वर्तमान हिन्दू धर्म न तो विचार प्रधान ही है और न ज्ञान प्रधान, "मुझे न छुना, मुझे न छुना" इस प्रकार की अस्पृश्यता ही उसका एक मात्र अवलम्बन है, बस इतना ही। (पत्रावली भाग-1, पृष्ठ-405)

27. श्रीरामकृष्ण देव की एक अत्यन्त संक्षिप्त जीवनी अंग्रेजी में लिखकर मैं भेज रहा हूँ। उसके बंगानुवाद के साथ छपवाकर महोत्सव में बेचना, वितरण करने से लोग प्रायः नहीं पढ़ते हैं, इसलिए कुछ मूल्य रखना चाहिए। खूब धूमधाम के साथ महोत्सव करना। (पत्रावली भाग-1, पृष्ठ-400)

28. कल रात मैंने खुद भोजन बनाया था। केशर, गुलाबजल, जावित्री, जायफल, दालचीनी, लौंग, इलायची, मक्खन, नींबू का रस, प्याज, किसमिस, बदाम, काली मिर्च, तथा चावल. . . ये सब मिलाकर ऐसी स्वादिष्ट खिचड़ी बनायी थी कि मैं स्वयं ही उसे गले से नीचे नहीं उतार सका। घर पर हींग नहीं थी, नहीं तो कुछ हींग मिला देने पर कम से कम निगलने में सुविधा होती। (पत्रावली भाग-1, पृष्ठ-445)

29. मेरे पिताजी यद्यपि वकील थे, फिर भी मेरी यह इच्छा नहीं कि मेरे परिवार में कोई वकील बने। मेरे गुरुदेव इसके विरोधी थे एवं मेरा भी यह विश्वास है कि जिस परिवार के कुछ लोग वकील हो उस परिवार में अवश्य ही कुछ न कुछ गड़बड़ी होगी। हमारा देश वकीलों से छा गया है, प्रतिवर्ष विश्वविद्यालयों से सैकड़ों वकील निकल रहे हैं। हमारी जाति के लिए इस समय कर्मतत्परता तथा वैज्ञानिक प्रतिभा की आवश्यकता है। (पत्रावली भाग-1, पृष्ठ-449)

30. बीस वर्ष की अवस्था में मैं ऐसा असहिष्णु और कट्टर था कि किसी से सहानुभूति नहीं कर सकता था। कलकत्ता में रास्तों के जिस किनारे पर थियेटर है, उस किनारे से ही नहीं चलता था। अब तैंतीस वर्ष की उम्र में मैं वेश्याओं के साथ एक ही मकान में ठहर सकता हूँ, उनसे तिरस्कार का एक शब्द कहने का विचार भी मेरे मन में नहीं आयेगा। क्या यह अधोगति है? अथवा मेरा हृदय बढ़ता हुआ मुझे उस अनन्त प्रेम की ओर ले जा रहा है जो साक्षात् भगवान है। लोग कहते हैं कि वह मनुष्य जो अपने चारों ओर होने वाली बुराईयों को नहीं देख पाता, अच्छा काम नहीं कर सकता, वह एक तरह का अदृष्टवादी बना बैठा रहता हैं मैं तो ऐसा नहीं देखता हूँ। वरन् मेरी कार्य करने की शक्ति प्रचण्ड वेग से बढ़ रही है और साथ ही असीम सफलता भी मिल रही है। (पत्रावली भाग-2, पृष्ठ-4)

31. मैं प्रभु से प्रार्थना करता हूँ कि सैकड़ों वेश्याएं आये और उनके (श्रीरामकृष्ण) चरणों में अपना सिर नवाये और यदि एक भी सज्जन न आये तो भी कोई हानि नहीं। आओ वेश्याओं, आओ शराबियों, आओ चोरों, सब आओ, श्री प्रभु का द्वार सबके लिए खुला है-"धनवान के ईश्वर के राज्य में प्रवेश करने की अपेक्षा ऊँट का सूई के छिद्र में घुसना सहज है।" (पत्रावली भाग-2, पृष्ठ-24)

32. किसी मत विशेष का समर्थन किया जा रहा हो, ऐसी एक भी बात उसके सम्पादकीय लेख में नहीं रहनी चाहिए और सदा यह ख्याल रखना कि केवल भारत को नहीं, अपितु समग्र जगत् को सम्बोधित कर तुम बातें कह रहे हो और तुम जो कुछ कहना चाहते हो, जगत् उसके बारे में सम्पूर्ण अज्ञ है। (पत्रावली भाग-2, पृष्ठ-58)

33. आप तो अच्छी तरह से जानती हैं कि बाधा जितनी अधिक होती है, मेरे अन्दर की भावना भी उतनी ही जागृत हो उठती है। (पत्रावली भाग-2, पृष्ठ-66)

34. मैं यहाँ बहुत अच्छा हूँ क्योंकि शहरों में मेरा जीवन कष्टप्रद सा हो गया था। यदि राह में मेरी झलक भी दिख जाती थी तो तमाशा देखने वालों का जमघट लग जाता था। विख्याति में केवल दूध और शहद घुला हुआ नहीं मिलता। अब मैं बड़ी सी दाढ़ी बढ़ाने वाला हूँ जिसके बाल तो अब सफेद हो ही रहे हैं। इससे रूप पूज्यनीय हो जाता है और वह मुझे अमेंरिकन निन्दा करने वालों से भी बचाती है। हे श्वेतकेश, तुम कितना क्या न छुपा सकते हो, धन्य हो तुम! (पत्रावली भाग-2, पृष्ठ-81)

35. बिस्तरे पर लेटने के साथ ही साथ मुझे कभी नींद नहीं आती थी, घण्टे दो घण्टे तक मुझे इधर-उधर करवट बदलनी पड़ती थी। इधर-उधर करवट बदलने की मेरी वह पुरानी आदत पुनः वापस लौट आयी है तथा रात्रि में भोजन के बाद गर्मी लगने लगती है। दिन में भोजन के बाद कोई खास गर्मी का अनुभव नहीं होता। हाँ, एक बात और है, मैं सहज ही में मलेरिया ग्रस्त हो जाता हूँ। (पत्रावली भाग-2, पृष्ठ-92)

36. मुझे अपने बारे में बहुत कुछ कहना पड़ा, क्योंकि मुझे तुमको कैफियत देनी थी। मैं जानता हूँ कि मेरा कार्य समाप्त हो चुका, अधिक से अधिक तीन या चार वर्ष आयु के और बचे हैं। (चिरशान्ति में लीन के 4 वर्ष 11 माह 25 दिन पूर्व एक पत्र में लिखित) (पत्रावली भाग-2, पृष्ठ-115)

37. कुछ लोग किसी के नेतृत्व में सर्वोत्तम काम करते हैं। हर मनुष्य का जन्म पथ-प्रदर्शन के लिए नहीं होता है। परन्तु सर्वोत्तम नेता वह है जो "शिशुवत् मार्ग दर्शन करता है"। शिशु, स्व पर आश्रित रहते हुए भी घर का राजा होता है। कम से कम मेरे विचार से यही रहस्य है--बहुतों को अनुभव होता है, पर प्रकट कोई-कोई ही कर सकते हैं। (पत्रावली भाग-2, पृष्ठ-153)

38. महान कठिनाई यह है: मैं देखता हूँ कि लोग प्रायः अपना सम्पूर्ण प्रेम मुझे देते हैं। परन्तु इसके बदले में मैं किसी को अपना पूरा-पूरा प्रेम नहीं दे सकता, क्योंकि उसी दिन कार्य का सर्वनाश हो जायेगा। परन्तु कुछ लोग ऐसे हैं जो ऐसा बदला चाहते हैं, क्योंकि उनमें व्यक्ति निरपेक्ष सर्वव्यापक दृष्टि का अभाव होता है। कार्य के लिए यह परमाआवश्यक है कि अधिक से अधिक लोगों का मुझसे उत्साहपूर्ण प्रेम हो परन्तु मैं स्वयं बिल्कुल निःसंग व्यक्ति निरपेक्ष होऊं। नहीं तो ईर्ष्या और झगड़ों में कार्य का सर्वनाश हो जायेगा। नेता को व्यक्तिनिरपेक्ष निःसंग होना चाहिए। (पत्रावली भाग-2, पृष्ठ-153)

39. तुम्हें मुसलमान लड़कों को भी लेना चाहिए परन्तु उनके धर्म को कभी दूषित न करना। तुम्हें यही करना होगा कि उनके भोजन आदि का प्रबन्ध अलग कर दो और उन्हें शुद्धाचरण, पुरुषार्थ और परहित में श्रद्धापूर्वक तत्परता की शिक्षा दो। यह निश्चय ही धर्म है। सब धर्मों के लड़कों को लेना हिन्दू, मुसलमान, ईसाई या कुछ भी हो, परन्तु धीरे-धीरे आरम्भ करना। (पत्रावली भाग-2, पृष्ठ-155)

40. चाहे और कुछ भी क्यों न हो, रूपये-पैसे, मठ-मन्दिर, प्रचारादि की सार्थकता ही क्या है? क्या समग्र जीवन का एकमेव उद्देश्य शिक्षा नहीं है? शिक्षा के बिना धन-दौलत, स्त्री-पुरुषों की आवश्यकता ही क्या है? इसलिए रूपयों का नाश हुआ अथवा हार हुई, मैं इन बातों को न तो समझ ही पाता हूँ और न समझना ही चाहता हूँ। (पत्रावली भाग-2, पृष्ठ-162)

41. मेरा स्वास्थ्य ठीक है। रात में प्रायः उठना नहीं पड़ता, सुबह-शाम भात, आलू, चीनी जो कुछ मिलता है खा लेता हूँ। दवा किसी काम की नहीं है, ब्रह्म ज्ञानी के शरीर पर दवा का कोई असर नहीं होता! वह हजम हो जायेगी. . . कोई डर की बात नहीं है। (पत्रावली भाग-2, पृष्ठ-197)

42. साथ ही मेरी आयु भी समाप्त हो रही है, खासकर इस बात को सत्य मानकर ही मुझे चलना होगा। (चिरशान्ति में लीन के 2 वर्ष 11 माह 20 दिन पूर्व एक पत्र में लिखित) (पत्रावली भाग-2, पृष्ठ-206)

43. यूरोपियनों के साथ मैं भोजन करता हूँ इसलिए मुझे एक पारिवारिक देव-मंदिर से निकाल दिया गया था। मैं चाहता हूँ कि मेरी गठन इस प्रकार की हो कि प्रत्येक व्यक्ति अपनी इच्छानुसार मुझे मोड़ सके। किन्तु यह दुर्भाग्य की बात है कि मुझे ऐसा व्यक्ति देखने को नहीं मिलता जिससे कि सब कोई संतुष्ट हो। खासकर जिसे अनेक स्थलों में घूमना पड़ता है, उसके लिए सब को संतुष्ट करना संभव नहीं है। (पत्रावली भाग-2, पृष्ठ-211)

44. अपनी ओर से मैं अपने स्वभाव तथा नीति पर अवलम्बित हूँ, एक बार जिसको मैंने अपने मित्र रूप में माना है, वह सदा के लिए मेरा मित्र है। इसके अलावा भारतीय रीति के अनुसार बाहरी घटनाओं के कारणों का आविष्कार करने के लिए मैं भीतर की ओर ही देखता हूँ; मैं यह जानता हूँ कि मुझ पर चाहे जितनी भी विद्वेष व घृणा की तरंगें उपस्थित क्यों न हो, उसके लिए मैं जिम्मेदार हूँ एवं यह जिम्मेदारी एक मात्र मुझ पर ही है। ऐसा न होकर उसका और कोई रूपान्तर होना संभव नहीं है। (पत्रावली भाग-2, पृष्ठ-212)

45. मेरे जीवन में मैंने अनेक गलतियां की है; किन्तु उसमें प्रत्येक का कारण रहा है अत्यधिक प्यार। अब प्यार से मुझे द्वेष हो गया है! हाय! यदि मेरे पास वह बिल्कुल न होता! भक्ति की बात आप कह रही हैं! हाय, यदि मैं निर्विकार और कठोर वेदान्ती हो सकता! जाने दो, यह जीवन तो समाप्त ही हो चुका। अगले जन्म में प्रयत्न करूंगा। (पत्रावली भाग-2, पृष्ठ-219)

46. मेरे लिए कार्य करना तभी संभव होता है, जबकि मुझे पूर्णतया अपने पैरों पर ही खड़ा होना पड़ता है। निःसंग दशा में मेरी शक्ति का विकास अधिक होता है। (पत्रावली भाग-2, पृष्ठ-227)

47. मुझे यह दिखायी दे रहा है कि वक्तृता मंच से अब वाणी प्रचार करना मेरे लिए सम्भव नहीं है। इससे मैं आनन्दित ही हूँ। मैं विश्राम चाहता हूँ। मैं थक गया हूँ ऐसी बात नहीं है; किन्तु अगला अध्याय होगा, वाक्य नहीं, किन्तु अलौकिक स्पर्श, जैसा कि श्रीरामकृष्ण देव का था। (पत्रावली भाग-2, पृष्ठ-229)

48. मेरे अन्दर एक विराट परिवर्तन की सूचना दिखाई दे रही है, मेरा मन शान्ति से परिपूर्ण होता जा रहा है। मैं जानता हूँ कि माँ ही सब कुछ उत्तरदायित्व ग्रहण करेगी। मैं एक संन्यासी के रूप में ही मृत्यु को आलिंगन करूंगा। (पत्रावली भाग-2, पृष्ठ-247)

49. हम अपनी सारी शक्तियों को किसी एक विषय की ओर लगा देने के फलस्वरूप उसमें आसक्त हो जाते हैं तथा उसकी और भी एक दिशा है, जो नेतिवाचक होने पर भी उसके सद्दश ही कठिन है, उस ओर हम बहुत कम ध्यान देते हैं, वह यह है कि क्षण भर में किसी विषय से अनासक्त होने की, उससे अपने को पृथक कर लेने की शक्ति। आसक्ति और अनासक्ति, जब दोनों शक्तियों का पूर्ण विकास होता है, तभी मनुष्य महान एवं सुखी हो सकता है। (पत्रावली भाग-2, पृष्ठ-248)

20. मेरी समर नीति

01. जो मनुष्य अपने जीवन के चौदह वर्षों तक लगातार उपवास का मुकाबला करता रहा हो, जिसे यह भी न मालूम रहा हो कि दूसरे दिन का भोजन कहाँ से आयेगा, सोने के लिए स्थान कहाँ मिलेगा, वह इतनी सरलता से धमकाया नहीं जा सकता। जो मनुष्य बिना कपड़ों के और बिना यह जाने कि दूसरे समय भोजन कहाँ से मिलेगा, उस स्थान पर रहा हो, जहाँ का तापमान शून्य से भी तीस डिग्री कम हो, वह भारतवर्ष में इतनी सरलता से नहीं डराया जा सकता। यही पहली बात है जो में उनसे कहूंगा, मुझमें अपनी थोड़ी द्दढ़ता है, मेरा थोड़ा निज का अनुभव भी है, और मुझे संसार को कुछ संदेश देना है और यह सन्देश मैं बिना किसी डर के, बिना किसी प्रकार भविष्य की चिन्ता किये सब के समक्ष घोषित करूंगा। (मेरी समर नीति, पृष्ठ-12)

02. सुधारकों से मैं कहूंगा कि मैं स्वयं उनसे कहीं बढ़कर सुधारक हूँ। वे लोग इधर-उधर थोड़ा सुधार करना चाहते हैं, और मैं चाहता हूँ आमूल सुधार। हम लोगों का मतभेद है केवल सुधार की प्रणाली में। उनकी प्रणाली विनाशात्मक है और मेरी संघटनात्मक। मैं सुधार में विश्वास नहीं करता, मैं विश्वास करता हूँ स्वाभाविक उन्नति में। (मेरी समर नीति, पृष्ठ-13)

03. सामाजिक व्याधि का प्रतिकार बाहरी उपायों द्वारा नहीं होगा; हमें उसके लिए भीतरी उपायों का अवलम्बन करना होगा, मन पर कार्य करने की चेष्टा करनी होगी। चाहे हम कितनी ही लम्बी चौड़ी बातें क्यों न करें, हमें जान लेना होगा कि समाज के दोषों को दूर करने के लिए प्रत्यक्ष रूप से नहीं वरन् शिक्षादान द्वारा परोक्ष रूप से उसकी चेष्टा करनी होगी। (मेरी समर नीति, पृष्ठ-15)

04. हम मानते हैं कि यहाँ बुराईयाँ हैं पर बुराई तो हर कोई दिखा सकता है। मानव समाज का सच्चा हितैषी तो वह है, जो इन बुराईयों को दूर करने का उपाय बताये। कोई एक दार्शनिक एक डुबते हुए लड़के को गंभीर भाव से उपदेश दे रहा था, तो लड़के ने कहा-"पहले मुझे पानी से बाहर निकालिए, फिर उपदेश दीजिए"। बस ठीक इसी तरह भारतवासी भी कहते हैं, "हम लोगों ने बहुत व्याख्यान सुन लिए, बहुत सी संस्थायें देख ली, बहुत से पत्र पढ़ लिये, अब तो हमें ऐसा मनुष्य चाहिए, जो अपने हाथ का सहारा दे, हमें इन दुःखों के बाहर निकाल दे। कहाँ है वह मनुष्य जो हमसे वास्तविक प्रेम करता है, जो हमारे प्रति सच्ची सहानुभूति रखता है?" बस उसी आदमी की हमें जरूरत है। यहीं पर मेरा इन समाज सुधार आन्दोलनों से सर्वथा मतभेद है। आज सौ वर्ष हो गये, ये आन्दोलन चल रहे हैं, पर सिवाय निन्दा और विद्वेषपूर्ण साहित्य की रचना के इनसे और क्या लाभ हुआ है? (मेरी समर नीति, पृष्ठ-17)

05. प्रत्येक भारतीय भाषा में ऐसे साहित्य की रचना हो गयी है, जो जाति के लिए, देश के लिए कलंकस्वरूप है। क्या यही सुधार है! क्या इसी तरह देश गौरव पथ पर बढ़ेगा। यह है किसका दोष? (मेरी समर नीति, पृष्ठ-18)

06. भारतवर्ष में हमारा शासन सदैव राजाओं द्वारा हुआ है, राजाओं ने ही हमारे सब कानून बनाये हैं। अब वे राजा नहीं है, और इस विषय में अग्रसर होने के लिए हमें मार्ग दिखाने वाला अब कोई नहीं रहा। सरकार साहस नहीं करती। वह तो सर्वसाधारण के विचारों की गति देखकर ही अपनी कार्यप्रणाली निश्चित करती है। अपनी समस्याओं को हल कर लेने वाला एक कल्याणकारी और प्रबल लोकमत स्थापित करने में समय लगता है, काफी लम्बा समय लगता है, इस बीच हमें प्रतीक्षा करनी होगी। अतएव सामाजिक सुधार की सम्पूर्ण समस्या यह रूप लेती है, कहाँ हैं वे लोग, जो सुधार चाहते हैं। (मेरी समर नीति, पृष्ठ-18)

07. मुट्ठी भर लोग, जो सोचते हैं कि कतिपय बातें दोषपूर्ण हैं, राष्ट्र को गति नहीं दे सकते। राष्ट्र में आज गति क्यों नहीं है? क्यों वह जड़भावापन्न है? पहले राष्ट्र को शिक्षित करो, अपनी निजी विधायक संस्थाएं बनाओ, फिर तो नियम आप ही आप आ जायेंगे। जिस शक्ति के बल से, जिसके अनुमोदन से विधान का गठन होगा, पहले उसकी सृष्टि करो। आज राजा नहीं रहे; जिस नयी शक्ति से, जिस नये दल की सम्मति से नयी व्यवस्था गठित होगी, वह लोकशक्ति कहाँ है? (मेरी समर नीति, पृष्ठ-19)

08. आजकल विशेषतः दक्षिण में बौद्ध धर्म और उसके अज्ञेयवाद की आलोचना करने की एक प्रथा सी चल पड़ी है। यह उन्हें स्वप्न में भी ध्यान नहीं आता कि जो विशेष दोष आजकल हमारे समाज में विद्यमान है, वे सब बौद्ध धर्म द्वारा ही छोड़े गये हैं। (मेरी समर नीति, पृष्ठ-20)

09. बौद्ध धर्म के इतने विस्तार का कारण था, गौतम बुद्ध द्वारा प्रचारित अपूर्व नीति और उनका लोकोत्तर चरित्र। भगवान बुद्धदेव के प्रति मेरी यथेष्ट श्रद्धा-भक्ति है। पर मेरे शब्दों पर गौर कीजिए। बौद्ध-धर्म का विस्तार उक्त महापुरुष के मत एवं अपूर्व चरित्र के कारण उतना नहीं हुआ, जितना बौद्धों द्वारा निर्माण किये गये बड़े-बड़े मन्दिरों एवं भव्य प्रतिमाओं के कारण, समग्र देश के सन्मुख किये गये भड़कीले उत्सवों के कारण। पर अन्त में इन सब क्रियाकलापों में भारी अवनति हो गयी। ऐसी अवनति कि उसका वर्णन भी श्रोताओं के सामने नहीं किया जा सकता। (मेरी समर नीति, पृष्ठ-20)

10. क्या भारतवर्ष में कभी सुधारकों का अभाव था? क्या तुमने भारत का इतिहास पढ़ा है? रामानुज, शंकर, नानक, चैतन्य, कबीर और दादू कौन थे? ये सब बड़े-बड़े धर्माचार्य, जो भारत-गगन में अत्यन्त उज्ज्वल नक्षत्रों की नाई एक के बाद उदित हुये, फिर अस्त हो गये, कौन थे? क्या रामानुज के हृदय में नीच जाति के लिए प्रेम नहीं था? क्या उन्होंने अपने सारे जीवन भर चाण्डाल तक को अपने सम्प्रदाय में ले लेने का प्रयत्न नहीं किया? क्या नानक ने मुसलमान और हिन्दू दोनों से समान भाव से परामर्श कर समाज में एक नयी अवस्था लाने का प्रयत्न नहीं किया? इन सभी लोगों ने प्रयत्न किया, और उनका काम आज भी चल रहा है। भेद केवल इतना है कि वे आज के समाज-सुधारकों की तरह दाम्भिक नहीं थे; वे इनके समान अपने मुँह से कभी अभिशाप नहीं उगलते थे। उनके मुँह से केवल आशीर्वाद ही निकलता था। उन्होंने यह नहीं कहा- "पहले तुम दुष्ट थे, और अब तुम्हें अच्छा होना होगा।" उन्होंने यही कहा, "पहले तुम अच्छे थे, अब और अच्छे बनो।" ये दो बातें जमीन आसमान का फर्क पैदा कर देती है। (मेरी समर नीति, पृष्ठ-25)

11. मेरी नीति है-प्राचीन आचार्यों के उपदेशों का अनुसरण करना। मैंने उनके कार्य का अध्ययन किया है, और जिस प्रणाली से उन्होंने कार्य किया, उसके अविष्कार करने का मुझे सौभाग्य मिला। वे सब महान समाज संस्थापक थे। बल पवित्रता और जीवन शक्ति के वे अद्भुत आधार थे। उन्होंने सब से अद्भुत कार्य किया- समाज में बल, पवित्रता और जीवन शक्ति संचारित की। हमें भी सबसे अद्भुत कार्य करना है। आज अवस्था कुछ बदल गयी है, इसलिए कार्य-प्रणाली में कुछ थोड़ा-सा परिवर्तन करना होगा; बस इतना ही, इससे अधिक कुछ नहीं। (मेरी समर नीति, पृष्ठ-27)

12. किसी देश में जैसे इंग्लैण्ड में, राजनीतिक सत्ता ही उसकी जीवन-शक्ति है। कला कौशल की उन्नति करना किसी दूसरे राष्ट्र का प्रधान लक्ष्य है। ऐसे ही और दूसरे देशों का भी समझिये। किन्तु भारतवर्ष में धार्मिक जीवन ही राष्ट्रीय जीवन का केन्द्र है और वही राष्ट्रीय जीवन रूपी संगीत का प्रधान स्वर है। (मेरी समर नीति, पृष्ठ-28)

13. यदि तुम धर्म को फेंककर राजनीति, समाजनीति अथवा अन्य किसी दूसरी नीति को अपनी जीवन-शक्ति का केन्द्र बनाने में सफल हो जाओ, तो उसका यह फल होगा कि तुम्हारा नामोनिशान तक न रह जाएगा। यदि तुम इससे बचना चाहो, तो अपनी जीवन-शक्तिरूपी धर्म के भीतर से ही तुम्हें अपने सारे कार्य करने होंगे, अपनी प्रत्येक क्रिया का केन्द्र इस धर्म को ही बनाना होगा। (मेरी समर नीति, पृष्ठ-28)

14. जो भी व्यक्ति अपने शास्त्र के महान सत्यों को दूसरों को सुनाने में सहायता पहुँचाएगा, वह आज एक ऐसा कर्म करेगा, जिसके समान दूसरे कोई कर्म नहीं। महर्षि मनु ने कहा है-"इस कलियुग में मनुष्यों के लिए एक ही कर्म शेष है। आजकल यज्ञ और कठोर तपस्याओं से कोई फल नहीं होता। इस समय दान ही अर्थात् एकमात्र कर्म है।" और दानों में धर्मदान, अर्थात् आध्यात्मिक ज्ञान का दान ही सर्वश्रेष्ठ है। दूसरा दान है विद्यादान, तीसरा प्राणदान और चौथा अन्नदान। (मेरी समर नीति, पृष्ठ-30)

15. राजनीति सम्बन्धी विद्या का विस्तार रणभेरियों और सुसज्जित सेनाओं के बल पर किया जा सकता है। लौकिक एवं समाज सम्बन्धी विद्या का विस्तार उगलती तोपों पर चमचमाती तलवारों के बल पर हो सकता है। पर आध्यात्मिक विद्या का विस्तार तो शान्ति द्वारा ही सम्भव है। जिस प्रकार चक्षु-कर्ण गोचर न होता हुआ भी मृदु ओस-बिन्दु गुलाब की कलियों को विकसित कर देता है, वह वैसा ही आध्यात्मिक ज्ञान के विस्तार के सम्बन्ध में भी समझिए। यही एक दान है, जो भारत दुनिया को बार-बार देता आया है। जब कभी भी कोई दिग्विजयी जाति उठी, जिसने संसार के विभिन्न देशों को एक साथ ला दिया और आपस में लेन-देन की सुविधा कर दी, त्योंहि भारत उठा और संसार की उन्नति में अपना भी आध्यात्मिक ज्ञान का हिस्सा दे दिया। (मेरी समर नीति, पृष्ठ-32)

16. आवश्यकता है वीर्यवान, तेजस्वी, श्रद्धासम्पन्न और दृढ़विश्वासी, निष्कपट नवयुवकों की। ऐसे सौ मिल जाय, तो संसार का कायाकल्प हो जाय! इच्छाशक्ति संसार में सब से अधिक बलवती है। उसके सामने दुनिया की कोई चीज नहीं ठहर सकती, क्योंकि वह भगवान-साक्षात् भगवान से आती है। विशुद्ध और दृढ़ इच्छाशक्ति सर्वशक्तिमान है। क्या तुम इसमें विश्वास नहीं करते? सब के समक्ष अपने धर्म के महान सत्यों का प्रचार करो; संसार इनकी प्रतीक्षा कर रहा है। (मेरी समर नीति, पृष्ठ-34)

17. हमें ऐसे धर्म की आवश्यकता है, जिससे हम मनुष्य बन सकें। हमें ऐसे सिद्धान्तों की आवश्यकता है, जिससे हम मनुष्य हो सकें। हमें ऐसी सर्वांगसम्पन्न शिक्षा चाहिए, जो हमें मनुष्य बना सके और यह रही सत्य की कसौटी, जो भी तुम्हें शारीरिक, मानसिक और आध्यात्मिक दुर्बलता लाए, उसे जहर की भांति त्याग दो; उसमें जीवन-शक्ति नहीं है, वह कभी सत्य नहीं हो सकता। सत्य तो बलप्रद है, वह पवित्रता स्वरूप है, ज्ञान स्वरूप है। सत्य तो वह है जो शक्ति दे, जो हृदय के अन्धकार को दूर कर दे, जो हृदय में स्फूर्ति भर दे। (मेरी समर नीति, पृष्ठ-36)

18. मैं अपने देश से प्रेम करता हूँ; मैं तुम्हें और अधिक पतित, और ज्यादा कमजोर नहीं देख सकता। अतएव तुम्हारे कलयाण के लिए, सत्य के लिए और जिससे मेरी जाति और अधिक अवनत न हो जाए इसलिए, मैं जोर से चिल्लाकर कहने के लिए बाध्य हो रहा हूँ, बस ठहरो! अवनति की ओर न बढ़ो। जहाँ तक गये हो, बस उतना ही काफी हो चुका। (मेरी समर नीति, पृष्ठ-37)

19. सत्य जितना ही महान होता है, उतना ही सहज, बोधगम्य होता है, स्वयं अपने अस्तित्व के समान सहज! जैसे अपने अस्तित्व को प्रमाणित करने के लिए और किसी की आवश्यकता नहीं होती, बस वैसा ही! उपनिषद् के सत्य तुम्हारे सामने हैं। इनका अवलम्बन करो, इनकी उपलब्धि कर इन्हें कार्य में परिणत करो, बस देखोगे भारत का उद्धार निश्चित है। (मेरी समर नीति, पृष्ठ-37)

20. लोग देश भक्ति की चर्चा करते हैं। मैं भी देश भक्ति में विश्वास करता हूँ और देशभक्ति के सम्बन्ध में मेरा भी एक आदर्श है। बड़े काम करने के लिए तीन बातों की आवश्यकता होती है। पहला है-हृदय-अनुभव की शक्ति। बुद्धि या विचारशक्ति में क्या धरा है? वह तो कुछ दूर जाती है और बस वहीं रूक जाती है। पर हृदय, हृदय तो महाशक्ति का द्वार है; अन्तःस्फूर्ति वहीं से आती है। प्रेम असम्भव को भी सम्भव कर देता है। यह प्रेम की जगत के सब रहस्यों का द्वार है। अतएव, ऐ मेरे भावी सुधारकों, मेरे भावी देशभक्तों, तुम हृदयवान बनो। (मेरी समर नीति, पृष्ठ-38)

21. समन्वयाचार्य श्रीरामकृष्ण

01. स्वामी विवेकानन्द ने जिस समय कहा था-एक विश्व, एक मानव, एक धर्म, एक ईश्वर, तब लोगों ने इस बात का उपहास किया था, लोगों ने इस प्रकार की संभावना पर संदेह प्रकट किया था, लोग स्वीकार नहीं कर पाये थे। किन्तु आज सभी लोग संयुक्त राष्ट्र संघ (UNO) की ओर दौड़े चले जा रहे हैं। जाओ, जाओ की अवस्था ने मानो उनको दबोच लिया है। (समन्वयाचार्य श्रीरामकृष्ण, पृष्ठ-22)

02. श्रीरामकृष्ण के जीवन में जो धर्म साकार हुआ है उसका नयापन यही है कि इसमें जो है वह सभी के लिए, सभी देशों के लिए अपने सभी काल के लिए आवश्यक है। इसी कारण इसे "सार्वभौमिक" या यूनिवर्सल कहा जा सकता है। (समन्वयाचार्य श्रीरामकृष्ण, पृष्ठ-25)

03. यह मतवाद जो द्वैत, अद्वैत एवं अन्यान्य मतों के बीच समन्वय स्थापित करता है, समन्वयवादी वेदान्त है। यह वेदान्त जिस प्रकार ब्रह्म को सगुण और निर्गुण दोनों ही रूपों में स्वीकार करता है, वैसे ही (ब्रह्म को) साकार और निराकार रूप में भी स्वीकार करता है। इस दृष्टि से यह शंकर के परम्परागत अद्वैत से भिन्न है। (पृष्ठ-26)

04. निष्काम कर्म के साथ ज्ञान, भक्ति आदि सब मिलकर एक योग बनेगा। इस योग को यदि "रामकृष्णयोग" कहा जाय तो भी कोई अतिशयोक्ति नहीं होगी। (समन्वयाचार्य श्रीरामकृष्ण, पृष्ठ-32)

05. ब्रह्म को छोड़कर शक्ति का और शक्ति को छोड़कर ब्रह्म का चिन्तन भी नहीं किया जा सकता। नित्य को छोड़कर लीला के बारे में और लीला को छोड़कर नित्य के बारे में सोचा भी नहीं जा सकता। इसीलिये उनके लिए काली ही ब्रह्म है और ब्रह्म ही काली है। वस्तु एक ही है; ब्रह्म जब निष्क्रिय है-सृष्टि स्थिति-प्रलय की क्रिया में भाग नहीं लेते तो वे ब्रह्म कहलाते हैं और जब वे ये कार्य करते हैं तब वे काली, शक्ति कहलाते हैं। (समन्वयाचार्य श्रीरामकृष्ण, पृष्ठ-51)

06. जिस समय जो अवतारी पुरुष आये, उनमें से प्रत्येक ने एक आदर्श प्रस्तुत किया। निश्चिय ही उनमें अन्य कोई आदर्श नहीं था ऐसा नहीं; उनमें भी सभी आदर्श थे; परन्तु उनके जीवन में एक भाव विशेषरूप से प्रकाशित हुआ था। यह इस प्रकार है कि श्रीकृष्ण ने सभी धर्मों, सभी दर्शनों, सभी प्रथाओं और मतवादों का समन्वय कर दिया है; उन्होंने दिखला दिया है कि कर्म, योग, ज्ञान और भक्ति एक ही महायोग के एक-एक अंग है। यही सिद्ध करने के लिए उनका स्वयं का जीवन निष्काम कर्म द्वारा निर्मित था। निष्काम कर्म से चित्तशुद्धि होती है और चित्तशुद्धि होने पर वैराग्य उत्पन्न होता है वैराग्य के उपरान्त त्याग। त्याग का आदर्श लेकर आये बुद्धदेव। स्वयं के लिए कुछ भी नहीं, मुक्ति भी नहीं, सब कुछ जीवों के लिए। जीवों की मुक्ति का पथ नहीं खोज सका ऐसा कहकर रोने लगे थे। त्याग के पश्चात् ज्ञान जिसे लेकर आये शंकर। . . इसी ज्ञान के बाद प्रेम। इसी प्रेमामृत का पान करने के लिए आगमन हुआ प्रेमावतार महाप्रभु श्री चैतन्य का। किन्तु भारत ने सोचा कि ये सभी एक दूसरे के परस्पर विरोधी हैं। यह विरोध दूर हुआ है सर्व-धर्म-समन्वय के मूर्तरूप श्रीरामकृष्ण देव के आगमन से। इस अविराम साधना प्रवाह की परि-समाप्ति हुई है श्रीरामकृष्ण रूपी समन्वय सागर में। (समन्वयाचार्य श्रीरामकृष्ण, पृष्ठ-42)

07. घृणित वेश्या में भी वे माँ जगदम्बा को देखते थे। इसीलिये श्रीरामकृष्ण के जीवन में जिस प्रकार नरेन्द्र, राखाल, शशि, शरत आदि शुद्ध सत्व बालक, गिरीश, राम, सुरेन, कालिपद आदि गृहस्थ भक्त, साधक, आचार्य, और पण्डित आते थे; उसी प्रकार शिक्षक, अध्यापक, पत्रकार, चित्रकार, गायक, वादक, डाक्टर, वैद्य, वकील, मुंशी, जमींदार, पिछड़े लोग, उपेक्षित वर्ग के लोग (जैसे रसिक मेहतर, भर्तृहरि माली, शम्भु कुम्हार, मधु युगी) रसोइया, दरबान, पहलवान, मन्मथ गुण्डा, डकैत, वागदी पाठक, शराबी, पागल, गाड़ीवाला, हलवाई, किसान, मारवाड़ी, व्यवसायी, वैश्या, लुहारिन, धाप, नौकरानी, पगली रंगशाला के अभिनेता-अभिनेत्रियां (जैसे अमृत सेन, नीलमाधव, महेन्द्र, विनोदिनी, वनहारिनी, गंगामणि, किरनबाला आदि) आदि भी उनके जीवन में स्थान पाते हैं। श्रीरामकृष्ण, विभिन्न स्तरों के विभिन्न व्यवसायों के, विभिन्न जाति के, विभिन्न विचारों के, विभिन्न अवस्थाओं के मनुष्यों को एक सूत्र में बांधकर जगत को एक अत्यन्त सुसज्जित मनोरम, मानवत्व का हार दे गये हैं। इस प्रकार का अतुलनीय समन्वय पहले कभी नहीं देखा गया है। (समन्वयाचार्य श्रीरामकृष्ण, पृष्ठ-60)

भाग-2

कल्कि अवतार

मनु और मनवन्तर

काल और युग परिवर्तक कल्कि महाअवतार

दूसरा आगमन, अन्तिम आगमन क्यों?

मनु और मनवन्तर

मनु

हिन्दू पुराण के अनुसार ब्रह्माण्ड का सृजन क्रमिक रूप से सृष्टि के ईश्वर ब्रह्मा द्वारा होता है जिनकी जीवन 100 ब्राह्म वर्ष होता है। ब्रह्मा के 1 दिन को 1 कल्प (1. हेमत् कल्प-भूत काल, 2. हिरण्यगर्भ कल्प-भूत काल, 3. ब्राह्म कल्प-भूत काल, 4. पाद्‌य्म कल्प-भूत काल, 5. श्वेत बाराह कल्प-वर्तमानकाल) कहते हैं। 1 कल्प, 14 मनु (पीढ़ी) के बराबर होता है। 1 मनु का जीवन (मनों में अन्तर हो जाने का समय) मनवन्तर कहलाता है और 1 मनवन्तर में 71 चतुर्युग (अर्थात 71 बार चार युगों का आना-जाना) के बराबर होता है। ब्रह्मा का एक कल्प (अर्थात 14 मनु समाप्त होने के बाद ब्रह्माण्ड का एक क्रम) समाप्त हो जाता है और ब्रह्मा की रात आती है। फिर सुबह होती है और फिर एक नया कल्प शुरू होता है। इस प्रकार ब्रह्मा 100 वर्ष व्यतीत कर स्वयं विलिन हो जाते हैं। और पुनः ब्रह्मा की उत्पत्ति होकर उपरोक्त क्रम का प्रारम्भ होता है। गिनीज बुक आफ वर्ल्ड रिकार्ड्स ने कल्प को समय का सर्वाधिक लम्बा मापन घोषित किया है।

प्रत्येक मन्वन्तर एक विशेष मनु द्वारा रचित एवं शासित होता है, जिन्हें ब्रह्मा द्वारा सृजित किया जाता है। मनु विश्व की और सभी प्राणियों की उत्पत्ति करते हैं, जो कि उनकी आयु की अवधि तक बनती और चलती रहतीं हैं, (जातियां चलतीं हैं, ना कि उस जाति के प्राणियों की आयु मनु के बराबर होगी)। उन मनु की मृत्यु के उपरांत ब्रह्मा फिर एक नये मनु की सृष्टि करते हैं, जो कि फिर से सभी सृष्टि करते हैं। इसके साथ साथ विष्णु भी आवश्यकता अनुसार, समय-समय पर अवतार लेकर इसकी संरचना और पालन करते हैं। इनके साथ ही एक नये इंद्र और सप्तर्षि भी नियुक्त होते हैं।

वर्तमान श्वेतवाराह कल्प के मनु और वंश

वैदिक-सनातन-हिन्दू धर्म में जो बातें उपलब्ध होती है, उनमें सबसे प्राचीन वंश स्वायंभुव मनु से प्रारम्भ होता है। स्वायंभुव मनु से पहले का समय प्रागैतिहासिक काल था। स्वायंभुव मनु से ही ऐतिहासिक काल प्रारम्भ होता है। स्वायंभुव मनु से प्रारम्भ हुये ऐतिहासिक काल को पौराणिक, ऐतिहासिक व भविष्य के वंश में विभाजित किया जा सकता है। स्वायंभुव मनु के स्वयं उत्पन्न होने के कारण इन्हें स्वायंभुव मनु कहा गया है यह सर्वमान्य सत्य है कि बिना स्त्री-पुरूष के सम्बन्ध से किसी का उत्पन्न होना विश्वसनीय नहीं माना जा सकता है। यह हो सकता है कि स्वायंभुव मनु के पूर्वजों के बारे में हमें कोई जानकारी नहीं थी इसलिए इन्हें स्वायंभुव मनु कहा गया। स्वायंभुव मनु के बारे में भिन्न-भिन्न धर्म ग्रन्थों में भिन्न-भिन्न नाम से वर्णन किया गया है जैसे आदेश्वर, अशिरष, वैवस्वत मनु, आदम और नूह। अतः यहाँ से शुरू होता है -"सर्वप्रथम विकसित मानव का इतिहास"।

वंश- अ. पौराणिक वंश

मनुर्भरत वंश की प्रियव्रत शाखा में 1. स्वायंभुव 2. स्वारचिष, 3. उत्तम, 4. तामस, 5. रैवत मनु हुए। मनुर्भरत वंश की प्रियव्रत शाखा स्वांयभुव मनु से लेकर 28वें पीढ़ी में 5वें रैवत मनु तक पैदा हुए। उसके बाद इस वंश के शासकों का पता नहीं चलता। मनुर्भरत वंश की प्रियव्रत शाखा के मनु निम्नलिखित हैं-

वंश	अवतार	काल
01. स्वायंभुव मनु	यज्ञ	भूतकाल
02. स्वारचिष मनु	विभु	भूतकाल
03. उत्तम मनु	सत्यसेना	भूतकाल
04. तामस मनु	हरि	भूतकाल
05. रैवत मनु	वैकुण्ठ	भूतकाल

मनुर्भरत वंश की उत्तानपाद शाखा में 6वें मनु (पौराणिक वंश) चाक्षुष और वर्तमान में चल रहे 7वें मनु (ऐतिहासिक वंश) वैवस्वत मनु हुए और इस शाखा से ही भारतीय राजवंश चला तथा 45वें पीढ़ी के प्रजापति दक्ष पर समाप्त हुआ। मनुर्भरत वंश की उत्तानपाद शाखा से 36वें पीढ़ी के प्रजापति व 6वें मनु चाक्षुष मनु थे। इनके वंशज 10 पीढ़ी तक प्रजापति रहे। 46वें पीढ़ी के दक्ष इनमें से अन्तिम प्रजापति थे। मनुर्भरत वंश की उत्तानपाद शाखा के मनु निम्नलिखित हैं-

वंश	**अवतार**	**काल**
06. चाक्षुष मनु	अजित	भूतकाल

स्वायंभुव मनु से लेकर दक्ष वंश तक का काल सत्ययुग काल कहा गया। दक्ष वंश के प्रजापति उर के वंशजों का एक राज्य कर्तार प्रदेश (वर्तमान कतर) में था जहाँ का राजा सर्वप्रथम विष्णु कर्तार नाम से हुआ। इस गद्दी पर बैठने वाले सभी विष्णु कर्तार कहलाये। गद्दी पर बैठने वाले पाँचवें विष्णु कर्तार के पुत्र का नाम नाभि कर्तार, और नाभि कर्तार के पुत्र का नाम कमल कर्तार, और कमल कर्तार के पुत्र का नाम ब्रह्मा कर्तार था। विष्णु कर्तार के साम्राज्य का विस्तार प्रथम विष्णु कर्तार ने वर्तमान क्षीर सागर तथा अराल सागर तक फैलाया। इन सागरों के आस-पास नागवंशीयों तथा गरूण वंशीयों का साम्राज्य था जिसे प्रथम विष्णु ने विजित कर अपने अधीन कर लिया। ब्रह्मा कर्तार ने ही सर्वप्रथम वेदों की ऋचाओं की संरचना एवं संकलन किया। देव-दैत्य-दानव-नाग-गरूड़ इत्यादि दायाद बान्धव जन एक ही स्थान कश्यप सागर तट पर रहते थे। तब उनमें विविध भू-सम्पत्ति के मामले में परस्पर संग्राम होते रहे (मत्स्य पुराण, 47.41)।

वंश- ब. ऐतिहासिक वंश

मनुर्भरत वंश की उत्तानपाद शाखा के मनु निम्नलिखित हैं-

वंश	**अवतार**	**काल**
07. वैवस्वत मनु	वामन	वर्तमान

ब्रह्मा के 10 मानस पुत्रों 1. मन (विचार से ज्ञान प्राप्त करने वाले) से मरीचि, 2. नेत्रों (देखकर ज्ञान प्राप्त करने वाले) से अत्रि, 3. मुख (वाणी से ज्ञान प्राप्त करने वाले) से अंगिरा, 4. कान (सुन कर ज्ञान प्राप्त करने वाले) से पुलस्त्य, 5. नाभि (केन्द्र से ज्ञान प्राप्त करने वाले) से पुलह, 6. हाथ (कर्म से ज्ञान प्राप्त करने वाले) से कृतु, 7. त्वचा (स्पर्श से ज्ञान प्राप्त करने वाले) से भृगु, 8. प्राण (श्वास से ज्ञान प्राप्त करने वाले) से वशिष्ठ, 9. अँगूठे (आत्मा से ज्ञान प्राप्त करने वाले) से दक्ष तथा 10. गोद (प्रेम से ज्ञान प्राप्त करने वाले) से नारद उत्पन्न हुये। मरीचि ऋषि, जिन्हें "अरिष्टनेमि" के नाम से भी जाना जाता है, का विवाह देवी कला से हुआ। संसार के सर्वप्रथम मनु-स्वायंभुव मनु की पुत्री देवहूति से कर्दम ऋषि का विवाह हुआ था। देवी कला कर्दम ऋषि की पुत्री और विश्व का प्राचीन और प्रथम सांख्य दर्शन को देने वाले कपिल देव की बहन थी। मरीचि ऋषि द्वारा देवी कला की कोख से महातेजस्वी दो पुत्र 1. कश्यप और 2. अत्रि हुये। 1. कश्यप से सूर्य वंश और ब्रह्म वंश तथा 2. अत्रि से चन्द्र वंश का आगे चलकर विकास हुआ।

आदि पुरूष महर्षि कूर्म कश्यप - त्रेता युग के प्रारम्भ में मारीचि कश्यप हुए हैं (वायु पुराण, 6.43)। सम्पूर्ण मानव जाति के आदि पुरूष कूर्म कश्यप अत्यन्त पुरातन काल में विद्यमान थे। कश्यप ऋषि प्राचीन वैदिक ऋषियों में प्रमुख ऋषि हैं जिनका उल्लेख एक बार ऋग्वेद में हुआ है। अन्य संहिताओं में भी यह नाम बहुप्रयुक्त है। इन्हें सर्वदा धार्मिक एंव रहस्यात्मक चरित्र वाला बतलाया गया है एंव अतिप्राचीन कहा गया है। एक बार समस्त पृथ्वी पर विजय प्राप्त कर परशुराम ने वह कश्यप मुनि को दान कर दी। कश्यप मुनि ने कहा- "अब तुम मेरे देश में मत रहो।" अतः गुरु की आज्ञा का पालन करते हुए परशुराम ने रात को पृथ्वी पर न रहने का संकल्प किया। वे प्रति रात्रि में मन के समान तीव्र गमनशक्ति से महेंद्र पर्वत पर जाने लगे। ऐतरेय ब्राह्मण के अनुसार उन्होंने विश्वकर्मभौवन नामक राजा का अभिषेक कराया था। ऐतरेय ब्राह्मणों ने कश्यपों का सम्बन्ध जनमेजय से बताया गया है। शतपथ ब्राह्मण में प्रजापति को कश्यप कहा गया है

"स यत्कुर्मो नाम। प्रजापतिः प्रजा असृजत। यदसृजत् अकरोत् तद् यदकरोत् तस्मात् कूर्मः कश्यपो वै कूर्म्स्तस्मादाहुः सर्वाः प्रजाः कश्यपः "

महर्षि कश्यप एक महान विचारक, वक्ता, वैज्ञानिक, विद्वान, कलाकार, साहित्यकार, कवि और अत्यन्त कुशल कृषिकार थे। वे सफल साधक और महान समाजसेवी थे। वे महान तपस्वी और त्यागी थे। सद्गृहस्थ होने के साथ-साथ उन्होंने जनहित के लिए अपने जीवन को तपा-तपा कर अन्यन्त निर्मल और दीप्तिमान कर लिया था। किसी भी प्रकार का दोष उनमें शेष नहीं बचा था। महर्षि कूर्म ने कृषि और औषधियों के सम्बन्ध में वैज्ञानिक प्रयोग करके उसकी प्रगति के लिए अनेक प्रयास किये। इस दिशा में उन्हें सफलता भी मिली। उन्होंने कृषि के विकास के लिए जल में डूबी हुई भूमि को जल से बाहर निकालने का भी पुरूषार्थ किया। अपने पराक्रम और चतुराई से उन्होंने एक विशाल भूभाग पर अपना स्थायी आधिपत्य स्थापित कर लिया था। कश्यप द्वीप के नाम से उन्होंने मध्य एशिया में अपना उपनिवेश स्थापित किया था (महाभारत, भीष्म पर्व, 6.11)। कश्यप सागर (वर्तमान कैस्पियन सी) उनकी सीमा के भीतर था (हिस्ट्री आॅफ पर्सिया, खण्ड-1, पृष्ठ-28)। कश्यप सागर वर्तमान समय में ईरान के काश्यपी प्रदेश में है।

महर्षि कश्यप ने कश्यप सागर के किनारे अनेक विकास कार्य समपन्न किये। इसी कश्यप सागर में ही पौराणिक समुद्र-मन्थन हुआ था। समुद्र मन्थन से लक्ष्मी की उपलब्धि हुई थी। इस आख्यान का तात्पर्य यही है कि महर्षि कश्यप के निर्देश में आर्यजनों ने मध्य एशिया में अपने श्रम, चातुर्य और पराक्रम के सहारे सोने की खानों का पता लगाया और खुदाई करके बड़ी मात्रा में सोना प्राप्त किया (कूर्म पुराण, पूर्व भाग, 1.27-29)।

कर्मशीलता और दूरदर्शिता के बल पर ही परमात्मा ने इस सृष्टि की रचना की, इसलिए उसे "कूर्म " और "कश्यप" कहा जाता है। "कूर्म " का शाब्दिक अर्थ "कर्मशील " और "कश्यप " का शाब्दिक अर्थ "द्दष्टा " है। कर्म और ज्ञान दोनों की समन्वित शक्तियों के बल पर अभी भी सृष्टि का विकास हो रहा है। सृष्टिकर्ता को कूर्म कहा जाता है क्योंकि उसमें श्रेष्ठ कर्मशीलता और पराक्रम है। साथ ही वह महान ज्ञानी, सर्वद्दष्टा और सूक्ष्मदर्शी है, इसलिए उसे कश्यप भी कहा जाता है। इस प्रकार कूर्म और कश्यप दोनों एक ही शक्ति के दो पहलू हैं।

भागवत पुराण, मार्कण्डेय पुराण के अनुसार महर्षि कश्यप का विवाह दक्ष वंश की 13 कन्याओं से हुआ जिनके नाम हैं- 1. दिति, 2. दनु, 3. क्रोधवशा, 4. ताम्रा, 5. काष्ठा, 6. अरिष्ठा, 7. सुरसा, 8. इला, 9. मुनी, 10. सुरभि, 11. शरमा और 12. तिमिय 13. अदिति। इन 13 स्त्रीयों से 13 मानव जातियाँ बनीं और इनसे इस वंश का विस्तार होता गया।

कश्यप की 01. दिति नामक स्त्री के ज्येष्ठ पुत्र देव से देव जाति की स्थापना देवराज इन्द्र ने अपने पिता देव के नाम पर किया था। वैदिक काल से सुर और असुर एक ही थे। बाद में इनको अलग-अलग किया गया। कश्यप की 1. दिति नामक स्त्री के दूसरे पुत्र दैत्य से दैत्य जाति की स्थापना हुई।

कश्यप की 02. दनु नामक स्त्री से उत्पन्न वंश दानव वंश कहा गया।

कश्यप की 03. क्रोधवसा नामक स्त्री से उत्पन्न पुत्र का नाम नाग था और इनके वंशज नागवंशी कहलाये।

कश्यप की 04. ताम्रा नामक स्त्री से उत्पन्न वंश का नाम जटायुवंश और गरूणवंश था।

कश्यप की 05. काष्ठा नामक स्त्री से घोड़े आदि एक खुर वाले पशु उत्पन्न हुए।

कश्यप की 06. अरिष्ठा नामक स्त्री से से गन्धर्व का जन्म हुआ।

कश्यप की 07. सुरसा नामक स्त्री से यातुधान (राक्षस) उत्पन्न हुए।

कश्यप की 08. इला नामक स्त्री से वृक्ष, लता आदि पृथ्वी में उत्पन्न होने वाली वनस्पतियों का जन्म हुआ।

कश्यप की 09. मुनी नामक स्त्री से अप्सरागण का जन्म हुआ।

कश्यप की 10. सुरभि नामक स्त्री से भैंस, गाय तथा दो खुर वाले पशुओं की उत्पति की।

कश्यप की 11. शरमा नामक स्त्री से बाघ आदि हिंसक जीवों को पैदा किया।

कश्यप की 12. तिमिय नामक स्त्री से जलचर जन्तुओं को अपनी संतान के रूप में उत्पन्न किया।

कश्यप की 13. अदिति नामक स्त्री से आदित्य (सूर्य) उत्पन्न हुए। अदिति, मनुर्भरतवंश के 45वीं पीढ़ी में उत्तानपाद शाखा के प्रजापति दक्ष की पुत्री थी (बृहद्वेता, 3.57)। प्राचीन विश्व में प्रमुख 2 वंश 1. सूर्य वंश और 2. चन्द्र वंश इन्हीं की सन्तानों से विकसित हुए।

प्राचीन विश्व में 2 वंश ही प्रमुख रूप से प्रचलित रहें हैं- 1. सूर्य वंश और 2. चन्द्र वंश। सूर्यवंश (सूर्य उपासक) और चन्द्रवंश (चन्द्र उपासक), इन दो वंशों से ही क्षत्रियों की उत्पत्ति हुई है। सूर्यवंश के मूल पुरूष सूर्य तथा चन्द्रवंश के प्रथम पुरूष बुध दोनों के नाना मनुर्भरत दक्ष प्रजापति थे। ये दोनों आपस में मौसेरे भाई थे। इन वंशों के बीच आपस में वैवाहिक सम्बन्ध होते थे।

कश्यप-अदिति के आदित्य (सूर्य) - इनकी चार पत्नीयाँ 1. तपसी 2. संज्ञा, 3. बड़वा और 4. छाया थी। चारो पत्नीयों से कुल 16 पुत्र (पत्नी संज्ञा से एक यम, पत्नी बड़वा से बारह पुत्र, पत्नी तपसी से एक और पत्नी छाया से दो पुत्र) हुये।

सूर्य की पत्नी 1. तपसी से एक पुत्र तपन सन्यासी हो गये।

सूर्य की पत्नी 2. संज्ञा से यम नामक पुत्र और यमी नामक पुत्री थी। यम की दो पत्नीयाँ 1. संध्या और 2. वसु थी। यम की पहली पत्नी संध्या से सांध्य (सीदीयन जाति) पुत्र हुये जिनके तीन पुत्र 1. हंस (जर्मन जाति) 2. नीप (नेपियन जाति) 3. पाल (पलास जाति)। यम की दूसरी पत्नी वसु से 8 पुत्र 1. धर 2. धुन 3. सोम 4. अह 5. अनिल 6. अनल 7. प्रत्यूष और 8. प्रभाष पैदा हुये जो अष्टवसु कहलाये। अष्टवसु धर की पत्नी उमा से महाप्रतापी पुरूष त्रयम्बक रूद्र पुत्र उत्पन्न हुए थे जिन्हें शिव की उपाधि मिली। यही रूद्र शिव, शिवदान (वर्तमान सूडान) प्रदेश के राजा थे जिन्हें दक्ष ने अपनी पुत्री उमा के विवाह में दान में दिया था। यही उमा अपने पति का अपमान न सहन कर सकने के कारण अपने पिता के यज्ञ कुण्ड में कूदकर आत्मदाह कर लिया था। इस पर क्रुद्ध होकर शिव ने इस वंश का नाश ही कर दिया था और यहीं से उमा का नाम सती हो गया। शिव गद्दी पर बैठने वाले सभी राजा शिव कहलायें। इस वंश में 12 चक्रवर्ती राजा हुये।

वंश- ब. ऐतिहासिक वंश 1. ब्रह्म वंश

सूर्य की पत्नी 3. बडवा से जन्में 12 पुत्रों को जहाँ वेदों में आदित्य कहा गया वहीं सूर्य को भी आदित्य कहा गया है।

सूर्य की पत्नी 3. बड़वा के सबसे बड़े आदित्य वरूण से ही ब्रह्मवंश चला। वरूण की प्रथम पत्नी दैत्यराज हिरण्यकशिपु की पुत्री दिव्या थी और द्वितीय पत्नी दानव राज पुलोमा की पुत्री थी। इसी ब्रह्म वंश में ही अंगिरा, भृगु उनके बाद बृहस्पति, शुक्र हुये। इनके वंश में ही दधीचि, सारस्वत, उर्व, जमदग्नि, परशुराम इत्यादि हुए।

वंश- ब. ऐतिहासिक वंश 2. सूर्य वंश

सूर्य की पत्नी 3. बड़वा के सबसे छोटे आदित्य विवस्वान से 7वें मनु - वैवस्वत मनु हुये। महाराज मनु के दूसरी पीढ़ी में कुल 10 सन्तानें 1. इक्ष्वाकु, 2. नाभागारिष्ट, 3. कारूष, 4. धृष्ट, 5. नाभाग या नृग, 6. नरिश्यन्त,7. धृषध, 8. प्रान्शु या कुशनाभ, 9. शर्याति और 10. पुत्री इला (इनका विवाह चन्द्र के पुत्र बुध से हुआ) हुयीं। महाराज मनु के चालीसवीं पीढ़ी में राम, लक्ष्मण, भरत, शत्रुध्न इत्यादि हुए। इकतालीसवीं पीढ़ी में राम के दो पुत्र (कुश, लव), लक्ष्मण के दो पुत्र (अंगद, चन्द्रकेतु), भरत के दो पुत्र (तक्ष, पुष्कल) व शत्रुध्न के दो पुत्र (सुबाहु, श्रुतसेन) हुये।

वंश- ब. ऐतिहासिक वंश 3. चन्द्र वंश

ब्रह्मा के 10 मानस पुत्रों 1. मन से मरीचि ऋषि द्वारा देवी कला की कोख से महातेजस्वी दो पुत्र 1. कश्यप और 2. अत्रि हुये। 1. कश्यप से सूर्य वंश और ब्रह्म वंश तथा 2. अत्रि से चन्द्र वंश का आगे चलकर विकास हुआ।

अत्रि के पुत्र चन्द्र हुये। मनुर्भरतवंश के 45वीं पीढ़ी में उत्तानपाद शाखा के प्रजापति दक्ष की 60 कन्याओं में से 27 कन्याओं का विवाह चन्द्र से हुआ था। इन 27 कन्याओं के नाम से 27 नक्षत्रों (1. अश्विनी 2. भरणी 3. कृत्तिका 4. रोहिणी 5. मृगशिरा 6. आद्रा 7. पुनर्वसु 8. पुष्य 9. आश्लेषा 10. मघा 11. पूर्वा फाल्गुनी 12. उत्तरा

फाल्गुनी 13. हस्ति 14. चित्रा 15. स्वाति 16. विशाखा 17. अनुराधा 18. ज्येष्ठा 19. मूल 20. पूर्वाषाढ़ 21. उत्तराषाढ़ 22. श्रवण 23. घनिष्ठा 24. शतभिषा 25. पूर्वभाद्रपद 26. उत्तर भाद्रपद 27. रेवती) का नाम पड़ा जो आज तक प्रचलित है। चन्द्र के नाम पर चन्द्रवंश चला। चन्द्र बहुत ही विद्वान, भूगोलवेत्ता, सुन्दरतम व्यक्तित्व वाला तथा महान पराक्रमी था। साहित्यिक अभिलेखों के अनुसार सुन्दर होने के कारण देवगुरू वृहस्पति की पत्नी तारा इस पर आसक्त हो गई, जिसे चन्द्र ने पत्नी बना लिया। इस कारण भयानक तारकामय संग्राम हुआ।

चन्द्रवंश के प्रमुख राजवंश के अतिरिक्त इन कन्याओं से कई कुल उत्पन्न हुए। चन्द्र के पुत्र बुध हुये इनका विवाह सूर्य के पुत्र अर्यमा के पुत्र 7 वें मनु-वैवस्वत मनु की पुत्री इला से हुआ। चन्द्रवंश यहीं से चला। इला के नाम पर इसे ऐल वंश भी कहा जाता है। सर्वप्रथम सूर्य की पत्नी 3. बड़वा के सबसे छोटे आदित्य 7वें मनु - वैवस्वत मनु अपने दामाद चन्द्र के पुत्र बुध के साथ ईरान के रास्ते हिन्दूकुश पर्वत पार करके भारत भूमि पर आये। वैवस्वत मनु ने अपने पूर्वज सूर्य के नाम पर सरयू नदी के किनारे सूर्य मण्डल की स्थापना किये और अपनी राजधानी अवध अर्थात वर्तमान भारत के अयोध्या में बनायी जिसे सूर्य मण्डल कहा जाता है। इसी प्रकार बुध ने अपने पूर्वज के नाम से गंगा-यमुना के संगम के पास प्रतिष्ठानपुरी में चन्द्र मण्डल की स्थापना कर अपनी राजधानी बनायी जो वर्तमान में झूंसी-प्रयाग भारत के इलाहाबाद जनपद में है। सूर्य मण्डल और चन्द्र मण्डल का संयुक्त नाम "आर्यावर्त" विख्यात हुआ। आर्यो का आगमन काल ई.पूर्व 4584 से 4500 ई.पूर्व के बीच माना जाता है। इसी समय के बीच विश्व में नदी घाटी सभ्यता का अभ्युदय हुआ था। बुध के दो पुत्र सुद्युम्न और पुरूरवा हुये।

चन्द्र वंश के राजा ययाति की प्रथम पत्नी देवयानी (दैत्य गुरू शुक्राचार्य की पुत्री) से दो पुत्र यदु (यदुवंश) और तुर्वसु (तुर्वसु) तथा दूसरी पत्नी शर्मिष्ठा (दानव वंश के वृषपर्वा की पुत्री) से तीन पुत्र पुरू (पुरू वंश), अनु (अनुवंश) और द्रह्यु (द्रह्यु वंश) हुये। इन पाँच पुत्रों से पाँच शाखाएँ चली।

यदुवंश में श्रीकृष्ण, बलराम के वंशजों का भी बहुत अधिक विस्तार हुआ जिनके वंशज आज भी हैं। श्रीकृष्ण (पत्नीयाँ 1. रूक्मिणी 2. कालिन्दी 3. मित्रवृन्दा 4. सत्या 5. भद्रा 6. जाम्बवती 7. सुशीला 8. लक्ष्मणा) के 10 पुत्र 1. प्रद्युम्न 2. चारूदेण 3. सुवेष्ण 4. सुषेण 5. चारूगुप्त 6. चारू 7. चारूवाह 8. चारूविन्द 9. भद्रचारू 10. चारूक हुये। श्रीकृष्ण के बाद मथुरा के राजा ब्रजनाभ हुये।

इस प्रकार चन्द्र के वंशजों से चन्द्रवंश का साम्राज्य बढ़ा जिनका सम्पूर्ण भारत में फैलाव होता गया। वर्तमान में इस चन्द्रवंश की अनेक शाखाएँ है। विझवनिया चन्देल वंश (विशवन क्षेत्र में आबाद होने के कारण विशवनिया या विझवनिया नाम पड़ा। इनकी एक शाखा विजयगढ़ क्षेत्र सोनभद्र, दूसरी जौनपुर जिले के सुजानगंज क्षेत्र के आस-पास 15 कि.मी. क्षेत्र में आबाद हैं। इनकी दो मुख्य तालुका खपड़हा और बनसफा जौनपुर में है। इसी खपड़हा से श्री लव कुश सिंह "विश्वमानव" के पूर्वज नियामतपुर कलाँ, शेरपुर, बगही, चन्दापुर, चुनार क्षेत्र, मीरजापुर में गये थे। श्री लव कुश सिंह "विश्वमानव" उनके तेरहवें पीढ़ी के हैं।)

कश्यप की 1. दिति नामक स्त्री के दूसरे पुत्र दैत्य से दैत्य जाति की स्थापना हुई। दैत्यों की एक शाखा मय सभ्यता के रूप में जानी जाती थी। मय का राज्य मयेरिका जाना जाता था जिसकी राजधानी मयसिको तथा वर्तमान नाम अमेरिका हो गया। दूसरी शाखा मेसोपोटामिया तथा तीसरी शाखा बेबीलोन में थी। जो असुर सभ्यता के नाम से जानी जाती थी। असुरों की राजधानी असीरिया थी। दिति के गर्भ से परम् दुर्जय हिरण्यकश्यपु और हिरण्याक्ष नामक दो पुत्र एवं सिंहिका नामक एक पुत्री पैदा की। श्रीमद्भागवत् के अनुसार इन तीन संतानों के अलावा दिति के गर्भ से कश्यप के 49 अन्य पुत्रों का जन्म भी हुआ, जोकि मरून्दण कहलाए। कश्यप के ये पुत्र निःसंतान रहे। देवराज इन्द्र ने इन्हें अपने समान ही देवता बना लिया। जबकि हिरण्याकश्यपु को चार पुत्रों अनुहल्लाद, हल्लाद, परम भक्त प्रहल्लाद, संहल्लाद आदि की प्राप्ति हुई। इसी वंश में राजा बलि, बाणासुर, कुंभ, निकुंभ थे। राजा बलि, प्रहल्लाद के पुत्र विरोचन के पुत्र थे और बलि के पुत्र का नाम वाणासुर था। बलि का राज्य वर्तमान केरल प्रदेश में था जिसे पाताल लोक कहा गया है।

इसी वंश के सुमाली की चार कन्याओं (1. कैकसी, 2. कुम्भीनर्सी, 3. राका 4. पुष्पोत्कटा) का विवाह पुलस्त्य के पुत्र विश्रवा (रावण के पिता) से हुआ था। भृगु ऋषि तथा हिरण्यकश्यपु की पुत्री दिव्या के पुत्र शुक्राचार्य

दैत्यों के गुरू थे। शुक्राचार्य की पुत्री का नाम देवयानी व पुत्र शंद और अर्मक थे। देवयानी का विवाह चन्द्रवंशी राजा ययाति से हुआ था।

ब्रह्मा के 10 मानस पुत्रों में से चौथे-कान से पुलस्त्य थे। पुलस्त्य के पुत्र विश्रवा थें। विश्रवा का विवाह सुमाली की चार कन्याओं से हुआ था जिनकी 1. कैकसी रानी से रावण, 2. कुम्भीनसी रानी से कुम्भकर्ण, 3. राका रानी से विभीषण और 4. पुष्पोत्कटा रानी से सूपर्णखा का जन्म हुआ था। इस प्रकार रावण के पिता शुद्ध आर्य वंश और माता शुद्ध दैत्य वंश की थी।

वंश- स. भविष्य के वंश

सबसे प्राचीन वंश स्वायंभुव मनु के पुत्र उत्तानपाद शाखा में ब्रह्मा के 10 मानस पुत्रों में से मन से मरीचि व पत्नी कला के पुत्र कश्यप व पत्नी अदिति के पुत्र आदित्य (सूर्य) की चैथी पत्नी छाया से दो पुत्रों में से एक 8वें मनु - सांवर्णि मनु होगें जिनसे ही वर्तमान मनवन्तर 7वें वैवस्वत मनु की समाप्ति होगी। ध्यान रहे कि 8वें मनु - सांवर्णि मनु, सूर्य पुत्र हैं। "मैं", उसके "सार्वभौम मैं" का गुण है। "अहमद", उसके अपने सार्वभौम सत्य-सिद्धान्त पर अतिविश्वास होने के कारण अंहकार का नशा अर्थात अहंकार के मद से युक्त अहंकारी जैसा अनुभव करायेगा। उसका कोई गुरू नहीं होगा, वह स्वयं से प्रकाशित स्वयंभू होगा जिसके बारे में अथर्ववेद, काण्ड 20, सूक्त 115, मंत्र 1 में कहा गया है कि -

"ऋषि-वत्स, देवता इन्द्र, छन्द गायत्री। अहमिद्धि पितुष्परि मेधा मृतस्य जग्रभ। अहं सूर्य इवाजिनि।"

अर्थात "मैं परम पिता परमात्मा से सत्य ज्ञान की विधि को धारण करता हूँ और मैं तेजस्वी सूर्य के समान प्रकट हुआ हूँ।"

सूर्य की पत्नी 4. छाया से दो पुत्र 1. 8वें मनु - सांवर्णि मनु व 2. शनिश्चर हुये। ये 8वें मनु-सांवर्णि मनु के द्वारा ही मनवन्तर बदलेगा साथ ही युग भी बदलेगा। सांवर्णि मनु के गुण अवतार "सार्वभौम" हैं ऐसा शास्त्र में दिया गया है।

सूर्य अपनी पत्नी छाया से शनैश्चर, एक और मनु तथा तपती, तीन सन्तानें उत्पन्न कीं। सूर्य-छाया का दूसरा पुत्र आठवाँ मनु, अपने अग्रज मनु का सवर्ण होने से सावर्णि कहलाया। नवें मनु दक्ष सावर्णि होगें दसवें मनु ब्रह्मसावर्णि होगें, ग्यारहवाँ मनु धर्म सावर्णि बारहवा मनु रूद्रपुत्र सावर्णि तेरहवा रूचि रूद्रपुत्र सावर्णि चैदहवा मनु भीम सावर्णि।

पहले मनु - स्वायंभुव मनु से 7वें मनु - वैवस्वत मनु तक शारीरिक प्राथमिकता के मनु का कालक्रम हैं। 8वें मनु - सांवर्णि मनु से 14वें और अन्तिम - इन्द्र सांवर्णि मनु तक बौद्धिक प्राथमिकता के मनु का कालक्रम है इसलिए ही 9वें मनु से 14वें मनु तक के नाम के साथ में "सांवर्णि मनु" उपनाम की भाँति लगा हुआ है। अर्थात 9वें मनु से 14वें मनु में सार्वभौम गुण विद्यमान रहेगा।

भविष्य के शेष मनु निम्न होगें-

मनु	अवतार	काल
09. दत्त सावर्णि मनु	रिषभ	भविष्य
10. ब्रह्म सावर्णि मनु	विश्वकसेन	भविष्य
11. धर्म सावर्णि मनु	धर्मसेतू	भविष्य
12, रूद्र सावर्णि मनु	सुदामा	भविष्य
13. दैव सावर्णि मनु	योगेश्वर	भविष्य
14. इन्द्र सावर्णि मनु	वृहद्भानु	भविष्य

मन्वन्तर

एकात्म मन के विचार से निर्मित करना ही ईश्वरीय कार्य है। कालक्रम में यह अन्तर बढ़ जाता है। मनुष्य अपने आवश्यकताओं-संसाधनों में फँस कर मूल सिद्धान्त-विचार से दूर हो जाता है। इस अन्तर को समाप्त करने के लिए मनु का आगमन होता है। मनु, भी मनुष्य ही होते हैं बस वे एकात्म मन के विचार से निर्मित करने के लिए मनुष्यों को उस काल के अनुसार नयी व्यवस्था देते हैं। एक मनवन्तर के अन्तर्गत समय-समय पर इस कार्य को छोटे रूप में अवतारों द्वारा स्थापित किया जाता है। एक मनवन्तर के अन्तर्गत चार युग की व्यवस्था है जो एकात्म मन के विचार में अन्तर आने के समय के कालक्रम का विभाजन है।

हिन्दू धर्म अनुसार, मानवता के प्रजनक की आयु होती है। यह समय मापन की खगोलीय अवधि है। मन्वन्तर एक संस्कृत शब्द है, जिसका संधि-विच्छेद करने पर मनुअन्तर मिलता है। इसका अर्थ है मनु की आयु। बल्कि अधिक स्पष्ट अर्थ में- मनों का अन्तर।

चौदह मनु और उनके मन्वन्तर को मिलाकर एक कल्प बनता है। यह ब्रह्मा का एक दिवस होता है। यह हिन्दू समय चक्र और वैदिक समय रेखा के अनुसार होता है। प्रत्येक कल्प के अन्त में प्रलय आती है, जिसमें ब्रह्माण्ड का संहार होता है और वह विराम की स्थिति में आ जाता है, जिस काल को ब्रह्मा की रात्रि कहते हैं।

इसके उपरांत सृष्टिकर्ता ब्रह्मा फिर से सृष्टि रचना आरम्भ करते हैं, जिसके बाद फिर संहारकर्ता भगवान शिव इसका संहार करते हैं। और यह सब एक अंतहीन प्रक्रिया या चक्र में होता रहता है।

काल और युग परिवर्तक कल्कि महाअवतार

ग्रन्थों में अवतारों की कई कोटि बतायी गई है जैसे अंशाशावतार, अंशावतार, आवेशावतार, कलावतार, नित्यावतार, युगावतार इत्यादि। जो भी सार्वभौम सत्य-सिद्धान्त को व्यक्त करता है वे सभी अवतार कहलाते हैं। व्यक्ति से लेकर समाज के सर्वोच्च स्तर तक सार्वभौम सत्य-सिद्धान्त को व्यक्त करने के क्रम में ही विभिन्न कोटि के अवतार स्तरबद्ध होते हैं। अन्तिम सार्वभौम सत्य-सिद्धान्त को व्यक्त करने वाला ही अन्तिम अवतार के रूप में व्यक्त होगा। अब तक हुये अवतार, पैगम्बर, ईशदूत इत्यादि को हम सभी उनके होने के बाद, उनके जीवन काल की अवधि में या उनके शरीर त्याग के बाद से ही जानते हैं। परन्तु भविष्य अर्थात् आने वाले कल के लिए कल्पित महाविष्णु के 24 अवतारों (1. सनकादि ऋषि (ब्रह्मा के चार पुत्र), 2. नारद, 3. वाराह, 4. मत्स्य, 5. यज्ञ (विष्णु कुछ काल के लिये इंद्र रूप में), 6.नर-नारायण, 7. कपिल, 8. दत्तात्रेय, 9. हयग्रीव, 10. हंस पुराण, 11. पृष्णिगर्भ, 12. ऋषभदेव, 13. पृथु, 14. नृसिंह, 15. कूर्म, 16. धनवंतरी, 17. मोहिनी, 18. वामन, 19. परशुराम, 20. राम, 21. व्यास, 22. कृष्ण, बलराम, 23. गौतम बुद्ध (कई लोग बुद्ध के स्थान पर बलराम को कहते हैं, अन्यथा बलराम शेषनाग के अवतार कहलाते हैं), 24. कल्कि) में एक मात्र शेष 24वाँ तथा प्रमुख 10 अवतारों (1.मत्स्य, 2.कूर्म, 3.वाराह, 4.नृसिंह, 5.वामन, 6.परशुराम, 7.राम, 8.श्रीकृष्ण, 9.बुद्ध और 10.कल्कि) में एक मात्र शेष दसवाँ और अन्तिम कल्कि अवतार, के विषय में जो परिकल्पना है, वह निम्नलिखित रूप से है जिसे समझना आवश्यक है -

प्राचीन कथा -

बुद्धकाल के पश्चात् लोग पुनः धर्म की बातें भूल गये। तब भगवान ने शंकराचार्य के रूप में नरदेह धारणकर जीवों को धर्म-शिक्षा दी। इसी प्रकार मानव जाति के मंगल हेतु रामानुज, चैतन्य और रामकृष्ण आदि अवतार भी आविर्भूत हुए। परन्तु दशावतारों में बुद्धदेव के बाद कल्कि-अवतार का ही उल्लेख हुआ है। कल्कि का अर्थ है - जो आएँगे।

कलियुग के अन्त में मनुष्य ज्ञानहीन हो भगवान को भूल जाएगा। पापाचार के फलस्वरूप उसकी आकृति तथा आयु छोटी हो जाएगी। धूर्तता, कपटता आदि सभी नीच प्रवृत्तियाँ उसके स्वभाव का अंग हो जाएँगी, सूदखोर ब्राह्मणों का मान होगा और दुष्ट लोग संन्यासी का वेश धारण करके लोगों को ठगेंगे। भाई-बन्धु को लोग

पराया समझेंगे, परन्तु साले-सम्बन्धियों को परम आत्मीय मानेंगे। झगड़ा-विवाद नित्यकर्म हो जायेगा। केशविन्यास व वेशभूषा का चलन ही सभ्यता कहलाएगा। कुल मिलाकर मनुष्यों के मन में बुद्धि-विवेक का लेष तक न रह जाएगा।

दानवी प्रकृति के लोग छल-बल से देश के राजा होकर प्रजा का अर्थशोषण करेंगे। दुष्ट लोग राजाओं के अनुगत होकर लोगों का हित करने के नाम पर अपना ही स्वार्थसाधन करेंगे। रोग, महामारी, अनावृष्टि, अकाल आदि प्राकृतिक उपद्रवों से निरन्तर लोकक्षय होगा।

शम्भल नामक ग्राम में विष्णुयश नाम के एक ब्राह्मण निवास करेंगे, जो सुमति नामक स्त्री के साथ विवाह करेंगें दोनों ही धर्म-कर्म में दिन बिताएँगे। कल्कि उनके घर में पुत्र होकर जन्म लेंगे और अल्पायु में ही वेदादि शास्त्रों का पाठ करके महापण्डित हो जाएँगे। बाद में वे जीवों के दुःख से कातर हो महादेव की उपासना करके अस्त्रविद्या प्राप्त करेंगे।

उसी देश के राजा विशाखयूप कल्किदेव के माहात्म्य से अवगत होकर उनका शिष्यत्व स्वीकार कर उन्हीं के उपदेशानुसार राज्य-शासन चलाएँगे। कल्किदेव की कृपा से उनकी प्रजा धर्म परायण हो उठेगी।

सिंहल द्वीप में बृहद्रथ नाम के एक राजा होंगे। उनकी रानी कौमुदी के गर्भ से एक अपूर्व लावण्यमी कन्या का जन्म होगा। उसका नाम होगा पद्मा। पद्मा बाल्यकाल से ही श्रीहरि की परम भक्त होंगी और उन्हें पति रूप में प्राप्त करने के लिए महादेव की आराधना करेंगी। शंकर-पार्वती प्रसन्न होकर उन्हें वर देंगे कि श्रीहरि उन्हें पति रूप में प्राप्त हों और कोई भी पुरूष उनकी ओर पत्नीभाव से देखने पर तत्काल नारी रूप धारण करेगा।

पुत्री पद्मादेवी की आयु विवाह-योग्य हो जाने पर राजा बृहद्रथ उसके विवाह हेतु एक स्वयंवर सभा बुलाएँगे। राजागण असाधारण रूपवती पद्मा का रूप देख मोहित होकर उन्हें पत्नी के रूप में पाने की इच्छा करते ही तत्काल पद्मा के समान ही युवती हो जाएँगे। लज्जा के कारण वे अपने राज्य को न लौटकर पद्मादेवी के सखी-रूप में उन्हीं के साथ निवास करने लगेंगे। कल्किदेव यह समाचार पाकर अश्वारोहण करते हुए सिंहल द्वीप जाएँगे। पद्मादेवी जलविहार करते समय उन्हें देखते ही पहचान कर उनके प्रति अनुरक्त हो जाएँगी। बृहद्रथ यह जानकर काफी धन आदि के साथ अपनी कन्या कल्किदेव को समर्पित कर देंगे। जो समस्त राजा नारी रूप में परिणत हो गए थे, वे सभी कल्किदेव का दर्शन करते ही अपने पूर्व रूप में आकर कृतज्ञ हृदय के साथ स्वदेश लौट जाएँगे।

इधर देवराज इन्द्र के आदेश पर उनके वास्तुकार विश्वकर्मा शम्भल ग्राम में एक अपूर्व पुरी का निर्माण करेंगे। कल्किदेव अपनी पत्नी तथा हाथी-घोड़े, धन-रत्न आदि के साथ स्वदेश लौटकर वहीं निवास करेंगे। कुछ काल बाद उनके जय-विजय नामक दो महा बलशाली पुत्र जन्मेंगे।

विष्णुयश एक अश्वमेध यज्ञ करने का संकल्प करेंगे। पुत्र पिता की इच्छा पूर्ण करने हेतु दिग्विजय हेतु बाहर निकलेंगे। क्योंकि चक्रवर्ती राजा हुए बिना अश्वमेध यज्ञ नहीं किया जा सकता।

भगवान कल्कि सर्वप्रथम कीटक देश में बौद्ध नामधारी असुर-प्रकृति लोगों के राज्य पर हमला करेंगे। बौद्धगण आमने-सामने के युद्ध में हारकर तरह-तरह की माया का आश्रय लेंगे, परन्तु कल्किदेव उनका सारा प्रयास विफल कर देंगे। तदुपरान्त वे लोग बहुत बड़ी म्लेच्छ सेना बनाकर कल्कि-सेना पर आक्रमण करेंगे। भीषण युद्ध के बाद बौद्ध तथा म्लेच्छ-गण समाप्त हो जाएँगे। उनके रक्त की नदियाँ बहेंगी, जिसमें हाथी, घोड़े रथ आदि घड़ियाल के समान तैरेंगे, मृतदेहों का पहाड़ बन जाएगा।

पति-पुत्रों के निधन से क्रोधान्ध होकर बौद्ध तथा म्लेच्छ नारियाँ युद्धवेश में सज्जित होकर कल्कि सेना पर आक्रमण करेंगी। स्त्रियों को मारने से पाप तथा अपयश मिलता है और युद्ध में उन्हें परास्त करके भी गौरव नही मिलता- यह सोचकर कल्किदेव एक माया का आश्रय लेंगे। नारियों द्वारा अस्त्र चलाने पर वह जड़ हो जाएगा और बाणादि बार-बार लौटकर उन्हीं के हाथों में आ जाएँगे। इससे उन महिलाओं के भाव में परिवर्तन आएगा। कल्किदेव को भगवान समझकर वे उनकी शरण लेंगी। वे उन्हें ज्ञानोपदेश के द्वारा मुक्ति प्रदान करेंगे।

उसी समय चक्रतीर्थ में बालखिल्य नाम के अति लघुकाय ऋषिगण कल्किदेव से निवेदन करेंगे कि कुथोदरी नामक एक मायाविनी राक्षसी के उपद्रव से उनकी तपस्या में बड़ा विघ्न पड़ रहा है। कल्किदेव उस राक्षसी को सबक सिखाने सेना के साथ हिमालय की ओर प्रस्थान करेंगे।

हिमालय पर्वत पर अपना सिर और निषध पर्वत पर पैर रखकर अनेक योजन स्थान में सोकर कुथोदरी अपने पुत्र विकंजन को स्तन पिलायेगी। स्तन से दूध झरने पर एक नदी की सृष्टि होगी। राक्षसी के निःश्वास के वेग से वन्य हाथी दूर फिक जाएँगे, गुफा समझकर सिंह उसके कर्णकुहरों में और हिरण उसके रोमकूपों में निवास करेंगे। इस अद्भुत राक्षसी को देखकर कल्किदेव की सेना मूर्छित हो जाएगी। कल्किदेव द्वारा आक्रमण किये जाने पर वह उन्हें सेना समेत निगल जाएगी। वे खड्ग लिए राक्षसी का पेट फाड़कर बाहर निकलेंगे। विराट् पर्वतमाला के समान धरती पर गिरकर चारों ओर रक्त से प्लावित करती हुई कुथोदरी प्राण त्याग देगी।

मरू तथा देवापि नामक दो भक्त राजा कल्किदेव के शिष्य बन जाएँगे। विशाखयूप, मरू, देवापि आदि से युक्त अपनी विराट् सैन्यवाहिनी के साथ कल्किदेव विशसन नामक प्रदेश पर आक्रमण करेंगे। पूर्ववत् ही भयानक युद्ध के पश्चात् अधर्माचारीगण नष्ट हो जाएँगे। कोक तथा विकोक नामक दो मायावी विभिन्न प्रकार की माया का अवलम्बन करेंगे, परन्तु कल्किदेव उनकी माया को व्यर्थ करते हुए उनका वध कर डालेंगे।

इसके बाद कल्कि भल्लाट नगर पर आक्रमण करेंगे। भल्लाट के महायोद्धा तथा हरिभक्त राजा शशिध्वज और उनकी भक्तिमती पत्नी सुशान्ता योगबल से कल्किदेव को पहचान लेंगे। सुशान्ता अपने पतिदेव को अनेक प्रकार से समझाएगी कि वे शत्रुभाव को त्यागकर श्रीहरि के चरणों में शरण लें, परन्तु शशिध्वज बिल्कुल भी राजी न होकर अपने पुत्र आदि समस्त सम्बन्धियों तथा सेना के साथ कल्किदेव पर आक्रमण करेंगे। शशिध्वज की वीरता से विशाखयूप आदि सभी पराजित होंगे। उनके अस्त्रघात से कल्किदेव के मूर्छित हो जाने पर राजा शशिध्वज उन्हें सीने से लगाकर राजपुरी ले जाएँगे।

सुशान्ता एवं उनकी सखियाँ श्रीहरि को पा आनन्दपूर्वक उन्हें घेरकर नृत्य-गीत करती रहेंगी। चेतना लौटने पर कल्किदेव उनका भक्तिभाव देखकर सन्तुष्ट होंगे तथा आत्मसमर्पण कर देंगे। शशिध्वज अपनी कन्या रमा को कल्किदेव के हाथों सौंपकर उन्हें दामाद के रूप में वरण करेंगे। इस अवसर पर उस विराट् सैन्यसंघ में महा-महोत्सव होगा।

भगवान कल्कि भारत के समस्त अत्याचारी असुरस्वभाव राजाओं का संहार करेंगे। दुष्ट लोक उनके भय से सन्मार्ग का आश्रय लेंगे। दिग्विजय करके वे सम्पूर्ण भारत के चक्रवर्ती राजा होंगे और पिता द्वारा संकल्पित अश्वमेध तथा अन्य प्रकार के यज्ञों का सम्पादन करके वैदिक धर्म का पुनरूद्धार करेंगे। उनके असाधारण कृतित्व देखकर तथा उनके शासनाधीन रहने से लोग निरन्तर उन्हीं के चरित्र का चिन्तन करते हुए पवित्र हो जाएँगे। सर्वदा उनके आदर्शानुसार धम-कर्म में लगे रहकर वे लोग परम शान्ति प्राप्त करेंगे। यथासमय अच्छी वर्षा होगी। भूमि के उर्वर हो जाने से यथेष्ट मात्रा में अन्न उपजेगा। रोक-शोक कुछ भी नहीं रह जाएगा।

इस प्रकार पुनः सतयुग का आविर्भाव हो जाने पर कल्किदेव अपना अवतार देह त्यागकर गोलोक में विचरण करेंगे।

कल्कि पुराण

कल्कि पुराण हिन्दुओं के विभिन्न धार्मिक एवं पौराणिक ग्रन्थों में से एक है। इस पुराण में भगवान विष्णु के दसवें तथा अन्तिम अवतार की भविष्यवाणी की गयी है और कहा गया है कि विष्णु का अगला अवतार (महाअवतार)-"कल्कि अवतार" होगा। इसके अनुसार 4,320 वीं शती में कलियुग का अन्त के समय कल्कि अवतार लेंगें।

इस पुराण में प्रथम मार्कण्डेय जी और शुकदेव जी के संवाद का वर्णन है। कलियुग का प्रारम्भ हो चुका है जिसके कारण पृथ्वी देवताओं के साथ, विष्णु के सम्मुख जाकर उनसे अवतार की बात कहती है। भगवान के अंश रूप में ही सम्भल गाँव (मुरादाबाद, उ0प्र0 के पास) में कल्कि भगवान का जन्म होता है। उसके आगे कल्कि

भगवान की दैवीय गतिविधियों का सुन्दर वर्णन मन को बहुत सुन्दर अनुभव कराता है। भगवान कल्कि विवाह के उद्देश्य से सिंहल द्वीप जाते हैं। वह जलक्रिड़ा के दौरान राजकुमारी पद्मावती से परिचय होता है। देवी पद्मिनी का विवाह कल्कि भगवान के साथ ही होगा, अन्य कोई भी उसका पात्र नहीं होगा, प्रयास करने पर वह स्त्री रूप में परिणत हो जायेगा। अंत में कल्कि व पद्मिनी का विवाह सम्पन्न हुआ और विवाह के पश्चात् स्त्रीत्व को प्राप्त हुए राजागण पुनः पूर्व रूप में लौट आये। कल्कि भगवान पद्मिनी को लेकर सम्भल गाँव में लौट आये। विश्वकर्मा के द्वारा उसका अलौकिक तथा दिव्य नगरी के रूप में निर्माण हुआ। हरिद्वार में कल्कि जी ने मुनियों से मिलकर सूर्यवंश का और भगवान राम का चरित्र वर्णन किया। बाद में शशिध्वज का कल्कि से युद्ध और उन्हें अपने घर ले जाने का वर्णन है, जहाँ वह अपनी प्राणप्रिय पुत्री रमा का विवाह कल्कि भगवान से करते हैं। उसके बाद इसमें नारद जी आगमन, विष्णुयश का नारद जी से मोक्ष विषयक प्रश्न, रूक्मिणी व्रत प्रसंग और अंत में लोक में सतयुग की स्थापना के प्रसंग को वर्णित किया गया है। वह शुकदेव जी के कथा का गान करते हैं। अंत में दैत्यों के गुरू शुक्राचार्य की पुत्री देवयानी व समिष्ठा की कथा है। इस पुराण में मुनियों द्वारा कथित श्री भगवती गंगा स्तव का वर्णन भी किया गया है। पाँच लक्षणों से युक्त यह पुराण संसार को आनन्द प्रदान करने वाला है। इसमें साक्षात् विष्णु स्वरूप भगवान कल्कि के अत्यन्त अद्‌भुत क्रियाकलापों का सुन्दर व प्रभावपूर्ण चित्रण है।

नाम रूप

कल्कि पुराण हिन्दुओं के विभिन्न धार्मिक एवं पौराणिक ग्रन्थों में से एक है। इस पुराण में भगवान विष्णु के दसवें तथा अन्तिम अवतार की भविष्यवाणी की गयी है और कहा गया है कि विष्णु का अगला अवतार (महाअवतार)- "कल्कि" होगा। जबकि खुर्शीद अहमद प्रभाकर, दर्वेश, कादियान, जिला-गुरदासपुर, पंजाब, भारत द्वारा लिखित पुस्तक "कल्कि अवतार-हिन्दुओं के धार्मिक ग्रन्थों में (पुस्तक मिलने का पता-नजारत नश्रो इशाअत, सदर अन्जुमन अहमदिया, कादियान, जि.गुरदासपुर, पंजाब, भारत, पिन-143516 और इन्टरनेट द्वारा) के अनुसार- "संसार भर के विभिन्न धर्मो के आधारभूत ग्रन्थों में कलियुग में प्रकट होने वाले कल्कि अवतार का उल्लेख मिलता है। साथ ही उसके सुन्दर, सुनहरे, श्रेष्ठ और महत्वपूर्ण कारनामों और कामों का उल्लेख मिलता है। उसके "अहमद" नाम होने में हिन्दुओं तथा मुसलमानों के पुस्तकों में सहमति पायी जाती है। पुस्तक के अनुसार-"चारो वेदो में "अहमद" शब्द 31 बार आया है। वेदों में आये इस "अहमद " शब्द को हिन्दू भाष्यकारों ने "मैं " के अर्थ में तथा मुस्लिम भाष्यकारों ने उसी अर्थ "अहमद" के अर्थो में लिया है।

मेरा मानना है कि सामान्य व्यावहारिक रूप में भविष्य में जन्म लेने वाले किसी भी व्यक्ति का नाम निश्चित करना असम्भव है। अगर अवतार के उदाहरण में देखें तो सिर्फ उस समय की सामाजिक आवश्यकताओं के अनुसार उसके गुण की ही कल्पना की जा सकती है या उसके हो जाने के उपरान्त उसके नाम को सिद्ध करने की कोशिश की जा सकती है। इसलिए उस अवतार का जो भी नाम कल्पित है वह केवल गुण को ही निर्देश कर सकता है। इस प्रकार "कल्कि" जो "कल की" अर्थात "भविष्य की" के अर्थो में रखा गया है। "मैं", उसके "सार्वभौम मैं" का गुण है। "अहमद", उसके अपने सार्वभौम सत्य-सिद्धान्त पर अतिविश्वास होने के कारण अंहकार का नशा अर्थात अहंकार के मद से युक्त अहंकारी जैसा अनुभव करायेगा। उसका कोई गुरू नहीं होगा, वह स्वयं से प्रकाशित स्वयंभू होगा जिसके बारे में अथर्ववेद, काण्ड 20, सूक्त 115, मंत्र 1 में कहा गया है कि "ऋषि-वत्स, देवता इन्द्र, छन्द गायत्री। अहमिद्धि पितुश्परि मेधा मृतस्य जग्रभ। अहं सूर्य इवाजिनि।।" अर्थात "मैं परम पिता परमात्मा से सत्य ज्ञान की विधि को धारण करता हूँ और मैं तेजस्वी सूर्य के समान प्रकट हुआ हूँ।" जबकि सबसे प्राचीन वंश स्वायंभुव मनु के पुत्र उत्तानपाद शाखा में ब्रह्मा के 10 मानस पुत्रों में से मन से मरीचि व पत्नी कला के पुत्र कश्यप व पत्नी अदिति के पुत्र आदित्य (सूर्य) की चैथी पत्नी छाया से दो पुत्रों में से एक 8वें मनु - सांवर्णि मनु होंगे जिनसे ही वर्तमान मनवन्तर 7वें वैवस्वत मनु की समाप्ति होगी। ध्यान रहे कि 8वें मनु - सांवर्णि मनु, सूर्य पुत्र हैं।

जन्म रूप

कल्कि पुराण में "कल्कि" अवतार के जन्म व परिवार की कथा इस प्रकार कल्पित है-"सम्भल नामक ग्राम में विष्णुयश नाम के एक ब्राह्मण निवास करेंगे, जो सुमति नामक स्त्री के साथ विवाह करेंगें दोनों ही धर्म-कर्म में दिन बिताएँगे। कल्कि उनके घर में पुत्र होकर जन्म लेंगे और अल्पायु में ही वेदादि शास्त्रों का पाठ करके महापण्डित हो जाएँगे। बाद में वे जीवों के दुःख से कातर हो महादेव की उपासना करके अस्त्रविद्या प्राप्त करेंगे जिनका विवाह बृहद्रथ की पुत्री पद्मादेवी के साथ होगा।"

जिस प्रकार सामान्य व्यावहारिक रूप में भविष्य में जन्म लेने वाले किसी भी व्यक्ति का नाम निश्चित करना असम्भव है उसी प्रकार उसके माता-पिता, जन्म स्थान और पत्नी को भी निश्चित करना असम्भव है। ध्यान देने योग्य यह है कि सभी अवतार, पैगम्बर, ईशदूत इत्यादि राजतन्त्र व्यवस्था काल में आये थे। जब कल्कि पुराण लिखा गया होगा तब राजतन्त्र व्यवस्था थी इसलिए भविष्य के कल्कि की कथा पूर्णतया उसी शैली में ही है जिस शैली में अन्य अवतारों की कथा है। विश्वमन के अंश की अनुभूति किसी भी व्यक्ति से व्यक्त हो सकती है जिसका प्रक्षेपण या प्रस्तुतिकरण उस समय और व्यि की अपनी संस्कृति के माध्यम से ही होता है। फिर भी कल्कि कथा के भी कुछ न कुछ अर्थ तो अवश्य है।

सम्भल

कल्कि अवतार के कलियुग में हिन्दुस्तान के सम्भल में होने पर सभी हिन्दू सहमत हैं परन्तु सम्भल कहाँ है इसमें अनेक मतभेद हैं। कुछ विद्वान सम्भल को उड़ीसा, हिमालय, पंजाब, बंगाल और शंकरपुर में मानते हैं। कुछ सम्भल को चीन के गोभी मरूस्थल में मानते हैं जहाँ मनुष्य पहुँच ही नहीं सकता। कुछ वृन्दावन में मानते हैं। कुछ सम्भल को मुरादाबाद (उ0प्र0) जिले में मानते हैं जहाँ कल्कि अवतार मन्दिर भी है। विचारणीय विषय ये है कि "सम्भल में कल्कि अवतार होगा या जहाँ कल्कि अवतार होगा वही सम्भल होगा।" सम्भल का शाब्दिक अर्थ समान रूप से भला या शान्ति करना या शान्ति होना अर्थात जहाँ शान्ति व अमन हो या शान्ति फैलाने वाला हो, होता है। कल्कि पुराण में सम्भल में 68 तीर्थो का वास बताया गया है। कलियुग में केवल सम्भल ही एक मात्र ऐसा तीर्थ स्थान होगा जो कल्याण दायक और शान्ति प्रदान करने वाला होगा। तीर्थ का अर्थ- पवित्र स्थान, दर्शन, दिल, मन, हृदय, घाट, तालाब, पानी का स्थान, अमर जीवन दाता जल, लोगों के आने जाने और जमघट के स्थान के अर्थ में होता है।

ब्राह्मण पिता विष्णुयश और माता सुमति

कल्कि पुराण के अनुसार कल्कि अवतार के पिता व माता का नाम विष्णुयश व सुमति होगा, जो नाम नहीं बल्कि गुणों को निर्देशित करता है। ब्राह्मण अर्थात जो वेद, पुराण और शुद्ध परम चैतन्य को जानता हो। विष्णु अर्थात परमेश्वर, सर्वव्यापक ईश जो सब स्थानों में उपस्थित है, ब्रह्माण्ड को पैदा करने वाला सृष्टा। यश अर्थात स्तुति या प्रशंसा करने वाला। इस प्रकार पिता विष्णुयश का अर्थ हुआ, ऐसा पिता जो सर्वव्यापक परमात्मा की स्तुति एवं प्रशंसा करने वाला व सबका भला करने वाला हितैषी है। इसी प्रकार सुमति का अर्थ होता है- सुन्दर या अच्छा मत या विचार रखना।

कल्कि अवतार की पत्नी

कल्कि पुराण में "कल्कि" अवतार के विषय में कहा गया है कि- "उनका विवाह बृहद्रथ की पुत्री पद्मादेवी के साथ होगा।" परन्तु कटरा-जम्मू (भारत) में वैष्णों देवी की कथा के सम्बन्ध में बिकने वाली पुस्तिका, इन्टरनेट पर उपलब्ध कथा और गुलशन कुमार कृत "माँ वैष्णों देवी" प्रदर्शित फिल्म पर आधारित कथा के अनुसार "त्रिकुटा ने श्रीराम से कहा- उसने उन्हें पति रूप में स्वीकार किया है। श्रीराम ने उसे बताया कि उन्होंने इस अवतार में केवल सीता के प्रति निष्ठावान रहने का वचन लिया है लेकिन भगवान श्रीराम ने उसे आश्वासन दिया कि कलियुग

में वे कल्कि के रूप में प्रकट होंगे और उससे विवाह करेगें।" श्रीरामचरितमानस के किष्किन्धाकाण्ड में एक देवी का वर्णन मिलता है। इन्होंने श्रीहनुमानजी तथा अन्य वानर वीरों को जल व फल दिया था तथा उन्हें गुफा से निकालकर सागर के तट पर पहुँचाया था। ये देवी स्वयंप्रभा हैं। यही देवी माता वैष्णव के रूप में प्रतिष्ठित हैं। कलयुग के अंतिम चरण में भगवान का कल्कि अवतार होगा। तब ये कल्कि भगवान दुष्टों को दण्डित करेंगे और धरती पर धर्म की स्थापना करेंगे। तथा देवी स्वयंप्रभा से श्रीरामावतार में दिए गए वचनानुसार विवाह करेंगे। अर्थात वैष्णों देवी जो युगों से पिण्ड रूप में हैं उन्हें कल्कि अवतार एक साकार रूप प्रदान करेंगे जो "माँ वैष्णों देवी" के साकार रूप "माँ कल्कि देवी" होंगी। (पूर्ण विवरण के लिए देखें-माता वैष्णों देवी श्राइन बोर्ड पब्लिकेशन)

शरीर रूप

महर्षि व्यास रचित और ईश्वर के आठवें अवतार श्री कृष्ण के मुख से व्यक्त श्रीमद्भगवद्गीता में भी अवतार के होने का प्रमाण मिलता है-

यदा-यदा हि धर्मस्य ग्लानिर्भवति भारतः।
अभियुत्थानम् धर्मस्य तदात्मानं सृजाम्यहम्।।

(श्रीमद्भगवद्गीता, अध्याय-4, श्लोक-7)

अर्थात हे भारत! जिस काल में धर्म की हानि होती है, और अधर्म की अधिकता होती है। उस काल में ही मैं अपनी आत्मा को प्रकट करता हूँ।

इस प्रकार कल्कि अवतार का शरीर मानव का ही होगा जिससे आत्मा का रूप प्रकट होगा और कृष्ण रूप होगा।

कर्म रूप

कल्कि महाअवतार सफेद घोड़े पर सवार होकर हाथ में तलवार लेकर समस्त बुराईयों का नाश करेंगे। किसी भी धर्म शास्त्रों में विचारों के निरूपण के लिए प्रतीकों का प्रयोग किया जाता रहा है क्योंकि विचार की कोई आकृति नहीं होती। इस प्रकार कल्कि अवतार के अर्थ को स्पष्ट करने पर हम पाते हैं कि सफेद घोड़ा अर्थात शान्ति का प्रतीक या अहिंसक मार्ग, तलवार अर्थात ज्ञान अर्थात सार्वभौम सत्य-सिद्धान्त जिससे सभी का मानसिक वध होगा। अगर हम इन प्रतीकों को उसी रूप में लें तो क्या आज के एक से एक विज्ञान आधारित शस्त्र अर्थात औजार के युग में तलवार से कितने लोगों का वध सम्भव है और वह व्यक्ति कितना शारीरिक शक्ति से युक्त होगा, यह विचारणीय विषय है? परिणाम सिर्फ एक है केवल मानसिक वध जो मात्र सार्वभौम सत्य-सिद्धान्त से ही सम्भव है। और पिछले अवतारों द्वारा शारीरिक व आर्थिक कारणों का प्रयोग कर धर्म स्थापना हो चुका है। कल्कि पुराण कथा रचनाकार तब ये सोच भी नहीं पाये होंगे कि भविष्य में दृश्य पदार्थ विज्ञान आधारित दृश्य काल और निराकार संविधान आधारित एक नई व्यवस्था भी आ जायेगी और उस वक्त राजा और राजतन्त्र नहीं होगा तब कल्कि अवतार किसका वध करेगें? ध्यान रहे कि अवतारों के विकास का मार्ग पूर्ण प्रत्यक्ष से पूर्ण प्रेरक की ओर होता है। व्यक्तिगत प्रमाणित से सार्वजनिक प्रमाणित की ओर होता है।

दिव्य या विश्व रूप

कल्कि अवतार के गुणों के अनुसार कर्म करने के सत्य रूप को एक कदम बढ़ाते हुये तथा अनेक कर्म के प्रतीक अनेक हाथों वाला दिखाया गया है। इससे यह स्पष्ट होता है कि कल्कि अवतार द्वारा एक कर्म सम्पन्न होगा और उसके कारण अनेक हाथों से कर्म होने लगेगें अर्थात वे यह कहने में सक्षम होंगे कि "मैं अनेक हाथों से कर्म कर रहा हूँ और सभी मेरे ही कर्मज्ञान से कर्म को कर रहे हैं। "सार्वभौम सत्य ज्ञान के शास्त्र गीता" के बाद सार्वभौम कर्मज्ञान के शास्त्र की आवश्यकता है जो कल्कि अवतार के कार्यो का ही एक चरण है।

ज्ञान रूप

अन्तिम सार्वभौम सत्य-सिद्धान्त का ज्ञान ही अन्तिम अवतार का ज्ञान रूप होगा, जिसके निम्न कारण होंगे।

1. प्रकृति के तीन गुण- सत्व, रज, तम से मुक्त होकर ईश्वर से साक्षात्कार करने के "ज्ञान" का शास्त्र "श्रीमदभगवद्गीता या गीता या गीतोपनिषद्" उपल्ब्ध हो चुका था परन्तु साक्षात्कार के उपरान्त कर्म करने के ज्ञान अर्थात ईश्वर के मस्तिष्क का "कर्मज्ञान" का शास्त्र उपलब्ध नहीं हुआ था अर्थात ईश्वर के साक्षात्कार का शास्त्र तो उपलब्ध था परन्तु ईश्वर के कर्म करने की विधि का शास्त्र उपलब्ध नहीं था। मानव को ईश्वर से ज्यादा उसके मस्तिष्क की आवश्यकता है।
2. प्रकृति की व्याख्या का ज्ञान का शास्त्र "श्रीमदभगवद्गीता या गीता या गीतोपनिषद्" तो उपलब्ध था परन्तु ब्रह्माण्ड की व्याख्या का तन्त्र शास्त्र उपलब्ध नहीं था।
3. समाज में व्यष्टि (व्यक्तिगत प्रमाणित) धर्म शास्त्र (वेद, उपनिषद्, गीता, बाइबिल, कुरान इत्यादि) तो उपलब्ध था परन्तु समष्टि (सार्वजनिक प्रमाणित) धर्म शास्त्र उपलब्ध नहीं था जिससे मानव अपने-अपने धर्मो में रहते और दूसरे धर्म का सम्मान करते हुए राष्ट्र धर्म/समष्टि धर्म को भी समझ सके तथा उसके प्रति अपने कर्तव्य को जान सके।
4. शास्त्र-साहित्य से भरे इस संसार में कोई भी एक ऐसा मानक शास्त्र उपलब्ध नहीं था जिससे पूर्ण ज्ञान की उपलब्धि हो सके साथ ही मानव और उसके शासन प्रणाली के सत्यीकरण के लिए अनन्त काल तक के लिए मार्गदर्शन प्राप्त हो सके।
5. ईश्वर को समझने के अनेक भिन्न-भिन्न प्रकार के शास्त्र उपलब्ध थे परन्तु अवतार को समझने का शास्त्र् उपलब्ध नहीं था।

कल्कि अवतार के गुरू

कल्कि पुराण के अनुसार "भगवान परशुराम, भगवान विष्णु के दसवें अवतार कल्कि के गुरू होंगे और उन्हें युद्ध की शिक्षा देगें। वे ही कल्कि को भगवान शिव की तपस्या करके दिव्य शस्त्र प्राप्त करने के लिए कहेंगे।" अद्दश्य काल के व्यक्तिगत प्रमाणित काल में व्यक्तिगत प्रमाणित अद्दश्य प्राकृतिक चेतना से युक्त सत्य आधारित सतयुग में छठवें अवतार -परशुराम अवतार तक अनेक असुरी राजाओं द्वारा राज्यों की स्थापना हो चुकी थी परिणामस्वरूप ऐसे परिस्थिति में एक पुरूष की आत्मा अद्दश्य प्राकृतिक चेतना द्वारा निर्मित परिस्थितियों में प्राथमिकता से वर्तमान में कार्य करना, में स्थापित हो गयी और उसने कई राजाओं का वध कर डाला और असुरों तथा देवों के सह-अस्तित्व से एक नई व्यवस्था की स्थापना की। जो एक नई और अच्छी व्यवस्था थी। इसलिए उस पुरूष को कालान्तर में उनके नाम पर परशुराम अवतार से जाना गया तथा व्यवस्था "परशुराम परम्परा" के नाम से जाना गया जो साकार आधारित "लोकतन्त्र का जन्म" था, इसी साकार आधारित लोकतन्त्र व्यवस्था का श्रीराम द्वारा प्रसार हुआ था और इसी के असफल हो जाने पर द्वापर युग में श्रीकृष्ण ने महाभारत युद्ध के द्वारा समाप्त कर निराकार लोकतन्त्र व्यवस्था की नींव डाली थी जो भगवान बुद्ध द्वारा मजबूती पायी और वर्तमान में निराकार संविधान आधारित लोकतन्त्र सामने है। इसी व्यवस्था की पूर्णता के लिए कल्कि अवतार होंगे। जो मात्र शिव तन्त्र की समझ से ही हो सकता है अर्थात यही शिव का अस्त्र है तथा लोकतन्त्र को समझने के कारण परशुराम कल्कि के गुरू होंगे।

कल्कि अवतार मन्दिर

महाविष्णु के 24 अवतारों में 24वाँ तथा प्रमुख अवतारों में दसवाँ और अन्तिम कल्कि अवतार ही एक मात्र ऐसे अवतार हैं जिनके अवतरण से पूर्व ही सिद्धपीठों में मूर्तियाँ स्थापित हो रही है। यूँ तो जहाँ-जहाँ विष्णु के अवतारों को मन्दिर में स्थान दिया गया है वहाँ-वहाँ अन्य अवतारों के साथ कल्कि अवतार की भी प्रक्षेपित (अनुमानित) मूर्ति प्रतिष्ठित है। परन्तु विशेष रूप से निम्न स्थानों पर कल्कि भगवान का मन्दिर निर्मित है।

1. सम्भल (मुरादाबाद, उत्तर प्रदेश, भारत) में जहाँ कल्कि अवतार होना है, वहाँ पर कल्कि भगवान का मन्दिर 300 वर्ष पूर्व से ही निर्मित है। जहाँ प्रत्येक वर्ष अक्टुबर-नवम्बर माह में "कल्कि महोत्सव" भी धूम-धाम से मनाया जाता है।
2. गुलाबी नगरी-जयपुर (राजस्थान, भारत) की बड़ी चौपड़ से आमेर की ओर जानेवाली सड़क हवा महल के सामने भगवान कल्कि का प्राचीन मन्दिर अवस्थित है। जयपुर के संस्थापक सवाई जयसिंह ने पुराणों में वर्णित कथा के आधार पर कल्कि भगवान के मन्दिर का निर्माण सन् 1739 ई. में दक्षिणायन शिखर शैली में कराया था। संस्कृत विद्वान आचार्य देवर्षि कलानाथ शास्त्री के अनुसार, सवाई जय सिंह संसार के ऐसे पहले महाराजा रहें हैं जिन्होंने जिस देवता का अभी तक अवतार हुआ नहीं, उसके बारे में कल्पना कर कल्कि भगवान की मूर्ति बनवाकर मन्दिर में स्थापित करायी। सवाई जयसिंह के तत्काली दरबारी कवि श्रीकृष्ण भट्ट "कलानिधि" ने अपने "कल्कि काव्य" में मन्दिर के निर्माण और औचित्य का वर्णन किया है, तद्नुसार ऐसा उल्लेख है कि सवाई जय सिंह ने अपने पौत्र "कल्कि प्रसाद" (सवाई ईश्वरी सिंह के पुत्र) जिसकी असमय मृत्यु हो गई थी, उसकी स्मृति में मन्दिर स्थापित कराया। श्वेत अश्व की प्रतिमा संगमरमर की खड़े रूप में है जो बहुत ही सुन्दर, आकर्षक और सम्मोहित है। अश्व के चबूतरे पर लगे बोर्ड पर अंकित है-"अश्व श्री कल्कि महाराज-मान्यता-अश्व के बाएँ पैर में जो गड्ढा सा घाव है, जो स्वतः भर रहा है, उसके भरने पर ही कल्कि भगवान प्रकट होंगे।"
3. मथुरा (उत्तर प्रदेश, भारत) के गोवर्धन स्थित श्री गिरिराज मन्दिर परिसर में कल्कि भगवान का मन्दिर स्थापित है जहाँ के बोर्ड पर कलियुग की समाप्ति की सूचना अंकित है साथ ही श्रीकृष्ण को कल्कि का ही अवतार बताया गया है।
4. अन्य स्थानों पर सन् 1964 में श्री कल्कि जी नारायण मन्दिर, बी-211-ए, गिरीश रोड, लिलुआह, हावड़ा, कोलकाता (प0बं0), सन् 1968 में श्री कल्कि मन्दिर, रूक्मणि माई धर्मशाला, जीवनमई लेन, ऋषिकेश (उत्तराखण्ड), श्री कल्कि विष्णु मन्दिर, 815, चौक श्री कल्कि मन्दिर, कुण्डेवालान, अजमेरी गेट, दिल्ली, सन् 1982 में श्री वैद्यनाथ धाम, पटना (बिहार), सन् 1985 में श्री लक्ष्मी नारायण संस्थान, वसन्त क्लब के पास, बसन्त विहार, नई दिल्ली, सन् 1987 में योगमाया मन्दिर, महरौली, कुतुब मीनार के पास, नई दिल्ली, सन् 1996 श्री राम मन्दिर, सी-ब्लाक, सूर्य नगर, नई दिल्ली, सन् 1997 में श्री कल्कि मन्दिर, श्री रघुनाथ मन्दिर, मिल्क लेन, महरौली, नई दिल्ली, श्री महामाया देवी मन्दिर, चैक कसेरूवालान, पहाड़गंज, नई दिल्ली, सन् 1998 में श्री कल्कि मन्दिर, चैक सुखदेव मुनि, चौक शाह मुबारक, श्री कल्कि मार्ग, अजमेरी गेट, दिल्ली, सन् 1999 में सनातन धर्म संस्थान, विद्युत परिसर, राजपुर रोड, ट्रांसपोर्ट अथारीटी के आगे, दिल्ली-54, सन् 2001 में श्री हनुमान वाटिका, रामलीला मैदान, आसफ अली रोड, नई दिल्ली, श्री कल्कि विष्णु मन्दिर, मनोकामना तीर्थ, पूर्वी कोट, सम्भल, मुरादाबाद (उ0प्र0), सन् 2001 में श्री कल्कि मन्दिर, श्री राम मन्दिर, 85, त्रिलोक अपार्टमेन्ट, पटपड़गंज, दिल्ली-92, श्री कल्कि नारायण मन्दिर, पंचायती धर्मशाला, कूँचापतिराम, दिल्ली-6, श्री कल्कि विष्णु नारायण मन्दिर, प्राचीन शिव मन्दिर, जी-88, जगतपुरी, दिल्ली-92, सन् 2002 में श्री कल्कि मन्दिर, काली मन्दिर, नई दिल्ली-1, सन् 2004 में श्री कालकाजी मन्दिर, लोटस टेम्पल के सामने, नेहरू प्लेस के पास, नई दिल्ली-65, सन् 2005 में श्री शिव मन्दिर, श्री गुलशन कुमार लंगर के पास, बाण गंगा, कटरा, जम्मू, सन् 2006 में श्री कल्कि मन्दिर, सेक्टर-26, नोएडा-201301, श्री रघुनाथ मन्दिर, लाल क्वार्टर के पास, कृष्णा नगर, दिल्ली, वैष्णों देवी मन्दिर, गुलाबी बाग, शास्त्री नगर के पास, शक्ति नगर, दिल्ली, सन् 2007 में अमृत परिसर, शिवगंगापुरम्, बृजघाट (हरियाणा)-245205, काली मन्दिर, ए.जी. ब्लाक, साल्ट लेक, कोलकाता - 64, श्री कल्कि मन्दिर, शिव मन्दिर, गुरू अंगद नगर एक्सटेंशन, लक्ष्मी नगर, दिल्ली-92, सन् 2008 में श्री गौरी शंकर मन्दिर, चाँदनी चैक, लाल किला के सामने, दिल्ली-6, प्राचीन पाण्डव कालीन शिव मन्दिर, पश्चिम पंजाबी बाग, दिल्ली-26, सन् 2009 में श्री कल्कि मन्दिर, चन्दौसी (उ0प्र0), श्री कल्कि मन्दिर, श्री दुर्गा प्रेमी मन्दिर, सब्जी मण्डी, घंण्टाघर, दिल्ली, विष्णुपाद मन्दिर, गया धाम, गया (बिहार), श्री शिवशक्ति मन्दिर, दिल्ली दरबार गली, भजनपुरा, दिल्ली, सन् 2010 में माँ ललिता मन्दिर, नैमिष्यारण्य तीर्थ, सीतापुर

(उ0प्र0) प्राचीन शिव मन्दिर, बिड़ला मिल, द्वारका रेस्टोरेण्ट के सामने, कमला नगर, दिल्ली, सन् 2011 में श्री कल्कि हनुमान मन्दिर, चन्दौसी (उ0प्र0) श्री हनुमान मन्दिर, कनाट प्लेस, नई दिल्ली, माँ राणीसती मन्दिर, काकुरगाछी, कोलकाता (प0बं0), श्री रघुनाथ मन्दिर, दयानन्द विहार, दिल्ली, श्री गौरीशंकर मन्दिर, करावल नगर, दिल्ली, श्री हनुमान मन्दिर, दिल्ली विश्वविद्यालय, दिल्ली, मन्दिर गिड़ोदियान अग्रवाल, सदर बाजार, दिल्ली, वैष्णों देवी मन्दिर, शुभमूर्ति माँ छत्ताशाहजी, दिल्ली, श्री महाशक्ति दुर्गा मन्दिर, गगन विहार, दिल्ली-12, काली घाट, कोलकाता (प0बं0), सन् 2012 में श्री दुर्गा मन्दिर परिसर, दुर्गा कुण्ड, वाराणसी (उ0प्र0), श्री हनुमान मन्दिर सभा, गेट नं0-6, फिल्मीस्तान के सामने, माडल बस्ती, दिल्ली-5, श्री राधा मन्दिर, श्रीनिवासपुरी, आश्रम चौक, नई दिल्ली, तीस हजारी, सिवील लाइन्स, भार्गव लेन, दिल्ली, श्री हनुमान मन्दिर, मेट्रो गेट नं0-2 के सामने, ग्रीन पार्क, नई दिल्ली, श्री सनातन धर्म मन्दिर, गीता भवन, बी-1, यमुना विहार, दिल्ली-53, सन् 2013 में श्री हनुमान मन्दिर, पासवान लेन, चरखेवालान, दिल्ली-6, माँ चामुण्डा मन्दिर, हल्लु सराय, सम्भल (उ0प्र0), शिव मन्दिर, 2330, चिप्पीवड़ा, धर्मपुरा, दिल्ली-6, श्री कल्किधाम मन्दिर, बहादुरगढ़ (हरियाणा), श्री श्यामबाबा मन्दिर, गल्ला मण्डी, रूद्रपुर (उत्तराखण्ड), श्री शिव-हनुमान मन्दिर, आर.टी.ओ. रोड, कुसुमखेड़ा, हल्द्वानी (उत्तराखण्ड), ओमश्री महाकालेश्वर शक्तिपीठ, 56-बी, न्यू लायलपुर एक्सटेन्सन, नई दिल्ली, श्री सनातन धर्म सभा, शिव मन्दिर, ग्रीन पार्क, के-ब्लाक, नई दिल्ली, श्री लक्ष्मी नारायण मन्दिर, गंगोरीवाला, नेहरिया बाजार, सिरसा (हरियाणा)-125055, अग्रोहाधाम, हिसार (हरियाणा), अन्न क्षेत्र, काशी, वाराणसी (उ0प्र0), बड़ी शीतला माँ, दशाश्वमेध घाट, काशी, वाराणसी (उ0प्र0), मुक्तेश्वर, नैनीताल (उत्तराखण्ड), शोवा बाजार, कोलकाता (प0बं0), वराही मन्दिर, गोण्डा (उ0प्र0), सन् 2014 में सर्वदर्शन सेवाश्रम, भूपतवाला रोड, ललिताश्रम के पास, हरिद्वार (उत्तराखण्ड), महेस्तला शिव मन्दिर, मजेरहाट ब्रिज के पास, अलीपुर, कोलकाता (प0बं0), नागेश्वर महादेव मन्दिर, अयोध्या (उ0प्र0), श्री शिव मन्दिर सेवा समिति, ऊँचागाँव, शामली (उ0प्र0), श्री संकटमोचन धाम, सेक्टा-6, आर.के.पुरम्, नई दिल्ली-66, श्री गौरीशंकर मन्दिर, डी-147, श्याम पार्क एक्सटेंशन, साहिबाबाद (उ0प्र0), माता मन्दिर, महिला कालोनी, झील चौक के आगे, गाँधी नगर, दिल्ली-31, श्री कल्कि नारायण मन्दिर, चटिला, राष्ट्रीय राज मार्ग नं0-5, कटक (उड़ीसा), गोलूदेव महाराज मन्दिर, घोड़ाखाल रोड, भुवाली (उत्तराखण्ड), श्री कल्कि मन्दिर, वसुन्धरा, कल्कि चैक, धाप्सी गवीस-9, काठमाण्डु (नेपाल), माता वैष्णों देवी मन्दिर, दिवान हाल रोड, पुरानी लाजपतराय मार्केट, दिल्ली-6, श्री काशी विश्वनाथ मन्दिर, वटवृक्ष, वाराणसी (उ0प्र0), बाबा भूतनाथ आश्रम, भूतनाथ मन्दिर, सेक्टर-बी, इन्दिरा नगर, लखनऊ (उ0प्र0), प्राचीन शिव मन्दिर, साढ़े पाँच पुस्ता, भजनपुरा गावड़ी, सिग्नेचर ब्रिज के पास, नई दिल्ली, झण्डेवाली माता मन्दिर, 447/बी, गली नं.-2, रामनगर, रघुपुरा मेन रोड, गाँधी नगर, दिल्ली-31, श्री कल्कि नारायण मन्दिर, ग्राम वल्लभ, तहसील महाम, रोहतक (हरियाणा), राज सिंह नगर, श्री गंगानगर (राजस्थान), श्री भारतमाता मन्दिर, हरिद्वार (उत्तराखण्ड), श्री कल्कि मन्दिर, बिड़ला मन्दिर, बेलीगंज, कोलकाता (प0बं0), वात्सल्य मन्दिर, रोहीणी, सेक्टर-7, नई दिल्ली, श्री कल्कि विशाल मन्दिर, दिल्ली-जयपुर हाइवे रोड, मानेसर, (गुड़गाँव, हरियाणा) इत्यादि में भी कल्कि अवतार की मूर्ति स्थापित की गई है जो निरंतर जारी है।

5. श्री कल्कि मन्दिर वसुंधरा, कल्कि चैक, धापासी गाविस, 9, काठमाण्डु और सम्भलपुरी कल्कि तीर्थ धाम, नेपाल प्रजापति अंचल, प्यूठान सारी गाविस, 1, नेपाल में भी कल्कि भगवान की मूर्ति स्थापित हो चुकी है। कल्कि भगवान के नाम पर नेपाल में विश्व का पहला सरकारी बैंक "श्री कल्कि बैंक" खुल चुका है।
6. कल्कि अवतार व कल्कि माता से सम्बन्धित वर्तमान समय में कथा, गीत, कल्कि चालीसा, कल्कि गायत्री मन्त्र, कल्कि मन्त्र-यन्त्र-तन्त्र, स्तुति, फिल्म इत्यादि भी बन चुके हैं। "कल्कि पीठ", "कल्कि पीठाधीश्वर", "कल्कि अवतार फाउण्डेशन इण्टरनेशनल", "श्री कल्कि बाल वाटिका" इत्यादि की भी स्थापना भिन्न-भिन्न व्यक्तियों/संस्थाओं द्वारा की जा चुकी है।
7. राजस्थान, मध्यप्रदेश और गुजरात की त्रिवेणी संगम स्थल राजस्थान के वांगड़ अंचल (दक्षिण में जनजाति बहुल बांसवाड़ा एवं डूंगरपुर जिले में) के डूंगरपुर जिले के साबला गांव में हरि मंदिर है जहां कल्कि अवतार की पूजा

हो रही है। हरि मंदिर के गर्भगृह में श्याम रंग की अश्वारूढ़ निष्कलंक मूर्ति है, जो लाखों भक्तों की श्रद्धा और विश्वास का केंद्र है। भगवान के भावी अवतार निष्कलंक भगवान की यह अद्‌भुत मूर्ति घोड़े पर सवार है। इस घोड़े के तीन पैर भूमि पर टिके हुए हैं जबकि एक पैर सतह से थोड़ा ऊँचा है। मान्यता है कि यह पैर धीरे-धीरे भूमि की तरफ झुकने लगा है। जब यह पैर पूरी तरह जमीन पर टिक जाएगा तब दुनिया में परिवर्तन का दौर आरंभ हो जाएगा। संत मावजी रचित ग्रंथों एवं वाणी में इसे स्पष्ट किया गया है। यहां बाकायदा कई मंदिर बने हुए हैं, जिनमें विष्णु के भावी अवतार कल्कि की मूर्तियां स्थापित हैं और इनकी रोजाना पूजा-अर्चना भी होती है। संत मावजी महाराज के अनुयायी पिछले पौने तीन सौ वर्षों से ज्यादा समय से इस भावी अवतार की प्रतीक्षा में जुटे हुए हैं। संत मावजी महाराज लाखों लोगों की आस्थाओं से जुडे बेणेश्वर धाम के आद्य पीठाधीश्वर रहे हैं। भक्तों की मान्यता है कि वे जिस देवता की पूजा कर रहे हैं वे ही कलयुग में भगवान विष्णु के कल्कि अवतार के रूप में अवतरित होंगे और पृथ्वी का उद्धार करेंगे। इन्हीं निष्कलंक अवतार के उपासक होने से संत मावजी के भक्त अपने उपास्य को प्रिय ऐसी ही श्वेत वेश-भूषा धारण करते हैं। निष्कलंक सम्प्रदाय के विश्व पीठ हरि मंदिर सहित वागड़ अंचल और देश के विभिन्न हिस्सों में स्थापित निष्कलंक धामों में भी इसी स्वरूप की पूजा-अर्चना जारी है। देश के विभिन्न हिस्सों में फैले लाखों माव भक्तों द्वारा अपने उपास्य के रूप में इन्हीं निष्कलंक भगवान का पूजन-अर्चन किया जाता रहा है। विभिन्न निष्कलंक धाम मंदिर के स्वरूप में हैं जबकि निष्कलंक सम्प्रदाय के विश्व पीठ हरि मंदिर पर न तो कोई गुम्बद है और न ही मंदिर की आति, बल्कि यह गुरु आश्रम के रूप में ही अपनी प्राचीन शैली में बना हुआ है। निष्कलंक सम्प्रदाय के मंदिर साबला, पुंजपुर, वमासा, पालोदा, शेषपुर, बांसवाड़ा, फतेहपुरा, घूघरा, पारडा, इटिवार, संतरामपुर आदि गांवों में अवस्थित हैं। इन सभी मंदिरों में शंख, चक्र, गदा, पद्म सहित श्वेत घोड़े पर सवार भावी अवतार निष्कलंक भगवान की चतुर्भुज मूर्तियां हैं। मावजी की पुत्रवधू जनकुंवरी ने ही बेणेश्वर धाम पर सर्वधर्म समभाव के प्रतीक विष्णु मंदिर का निर्माण करवाया। इसके बारे में मावजी की वाणी में स्पष्ट कहा गया है-सब देवन का डेरा उठसे, निष्कलंक का डेरा रहेसे, अर्थात मंदिर, मस्जिद, गिरजाघर आदि सब टूट जाएंगे, लेकिन कलियुग में अवतार लेने वाले निष्कलंक भगवान का एक मंदिर रहेगा जहाँ सभी धर्मों के लोगों को आश्रय प्राप्त होगा। सभी लोग इसे प्रेम से अपना मानेंगे।

8. मावजी महाराज का जन्म साबला गाँव में विक्रम संवत् 1771 में माघ शुक्ल पंचमी को हुआ। इसके बाद लीलावतार के रूप में मावजी का प्राकट्य संवत् 1784 में माघ शुक्ल एकादशी को हुआ। उन्हें भगवान श्रीकृष्ण का लीलावतार माना जाता है। संत मावजी की स्मृति में आज भी बांसवाड़ा एवं डूंगरपुर जिलों के बीच माही, सोम एवं जाखम नदियों के बीच विशाल टापू पर बेणेश्वर में हर साल माघ पूर्णिमा पर दस दिन का विशाल मेला लगता है। इसे आदिवासियों का महाकुंभ भी कहा जाता है। स्वयं मावजी महाराज की भविष्यवाणी के अनुसार "संतन के सुख करन को, हरन भूमि को भार, ह्वै हैं कलियुग अन्त में निष्कलंक अवतार" अर्थात् सज्जनों को सुख प्रदान करने और पृथ्वी के सिर से पाप का भार उतारने के लिए कलियुग के अंत में भगवान का निष्कलंक अवतार होगा। संत मावजी महाराज ने स्पष्ट लिखा है-"श्याम चढ़ाई करी आखरी गरुड़ ऊपर असवार, दुष्टि कालिंगो सेंधवा असुरनी करवा हाण, कलिकाल व्याप्यो घणो, कलि मचावत धूम, गौ ब्राह्मण नी रक्षा करवा बाल स्त्री करवा प्रतिपाल...। " मावजी की वाणी में कहा गया है कि निष्कलंक अवतार के साथ एक चैतन्य पुरुष रहेगा जो दैत्य-दानवों व चैदह मस्तकधारी कालिंगा का नाश कर चारों युगों के बंधनों को तोड़ कर सतयुग की स्थापना करेगा। इस पुरुष की लम्बाई 32 हाथ लिखी हुई है। यह अवतार गौ, ब्राह्मण प्रतिपाल होगा तथा धर्म की स्थापना करेगा। इसके बाद सर्वत्र शांति, आनन्द और समृद्धि का प्रभाव होगा। निष्कलंक अवतार के स्वरूप में बारे में संत मावजी के चैपड़ों में अंकित है-"धोलो वस्त्र ने धोलो शणगार, धोले घोडीले घूघर माला, राय निकलंगजी होय असवार...बोलो देश में नारायण जी नु निष्कलंकी नाम, क्षेत्र साबला, पुरी पाटन ग्राम।" इसमें साबला पुरी पाटन ग्राम का नाम अंकित है।

कल्कि अवतार के इस पद पर अनेक स्वघोषित दावेदार हैं जो समय-समय पर भविष्यवाणियों के अनुसार स्वयं को सिद्ध करने की कोशिश और कल्कि अवतार के सम्बन्ध में अनेक भविष्यवाणी करते रहते हैं जिन्हें इन्टरनेट (google.com, youtube.com इत्यादि) पर "कल्कि अवतार (KALKI AVATAR)" सर्च कर देखा जा सकता है परन्तु यह जानना चाहिए कि काल और युग परिवर्तन से परिचय कराने के लिए युगानुसार आत्मतत्व को व्यक्त करना पड़ता है। उसी सार्वभौम सत्य को युगानुसार योग कराया जाता है केवल भीड़ इकट्ठा हो जाने से कुछ भी नहीं होता। अवतारों को पहचानने के लिए सबसे मूल विषय यह होता है कि वह नया क्या दे रहा है जो उस समय के समाज के बहुमत मानव के शान्ति, एकता, स्थिरता व विकास को प्रभावित करता हो। सार्वभौम सत्य को व्यक्त करने वाला प्रत्येक मानव शरीरधारी अवतार ही है परन्तु युग के सर्वोच्च स्तर के सार्वभौम सत्य को व्यक्त करने वाला ही युगावतार कहलाता है।

दूसरा आगमन, अन्तिम आगमन क्यों?

सत्य से सार्वभौम सत्य-सिद्धान्त तक का र्माग अवतारों का मार्ग है। सार्वभौम सत्य-सिंद्धान्त की अनुभूति ही अवतरण है। इसके अंश अनुभूति को अंश अवतार तथा पूर्ण अनुभूति को पूर्ण अवतार कहते है। अवतार मानव मात्र के लिए ही कर्म करते हैं न कि किसी विशेष मानव समूह या सम्प्रदाय के लिए। ग्रन्थों में अवतारों की कई कोटि बतायी गई है जैसे अंशाशावतार, अंशावतार, आवेशावतार, कलावतार, नित्यावतार, युगावतार इत्यादि, जो भी सार्वभौम सत्य-सिद्धान्त को व्यक्त करता है वे सभी अवतार कहलाते हैं। व्यक्ति से लेकर समाज के सर्वोच्च स्तर तक सार्वभौम सत्य-सिद्धान्त को व्यक्त करने के क्रम में ही विभिन्न कोटि के अवतार स्तरबद्ध होते है। अन्तिम सार्वभौम सत्य-सिद्धान्त को व्यक्त करने वाला ही अन्तिम अवतार के रूप में व्यक्त होगा। अब तक हुये अवतार, पैगम्बर, ईशदूत इत्यादि को हम सभी उनके होने के बाद, उनके जीवन काल की अवधि में या उनके शरीर त्याग के बाद से ही जानते हैं। परन्तु भविष्य अर्थात् आने वाले कल के लिए कल्पित एक मात्र महाविष्णु के अवतार के आने से पूर्व ही जानने लगे हैं।

हम सभी के मोटर वाहनों में, वाहन कितने किलोमीटर चला उसे दिखाने के लिए एक यंत्र होता है। यदि इस यंत्र की अधिकतम 6 अंकों तक किलोमीटर दिखाने की क्षमता हो तब उसमें 6 अंक दिखते है। जो प्रारम्भ में 000000 के रूप में होता है। वाहन के चलते अर्थात् विकास करते रहने से 000001 फिर 000002 इस क्रम से बढ़ते हुए पहले इकाई में, फिर दहाई में, फिर सैकड़ा में, फिर हजार में, फिर दस हजार में, फिर लाख में, के क्रम में यह आगे बढ़ते हुये बदलता रहता है। एक समय ऐसा आता है जब सभी अंक 999999 हो जाते हें फिर क्या होगा? फिर सभी 000000 के अपने प्रारम्भ वाली स्थिति में आ जायेगें। इन 6 अंक के प्रत्येक अंक के चक्र में 0 से 9 अंक के चक्र होते है। जो वाहन के चलने से बदलकर चले हुये किलोमीटर को दिखाते है। यही स्थिति भी इस सृष्टि के काल चक्र की है। सृष्टि चक्र में पहले काल है जिसके दो रूप अदृश्य और दृश्य हैं। फिर इन दोनों काल में 5 युग हैं। 4 अदृश्य काल के 1 दृश्य काल के। और इन दोनों काल में 14 मनवन्तर और मनु हैं। 7 अदृश्य काल के 7 दृश्य काल के। फिर इन युगों में युगावतार अवतार होते हैं। फिर व्यास व शास्त्र होते हैं। ये सब वैसे ही है जैसे अंक गणित में इकाई, दहाई, सैकड़ा, हजार, दस हजार, लाख इत्यादि होते हैं। उपर उदाहरण दिये गये यंत्र में जब सभी अंक 999999 हो जाते हैं तब विकास के अगले एक बदलाव से इकाई, दहाई, सैकड़ा, हजार, दस हजार, लाख सभी बदलते हैं।

वर्तमान सृष्टि चक्र की स्थिति भी यही हो गयी है कि अब अगले अवतार के मात्र एक विकास के लिए सत्यीकरण से काल, मनवन्तर व मनु, अवतार, व्यास व शास्त्र सभी बदलेगें। इसलिए देश व विश्व के धर्माचार्यें, विद्वानों, ज्योतिषाचार्यों इत्यादि को अपने-अपने शास्त्रों को देखने व समझने की आवश्यकता आ गयी है क्योंकि कहीं श्री लव कुश सिंह "विश्वमानव" और "आध्यात्मिक सत्य" आधारित कार्य "विश्वशास्त्र" वही तो नहीं है? और यदि नहीं तो वह कौन सा कार्य होगा जो इन सबको बदलने वाली घटना को घटित करेगा?

शनिवार, 22 दिसम्बर, 2012 से प्रारम्भ हो चुका है-

1. काल के प्रथम रूप अदृश्य काल से दूसरे और अन्तिम दृश्य काल का प्रारम्भ।
2. मनवन्तर के वर्तमान 7वें मनवन्तर वैवस्वत मनु से 8वें मनवन्तर सांवर्णि मनु का प्रारम्भ।
3. अवतार के नवें बुद्ध से दसवें और अन्तिम अवतार-कल्कि महावतार का प्रारम्भ।
4. युग के चौथे कलियुग से पाँचवें युग स्वर्ण युग का प्रारम्भ।
5. व्यास और द्वापर युग में आठवें अवतार श्रीकृष्ण द्वारा प्रारम्भ किया गया कार्य "नवसृजन" के प्रथम भाग "सार्वभौम ज्ञान" के शास्त्र "गीता" से द्वितीय अन्तिम भाग "सार्वभौम कर्मज्ञान", "पूर्णज्ञान का पूरक शास्त्र", लोकतन्त्र का "धर्मनिरपेक्ष धर्मशास्त्र" और आम आदमी का "समाजवादी शास्त्र" द्वारा व्यवस्था सत्यीकरण और मन के ब्रह्माण्डीयकरण और नये व्यास का प्रारम्भ।

भाग-3

स्वामी विवेकानन्द और कल्कि अवतार

काल और पुनर्जन्म मार्ग

नाड़ी ताड़ पत्ते (Nadi Palm Leaves) के अनुसार

विश्वधर्म के सम्बन्ध में व्यक्त विचार

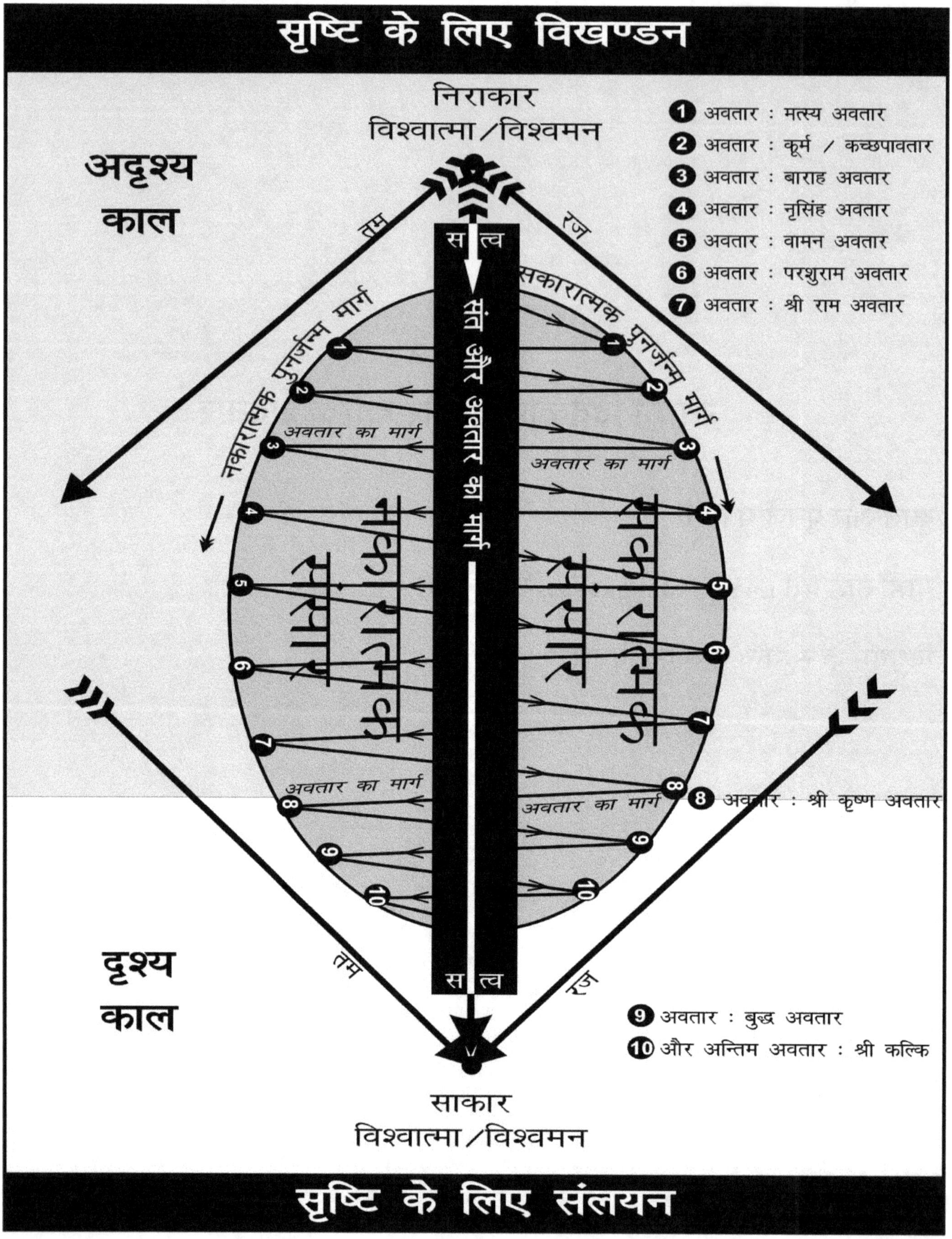

सृष्टि के लिए विखण्डन
निराकार
विश्वात्मा / विश्वमन
अदृश्य
काल
1 अवतार : मत्स्य अवतार
2 अवतार : कूर्म / कच्छपावतार
3 अवतार : बाराह अवतार
4 अवतार : नृसिंह अवतार
5 अवतार : वामन अवतार
6 अवतार : परशुराम अवतार
7 अवतार : श्री राम अवतार
तम
रज
सत्व
संत और अवतार का मार्ग
सकारात्मक पुनर्जन्म मार्ग
नकारात्मक पुनर्जन्म मार्ग
अवतार का मार्ग
नकारात्मक संसार
सकारात्मक संसार
8 अवतार : श्री कृष्ण अवतार
दृश्य
काल
9 अवतार : बुद्ध अवतार
10 और अन्तिम अवतार : श्री कल्कि
साकार
विश्वात्मा / विश्वमन
सृष्टि के लिए संलयन

काल और पुनर्जन्म मार्ग

सांख्य दर्शन के सिद्धान्त से विश्वमन तीन मन - सत्व, रज और तम में विखण्डित होता है जिससे समस्त विश्व व्यक्त होता है अर्थात निम्नलिखित मूल प्रकार के मन से युक्त आत्मा व्यक्त होकर अनेक अंश-अंशांस के रूप में मन से युक्त आत्माएँ व्यक्त होती रहती हैं फिर इनका संलयन और संयुग्मन होता है तब व्यक्त होता हैं - "विश्व मन से युक्त आत्मा - एक पूर्ण मानव"

1. **रज मन** - ये मन सकारात्मक सार्वभौम और व्यक्तिगत विकासशील मन का रूप होता है। इसमें वे सभी मन आते हैं जो समाज व देश का शारीरिक, आर्थिक व मानसिक विकास करते हैं। मानव सभ्यता के संसार में इस मन को ही गृहस्थ कहते हैं।

2. **तम मन** - ये मन नकारात्मक सार्वभौम और व्यक्तिगत विकासशील मन का रूप होता है। इसमें वे सभी मन आते हैं जो समाज व देश का शारीरिक, आर्थिक व मानसिक नकारात्मक विकास करते हैं। भारतीय धर्मशास्त्र साहित्य के पुराणों में इस मन को ही असुर या राक्षस कहा गया है।

3. **सत्व मन** - ये मन सार्वभौम आत्मा पर केन्द्रित मन होते हैं। इसके निम्नलिखित दो प्रकार होते हैं।

अ. निवृत्ति मार्गी -इस प्रकार के मन समाज व देश के शारीरिक, आर्थिक व मानसिक आदान-प्रदान से उदासीन रहते हैं तथा स्वआनन्द में ही रहते हैं। मानव सभ्यता के संसार में इस मन को ही साधु-सन्त इत्यादि कहते हैं।

ब. प्रवृत्ति मार्गी - इस प्रकार के मन समाज व देश के शारीरिक, आर्थिक व मानसिक आदान-प्रदान में भाग लेते हैं तथा स्वआनन्द के साथ रहते हैं। भारतीय धर्मशास्त्र साहित्य के पुराणों में इस मन को ही देवता और राजा कहा गया है।

4. **अवतारी मन** -अवतारी (पुरूष), मन के तीनों गुण सत्व, रज और तम का पूर्ण संलयन का साकार रूप होता है परन्तु वह तीनों गुणों से युक्त होते हुये भी उससे मुक्त रहता है और अपने पूर्ववर्ती मन के तीनों गुण से युक्त सत्व, रज और तम मनों के सर्वोच्च अवस्था की अगली कड़ी होता है।

सार्वभौम आत्मा पर केन्द्रित प्रवृत्ति मार्गी अवतारों का कार्य सकारात्मक व नकारात्मक दोनों के मनो को सार्वभौम आत्मीय केन्द्रित करना होता है। सकारात्मक मन बार-बार पुर्नजन्म लेकर सार्वभौम आत्मीय केन्द्र की ओर गति करता है। इस प्रकार जो भी अन्तिम अवतार होगा व सकारात्क्म मन से आये सर्वोच्च अन्तिम मन का पुनर्जन्म भी होगा और अवतारों की श्रृंखला की अगली कड़ी भी होगा। साथ ही सर्वोच्च नकारात्मक मन की अगली कड़ी भी होगा। अर्थात् सकारात्मक मन की ओर से आये वर्तमान तक के अन्तिम सार्वभौम मन स्वामी विवेकानन्द हैं इसलिए अन्तिम कल्कि अवतार उनका पुनर्जन्म भी होगा। सार्वभौम आत्मा पर केन्द्रित प्रवृत्ति मार्ग की ओर से आये अन्तिम अवतार श्री कृष्ण हैं इसलिए अन्तिम कल्कि अवतार उनकी अगली कड़ी भी होगा। नकारात्मक मन की ओर से आये वर्तमान तक के अन्तिम रावण है इसलिए अन्तिम कल्कि अवतार उनकी अगली कड़ी भी होगा।

इसी प्रकार काल (समय) के दो रूप हैं-अद्दश्य काल और द्दश्य काल। अद्दश्य काल व्यक्तिगत प्रमाणित आध्यात्म विज्ञान पर आधारित है तो द्दश्य काल सार्वजनिक प्रमाणित पदार्थ विज्ञान पर आधारित काल है। दूसरे रूप में जब व्यक्ति का मन अन्तः विषयों पर केन्द्रित रहता है तब वह अद्दश्य काल में तथा जब बाह्य विषय पर केन्द्रित

रहता है तब वह दृश्य काल में स्थित रहता है। इस प्रकार अन्तिम अवतार का सम्बन्ध काल चक्र और पुनर्जन्म चक्र से निम्न प्रकार होगा-

पुर्नजन्म चक्र मार्ग के

01. सत्व मार्ग से-श्री कृष्ण और कल्कि अवतार
02. रज मार्ग से-स्वामी विवेकानन्द और कल्कि अवतार
03. तम मार्ग से-रावण और कल्कि अवतार

काल चक्र मार्ग के

01. प्रथम भाग-अदृश्य काल में विश्वात्मा का प्रथम जन्म-योगेश्वर श्री कृष्ण
02. द्वितीय और अन्तिम भाग-दृश्य काल में विश्वात्मा के जन्म का पहला भाग-स्वामी विवेकानन्द
03. द्वितीय और अन्तिम भाग-दृश्य काल में विश्वात्मा के जन्म का अन्तिम भाग-कल्कि अवतार

जो भी अपने आप को कल्कि अवतार के रूप में व्यक्त करेगा वह उपरोक्त सार्वभौम सत्य-सिद्धान्त सम्बन्ध से युक्त होना चाहिए।

नाड़ी ताड़ पत्ते (Nadi Palm Leaves) के अनुसार

संस्कृत भाषा में महर्षि अगस्त्य और महर्षि विश्वमित्र ने भगवान शिव और पार्वती देवी की दिव्य बातचीत ताड़ के पत्तों पर संस्कृत भाषा में लिखी थी। बाद में, तंजौर राजा सरभोजी-2 (सर्फोजी-2, 1777-1832) विद्वानों की सहायता से आदी तमिल भाषा का अनुवाद किये और इसे नाड़ी ज्योतिषम् (नाड़ी ज्योतिषशास्त्र) के नाम से बनाया और मूल संस्कृत ताड़ के पत्तों को नष्ट कर दिया। (अब उपलब्ध नहीं है) जिसमें भगवान शिव ने पार्वती देवी से कहा है कि - भगवान विष्णु, स्वामी विवेकानंद के रूप में जन्म लेंगे और हमारे महान संस्कृति के एकीकरण और प्रगति के लिए कई नैतिक गतिविधियां करेंगे। उस समय, स्वामी विवेकानंद मंदिर के काम में शामिल थे। मैंने उन्हें वापस बुलाया। इसके बाद, अब कल्कि के रूप में उनका पुनर्जन्म होगा।

विश्वधर्म के सम्बन्ध में स्वामी विवेकानन्द के व्यक्त विचार

1. जो व्यक्ति कहता है, इस जगत् का अस्तित्व है, किन्तु ईश्वर नहीं है, वह निर्बोध है, क्योंकि यदि जगत् हो, तो जगत् का एक कारण रहेगा और उसक कारण का नाम ही ईश्वर है। कार्य रहने पर ही उसका कारण है, यह जानना होगा। जब यह जगत् अन्तर्हित होगा, तब ईश्वर भी अन्तर्हित होंगे। जब आप ईश्वर के सहित अपना एकत्व अनुभव करेंगे, तब आपके पक्ष में यह जगत् फिर नहीं रहेगा। जिसे हम इस क्षण जगत् के रूप में देख रहे हैं, वही हमारे सम्मुख ईश्वर के रूप में प्रतिभासित होगा, एवं जिनको एक दिन हम बहिर्देश में अवस्थित समझते थे, वे ही हमारी आत्मा के अन्तरात्मा रूप में प्रतीत होंगे।- 'तत्वमसि'- वही तुम हो।
2. एक ही सूर्य विविध जल बिन्दुओं में प्रतिबिम्बित होकर नाना रूप दिखा रहा है। लाख-लाख जलकणों में लाख-लाख सूर्य का प्रतिबिम्ब पड़ा है तथा प्रत्येक जल कण में ही सूर्य की सम्पूर्ण प्रतिमूर्ति विद्यमान है; किन्तु सूर्य वास्तव में एक है। इन सब जीवगण के सम्बन्ध में भी यही बात है-वे उसी एक अनन्त पुरुष के प्रतिबिम्ब मात्र है। स्वप्न कदापि सत्य के बिना रह नहीं सकता, और वह सत्य-वही एक अनन्त सत्ता है। शरीर, मन अथवा आत्मा भाव में मानने पर आप स्वप्न मात्र हैं, किन्तु आपका यथार्थ स्वरूप अखण्ड सच्चिदानन्द है। - अद्वैतवादी यही कहते है। यह सब जन्म, पुनर्जन्म, यह आना-जाना यह सब उस स्वप्न का अंशभाग है। आप अनन्त स्वरूप है। आप फिर कहाँ जायेंगे? आत्मा कभी उत्पन्न नहीं होती, कभी मरेगी भी नहीं, आत्मा के किसी काल में माता-

पिता, शत्रु-मित्र कुछ भी नहीं है; क्योंकि आत्मा अखण्ड सच्चिदानंद स्वरूप है। जिस व्यक्ति ने इसका साक्षात्कार किया है उसने ही मुक्तिलाभ किया है, वह इस स्वप्न को भगं करके उसके बाहर चला गया है, उसने अपना यथार्थ स्वरूप जाना है। अद्वैतवेदान्त का यही उपदेश है।

3. सत्य के दो अंग है। पहला जो साधारण मानवों को पांचेन्द्रियग्राह्य एवं उसमें उपस्थापित अनुमान द्वारा गृहीत है और दूसरा-जिसका इन्द्रियातीत सूक्ष्म योगज शक्ति के द्वारा ग्रहण होता है। प्रथम उपाय के द्वारा संकलित ज्ञान को "विज्ञान" कहते है, तथा द्वितीय प्रकार के संकलित ज्ञान को "वेद" संज्ञा दी है। वेद नामक अनादि अनन्त अलौकिक ज्ञानराशि सदा विद्यमान है। स्वंय सृष्टिकत्र्ता उसकी सहायता से इस जगत के सृष्टि-स्थिति-प्रलय कार्य सम्पन्न कर रहे हैं। जिन पुरूषों में उस इन्द्रियातीत शक्ति का आविर्भाव है, उन्हें ऋषि कहते है और उस शक्ति के द्वारा जिस अलौकिक सत्य की खोज उन्होंने उपलब्धि की है, उसे "वेद" कहते हैं। इस ऋषित्व तथा वेद दृष्टत्व को प्राप्त करना ही यथार्थ धर्मानुभूति है। साधक के जीवन में जब तक उसका उन्मेष नहीं होता तब तक "धर्म" केवल कहने भर की बात है एवं समझना चाहिए कि उसने धर्मराज्य के प्रथम सोपान पर भी पैर नहीं रखा है। समस्त देश-काल-पात्र को व्याप्त कर वेद का शासन है अर्थात वेद का प्रभाव किसी देश, काल या पात्र विशेष द्वारा सीमित नहीं हैं। सार्वजनिन धर्म का व्याख्याता एक मात्र "वेद" ही है।
4. विज्ञान एकत्व की खोज के सिवा और कुछ नहीं है। ज्योंही कोई विज्ञान शास्त्र पूर्ण एकता तक पहुँच जायेगा, त्योंहीं उसका आगे बढ़ना रुक जायेगा क्योंकि तब तो वह अपने लक्ष्य को प्राप्त कर चुकेगा। उदाहरणार्थ रसायनशास्त्र यदि एक बार उस एक मूल द्रव्य का पता लगा ले, जिससे वह सब द्रव्य बन सकते हैं तो फिर वह और आगे नहीं बढ़ सकेगा। पदार्थ विज्ञान शास्त्र जब उस एक मूल शक्ति का पता लगा लेगा जिससे अन्य शक्तियां बाहर निकली हैं तब वह पूर्णता पर पहुँच जायेगा। वैसे ही धर्म शास्त्र भी उस समय पूर्णता को प्राप्त हो जायेगा जब वह उस मूल कारण को जान लेगा। जो इस मत्र्यलोक में एक मात्र अमृत स्वरुप है जो इस नित्य परिवर्तनशील जगत का एक मात्र अटल अचल आधार है जो एक मात्र परमात्मा है और अन्य सब आत्माएं जिसके प्रतिबिम्ब स्वरुप हैं। इस प्रकार अनेकेश्वरवाद, द्वैतवाद आदि में से होते हुए इस अद्वैतवाद की प्राप्ति होती है। धर्मशास्त्र इससे आगे नहीं जा सकता। यहीं सारे विज्ञानों का चरम लक्ष्य है।
5. यह समझना होगा कि धर्म के सम्बन्ध में अधिक और कुछ जानने को नहीं, सभी कुछ जाना जा चुका है। जगत के सभी धर्म में, आप देखियेगा कि उस धर्म में अवलम्बनकारी सदैव कहते हैं, हमारे भीतर एक एकत्व है अतएव ईश्वर के सहित आत्मा के एकत्व ज्ञान की अपेक्षा और अधिक उन्नति नहीं हो सकती। ज्ञान का अर्थ इस एकत्व का आविष्कार ही है। यदि हम पूर्ण एकत्व का आविष्कार कर सकें तो उससे अधिक उन्नति फिर नहीं हो सकती।
6. हमें देखना है कि किस प्रकार यह वेदान्त हमारे दैनिक जीवन में, नागरिक जीवन में, ग्राम्य जीवन में, राष्ट्रीय जीवन में और प्रत्येक राष्ट्र के घरेलू जीवन में परिणत किया जा सकता है। कारण, यदि धर्म मनुष्य को जहाँ भी और जिस स्थिति में भी है, सहायता नहीं दे सकता, तो उसकी उपयोगिता अधिक नहीं - तब वह केवल कुछ विशिष्ट व्यक्तियों के लिए कोरा सिद्धान्त हो कर रह जायेगा।
7. हम मनुष्य जाति को उस स्थान पर पहुँचाना चाहते हैं, जहाँ न वेद है, न बाइबिल है, न कुरान है परन्तु वेद, बाइबिल और कुरान के समन्वय से ही ऐसा हो सकता है। मनुष्य जाति को यह शिक्षा देनी चाहिए कि सब धर्म उस धर्म के, उस एकमेवाद्वितीय के भिन्न-भिन्न रुप हैं, इसलिए प्रत्येक व्यक्ति उन धर्मों में से अपना मनोनुकूल मार्ग चुन सकता है।
8. यदि कभी कोई सार्वभौमिक धर्म हो सकता है, तो वह ऐसा ही होगा, जो देश या काल से मर्यादित न हो, जो उस अनन्त भगवान के समान ही अनन्त हो, जिस भगवान के सम्बन्ध में वह उपदेश देता है, जिसकी ज्योति श्रीकृष्ण के भक्तों पर और ईसा के प्रेमियों पर, सन्तों पर और पापियों पर समान रूप से प्रकाशित होती हो, जो न तो ब्राह्मणों का हो, न बौद्धों का, न ईसाइयों का और न मुसलमानों का, वरन् इन सभी धर्मों का समष्टिस्वरूप होते हुए भी जिसमें उन्नति का अनन्त पथ खुला रहे, जो इतना व्यापक हो कि अपनी असंख्य प्रसारित बाहूओं

द्वारा सृष्टि के प्रत्येक मनुष्य का प्रेमपूर्वक आलिंगन करें।... वह विश्वधर्म ऐसा होगा कि उसमें किसी के प्रति विद्वेष अथवा अत्याचार के लिए स्थान न रहेगा, वह प्रत्येक स्त्री और पुरूष के ईश्वरीय स्वरूप को स्वीकार करेगा और सम्पूर्ण बल मनुष्यमात्र को अपनी सच्ची, ईश्वरीय प्रकृति का साक्षात्कार करने के लिए सहायता देने में ही केन्द्रित रहेगा।

9. ईसाई को हिन्दू अथवा बौद्ध नहीं होना पड़ेगा, और न हिन्दू या बौद्ध को ईसाई ही, परन्तु प्रत्येक धर्म दूसरे धर्मो के सारभाग को आत्मसात् करके पुष्टिलाभ करेगा और अपने वैशिष्ट्य की रक्षा करते हुए अपनी निजी प्रकृति के अनुसार वृद्धि को प्राप्त होगा। यदि इस सर्वधर्म परिषद् ने जगत् के समक्ष कुछ प्रमाणित किया है तो वह यह कि उसने यह सिद्ध कर दिखाया है कि शुद्धता, पवित्रता और दयाशीलता किसी सम्प्रदाय-विशेष की सम्पत्ति नहीं है तथा प्रत्येक धर्म ने श्रेष्ठ एवं अतिशय उन्नत-चरित्र स्त्री पुरूषों को जन्म दिया है। अब इन प्रत्यक्ष प्रमाणों के बावजुद भी यदि कोई ऐसा स्वप्न देखे कि अन्यान्य सारे धर्म नष्ट हो जायेंगे और केवल उसका धर्म ही अपना सर्वश्रेष्ठता के कारण जीवित रहेगा, तो उस पर मैं अपने हृदय के अन्तस्थल से दया करता हूॅ और उसे स्पष्ट शब्दों में बतलाये देता हूॅ कि वह दिन दूर नहीं हैं, जब उस-जैसे लोगों के अड़ंगों के बावजूद भी प्रत्येक धर्म की पताका पर यह स्वर्णाक्षरों में लिखा रहेगा-'सहयोग, न कि विरोध', पर-भाव-ग्रहण न कि पर-भाव-विनाश, 'समन्वय और शान्ति, न कि मतभेद और कलह'!
10. एक मात्र वेदान्त ही समाज तन्त्रवाद की युक्तिसंगत दार्शनिक भित्ति होने लायक है। मानव समाज की उन्नति चाहने वाले व्यक्तिगण, कम से कम उनके परिचालक गण, यह समझने का प्रयत्न कर रहे हैं कि उनके धन साम्य एवं समान अधिकार पर आधारित मतवादों की एक आध्यात्मिक भित्ति रहना संगत है, और एक मात्र वेदान्त ही यह भित्ति होने के योग्य हैं। सामाजिक, राजनीतिक एवं आध्यात्मिक, सभी क्षेत्रो में यथार्थ संगत स्थापित करने का केवल एक सूत्र विद्यमान है, और वह सूत्र- केवल इतना जान लेना कि मैं और मेरा भाई एक हैं। सब देशों में, सभी युगो में, सभी जातियों के लिए यह महान सत्य समान रूप से लागू है।
11. हिन्दू भावों को अंग्रेजी में व्यक्त करना, फिर शुष्क दर्शन, जटिल पौराणिक कथाएं और अनूठे आश्चर्यजनक मनोविज्ञान से ऐसे धर्म का निर्माण करना, जो सरल, सहज और लोकप्रिय हो और उसके साथ ही उन्नत मस्तिष्क वालों को संतुष्ट कर सके- इस कार्य की कठिनाइयों को वे ही समझ सकते हैं, जिन्होंने इसके लिए प्रयत्न किया हो। अद्वैत के गुढ़ सिद्धान्त में नित्य प्रति के जीवन के लिए कविता का रस और जीवन दायिनी शक्ति उत्पन्न करनी है। अत्यन्त उलझी हुई पौराणिक कथाओं में से जीवन प्रकृत चरित्रों के उदाहरण समूह निकालने हैं और बुद्धि को भ्रम में डालने वाली योगविद्या से अत्यन्त वैज्ञानिक और क्रियात्मक मनोविज्ञान का विकास करना है और इन सब को एक ऐसे रुप में लाना पड़ेगा कि बच्चा-बच्चा इसे समझ सके।
12. अब व्यावहारिक जीवन में उसके प्रयोग का समय आया है। अब और 'रहस्य' बनाये रखने से नहीं चलेगा। अब और वह हिमालय की गुहाओ। में, वन-अरण्यों में साधु-सन्यासियों के पास न रहेगा, लोगों के दैनन्दिन जीवन में उसको कार्यन्वित करना होगा। राजा के महल में, साधु-सन्यासी की गुफा में, मजदूर की झोपड़ी में, सर्वत्र सब अवस्थाओं में- यहाँ तक कि राह के भिखारी द्वारा भी - वह कार्य में लाया जा सकता है।
13. .हमें ऐसे धर्म की आवश्यकता है, जिससे हम मनुष्य बन सकें। हमें ऐसे सिद्धान्तों की आवश्यकता है, जिससे हम मनुष्य हो सकें। हमें ऐसी सर्वांगसम्पन्न शिक्षा चाहिए, जो हमें मनुष्य बना सके और यह रही सत्य की कसौटी-जो भी तुम्हें शारीरिक, मानसिक और आध्यात्मिक दुर्बलता लाए, उसे जहर की भांति त्याग दो; उसमें जीवन-शक्ति नहीं है, वह कभी सत्य नहीं हो सकता। सत्य तो बलप्रद है, वह पवित्रता स्वरूप है, ज्ञान स्वरूप है। सत्य तो वह है जो शक्ति दे, जो हृदय के अन्धकार को दूर कर दे, जो हृदय में स्फूर्ति भर दें। (मेरी समर नीति-पृ0-36)
14. हमें दिखलाना है- हिन्दुओं की आध्यामिकता, बौद्धो की जीवदया, ईसाइयों की क्रियाशीलता एवं मुस्लिमों का बन्धुत्व, और ये सब अपने व्यावहारिक जीवन के माध्यम द्वारा। हमने निश्चय किया- हम एक सार्वभौम धर्म का निर्माण करेंगें।

पुर्नजन्म चक्र मार्ग के

सत्व मार्ग से –
श्रीकृष्ण और श्री लव कुश सिंह "विश्वमानव"

तम मार्ग से –
रावण और श्री लव कुश सिंह "विश्वमानव"

रज मार्ग से –
स्वामी विवेकानन्द और श्री लव कुश सिंह "विश्वमानव"

काल चक्र मार्ग के

01. काल चक्र के प्रथम भाग
अदृश्य काल में विश्वात्मा का प्रथम जन्म –
योगेश्वर श्रीकृष्ण
(पूर्ण ब्रह्म की प्रथम कड़ी)

02. काल चक्र के द्वितीय और अन्तिम भाग
दृश्य काल में विश्वात्मा के जन्म का पहला भाग –
स्वामी विवेकानन्द
(प्रथम एवं अन्तिम पूर्ण ब्रह्म के बीच की कड़ी)

03. काल चक्र के द्वितीय और अन्तिम भाग
दृश्य काल में विश्वात्मा के जन्म का अन्तिम भाग –
भोगेश्वर श्री लव कुश सिंह "विश्वमानव"
(स्वामी विवेकानन्द की अगली एवं पूर्ण ब्रह्म की अन्तिम कड़ी)

भाग-4

परिवर्तन

सीधी समझ

नये भारत में, नये मनुष्य के उदय के लिए

व्यवस्था के परिवर्तन या सत्यीकरण का पहला प्रारूप और उसकी कार्य विधि

वे शब्द जिसके बिना युग परिवर्तन सम्भव नहीं

उपाधियाँ मिलती है- पीएच0 डी0, डी0 लिट0 और डी0 फिल0 और उनका बड़ा सम्मान होता है। उनका काम क्या है? उनका काम यह है कि वे तय करते हैं कि गोरखनाथ कब पैदा हुए थे। कोई कहता है दसवीं सदी के अंत में, कोई कहता है ग्यारहवीं सदी के प्रारम्भ में। इस पर बड़ा विवाद चलता है। बड़े-बड़े विश्वविद्यालयों के ज्ञानी सिर खपा कर खोज में लगे रहते हैं। शास्त्रों की, प्रमाणों की, इसकी, उसकी। उनकी पूरी जिन्दगी इसी में जाती है। इससे बड़ा अज्ञान और क्या होगा? गोरख कब पैदा हुए, इसे जानकर करोगे क्या? इसे जान भी लिया तो पाओगे क्या? गोरख न भी पैदा हुए, यह भी सिद्ध हो जाये, तो भी क्या फायदा? हुए हों या न हुए हों, अर्थहीन है। गोरख ने क्या जिया उसका स्वाद लो। इसलिए तुम्हारे विश्वविद्यालय ऐसी व्यर्थता के कामों में संलग्न हैं कि बड़ा आश्चर्य होता है कि इन्हें विश्वविद्यालय कहो या न कहो। इनका काम ही........तुम्हारे विश्वविद्यालय में चलने वाली जितनी शोध है, सब कूड़ा-करकट है।

-आचार्य रजनीश "ओशो"

(अक्टुबर व नवम्बर 1978 में दिये गये प्रवचन का अंश)

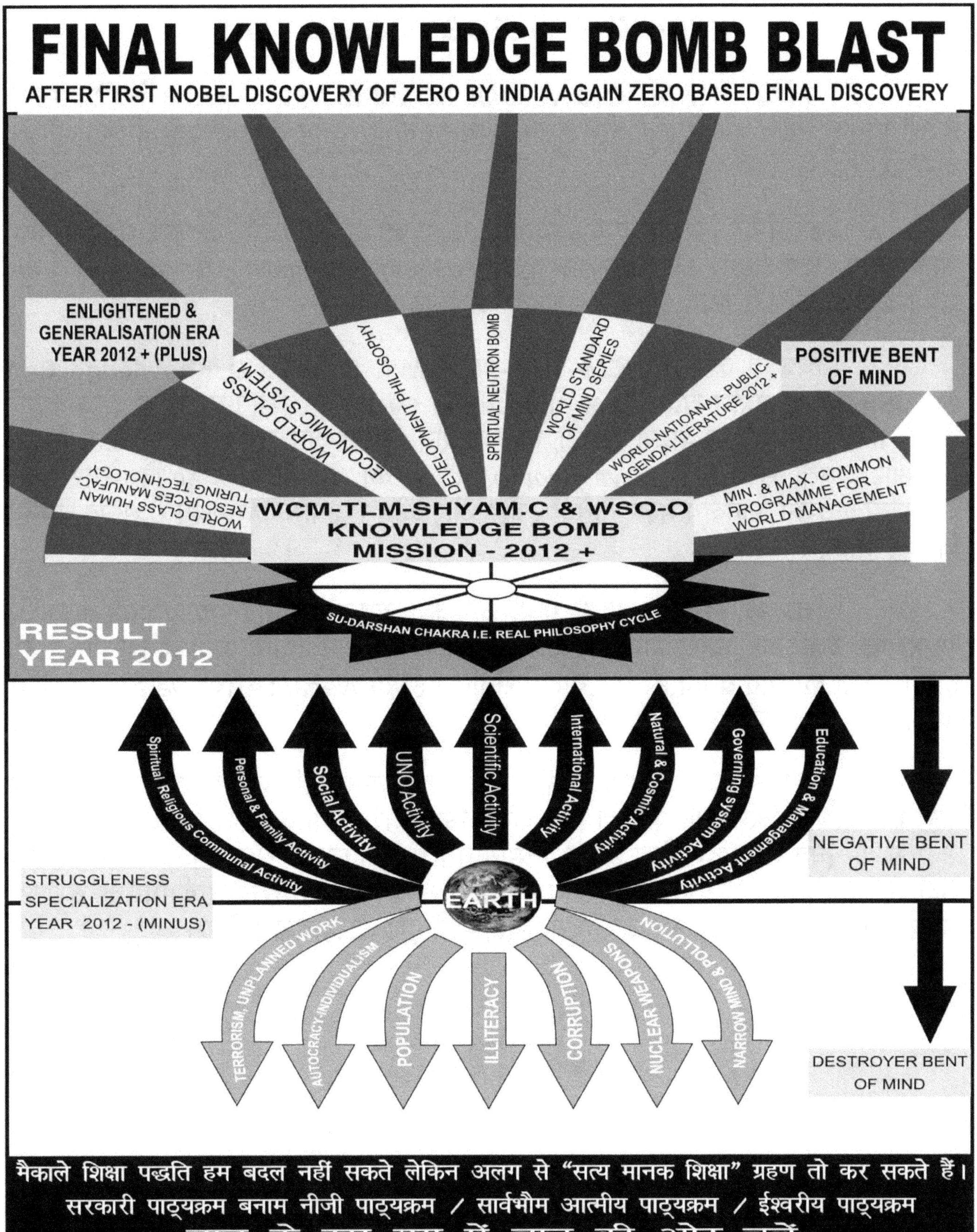
FINAL KNOWLEDGE BOMB BLAST
AFTER FIRST NOBEL DISCOVERY OF ZERO BY INDIA AGAIN ZERO BASED FINAL DISCOVERY
ENLIGHTENED & GENERALISATION ERA YEAR 2012 + (PLUS)
WORLD CLASS HUMAN RESOURCES MANUFAC-TURING TECHNOLOGY
WORLD CLASS ECONOMIC SYSTEM
DEVELOPMENT PHILOSOPHY
SPIRITUAL NEUTRON BOMB
WORLD STANDARD OF MIND SERIES
WORLD-NATIOANAL- PUBLIC- AGENDA-LITERATURE 2012 +
MIN. & MAX. COMMON PROGRAMME FOR WORLD MANAGEMENT
POSITIVE BENT OF MIND
WCM-TLM-SHYAM.C & WSO-O KNOWLEDGE BOMB MISSION - 2012 +
SU-DARSHAN CHAKRA I.E. REAL PHILOSOPHY CYCLE
RESULT YEAR 2012
Spiritual Religious Communal Activity
Personal & Family Activity
Social Activity
UNO Activity
Scientific Activity
International Activity
Natural & Cosmic Activity
Governing System Activity
Education & Management Activity
NEGATIVE BENT OF MIND
STRUGGLENESS SPECIALIZATION ERA YEAR 2012 - (MINUS)
EARTH
TERRORISM, UNPLANNED WORK
AUTOCRACY-INDIVIDUALISM
POPULATION
ILLITERACY
CORRUPTION
NUCLEAR WEAPONS
NARROW MIND & POLLUTION
DESTROYER BENT OF MIND
मैकाले शिक्षा पद्धति हम बदल नहीं सकते लेकिन अलग से "सत्य मानक शिक्षा" ग्रहण तो कर सकते हैं।
सरकारी पाठ्यक्रम बनाम नीजी पाठ्यक्रम / सार्वभौम आत्मीय पाठ्यक्रम / ईश्वरीय पाठ्यक्रम
ज्ञान के इस युग में ज्ञान की ओर चलें

FINAL KNOWLEDGE BOMB BLAST

यह चित्र **"FINAL KNOWLEDGE BOMB BLAST"** एक गहन वैचारिक मानचित्र है, जो मानव चेतना, ज्ञान, दर्शन और वैश्विक व्यवस्था के परिवर्तन को प्रतीकात्मक रूप में प्रस्तुत करता है।

इसमें यह दिखाया गया है कि वर्ष 2012 को एक *युग-संधि* के रूप में देखा गया है-जहाँ संघर्ष, विशेषज्ञता और विखंडन (2012–minus) से निकलकर मानवता को प्रबोधन, सामान्यीकरण और समन्वय (2012–plus) की ओर बढ़ना है।

चित्र के केंद्र में **WCM–TLM–SHYAM.C & WSO-O Knowledge Bomb Mission** और **सु-दर्शन चक्र (Real Philosophy Cycle)** को रखा गया है, जो यह संकेत देता है कि वास्तविक परिवर्तन शस्त्रों से नहीं, बल्कि दर्शन, विवेक और समग्र ज्ञान से आता है। ऊपर की ओर उठती संरचना *Positive Bent of Mind* को दर्शाती है, जहाँ विश्व-स्तरीय सोच, आध्यात्मिक दर्शन, मानवीय मूल्य, वैश्विक एजेंडा और कॉमन प्रोग्राम के माध्यम से मानव चेतना का विस्तार होता है।

चित्र के निचले भाग में पृथ्वी को केंद्र बनाकर मानव गतिविधियों-आध्यात्मिक, सामाजिक, वैज्ञानिक, अंतरराष्ट्रीय, शैक्षिक और प्रशासनिक-को दर्शाया गया है, जो यदि संतुलित हों तो उन्नति का मार्ग बनती हैं, और यदि असंतुलित हों तो *Negative* तथा *Destroyer Bent of Mind* की ओर ले जाती हैं।

वहीं नीचे की ओर गिरते तीर आतंकवाद, तानाशाही, जनसंख्या विस्फोट, अशिक्षा, भ्रष्टाचार, परमाणु खतरे और संकीर्ण सोच जैसे विनाशकारी तत्वों का प्रतिनिधित्व करते हैं। समग्र रूप से यह चित्र यह संदेश देता है कि वर्तमान युग में मानवता के सामने विकल्प स्पष्ट है-या तो संकीर्ण, नकारात्मक और विनाशकारी सोच, या फिर **"ज्ञान आधारित सार्वभौमिक दर्शन"** के माध्यम से पृथ्वी और मानव सभ्यता का संतुलित, शांतिपूर्ण और प्रबुद्ध भविष्य।

सीधी समझ

बड़ा वट वृक्ष (Big Banyan Tree), सैकड़ों वर्ष पुराना एक विशाल क्षेत्र में फैला वट वृक्ष है। जिसका मूल वृक्ष अब अस्तित्व में नहीं है उसके तनों से निकले सैंकड़ों जड़ वर्तमान में स्वयं एक वृक्ष, फिर उनके तनों से निकले सैंकड़ों जड़ भी वर्तमान में एक-एक वृक्ष के रूप में स्थापित हैं और सभी एक-दूसरे से जुड़े हुये हैं, बस जो नहीं है, वह है मूल वृक्ष। इस प्रकार सम्पूर्ण वृक्ष परिवार एक बड़े क्षेत्र में फैल चुका है और निरन्तर जारी भी है। प्रत्येक स्वयं स्वतन्त्र वृक्ष के रूप में स्थापित वृक्ष का अपने परिवार के रूप में तना, पत्ता, फूल और फल सब निकलते रहते हैं और जिसे जहाँ अर्थात् नजदीकी स्रोत से सुविधा अर्थात् खुराक मिल सकता हैं वहाँ से प्राप्त करते हुये विकास कर रहे हैं। इस कार्य में आपस में कोई विवाद नहीं है। कोई किसी पर अधिपत्य जमाना नहीं चाहता, ना ही अन्य के विकास में कोई बाधा पहुँचाता है। जिसको जिस ओर उचित वातावरण मिलता जाता है, उस ओर वह विकास कर रहा है। कुल मिलाकर स्व प्रेरित सुशासन की भाँति संचालित है। इस वट वृक्ष के सबसे बाद अर्थात् वर्तमान के तनों-पत्तों के लिए उसका जन्मदाता व पालनकर्ता के रूप में उसका नजदीकी जड़ ही है इसलिए उसकी कथा-कहानी वहीं से शुरू होती है और वहीं तक उसका ज्ञान है जो एक संकुचित और सीमित ज्ञान है। वह पूर्ण को नहीं जान रहा, उसका पूर्णत्व, सार्वभौम पूर्णत्व नहीं बल्कि सीमित पूर्णत्व है। सीमित पूर्णत्व में भी वह आनन्द में हैं और विकासशील है। उसका विकास होना सार्वभौम का ही विकास होना है परन्तु उसे उसका ज्ञान नहीं है और वह उस सार्वभौम के विकास में अपने योगदान को करते हुये भी स्वयं को गौरवान्वित नहीं अनुभव कर रहा है। सार्वभौम से युक्त होने के बाद भी उसे अपने परिवार से ही जुड़ा रहना उसकी विवशता भी है और इसके अलावा कोई अन्य मार्ग भी नहीं हैं। उसके सार्वभौम का मार्ग भी उसके अपने परिवार के ही मार्ग से होकर जाता है। वृक्ष के साथ यह मजबूरी भी है कि क्योंकि वह स्थिर है इसलिए उसका छोटा परिवार केवल पड़ोस तक के ही दायरे के सम्पर्क में है। दूसरे छोर के परिवार का क्या हाल है उसे कुछ नहीं पता।

हे मानवों, ये संसार भी उपरोक्त वट वृक्ष के सामन ही फैला हुआ है। परन्तु उस भाँति विकास नहीं कर रहा है। मनुष्य के अन्दर बीमारी की भाँति अधिकतम "शक्ति और लाभ (पावर और प्राफिट)" की दौड़ ने उसे अधिपत्य, अत्याचार, दूसरे को दबाना इत्यादि से युक्त कर दिया है। और जो इस दौड़ में नहीं हैं वे सीमित पूर्णत्व में आनन्द के साथ विकासशील हैं। उन्हें और भी तेज विकास की इच्छा है परन्तु उनके बुद्धि का दायरा ही सीमित है इसलिए उन्हें मार्ग नहीं मिल रहा है। यदि उनको मार्ग भी मिल रहा हो तो वट वृक्ष की भाँति उसके नजदीकी जन्मदाता ने उसे यह बता रखा है कि जब उस सार्वभौम का मार्ग मेरे ही रास्ते से जाता है तो जो मैं कह रहा हूँ उसे करो। और इसके लिए वे अपने परिवार के लिए अनेक प्रकार की प्रणाली दे रखे हैं। जबकि ये प्रणाली देने वाले उनके नजदीकी जन्मदाता स्वयं कहाँ से आये हैं स्वयं उन्हे भी नहीं पता। क्योंकि वे स्वयं भी उस वट वृक्ष के खो गये मूल जड़ की तरह अपने मूल जड़ को नहीं जानते। वे भी अपने नजदीकी जन्मदाता का ही अनुसरण कर रहे होते हैं। ये प्रणालीयाँ अनेक प्रकार की हैं उदाहरणस्वरूप कुछ मुख्य निम्नवत् हैं-

1 उनके द्वारा प्रस्तुत कुछ पुस्तकें होती हैं जिन्हें नियमानुसार प्रतिदिन पढ़ना होता है। पढ़ने के पूर्व शुद्धता की भी प्रक्रिया अनिवार्य होती है अन्यथा पुस्तकें परिणाम नहीं दे पायेंगी, ये भी शर्त होती हैं।
2 उनके द्वारा भोजन से सम्बन्धित कुछ नियम बना दिये जाते हैं कि क्या खाना है और क्या नहीं खाना है।
3 उनके द्वारा कोई मन्त्र दे कर उसे नियमानुसार जपने के लिए दे दिया जाता है।
4 उनके द्वारा किसी यन्त्र-तन्त्र द्वारा समस्या मुक्ति का उपाय बता दिया जाता है।
5 उनके द्वारा किसी विशेष प्रकार के रंग और ढ़ग के वस्त्र निर्धारित कर दी जाती है जिससे उनकी पहचान एक अलग रूप में हो। अर्थात् समाज का एक और विभाजन कर उसे प्रस्तुत कर देते हैं।

सामान्य रूप से सभी द्वारा अनिवार्य रूप से ये भी निर्धारित कर दी जाती है कि किसी दूसरे के नियमों को न तो जानना है, न सुनना है, न पढ़ना है और न ही उसमें शामिल होना है। अर्थात् एक गतिशील प्राणी मनुष्य को जिसे सदैव श्रेष्ठ से, श्रेष्ठतम और सर्वोच्च तक उठने-विकास करने के लिए निर्मित किया गया था, उसे एक सीमित

दायरे में बुद्धिबद्ध कर दिया गया। मनुष्य जिसका निर्माण अपनी मस्तिष्क को असीम क्षमता को विकसित कर ईश्वर रूप में व्यक्त होना था, उसे जड़ (स्थिर) बना दिया गया।

हे मानवों, मनुष्यों की सबसे बड़ी कमजोरी "स्वयं में गुणों का विकास कर स्वयं बन जाने या हो जाने" में नहीं बल्कि "पाने" की इच्छा है। इस पाने की इच्छा की कमजोरी का परिणाम ही है उपरोक्त अनेक प्रकार के बुद्धिबद्ध करने की विधियाँ।

हे मानवों, उपरोक्त के पृष्ठभूमि में उनका उद्देश्य केवल अपने स्वार्थ की पूर्ति के सिवाय कुछ नहीं होता। क्योंकि मार्गदर्शक या प्रेरक या शिक्षक का उद्देश्य स्वयं से श्रेष्ठ मानव का निर्माण होता है न कि सदैव जीवन भर एक ही प्रणाली या प्रक्रिया या कक्षा में पढ़ते-दुहराते रहने के लिए विवश करना। उपरोक्त के पृष्ठभूमि में शारीरिक-आर्थिक-मानसिक शोषण का ही कार्य विभिन्न प्रकार से चल रहा है। कोई अपने कृषि कार्य को मुफ्त में हल करवा रहा है, तो कोई अपने नाम के उत्पादों को सिर्फ उन्हें ही खरीदने के लिए बुद्धिबद्ध कर दिया है।

हे मानवों, इन सबको आस्था का व्यापार कहते हैं। जबकि मैं देख रहा हूँ कि प्रत्येक संस्कारित करने की क्रिया जो उस काल के लिए आस्था का विषय था। उसके अगले काल के लिए संस्कारित करने की नयी क्रिया उपलब्ध हो जाने के बावजूद, मानव शरीर पिछले काल के संस्कारित करने वाली क्रिया के प्रति आस्था रखते हुये मूर्खता का स्पष्ट प्रदर्शन कर रहा है। सभी कालों में, सभी संस्कारित करने की क्रियाओं में मैं (सार्वभौम आत्मा) ही आस्था का विषय था परन्तु क्रिया के प्रति आस्था रखना मूर्खता का स्पष्ट प्रमाण ही तो है। चाहे वह व्यक्तिगत इच्छा से हो या सामाजिक प्रदर्शन की इच्छा से। इन समस्त संस्कारित करने के क्रिया के पीछे जो रहस्य आज तक गोपनीय था उसे मैंने तुम्हारें समक्ष सार्वजनिक प्रकाशित कर दिया है। अब कुछ भी गोपनीय नहीं। बावजूद इसके प्रत्येक मनुष्य अपनी मूर्खता रूपी आस्था को प्रदर्शित करने के लिए स्वतन्त्र है। परन्तु वह मुझ (सार्वभौम आत्मा) को प्राप्त नहीं कर सकता। हे मानवों, ईश्वर बहुमत से नहीं निर्धारित किया जाता इसलिए ही उसे अनिवर्चनीय कहा गया है। किसी भी वस्तु के प्रति आस्था के विकास से और समस्त मानवों को उसके प्रति आस्थावान् बना देने से वह वस्तु गुण प्रकट कर वैसा नहीं बन सकती जैसा आप उम्मीद करते हो।

हे मानवों, एक तरह से देखा जाये तो उपरोक्त व्यवस्था से कोई समस्या है ही नहीं क्योंकि जिसकी इच्छा जहाँ से पूर्ति हो रही है और विकास का मार्ग मिल रहा है, वह वहाँ से जुडा हुआ है। इसलिए मानव सभ्यता पर आया यह दसवाँ और अन्तिम संकट, संकट होते हुये भी संकट जैसा नहीं दिखता। इस व्यवस्था से हमें कोई समस्या भी नहीं है। समस्या ये है कि धर्म को जिस उद्देश्य के लिए निर्मित किया गया था वही धर्म, संकट में है। यह धर्म ही उस वट वृक्ष का मूल है, सार्वभौम है, समष्टि है। इसके ज्ञान से युक्त दोनों को अर्थात् विशाल संसार रूपी वट वृक्ष के छोटे-छोटे परिवार के नेतृत्वकर्ता मुखिया सहित उसके सदस्यों को होना आवश्यक है। तभी परिवार के नेतृत्वकर्ता मुखिया द्वारा बनाये गये उपरोक्त प्रणाली-नियम परिणाम-फल दे पायेंगे जिसकी इच्छा परिवार के सदस्य करते हैं।

हमारी उत्पत्ति ज्ञान से हुई है। जिन्हें ज्ञान है वही अपने आप को संघर्ष में पाते हैं और सर्वश्रेष्ठता के लिए कर्मशील हैं। शेष सभी तो प्रकृति के अनुसार आते-जाते रहते हैं। इस ज्ञान को ही ब्रह्म (सार्वभौम एकात्म ज्ञान) कहते हैं। देवता रूप में इस ज्ञान को ब्रह्मा के रूप में प्रक्षेपित किया गया है। यह ज्ञान जिस-जिस अंगो द्वारा प्राथमिकता से अनुभव में आता है उतने प्रकार के मानव अपने-आप को उत्पन्न समझते हैं।

पुराण रचनाकार महर्षि व्यास ने ब्रह्मा अर्थात ज्ञान के पुत्रों का प्रक्षेपण किये हैं। ब्रह्मा के 10 मानस पुत्रों

01.मन (विचार) से ज्ञान प्राप्त करने वाले मरीचि

02.नेत्रों (देखकर) ज्ञान प्राप्त करने वाले अत्रि

03.मुख (वाणी) से ज्ञान प्राप्त करने वाले अंगिरा

04.कान (सुन) कर ज्ञान प्राप्त करने वाले पुलस्त्य

05.नाभि (केन्द्र) से ज्ञान प्राप्त करने वाले पुलह

06.हाथ (कर्म) से ज्ञान प्राप्त करने वाले कृतु

07.त्वचा (स्पर्श) से ज्ञान प्राप्त करने वाले भृगु

08.प्राण (श्वास) से ज्ञान प्राप्त करने वाले वशिष्ठ

09.अँगूठे (आत्मा) से ज्ञान प्राप्त करने वाले दक्ष

10.गोद (प्रेम) से ज्ञान प्राप्त करने वाले नारद

ये दस प्रकार ज्ञान से उत्पन्न है और इतने प्रकार के मानव निर्मित होकर संसार में विचरण कर रहे हैं। इसे ये न समझना चाहिए कि मन या नेत्र इत्यादि से कैसे ब्रह्मा ने अपने पुत्रों को उत्पन्न किया? चूंकि शरीर का अस्तित्व अस्थायी है इसलिए विचार के आधार पर ये मनुष्य के वर्ग या श्रेणी का निर्धारण है। इसे मानकीकरण (Standardization) या वर्गीकरण (Classification) भी कहा जा सकता है। जिस प्रकार आजकल मानकीकरण के शब्द ISOऔर ISI मार्का दिये जाते हैं।

नये भारत में, नये मनुष्य के उदय के लिए

आप लंगोट से जौकी पर आ गये...पायजामे से पतलून पर आ गये...नाड़े से बेल्ट पर आ गये...खड़ाऊँ से बूट पर आ गये...कलम से कीबोर्ड पर आ गये। पगडंडियों से एक्सप्रेस वे पर आ गये...चूल्हे से इंडक्शन कुकर पर आ गये...जंगलो से अपार्टमेंट तक आ गये। हल से ट्रैक्टर पर आ गये...पैदल से लक्ज़री जहाज़ों पर आ गये...दीये-मशाल से एलईडी पर आ गये...आप लैंडलाइन से ओरियो एंड्रॉयड तक आ गये...तीर-कमान और गदा से ऑटोमैटिक बंदूकों और मिसाइलों पर आ गये। दुनियां चाँद पे चली गई...मंगल की छाती पर नासा ने रोबोट उतार दिया....शनि मंगल सूर्यग्रहण-चन्द्रग्रहण के हर रहस्य से पर्दा उठ गया!

आप पाँच हज़ार ईसापूर्व और पाँचवी-छठवीं शताब्दी से इक्कीसवी शताब्दी में आ गये...आप लगातार अपडेट होते रहे हैं!!! मगर फिर भी तुम ग्रह-नक्षत्रों को...शनि-मंगल को जन्मकुंडली में देख-देख कर काँप रहे हो। अपना भविष्य सुधारने के लिए बाबा-बाबियों का रास्ता नाप रहे हो। क्या इसी दिन के लिए तुमने बी.एससी, एम.एससी पीएच.डी की थी?? कि तुम पढ़े-लिखे जाहिलों की फौज में शामिल हो जाना! क्या इसी दिन के लिए तुम डॉक्टर, इंजीनियर, वकील, मजिस्ट्रेट या प्रोफेसर बने थे? कि बंगले पर काली हांडी टांगना! निम्बू मिर्ची टांगना! नजर न लगने से एक पैर में काला धागा बांधना?? और अपने उज्ज्वल भविष्य की भीख किसी बाबा-बाबी के दर पर नाक रगड़ के मांगना?

देश आजाद हो गया! दुनिया आजाद हो गई! आखिर कब मिलेगी तुम्हें आजादी?? इस अंधी मानसिक गुलामी से? दुनिया रोज नए-नए आविष्कार कर रही है! तुम हजारों साल पुरानी भाषा, संस्कृति, रीति, रिवाजो की वैज्ञानिक व्याख्या करने में लगे हो! क्या भारत पुनः विश्वगुरु तुम्हारे जैसे मनोरोगियों की वजह से कभी बन पाएगा? बंद कमरे में तुम्हारी चोटी कट जाती! अँधेरे में अकेले में तुम्हें भूत-पलीत सताते हैं! तुम्हें ही सारी दुनिया की नजर लगती है! डायन तो तुम्हारे हर घर में मौजूद है!! तुम्हारे तंत्र-मंत्र-यंत्र काम क्यों नहीं करते हैं? एक पैर में काले धागे वाला रक्षा सूत्र तुम्हारी चोंटी क्यों नहीं बचाता है? आखिर कब तक तुम मानसिक गुलाम रहोगे?

तुम्हारी समस्याएं लौकिक है। मगर तुम्हें हर समस्या का हल परलोक में नजर आता है! संसार तुम्हारे लिए स्वप्नवत् है माया है! भगवान की लीला है! नाटक है! भ्रम है! आखिर तुम्हें इस सपने से कौन जगाए? कब तक शब्दों के साथ बलात्कार करोगे? कब तक धोखे में रहोगे? कब तक हर सिद्धान्त हर आविष्कार को शास्त्रों ऋषि-मुनियों के माथे मड़ोगे??

तुम लोग को जो जगाए वही धर्मद्रोही, देशद्रोही, जातिवादी या नास्तिक है? चारुवाक, बुद्ध, महावीर, कपिल, कणाद गौतम, नागसेन, अश्वघोष, कबीर, नानक, रविदास, ओशो, फुले, शाहू, पेरियार, भीम, भगतसिंह, कोवूर, राहुल संस्कृत्यायन, दयानन्द, विवेकानंद, सबने विवेक लगाया! मगर फिर भी तुम्हारा विवेक नहीं जागा!

तुम्हारा धर्म कब अपडेट (Update) होगा?
तुम्हारी आस्था कब अपडेट (Update) होगी?
तुम्हारा ईश्वर कब अपडेट (Update) होगा?
तुम्हारी सोच कब अपडेट (Update) होगी?
तुम्हारे धर्म की किताबें कब अपडेट (Update) होंगी?

कम्प्यूटर और मोबाइल का साफ्टवेयर तो तुरन्त करते हो, तुम्हारे मस्तिष्क का साफ्टवेयर कब अपडेट (Update) होगा?

क्योंकि तुम विश्वगुरु के अहंकार की दारू पीकर गरीबी, अनपढ़ता, लिंगभेद, जातिभेद, भाषाभेद, क्षेत्रभेद, साम्प्रदायिकता की नाली में पड़े हो! आखिर तुम्हें कब मिलेगी आजादी? इस उम्दा मानसिक गुलामी से?

सोच के बता देना!!
आओ एक कदम शब्दों के उँचाइयों की ओर..........

IDEAS + ACTION = CHANGE

व्यवस्था के परिवर्तन या सत्यीकरण का पहला प्रारूप और उसकी कार्य विधि

उदाहरण के रूप में, यदि किसी शिक्षित व्यक्ति जिसे अंकगणित का ज्ञान हो, उसके समक्ष संख्या 5 लिख दिया जाये और उससे कहा जाये कि इस संख्या के आगे और पीछे की संख्या लिखें तो वह आसानी से उसे लिख देगा परन्तु अंकगणित का अज्ञानी ऐसा नहीं कर पायेगा। उसका सारा ध्यान केवल संख्या 5 पर ही टिका रह जायेगा क्योंकि वह संख्या पद्धति से अपरिचित है। अगर वह कुछ लिख भी देगा तो वह आवश्यक नहीं कि सत्य हो और उसमें सुधार की पूरी सम्भावना बनी रहेगी। समाज सुधार के क्षेत्र में भी यही बात है। हम एक समस्या देखते हैं फिर उसमें कुछ सुधार कर देते हैं। फल यह होता है कि कुछ समय बाद पुनः उसमें सुधार की आवश्यकता आ जाती है।

जितने अधिक आकड़ों को विश्लेषित कर हम परिणाम को खोजेंगे उतने ही सत्य परिणाम हमारे सामने आयेंगे। प्रस्तुत शास्त्र व्यक्त अधिकतम आकड़ों के व्यवस्थित प्रस्तुतीकरण का शास्त्र है। दूसरे रूप में इसे धर्म ज्ञान का बैलेन्ससीट भी कह सकते है। इन सम्पूर्ण आकड़ों पर आधारित होकर व्यक्ति, समाज और विश्व राष्ट्र के लिए लिया गया निर्णय ही एक सत्य निर्णय हो सकता है। समाज सुधार के सम्बन्ध में स्वामी विवेकानन्द का कहना है कि-"तथाकथित समाज-सुधार के विषय में हस्तक्षेप न करना क्योंकि पहले आध्यात्मिक सुधार हुये बिना अन्य किसी भी प्रकार का सुधार हो नहीं सकता (राम पृष्ठ मिशन, पत्रावली भाग-1, पृष्ठ-29), भारत के शिक्षित समाज से मैं इस बात पर सहमत हूँ कि समाज का आमूल परिवर्तन करना आवश्यक है। पर यह किया किस तरह जाये? सुधारकों की सब कुछ नष्ट कर डालने की रीति व्यर्थ सिद्ध हो चुकी है। मेरी योजना यह है, हमने अतीत में कुछ बुरा नहीं किया। निश्चय ही नहीं किया। हमारा समाज खराब नहीं, बल्कि अच्छा है। मैं केवल चाहता हूँ कि वह और भी अच्छा हो। हमें असत्य से सत्य तक अथवा बुरे से अच्छे तक पहुँचना नहीं है। वरन् सत्य से उच्चतर सत्य तक, श्रेष्ठ से श्रेष्ठतर और श्रेष्ठतम तक पहुँचना है। मैं अपने देशवासियों से कहता हूँ कि अब तक जो तुमने किया, सो अच्छा ही किया है, अब इस समय और भी अच्छा करने का मौका आ गया है।"-(राम पृष्ठ मिशन, जितने मत उतने पथ, पृष्ठ-46)

व्यक्ति हो या ज्ञानी, समाज हो या राज्य, देश हो या विश्व, समाज नेता हों या राजनेता सभी को अब यह जान लेना चाहिए कि विश्व एक परिवार है और उस परिवार का शास्त्र-"विश्वशास्त्र" है। जब तक यह शास्त्र उपलब्ध नहीं था तब तक इस विश्व परिवार के एकीकरण का मार्ग नहीं खुला था, अब वह मार्ग मिल चुका है। कोई भी समाज निर्माण या युग परिवर्तन का कार्य एक क्षण का कार्य नहीं है। यह एक लम्बी अवधि की प्रक्रिया का कार्य है। इसे हम उन समाज सुधारकों के संस्थाओं के कार्य को देख कर अनुभव कर सकते हैं।

व्यवस्था परिवर्तन, एक राजनीतिक लुभावना वाला शब्द है। वह कैसे होगा, इसके लिए एक प्रारूप की आवश्यकता होती है अगर वह नहीं है तो व्यवस्था परिवर्तन चिल्लाने से नहीं होता। फिर व्यवस्था परिवर्तन किस बात का? मानव समाज को संचालित करने के लिए तो सिर्फ दो ही मूल व्यवस्था है-एक राजतन्त्र, जिसका युग जा चुका है। दूसरा-लोकतन्त्र, जिसका युग चल रहा है और यही अन्तिम व्यवस्था भी बनी रहेगी क्योंकि ब्रह्माण्डीय व्यवस्था भी लोकतन्त्र से ही चल रहा है और मनुष्य के मस्तिष्क से अन्ततः वही व्यक्त हो रहा है। लोकतन्त्र से हम राजतन्त्र में नहीं जा सकते इसलिए व्यवस्था परिवर्तन का अर्थ ही निरर्थक है।

आवश्यकता है वर्तमान लोकतन्त्र व्यवस्था को ही सत्य आधारित करने की जिसे व्यवस्था सत्यीकरण कहा जा सकता है। इस कार्य में हमें मानकशास्त्र की आवश्यकता है जिससे तोल कर यह देख सके कि इस लोकतन्त्र व्यवस्था में कहाँ सुधार करने से सत्यीकरण हो जायेगा। यह मानकशास्त्र ही "विश्वशास्त्र" है। सिर्फ मतदाता बनने व वोट डालने से ही लोकतन्त्र स्वस्थ नहीं हो सकता। उसके लिए देश व विश्व के पूर्ण ज्ञान की आवश्यकता होगी। इसलिए आवश्यक है कि प्रत्येक मतदाता "विश्वशास्त्र" के ज्ञान से युक्त हो।

अच्छा होता कि हमारे राजनेतागण कुछ दिनों के लिए सन्यास लेकर थोड़ा कुछ अध्ययन-चिंतन करते रहते ताकि उन्हें बार-बार लक्ष्य के लिए शब्दों का परिवर्तन न करना पड़ता। एक ही स्थिति में बहुत समय तक रहने पर बुद्धि, बद्ध हो जाती है। एक-एक सीढ़ी चढ़कर, पहुँच गये-पहुँच गये चिल्लाने से अच्छा है कि अन्तिम सीढ़ी पर पर बैठकर चिल्लाना कि पहुँच गये।

चाहे कुछ हो यदि प्रारूप नहीं, तो न तो व्यवस्था परिवर्तन हो सकता है, न ही व्यवस्था सत्यीकरण हो सकता है, न ही सम्पूर्ण क्रान्ति। भीड़ से क्रान्ति नहीं सिर्फ हंगामा होता है। भीड़ में जोश होता है, होश नहीं।

इस मानक शास्त्र के प्रस्तुत हो जाने से व्यवस्था परिवर्तन की नहीं बल्कि व्यवस्था के सत्यीकरण का मार्ग खुल चुका है। जिसका व्यक्ति, समाज और विश्व राष्ट्र को आवश्यकता भी है। किसी एक विषय पर बहुत अधिक पुस्तक मस्तिष्क को भ्रमित ही करती है। यह शास्त्र प्रारम्भ से अन्त तक के विकास को क्रमबद्ध प्रस्तुत करता है जिससे हम सभी एक सत्य निर्णय करने में सक्षम हों और पूर्ण ज्ञान से युक्त हो जायें और हमारा कोई भी सुधार एक स्थायी, अच्छा और दूरगामी परिणाम देने वाला हो।

प्रश्न यह भी उठता है कि परिवार का मुखिया जिसके द्वारा परिवार का संचालन होता है, यदि वह परिवार के हित व विकास के विषय में कर्म न करता हो तो क्या परिवार का सदस्य उसमें हस्तक्षेप करने का अधिकारी है या नहीं? यही बात देश को चलाने वाले संसद के विषय में भी है। यदि संसद स्वयं देशहित व जनहित के प्रति उदासीन हो जाये तो क्या जनता संसद को मार्गदर्शन देने का अधिकार नहीं रखती? यदि नहीं तो संविधान की धारा-51(ए) के अन्तर्गत नागरिक का मौलिक कर्तव्य की उपयोगिता क्या है? ध्यान रखने योग्य विषय यह है कि कोई भी चुना हुआ प्रतिनिधि सिर्फ उतने ही बड़े क्षेत्र का प्रतिनिधि होता है जिस क्षेत्र से वह चुना जाता है। भारत में ऐसा कोई प्रतिनिधि जनता से नहीं चुना जाता जो भारत का प्रतिनिधित्व करता हो और जब तक भारत का प्रतिनिधित्व करने वाला चुनाव नहीं होता या भारत की जनता का राष्ट्रीय मुद्दों पर विचार कर संसद के कर्तव्य का बोध कराने वाली स्वतन्त्र संस्था नहीं बन जाती, तब तक जनता को संसद को संविधान की धारा-51(ए) के अन्तर्गत नागरिक का मौलिक कर्तव्य के अनुसार न्यायालय व संसद के माध्यम से सरकार को मार्गदर्शन देने का कर्तव्य करना चाहिए जो उसका अधिकार भी है।

वे शब्द जिसके बिना युग परिवर्तन सम्भव नहीं

सन् 1893 से सन् 1993 के 100 वर्षों के समय में विश्व के बौद्धिक शक्ति को जिन्होंने सबसे अधिक हलचल दी वे हैं-धर्म की ओर से स्वामी विवेकानन्द और धार्मिकता की ओर से आचार्य रजनीश"ओशो"। मनुष्य जिस प्रकार भौतिक विज्ञान के नवीन आविष्कारों को आसानी से ग्रहण करता है उसी प्रकार धर्म-आध्यात्म-दर्शन के नवीन आविष्कारों को भी मनुष्य को ग्रहण करना चाहिए, तभी मानसिक-आध्यात्मिक स्वतन्त्रता का अनुभव हो सकेगा। अन्यथा पूर्ण शारीरिक गुलामी का समय बीत चुका, आर्थिक गुलामी का काल चल रहा है और मानसिक गुलामी के काल चक्र में मनुष्य फँस जायेगा।

स्वामी विवेकानन्द जी का कहना था-

- "उसी मूल सत्य की फिर से शिक्षा ग्रहण करनी होगी, जो केवल यहीं से, हमारी इसी मातृभूमि से प्रचारित हुआ था। फिर एक बार भारत को संसार में इसी मूल तत्व का-इसी सत्य का प्रचार करना होगा। ऐसा क्यों है? इसलिए नहीं कि यह सत्य हमारे शास्त्रों में लिखा है वरन् हमारे राष्ट्रीय साहित्य का प्रत्येक विभाग और हमारा राष्ट्रीय जीवन उससे पूर्णतः ओत-प्रोत है। इस धार्मिक सहिष्णुता की तथा इस सहानुभूति की, मातृभाव की महान शिक्षा प्रत्येक बालक, स्त्री, पुरुष, शिक्षित, अशिक्षित सब जाति और वर्ण वाले सीख सकते हैं। तुमको अनेक नामों से पुकारा जाता है, पर तुम एक हो।" (जितने मत उतने पथ, राम कृष्ण मिशन, पृष्ठ-39)।
- "अत: यदि भारत को महान बनाना है, तो इसके लिए आवश्यकता है संगठन की, शक्ति संग्रह की और बिखरी हुई इच्छाशक्ति को एकत्र कर उसमें समन्वय लाने की। अथर्ववेद संहिता की एक विलक्षण ऋचा याद आ गयी जिसमें कहा गया है, "तुम सब लोग एक मन हो जाओ, सब लोग एक ही विचार के बन जाओ। एक मन हो जाना ही समाज गठन का रहस्य है बस इच्छाशक्ति का संचय और उनका समन्वय कर उन्हें एकमुखी करना ही सारा रहस्य है।" (देखें "नया भारत गढ़ो" पृष्ठ संख्या-55)
- "यह भी न भूलना चाहिए कि हमारे बाद जो लोग आएंगे, वे उसी तरह हमारे धर्म और ईश्वर सम्बन्धी धारणा पर हँसेंगे, जिस तरह हम प्राचीन लोगों के धर्म और ईश्वर की धारणा पर हँसते हैं। यह सब होने पर भी, इन सब ईश्वर सम्बन्धित धारणाओं का संयोग करने वाला एक स्वर्ण सूत्र है और वेदान्त का उद्देश्य है-इस सूत्र की खोज करना। भागवान कृष्ण ने कहा है-""भिन्न भिन्न मणियाँ जिस प्रकार एक सूत्र में पिरोयी जा सकती हैं, उसी प्रकार इन सब विभिन्न भावों के भीतर भी एक सूत्र विद्यमान है।" (देखें "ज्ञानयोग", पृष्ठ संख्या-65) ,
- "एक शब्द में वेदान्त का आदर्श है-मनुष्य के सच्चे स्वरूप को जानना।" (देखें "विवेकानन्द राष्ट्र को आह्वान", पृष्ठ सं0-48)।
- यदि हम अपने व्यक्तिगत एवं सामूहिक जीवन में वैज्ञानिक चेतना सम्पन्न एवं आध्यात्मिक एक साथ न हो पाए, तो मानवजाति का अर्थपूर्ण अस्तित्व ही संशय का विषय हो जाएगा। (विज्ञान और आध्यात्मिकता, पृष्ठ-9)
- हमेशा यूरोप से सामाजिक तथा एशिया से आध्यात्मिक शक्तियों का उद्भव होता रहा है एवं इन दोनों शक्तियों के विभिन्न प्रकार के सम्मिश्रण से ही जगत का इतिहास बना है। वर्तमान मानवेतिहास का एक और नवीन पृष्ठ धीरे-धीरे विकसित हो रहा है एवं चारो ओर उसी का चिन्ह दिखाई दे रहा है। कितनी ही नवीन योजनाओं का उद्भव तथा नाश होगा, किन्तु योग्यतम वस्तु की प्रतिष्ठा सुनिश्चित है, सत्य और शिव की अपेक्षा योग्यतम वस्तु और हो ही क्या सकती है? (पत्रावली भाग-1, पृष्ठ-310)

स्वामी विवेकानन्द के अनुसार शब्द से सृष्टि का रहस्य

26. बृहत् ब्रह्माण्ड में भी ब्रह्मा, हिरण्यगर्भ या समष्टि महत् ने पहले अपने आप को नाम के, और फिर बाद में रुप के आकार में अर्थात् इस परिदृश्यमान जगत के आकार में अभिव्यक्त किया। (भक्ति योग, पृष्ठ-44)
27. यह सारा व्यक्त इन्द्रियग्राह्य जगत रुप है, और इसके पीछे है अनन्त अव्यक्त स्फोट। स्फोट का अर्थ-समस्त जगत की अभिव्यक्ति का कारण शब्द-ब्रह्म है। समस्त नामों अर्थात् भावों की नित्य समवायी उपादान स्वरुप यह नित्य स्फोट ही वह शक्ति है, जिससे भगवान इस विश्व की सृष्टि करते हैं। यही नहीं बल्कि भगवान पहले स्फोट रुप में परिणत हो जाते हैं और तत्पश्चात् अपने को उससे भी स्थूल इस इन्द्रियग्राह्य जगत के रुप में परिणत कर लेते हैं। (भक्ति योग, पृष्ठ-45)
28. इस स्फोट का एक मात्र वाचक शब्द है-"ऊँ"। और चूँकि हम किसी भी उपाय से शब्द को भाव से अलग नहीं कर सकते, इसलिए यह "ऊँ" भी इस नित्य स्फोट से नित्य संयुक्त है। (भक्ति योग, पृष्ठ-45)
29. एकमेव यह "ऊँ" ही इस प्रकार सर्वभावाव्यापी वाचक शब्द है, अन्य कोई भी इसके समान नहीं। स्फोट ही सारे भावों का उपादान है, फिर भी वह स्वयं पूर्ण रुप से विकसित कोई विशिष्ट भाव नहीं है। अर्थात् यदि उन सब भेदों को, जो एक भाव को दूसरे से अलग करते हैं, निकाल दिया जाय, तो जो कुछ बचा रहता है, वही स्फोट है। इसलिए इस स्फोट को "नादब्रह्म" कहते हैं। (भक्ति योग, पृष्ठ-45)
30. जो वाचक शब्द उसे सब से कम विशेषभावापन्न करेगा, पर साथ ही उसके स्वरुप को यथासम्भव पूरी तरह प्रकाशित करेगा, वही उसका सबसे सच्चा वाचक होगा। और यह वाचक शब्द है-एकमात्र "ऊँ" क्योंकि ये तीनों अक्षर अ, उ और म्, जिनका एक साथ उच्चारण करने से "ऊँ" होता है, समान शब्दों के साधारण वाचक के तौर पर लिये जा सकते हैं। (भक्ति योग पृष्ठ, पृष्ठ-46)
31. अक्षर "अ" सारे अक्षरों में सबसे कम विशेषभावापन्न है। इसीलिए भगवान श्रीकृष्ण गीता में कहते हैं-"अक्षरों में मैं "अ" कार हूँ। " (गीता,10/33) स्पष्ट रुप से उच्चारित जितने भी शब्द हैं, उनकी उच्चारण क्रिया मुख में जिह्वा के मूल से आरम्भ होती है और ओठों में आकर समाप्त हो जाती है। "अ" जिह्वा मूल अर्थात् कण्ठ से उच्चारित होता है, और "म" ओठों से होने वाला अन्तिम शब्द है। और "उ" उस शक्ति का सूचक है, जो जिह्वा मूल से आरम्भ होकर मुँह भर में लुढ़कती हुई ओठों में आकर समाप्त हो जाती है। यदि "ऊँ" का उच्चारण ठीक ढंग से किया जाय, तो इसके शब्दोच्चारण की सम्पूर्ण क्रिया सम्पन्न हो जाती है-दूसरे किसी भी शब्द में यह शक्ति नहीं। (भक्ति योग, पृष्ठ-46)
32. जिस प्रकार अल्पतम् विशेष भावात्मक तथा सार्वभौमिक वाचक शब्द "ऊँ" के सम्बन्ध में वाच्य और वाचक आपस में अभेद्य रुप से सम्बद्ध हैं उसी प्रकार वाच्य और वाचक का यह अविच्छिन्न सम्बन्ध भगवान और विश्व के विभिन्न खण्ड भावों पर भी लागू है, अतएव उनमें से प्रत्येक का एक विशिष्ट वाचक शब्द होना आवश्यक है। (भक्ति योग, पृष्ठ-47)
33. ये वाचक शब्द ऋषियों की गम्भीरतम आध्यात्मिक अनुभूति से उत्पन्न हुए हैं और वे भगवान तथा विश्व के जिन विशेष-विशेष खण्ड भाव के वाचक हैं, उन विशेष भावों को यथासम्भव प्रकाशित करते हैं। जिस प्रकार "ऊँ" अखण्ड ब्रह्म का वाचक है, उसी प्रकार अन्यान्य मंत्र भी उसी परम पुरुष के खण्ड-खण्ड भावों के वाचक हैं। ये सभी ईश्वर के ध्यान और प्रकृत ज्ञान की प्राप्ति में सहायक हैं। (भक्ति योग, पृष्ठ-47)
34. सृष्टि के पूर्व ब्रह्म शब्दात्मक बनते है, फिर ओंकारात्मक या नादात्मक होते है। तत्पश्चात पहले कल्पों के विशेष शब्द जैसे-भूः, भुवः, स्व-अथवा गो, मानव, घट, पट इत्यादि का प्रकाश उसी ओंकार से होता है। सिद्ध संकल्प ब्रह्म में क्रमश-एक-एक शब्द के होते ही उसी क्षण उन सब पदार्थो का भी प्रकाश हो जाता है और इस विचित्र जगत् का विकास हो उठता है। अब समझे न कि कैसे शब्द ही सृष्टि का मूल है। -स्वामी विवेकानन्द (विवेकानन्द जी के संग में पृष्ठ-62)
35. यह सारा व्यक्त इन्द्रिय ग्राह्य जगत रूप है, और इसके पीछे है अनन्त अव्यक्त स्फोट। स्फोट का अर्थ-समस्त जगत की अभिव्यक्ति का कारण शब्द-ब्रह्म। समस्त नामों अर्थात् भावों की नित्य समवायी उपादान स्वरूप यह नित्य स्फोट ही वह शक्ति है, जिससे भगवान इस विश्व की सृष्टि करते है। यही नहीं बल्कि भगवान पहले स्फोट-रूप में परिणत हो जाते है और तत्पश्चात अपने को उससे भी स्थूल इस इन्द्रिय ग्राह्य जगत् के रूप में परिणत कर लेते है। -स्वामी विवेकानन्द (राजयोग-पृष्ठ-45)

आचार्य रजनीश"ओशो" का कहना था-

- "श्रीकृष्ण का महत्व अतीत के लिए कम भविष्य के लिए ज्यादा है। सच ऐसा है कि कृष्ण अपने समय से कम से कम पाँच हजार वर्ष पहले पैदा हुये। सभी महत्वपूर्ण व्यक्ति अपने समय से पहले पैदा होते हैं और

सभी गैर महत्वपूर्ण व्यक्ति अपने समय के बाद पैदा होते हैं। बस महत्वपूर्ण और गैर महत्वपूर्ण में इतना फर्क है और सभी साधारण व्यक्ति अपने समय के साथ पैदा होते हैं महत्वपूर्ण व्यक्ति को समझना आसान नहीं होता। उसका वर्तमान और अतीत उसे समझने में असमर्थता अनुभव करता है जब हम समझने योग्य नहीं हो पाते तब हम उसकी पूजा शुरु कर देते हैं या तो हम उसका विरोध करते हैं। दोनों पूजाएं हैं एक मित्र की एक शत्रु की।"

- उसके लिए सब हंसी खेल है, सब लीला है। इसलिए हमने कृष्ण को पूर्णावतार कहा। राम गम्भीर हैं छोटी-छोटी बात का हिसाब रखते हैं। नियम मर्यादा से चलते हैं- मर्यादा पुरूषोत्तम हैं। कृष्ण अमर्याद हैं न कोई नियम है न कोई मर्यादा। कृष्ण के लिए जीवन लीला है।
- धर्म कोई विषय थोड़े ही है। धर्म की कोई सीमा थोड़े ही है। धर्म तो समस्त जीवन का नाम है। जीवन में जो कुछ भी समाविष्ट है, धर्म उस सभी के सम्बन्ध में वक्तव्य देने का हकदार है। राजनीतिज्ञ, धर्म के सम्बन्ध में वक्तव्य नहीं दे सकता क्योंकि राजनीति की सीमा है। लेकिन धार्मिक व्यक्ति, राजनीति के सम्बन्ध में वक्तव्य दे सकता है क्योंकि धर्म की कोई सीमा नही है धर्म असीम है, धर्म तो पूरे जीवन को घेरता है जैसे आकाश घेरता है। धर्म से तो कोई भी चीज छोड़ी नहीं जा सकती। धार्मिक व्यक्ति की दृष्टि तो सब सम्बन्धों में होगी।
- जो एक गुरू बोल रहा है, वह अनन्त सिद्धों की वाणी है। अभिव्यक्ति में भेद होगा, शब्द अलग होंगे, प्रतीक अलग होंगे मगर जो एक सिद्ध बोलता है, वह सभी सिद्धों की वाणी है। इनसे अन्यथा नहीं हो सकता है। इसलिए जिसने एक सिद्ध को पा लिया, उसने सारे सिद्धों की परम्परा को पा लिया। क्योंकि उनका सूत्र एक ही है। कुंजी तो एक ही है, जिसमें ताला खुलता है अस्तित्व का।
- "इस देश को कुछ बाते समझनी होगी। एक तो इस देश को यह बात समझनी होगी कि तुम्हारी परेशानियों, तुम्हारी गरीबी, तुम्हारी मुसीबतों, तुम्हारी दीनता के बहुत कुछ कारण तुम्हारे अंध विश्वासों में है, भारत कम से कम डेढ़ हजार साल पिछे घिसट रहा है। ये डेढ़ हजार साल पूरे होने जरूरी है। भारत को खिंचकर आधुनिक बनाना जरूरी है। मेरी उत्सुकता है कि इस देश का सौभाग्य खुले, यह देश भी खुशहाल हो, यह देश भी समृद्ध हो। क्योंकि समृद्ध हो यह देश तो फिर राम की धुन गुंजे, समृद्ध हो यह देश तो फिर लोग गीत गाँये, प्रभु की प्रार्थना करें। समृद्ध हो यह देश तो मंदिर की घंटिया फिर बजे, पूजा के थाल फिर सजे। समृद्ध हो यह देश तो फिर बाँसुरी बजे कृष्ण की, फिर रास रचे! यह दीन दरिद्र देश, अभी तुम इसमें कृष्ण को भी ले आओंगे तो राधा कहाँ पाओगे नाचनेवाली? अभी तुम कृष्ण को भी ले आओगे, तो कृष्ण बड़ी मुश्किल में पड़ जायेंगे, माखन कहाँ चुरायेगें? माखन है कहाँ? दूध दही की मटकिया कैसे तोड़ोगे? दूध दही की कहाँ, पानी तक की मटकिया मुश्किल है। नलों पर इतनी भीड़ है! और एक आध गोपी की मटकी फोड़ दी, जो नल से पानी भरकर लौट रही थी, तो पुलिस में रिपोर्ट दर्ज करा देगी कृष्ण की, तीन बजे रात से पानी भरने खड़ी थी नौ बजते बजते पानी भर पायी और इन सज्जन ने कंकड़ी मार दी। धर्म का जन्म होता है जब देश समृद्ध होता है। धर्म समृद्ध की सुवास है। तो मैं जरूर चाहता हूँ यह देश सौभाग्यशाली हो लेकिन सबसे बड़ी अड़चन इसी देश की मान्यताएं है। इसलिए मैं तुमसे लड़ रहा हूँ। तुम्हारे लिए।"

व्यक्ति-समाज-राज्य-विश्व की आवश्यकता, भविष्यवक्ताओं की भविष्यवाणीयां, ग्रहों के चालों, सूर्य व चन्द्र ग्रहण, सामाजिक-राजनीतिक विचारकों के विचार-सपनें-उम्मीद इत्यादि युग परिवर्तन की ओर दिशा निर्देश कर रहीं हैं। ऐसे में सृष्टि के लिए सार्वभौम सर्वोच्च अन्तिम अर्थों वाले शब्दों (जिसकी सूची अगले पृष्ठ पर दी गई है।) **पर चर्चा ही एक मात्र युग परिवर्तन का मार्ग है।**

वे सार्वभौम एकात्म शब्द जिसके बिना युग परिवर्तन सम्भव नहीं (सर्वोच्च, अन्तिम और दृश्य)

क्र.सं. विषय क्षेत्र	सम्बन्धित क्षेत्र से मुख्य नाम
01. विश्व क्षेत्र	विश्व संविधान/साहित्य/विचार/सिद्धान्त/प्रबन्ध/दर्शन/मत/मानव/एकता/शान्ति/विकास/स्थिरता/आत्मा / अभिनेता/बुद्धि/राजनीति/क्रांति
02. राज्य क्षेत्र	विश्व (राष्ट्र) ऐजेण्डा–2012+ (WORLD NATION AGENDA-2012+) विश्व व्यवस्था का अधिकतम एवं न्यूनतम साझा कार्यक्रम
03. समाज क्षेत्र	लोक/गण/जन ऐजेण्डा–2012+ (PUBLIC AGENDA-2000+)
04. धर्म क्षेत्र	वेदान्त धर्म स्थापना
05. साहित्य क्षेत्र	विश्व साहित्य–"विश्वभारत" समाहित "विश्वशास्त्र" साहित्य– आदर्श वैश्विक व्यक्ति चरित्र कथा साहित्य
06. सामाज शास्त्र	मानक/जन/गण/लोक शास्त्र
07. धर्मशास्त्र	धर्मयुक्त नाम – कर्मवेदः प्रथम, अन्तिम और पंचम वेद और आधारित उपनिषद् (व्यष्टि एवं समष्टि) सर्वधर्मसमभाव / धर्मनिरपेक्ष नाम – मन की गुणवत्ता का विश्व मानक : शून्य श्रृंखला (व्यष्टि एवं समष्टि)
08. मानक क्षेत्र	मन की गुणवत्ता का विश्व मानक : शून्य श्रृंखला
09. अदृश्य विज्ञान	दृश्य आध्यात्म विज्ञान
10. दृश्य विज्ञान	धर्म विज्ञान या एकात्म विज्ञान (Integration Science)
11. इंजीनियरिंग	सत्य सामाजिक अभियंत्रण (Real Social Engineering)
12. तकनीकी	सत्य सामाजिक तकनीकी (Real Social Technology) : WCM-TLM-SHYAM.C Technology
13. संविधान	विवादमुक्त तन्त्रों पर आधारित संविधान
14. राजनीति	सत्य राजनीति/राजनीति–2012+ (POLITICS-2012+)
15. संगठन	विश्व राजनीतिक पार्टी संघ (World Political Party Organisation- WPPO)
16. शिक्षा	पूर्णज्ञान/पूर्ण शिक्षा प्रणाली/शिक्षा -2012+ (EDUCATION-2012+)
17. राष्ट्र सम्बन्ध	आदर्श राष्ट्रीय नागरिक
18. वेदान्त	कर्म वेदान्त : वेदान्त की अन्तिम शाखा
19. मतवाद	एकात्म कर्मवाद : एकात्म मानवतावाद का व्यावहारिक रुप
20. दार्शनिक	विकास दर्शन (Development Philosophy)
21. क्रांति	संपूर्ण क्रांति (Complete Revolution) : प्रलय, स्थिति एवं सृष्टि
22. सांस्कृतिक	भोगेश्वरः भोग (पाश्चात्य) + ईश्वर (प्राच्य) = एकात्म या ईश्वरत्व भाव से भोग
23. मन	विश्व मन (WOLD MIND)
24. मानव	विश्वमानव (विश्वमन से युक्त)
25. मनु	8वें मनु – सावर्णि मनु
26. अवतार	भगवान विष्णु के 10वें और अन्तिम तथा भगवान शंकर के 22वें और अन्तिम संयुक्तावतार (निष्कलंक कल्कि एवं भोगेश्वर)
27. निराकार ब्रह्म	सार्वभौम सत्य–सिद्धान्त (UNIVERSAL TRUTH-THEORY) : विश्व–बन्धुत्व का सिद्धान्त
28. साकार ब्रह्म	लव कुश सिंह
29. पुनर्जन्म–सत् मार्ग से	बुड्ढा कृष्ण (कृष्ण भाग – 2 और अन्तिम) – कृष्ण की अगली और अन्तिम कड़ी
30. पुनर्जन्म–रज मार्ग से	स्वामी विवेकानन्द का पुनर्जन्म
31. पुनर्जन्म–तम मार्ग से	रावण की अगली कड़ी
32. आत्मा	दृश्य विश्वात्मा/ शिव/ ब्रह्म/ मैं
33. अभिनय	वास्तविक जीवन का अभिनेता (Real Life Actor)
34. बम	ज्ञान बम – आध्यात्मिक न्यूट्रान बम
35. अस्त्र	अनियन्त्रित पशुपास्त्र (नारायणास्त्र या सु–दर्शन चक्र व ब्रह्मास्त्र समाहित)
36. माया	योग माया समाहित भोगमाया
37. ज्ञान	एकात्म कर्मज्ञान (शास्वत) : व्यष्टि एवं समष्टि
38. बुद्धि	विश्व बुद्धि व चेतना या सत्य चेतना : पूर्व व्यक्त सत्य चेतना
39. ध्यान व योग	दृश्य सत्य–क्रियाकलाप–एकात्म योग व ध्यान (अन्तिम योग व अन्तिम ध्यान)
40. मिशन	प्राकृतिक सत्य मिशन (Natural Truth Mission)–सर्वोच्च और अन्तिम मिशन
41. धार्मिक नगर	एकात्म काशी– जीवनदायिनी सत्यकाशी : पंचम, अन्तिम तथा सप्तम काशी
42. शक्ति	आत्मशक्ति (SPIRIT POWER),मस्तिष्क शक्ति (BRAIN POWER), मन शक्ति (MIND POWER),सत्य शक्ति (TRUTH POWER)
43. जीवन कथा	विश्वमानव लीला/दर्पण : दो विपरीत दिशाओं के साथ प्रथम एवं अन्तिम कथा
44. प्रेम और कर्म	शास्वत प्रेम और कर्म
45. समन्वय	अन्तिम समन्वय–सिद्धान्त
46. आचार्य	अन्तिम समन्वयाचार्य
47. कला	विश्वमानव कला (कृष्ण कला समाहित)
48. परिचालन प्रणाली	अवतार का परिचालन प्रणाली : मानव–10 (Avatar's Operating System-AOS : Human-10)
49. शंकराचार्य पीठ	सत्यकाशी पीठ : पंचम और अन्तिम शंकराचार्य पीठ

भाग-5

केन्द्र या मध्य (भारत) में पांचवां और अन्तिम सत्यकाशी पीठ

सत्यकाशी पीठ: स्थान

सत्यकाशी पीठ: इतिहास और उद्देश्य

पाँचवाँ और अंतिम शंकराचार्य पीठ: इसकी विशेषता

"हिन्दू धर्म की जो पकड़ थी, वह इस समय कमजोर पड़ गयी है क्योंकि भारतीय स्वतंत्रता आन्दोलन के समय से राजनेताओं का वर्चस्व बढ़ा और उन्होंने धर्म रक्षकों को दबा दिया, जिसके परिणामस्वरूप 163 साल तक शंकराचार्य की पदवी खाली रही। इसलिए आवश्यक है कि शिक्षा के क्षेत्र में धर्म की स्थापना हो। स्वस्थ एवं श्रेष्ठ साहित्य का सृजन हो। महापुरूषों को घूम-घूम कर सनातन धर्म का प्रचार-प्रसार करना चाहिए जिससे लोगों के हृदय में भारतीय धर्म-शास्त्र के प्रति आस्था-विश्वास बढ़े।"

- स्वामी स्वरूपानन्द (द्वारिका पीठाधीश्वर जगद्‌गुरू शंकराचार्य)

साभार - दैनिक आज, समाचार पत्र, वाराणसी, दि0 10-5-1997

स्पष्टिकरण

सत्य से सार्वभौम सत्य-सिद्धान्त तक का मार्ग अवतारों का मार्ग है। सार्वभौम सत्य-सिद्धान्त की अनुभूति ही अवतरण है। इसके अंश अनुभूति को अंश अवतार तथा पूर्ण अनुभूति को पूर्ण अवतार कहते है। ग्रन्थों में अवतारों की कई कोटि बतायी गई है जैसे अंशाशावतार, अंशावतार, आवेशावतार, कलावतार, नित्यावतार, युगावतार इत्यादि, जो भी सार्वभौम सत्य-सिद्धान्त को व्यक्त करता है वे सभी अवतार कहलाते हैं। व्यक्ति से लेकर समाज के सर्वोच्च स्तर तक सार्वभौम सत्य-सिद्धान्त को व्यक्त करने के क्रम में ही विभिन्न कोटि के अवतार स्तरबद्ध होते हैं। अवतार मानव मात्र के लिए ही कर्म करते हैं न कि किसी विशेष मानव समूह या सम्प्रदाय के लिए। अवतार, धर्म, धर्मनिरपेक्ष व सर्वधर्मसमभाव से युक्त अर्थात एकात्म से युक्त होते है। इस प्रकार अवतार से उत्पन्न शास्त्र मानव के लिए होते हैं, न कि किसी विशेष मानव समूह के लिए। उत्प्रेरक, शासक और मार्गदर्शक आत्मा सर्वव्यापी है। इसलिए एकात्म का अर्थ संयुक्त आत्मा या सार्वजनिक आत्मा है। अवतारों के प्रत्यक्ष और प्रेरक दो कार्य विधि हैं। प्रत्यक्ष अवतार वे होते हैं जो स्वयं अपनी शक्ति का प्रत्यक्ष प्रयोग कर समाज का सत्यीकरण करते हैं। यह कार्य विधि समाज में उस समय प्रयोग होता है जब अधर्म का नेतृत्व एक या कुछ मानवों पर केन्द्रित होता है। प्रेरक अवतार वे होते हैं जो स्वयं अपनी शक्ति का अप्रत्यक्ष प्रयोग कर समाज का सत्यीकरण जनता एवं नेतृत्वकर्ता के माध्यम से करते हैं। यह कार्य विधि समाज में उस समय प्रयोग होता है जब समाज में अधर्म का नेतृत्व अनेक मानवों और नेतृत्वकर्ताओं पर केन्द्रित होता है।

इन विधियों में से कुल दस अवतारों में से प्रथम सात (मत्स्य, कूर्म, वाराह, नृसिंह, वामन, परशुराम, राम) अवतारों ने समाज का सत्यीकरण प्रत्यक्ष विधि के प्रयोग द्वारा किया था। आठवें अवतार (श्रीकृष्ण) ने दोनों विधियों प्रत्यक्ष ओर प्रेरक का प्रयोग किया था। नवें (भगवान बुद्ध) और अन्तिम दसवें अवतार की कार्य विधि प्रेरक ही है।

सनातन अद्वैत दर्शन के अनुसार यह जगत ही ईश्वर का दृश्य रूप है। ऐसे में सभी ईश्वर हैं। सभी ईश्वर के बहुरूप हैं और सभी में प्रकाशित वही ईश्वरीय सत्ता है। सार्वभौम एकात्म की ओर ले जाने वाले सभी प्रक्षेपित

मानक चरित्र सनातन हैं जैसे ब्रह्मा परिवार, विष्णु परिवार और महेश परिवार। इस सार्वभौम एकात्म की ओर विचार व्यक्त करने वाला अर्थात उसी का प्रचार-प्रसार व स्थापना करने वाला युगावतार तो नहीं हो सकता लेकिन वह अवतार अवश्य होता है क्योंकि उसने भी उस सार्वभौम सत्य-सिद्धान्त का साक्षात्कार किया है।

ईश्वर के मानवीयकरण व मानव के ईश्वरीयकरण के लिए आपके भौतिक शरीर से व्यक्त विश्वात्मा की इच्छा को धर्म क्षेत्र से नाम कर्मवेदः प्रथम, अन्तिम तथा पंचम वेद एवं धर्मनिरपेक्ष क्षेत्र से मन का विश्वमानकः शून्य श्रृंखला समाहित "विश्वशास्त्र-द नाॅलेज आॅफ फाइनल नाॅलेज" के रूप में पूर्ण किया जा चुका है। जिसमें पुराणों का धर्मनिरपेक्ष और सर्वधर्मसमभाव रूप भी सम्पूर्ण मानव जाति को स्पष्ट दृष्टिगत होगा। परिणामस्वरूप भारतीय धर्म शास्त्रों के प्रति विश्वव्यापी आस्था बढ़ना स्वाभाविक है। साथ ही अनेक सत्य-साहित्यों की रचना के लिए भी मार्ग प्रशस्त और रचना कर दिये गये हैं।

तीनों देवताओं ब्रह्मा, विष्णु और शिव-शंकर के मूल गुणों के आधार पर उनके वास्तविक रुप अर्थात् चार वेदों को व्यक्त करने वाले चार मुखों से युक्त सृष्टिकर्ता ब्रह्मा का रुप, चार भुजाओं से युक्त पालनकर्ता विष्णु का रुप तथा ब्रह्मा और विष्णु समाहित पाँचों वेदों को व्यक्त करने वाले पाँच मुखों से युक्त कल्याणकर्ता शिव-शंकर का अन्तिम रुप, तीनों देवताओं का दिव्यरुप कहलाता है। इसी अनुसार शिव-शंकर के अवतार ही केवल पंचमुखी होते हैं। इसी क्रम में पंचमुखी हनुमान और वेद माता मां गायत्री को भी दिखाया गया है। इस अनुसार पांचवें वेद और पांचवें शंकराचार्य पीठ की स्थापना ही युग परिवर्तन की प्रक्रिया का आरम्भ और सनातन विश्व की ओर कदम है।

व्यक्ति-समाज-राज्य-विश्व की आवश्यकता, भविष्यवक्ताओं की भविष्यवाणीयां, ग्रहों के चालों, सूर्य व चन्द्र ग्रहण, सामाजिक-राजनीतिक विचारकों के विचार-सपनें-उम्मीद इत्यादि युग परिवर्तन की ओर दिशा निर्देश कर रहीं हैं। ऐसे में सृष्टि के लिए सार्वभौम सर्वोच्च अन्तिम अर्थों वाले शब्दों पर चर्चा ही एक मात्र युग परिवर्तन का मार्ग है।

आविष्कार उपयोगी होता है, आविष्कारक नहीं। रचना अधिक समय तक रहती है रचनाकार अदृश्य हो जाता है और रचना के आधार पर अन्य रचना भी होती रहती है।

सनातन विश्व के लिए समस्त प्रक्रिया 150 पुस्तकों के रूप में वेबसाइट

www.64inch.com

पर उपलब्ध है और कार्य समाप्त होता है। व्यक्ति और नेतृत्वकर्ता अपने धर्म

का पालन करें, समाधान उपलब्ध हो चुका है।

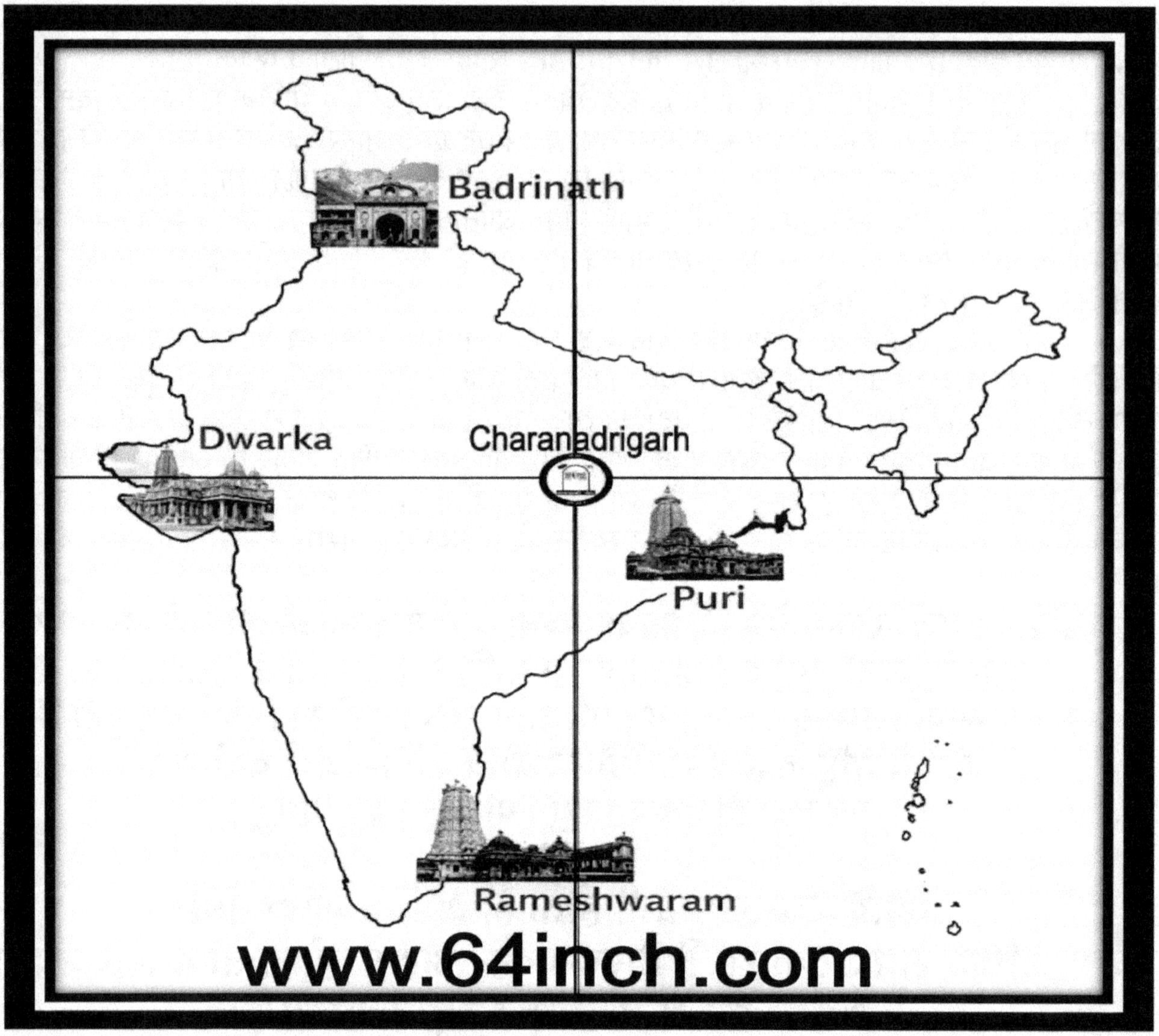

दिशा	पीठ का नाम/ स्थान	उद्देश्य	संबंधित वेद	महावाक्य	तत्व
उत्तर	बदरी ज्योतिर्मठ पीठ उत्तराखंड, जोशीमठ	ज्ञान और विवेक	अथर्ववेद	अयमात्मा ब्रह्म (यह आत्मा ब्रह्म है)	वायु
दक्षिण	श्रींगेरी शारदा पीठ कर्नाटक, श्रींगेरी	स्थिरता और परंपरा	यजुर्वेद	अहम् ब्रह्मास्मि (मैं ब्रह्म हूँ)	पृथ्वी
पूर्व	पुरी गोवर्धनमठ पीठ ओडिशा, पुरी	भक्ति और समर्पण	ऋग्वेद	प्रज्ञानं ब्रह्म (चेतना ब्रह्म है)	जल
पश्चिम	द्वारका शारदा पीठ गुजरात, द्वारका	कर्म और संकल्प	सामवेद	तत्त्वमसि (तू ब्रह्म है)	अग्नि
केन्द्र या मध्य	सत्यकाशी पीठ उत्तर प्रदेश, चरणाद्रिगढ़	चेतना और एकत्व	कर्मवेद	सर्वे ब्रह्म (सभी ब्रह्म हैं)	आकाश

क्षिति, जल, पावक, गगन, समीरा। पंच तत्व मिलि बनेहु शरीरा ।।

सत्यकाशी पीठ: स्थान

मानव जीवन की यात्रा को हम चार स्तरों में देख सकते हैं - **संभल (Shambhal), संभला (Shambhala), ज्ञानगंज (Gyanganj) और संगरीला (Sangrila)**

संभल (Shambhal) को हम भौतिक जगत का प्रतीक मान सकते हैं। यह धरती पर बसा हुआ वास्तविक नगर है, जहाँ लोग रहते हैं, संघर्ष करते हैं और जीवन की यात्रा करते हैं। धार्मिक मान्यता के अनुसार यहाँ भविष्य में कल्कि अवतार का जन्म होगा। इसका अर्थ यह भी है कि संभल हमें यह याद दिलाता है कि परिवर्तन और नवजागरण हमेशा इसी सांसारिक धरती से प्रारंभ होता है।

संभला (Shambhala) आध्यात्मिक जगत का प्रतीक है। यह उस आदर्श समाज और चेतना की ओर संकेत करता है, जहाँ धर्म, करुणा और सत्य का शासन है। बौद्ध ग्रंथों में इसे एक अदृश्य, पवित्र राज्य बताया गया है। इसका दार्शनिक अर्थ यह है कि हर मनुष्य के भीतर एक संभला है - एक ऐसा क्षेत्र जहाँ शांति, संतुलन और धर्म की शक्ति हमेशा जीवित रहती है। यह हमारे भीतर के आदर्श और परम लक्ष्य का रूप है।

ज्ञानगंज (Gyanganj) गूढ़ और रहस्यमय चेतना का प्रतीक है। यह वह क्षेत्र है, जहाँ अमर योगी और सिद्ध रहते हैं, और जो साधारण दृष्टि से छिपा हुआ है। इसका अर्थ यह है कि सत्य और सर्वोच्च ज्ञान कभी सतही रूप में उपलब्ध नहीं होते, बल्कि गहन साधना और आंतरिक परिवर्तन से ही प्राप्त किए जा सकते हैं। ज्ञानगंज हमें यह सिखाता है कि परम सत्य अदृश्य है, परंतु साधना से प्रकट हो सकता है।

इस प्रकार, ये चारों स्तर - **भौतिक, आध्यात्मिक, गूढ़ और आदर्श** - मानव जीवन और चेतना की समग्र यात्रा का प्रतिनिधित्व करते हैं, जहाँ साधना, अनुभव और ज्ञान मिलकर आत्मा को पूर्णता की ओर ले जाते हैं।

इस प्रकार, इन तीनों को मिलाकर देखा जाए तो:

- **संभल** = जीवन और समाज का यथार्थ (भौतिक जगत)
- **संभला** = आदर्श और धर्म का उच्च स्वरूप (आध्यात्मिक जगत)
- **ज्ञानगंज** = रहस्यमय सत्य और अमर ज्ञान (गूढ़ जगत)

ये तीनों मिलकर मानव जीवन की पूर्ण यात्रा का संकेत देते हैं - भौतिक से आध्यात्मिक और फिर गूढ़ एवं परम सत्य तक।

संगरीला (Sangrila/Shangri-La) एक कल्पित पर्वतीय स्थल है, जिसे आदर्श समाज और शांति का प्रतीक माना जाता है। यह जगह सामान्य दृष्टि से अदृश्य या दूरस्थ मानी जाती है, जहाँ जीवन सुखमय, स्वस्थ और सामंजस्यपूर्ण होता है। दार्शनिक रूप से इसे मानव चेतना के उच्चतम स्तर, आत्मा की शांति और आदर्श जीवन का प्रतीक माना जाता है। **संगरीला (Sangrila)** का अर्थ यह भी है कि सच्ची खुशी और संतुलन केवल भीतर की यात्रा और साधना से ही प्राप्त होते हैं, बाहरी समृद्धि से नहीं।

1. **शब्द-संदर्भ में**: "Sangrila" अक्सर "Shangri-La" का रूपांतर होता है, जो कि एक कल्पित, आदर्श, रहस्यमयी और शांति-पूर्ण स्थान है।
2. **दार्शनिक/आध्यात्मिक संदर्भ में**: इसे ज्ञानगंज या संभला जैसे गूढ़ और रहस्यमयी क्षेत्रों के समान माना जा सकता है।
3. **अन्य संदर्भ**: यदि यह किसी किताब, स्थान या परियोजना का नाम है, तो उसका अलग अर्थ हो सकता है।

पीठ (Peeth) स्थापित करने की योजना

उद्देश्य और दर्शन तय करना

- पहले यह स्पष्ट करें कि पीठ का उद्देश्य क्या होगा:
  - **अद्वैत वेदांत का प्रचार**
  - **साधकों का प्रशिक्षण और मोक्ष की ओर मार्गदर्शन**
  - **धार्मिक शिक्षा, योग और ध्यान केंद्रित करना**
- पीठ का नाम "Satyakashi" इसलिए चुना गया है क्योंकि यह **सत्य और ज्ञान के प्रकाश का प्रतीक** है।

गुरु या आध्यात्मिक मार्गदर्शक

- पीठ को वैध और आध्यात्मिक मान्यता प्राप्त करने के लिए **एक योग्य गुरु या शिष्य परंपरा वाला व्यक्ति** आवश्यक है।
- गुरु का कार्य होगा:
  - **साधकों का प्रशिक्षण**
  - **धर्म और वेदांत का प्रचार**
  - **पीठ की प्रतिष्ठा बनाना**

स्थान और इमारत का चयन

- स्थान चुनते समय ध्यान दें:
  - **शांत और आध्यात्मिक वातावरण**
  - **साधकों के लिए आवास और साधना स्थल**
  - **भक्तों और पर्यटकों के आने-जाने की सुविधा**
- इमारत में हो सकते हैं:
  - मुख्य मंदिर / पूजा स्थल
  - ध्यान और साधना कक्ष
  - वेदांत शिक्षण कक्ष
  - गुरुकुल या आश्रम

धार्मिक और आध्यात्मिक गतिविधियाँ

- नियमित क्रियाएँ:

    - **साधना, ध्यान और कीर्तन**
    - **वेदांत और शास्त्र अध्ययन**
    - **धार्मिक कार्यशालाएँ और प्रवचन**
- विशेष आयोजन:
    - **अस्थायी या वार्षिक उत्सव**
    - **अद्वैत वेदांत पर सेमिनार**
    - **साधक प्रशिक्षण शिविर**

समुदाय और साधकों का निर्माण

- पीठ केवल इमारत नहीं, **साधकों और भक्तों का केंद्र** होना चाहिए।
- इसके लिए करें:
    - सामाजिक और आध्यात्मिक गतिविधियों का आयोजन
    - साधकों के लिए निवास और शिक्षा सुविधाएँ
    - पीठ का प्रचार: पुस्तकों, वेबसाइट और सामाजिक मंचों के माध्यम से

आधिकारिक मान्यता और नेटवर्क

- भारत में शंकराचार्य परंपरा के मुख्य पीठों के साथ **संपर्क और मार्गदर्शन**।
- नए पीठ को स्थानीय प्रशासन और धार्मिक संस्थानों से **मान्यता और सहयोग** दिलाना।
- अन्य पीठों और गुरु परिषदों के साथ **संवाद और सहयोग**।

दीर्घकालीन योजना

- पीठ को स्थायी और प्रतिष्ठित बनाने के लिए:
    - नियमित साधना और शिक्षा कार्यक्रम
    - नए साधकों और भक्तों को जोड़ना
    - पीठ के **अध्यात्मिक, सामाजिक और शैक्षिक प्रभाव** को बढ़ाना

निष्कर्ष:

नया **Satyakashi Peeth** बनाया जा सकता है, लेकिन यह केवल इमारत नहीं, बल्कि **ज्ञान, साधना और आध्यात्मिक मार्गदर्शन का केंद्र** होना चाहिए। एक योग्य गुरु, साधक समुदाय और सही दृष्टिकोण इसके लिए अनिवार्य हैं।

अन्तिम अवतार कल्कि
का संभल (Shambhal), संभला (Shambhala), ज्ञानगंज (Gyanganj) और संगरीला (Sangrila) से सम्बन्ध

इसका उत्तर गहराई से समझा जाए तो यह केवल भूगोल या कथा का नहीं, बल्कि चेतना के विकास का रहस्य है।

1. संभल (Shambhal) - अवतार का धरातल

हिन्दू ग्रन्थों में कहा गया है कि **कल्कि अवतार का जन्म 'संभल' नामक स्थान पर होगा।** यह स्थान भौतिक जगत में मौजूद है - उत्तर प्रदेश का एक नगर, परंतु प्रतीक रूप से यह मानवता के भीतर जन्म लेती दिव्यता का संकेत है। जब धर्म क्षीण होता है, तब वही संभल - अर्थात् "संभलने का बिंदु" - अवतार का आधार बनता है।

संभल = पृथ्वी पर दिव्यता का उद्भव बिंदु।

2. संभला (Shambhala) - धर्मराज्य या दिव्य व्यवस्था

बौद्ध और हिन्दू दोनों परम्पराओं में **Shambhala** को धर्म का गुप्त राज्य माना गया है। बौद्ध ग्रंथ 'कालचक्र तंत्र' में कहा गया है कि जब अधर्म चरम पर होगा, तब Shambhala से एक राजा प्रकट होगा जो अधर्म का अंत करेगा - यह प्रतीक रूप से **कल्कि अवतार का ही वर्णन** है।

संभला = दिव्य शासन या धर्मराज्य, जहाँ से कल्कि की प्रेरणा उठती है।

3. ज्ञानगंज (Gyanganj) - सिद्धों का अदृश्य लोक

ज्ञानगंज को अमर योगियों का क्षेत्र कहा जाता है, जहाँ से विश्व के आध्यात्मिक प्रवाह को दिशा मिलती है। कई सिद्ध परंपराएँ मानती हैं कि कल्कि का आध्यात्मिक मार्गदर्शन इन्हीं योगियों द्वारा किया जाएगा।

ज्ञानगंज = दिव्य ऊर्जा और योगिक शक्ति का स्रोत, जहाँ से कल्कि को आत्मिक बल प्राप्त होगा।

4. संगरीला (Sangrila / Shangri-La) - आदर्श समाज या चेतना का चरम स्वरूप

संगरीला का विचार पश्चिमी और तिब्बती रहस्य परंपराओं में आता है - एक अमर, शांति-पूर्ण, आदर्श स्थान, जहाँ कोई रोग, संघर्ष या अधर्म नहीं होता। यह उस अवस्था का प्रतीक है जो **कल्कि युग के बाद की सृष्टि** होगी - अर्थात सत्ययुग का पुनर्स्थापन।

संगरीला = वह दिव्य युग या चेतना का चरम, जो कल्कि अवतार के कार्य का परिणाम है।

सारांश (संक्षेप में सम्बन्ध)

स्तर	प्रतीक	सम्बन्ध कल्कि से
संभल (Shambhal)	भौतिक जन्मभूमि	कल्कि अवतार का पृथ्वी पर अवतरण
संभला (Shambhala)	दिव्य धर्मराज्य	धर्म का पुनःस्थापन करने की शक्ति का उद्गम
ज्ञानगंज (Gyanganj)	गूढ़ योगिक लोक	कल्कि को आत्मिक दिशा और सिद्ध शक्ति का आधार
संगरीला (Sangrila)	आदर्श चेतना का युग	कल्कि कार्य का अंतिम परिणाम - पुनः सत्ययुग

अर्थात् -

संभल में कल्कि अवतरित होते हैं, संभला से उन्हें धर्म की प्रेरणा मिलती है, ज्ञानगंज से योगिक शक्ति, और संगरीला उनके कार्य का लक्ष्य है - सत्य और शांति का पुनर्स्थापन।

सत्यकाशी पीठः योग्य स्थान

इस संसार को अन्तिम सन्देश देने से पहले आपको उस क्षेत्र से परिचय कराना चाहता हूँ जिस क्षेत्र से यह सन्देश देने का साहस किया गया है क्योंकि कोई भी क्रिया बिना कारण के नहीं होती।

समस्त मूल कार्य जिस क्षेत्र से सम्पूर्ण हुआ, उस क्षेत्र को सत्यकाशी क्षेत्र कहता हूँ और जिस ग्राम का निवासी हूँ वह काशी (वाराणसी) के चौरासी कोस यात्रा तथा सत्यकाशी क्षेत्र का उभय क्षेत्र में स्थित है। इसलिए जितना काशी (वाराणसी) का हूँ उतना ही सत्यकाशी का हूँ। इस प्रकार यह सन्देश काशी-सत्यकाशी का संयुक्त सन्देश है।

सत्यकाशी क्षेत्र जो काशी (वाराणसी), विन्ध्याचल, शिवद्वार और सोनभद्र के बीच का क्षेत्र है, एक पौराणिक-आध्यात्मिक और साधना के लिए उपयुक्त क्षेत्र के रूप में प्राचीन काल से आकर्षण में रहा है। इस क्षेत्र का हृदय क्षेत्र चुनार है। चुनार का किला राजा विक्रमादित्य ने अपने भाई भर्तहरि के तपस्या में हिंसक जानवरों द्वारा व्यवधान न उत्पन्न हो इसके लिए बनवाया था। ये राजा विक्रमादित्य वही हैं जिनके नाम से विक्रम सम्वत् कैलेण्डर स्थापित है। चुनार ईश्वर के पाँचवें अवतार-वामन अवतार का क्षेत्र है जिनसे समाज की शक्ति का प्रथम जन्म हुआ था।

सत्यकाशी क्षेत्र के चारों कोण पर स्थित

1. काशी (वाराणसी) का अपना प्राचीन और पुरातन इतिहास है जो सर्वविदित है।
2. विन्ध्याचल, जो शिव-शक्ति के उपासना का अद्भुत केन्द्र है। यशोदा से उत्पन्न पुत्री (जिनके बदले श्रीकृष्ण प्राप्त हुये थे) महासरस्वती अष्टभुजा देवी के नाम से यहीं स्थापित हैं। भारत देश का मानक समय माँ विन्ध्यवासिनी धाम से तय होता है। पुराणों के अनुसार रावण ने भी इसे मानक समय स्थल मानकर यहाँ शिवलिंग की स्थापना की थी।
3. शिवद्वार, त्रिकोणीय तान्त्रिक साधना के लिए जगत विख्यात था और साधना की राजधानी था। इसे ही मीरजापुर गजेटियर में गुप्तकाशी की संज्ञा से अभिकल्पित किया गया है।
4. सोनभद्र, सोन संस्कृति की पौराणिक पृष्ठभूमि वैदिककालीन सभ्यता की पराकाष्ठापरक ऐतिहासिकता से सम्बद्ध है। सन्त परम्पराओं का एक महत्वपूर्ण परिव्रजन इस क्षेत्र में हुआ जिसमें शैव व शाक्त प्रमुख थे। शैव सम्प्रदाय से जुड़े अघोर तन्त्र ने इसे बहुत सराहा और इसे अपनी कर्मभूमि बना लिया। सोन नद के तट पर शव छेदन क्रिया की भी प्रशिक्षा आयुर्वेद के जिज्ञासुओं को दी जाती थी। शैव तन्त्र से प्रभावित अघोर तन्त्र शव-साधना में सिद्धहस्त था और शव में इकार की प्राण प्रतिष्ठा का जीवन्त रूप शिव को दे देना इनकी अलौकिक साधना का चरमोत्कर्ष है। अघोरपन्थी नाम के पश्चात् "राम" का प्रयोग करते थे। इस क्षेत्र में सवर्ण वर्ग में प्रायः ब्राह्मण वर्ग भी राम का प्रयोग अपने नाम में करता है। इस क्षेत्र में पाशुपात तन्त्र के महान साधक लोरिक का नाम विशेष है।

उपरोक्त तो अति संक्षिप्त परिचय है विस्तार से "विश्वशास्त्र" के अध्याय-दो में प्रकाशित है, जिस क्षेत्र से ये विश्व ऐतिहासिक अन्तिम, अपरिवर्तनीय और अटलनीय सन्देश देने का साहस किया गया है।

भौतिक रूप से सत्यकाशी पीठ के लिए योग्य स्थान सत्यकाशी क्षेत्र ही है। सत्यकाशी पीठ उसी अद्वैत वेदान्त पर आधारित है। जिस के आधार पर आदि शंकाराचार्य द्वारा चार पीठों की स्थापना की थी। युग परिवर्तन के लिए आदि शंकाराचार्य द्वारा स्थापित चार पीठों के वर्तमान शंकाराचार्यों का यह दायित्व है कि वे इस श्रृंखला को आगे बढ़ाते हुये धर्म के वैश्विक स्थापना के लिए आगे आयें।

सत्यकाशी पीठ: इतिहास और उद्देश्य

भारत का इतिहास केवल राजाओं और युद्धों का इतिहास नहीं है,
बल्कि यह **चेतना के विकास का इतिहास** है।
हर युग में जब धर्म और राजनीति के बीच संतुलन बिगड़ता है,
तो कोई न कोई पीठ उस संतुलन को पुनर्स्थापित करने के लिए जन्म लेती है।

ऐसा ही एक अद्वितीय उदय है -
"सत्यकाशी पीठ" का,
जो मानवता के अगले अध्याय की भूमिका बन चुका है।

"जहाँ ज्ञान शासन को दिशा देता है,
वहीं शासन धर्म का साधन बन जाता है।"

काशी से सत्यकाशी तक: चेतना की यात्रा

प्राचीन काशी को "मोक्षभूमि" कहा गया,
क्योंकि वहाँ ज्ञान और मृत्यु - दोनों के रहस्य सिखाए जाते थे।
पर सत्यकाशी - ज्ञान का अगला आयाम है।
यह मृत्यु से मुक्ति नहीं, बल्कि **अज्ञान से मुक्ति** की भूमि है।

तीन चरणों में यह यात्रा समझी जा सकती है:

1. **काशी** - व्यक्तिगत मुक्ति का केंद्र।
2. **महाकाशी** - सार्वभौमिक चेतना का केंद्र।
3. **सत्यकाशी** - वैश्विक एकत्व और अद्वैत शासन का केंद्र।

"काशी आत्मा की दीक्षा है,
सत्यकाशी आत्मा का शासन है।"

स्थापना का उद्देश्य

सत्यकाशी पीठ का जन्म केवल धार्मिक नहीं,
बल्कि आध्यात्मिक-राजनीतिक समन्वय की आवश्यकता से हुआ।
विश्व में बढ़ती भौतिकता, असमानता, और नैतिक संकट के बीच
इस पीठ का उद्देश्य है -

1. **धर्म और शासन के बीच अद्वैत संबंध पुनः स्थापित करना।**
2. **राजनीति को आत्मा से जोड़ना।**
3. **विज्ञान, धर्म, और समाज - तीनों का एक समग्र मॉडल प्रस्तुत करना।**

इसके चार प्रमुख सूत्र:

- **धर्म = चेतना की नीति**
- **राजनीति = सेवा की क्रिया**
- **अर्थनीति = संतुलन की व्यवस्था**
- **विज्ञान = सत्य की खोज**

सत्यकाशी की परंपरा और वंश

सत्यकाशी पीठ किसी व्यक्ति द्वारा स्थापित संस्था नहीं है -
यह **ब्रह्म परंपरा का विस्तार** है।
आदि शंकराचार्य ने चार दिशाओं में चार पीठें स्थापित कीं -
पूर्व, पश्चिम, उत्तर, दक्षिण -
जो वेद, धर्म और आत्मज्ञान के केंद्र बने।

परंतु कालान्तर में जब राजनीति धर्म से अलग और धर्म समाज से अलग हुआ,
तो **पाँचवीं पीठ** की आवश्यकता पड़ी -
जो अद्वैत दर्शन को शासन की नीतियों में उतार सके।

"चार पीठों ने धर्म को जीवित रखा,
पाँचवीं पीठ उसे जीवन में उतारेगी।"

सत्यकाशी का उद्देश्य – धर्म का पुनर्निर्माण, शासन का पुनर्जागरण

आज की मानवता धर्म को या तो संप्रदाय मानती है या अनुष्ठान।
पर सत्यकाशी कहता है -

"धर्म = जीवन की वैज्ञानिक व्यवस्था।"

इस पीठ का उद्देश्य है -
धर्म को **व्यवहार में**, राजनीति को **सेवा में**,
और विज्ञान को **चेतना में** बदलना।

इसके तीन प्रमुख लक्ष्य:

1. **आध्यात्मिक शासन (Spiritual Governance):**
   जहाँ नीतियाँ करुणा और सत्य पर आधारित हों।
2. **चेतना आधारित शिक्षा (Conscious Education):**
   जहाँ बच्चों को ज्ञान नहीं, आत्मा से जोड़ने की विधि सिखाई जाए।
3. **वैश्विक समरसता (Global Oneness):**
   जहाँ राष्ट्रवाद का स्थान "मानववाद" ले ले।

सत्यकाशी और मानवता का भविष्य

सत्यकाशी केवल एक धार्मिक केंद्र नहीं,
बल्कि मानवता का भविष्य मॉडल है।

यह वह स्थान है जहाँ -

- विज्ञान और वेदांत मिलते हैं,
- राजनीति और करुणा जुड़ते हैं,
- और व्यक्ति स्वयं में "राजऋषि" बनता है।

"जब शासक साधक बन जाएगा,
तब ही पृथ्वी पर धर्मराज्य स्थापित होगा।"

निष्कर्ष

सत्यकाशी पीठ का इतिहास कोई कालखंड नहीं,
बल्कि एक **युग की उद्घोषणा** है।
यह उस समय का प्रतीक है
जब ब्रह्मज्ञान शासन का केंद्र बनेगा,
और शासन ब्रह्म की सेवा बन जाएगा।

"सत्यकाशी केवल एक स्थान नहीं -
वह चेतना की वह ज्योति है
जो युगों से अंधकार में जलती रही है।"

पाँचवाँ और अंतिम शंकराचार्य पीठ: इसकी विशेषता

आदि शंकराचार्य ने चार दिशाओं में चार पीठों की स्थापना की -
उत्तर में **ज्योतिर्मठ (बद्रीनाथ)**,
दक्षिण में **श्रृंगेरी पीठ**,
पूर्व में **गौड़पीठ (पुरी)**,
और पश्चिम में **द्वारका शारदापीठ**।

इन चारों पीठों ने धर्म की लौ को जलाए रखा -
ज्ञान, भक्ति, कर्म और योग - चारों मार्गों के संतुलन से।
परंतु जैसे-जैसे युग आगे बढ़ा,
मानवता की चुनौती केवल धर्म रक्षा नहीं रही,
बल्कि **धर्म को शासन, विज्ञान और समाज में जीवित रखना** बन गई।

इसी आवश्यकता से जन्म लेता है -
पाँचवाँ और अंतिम शंकराचार्य पीठ - "सत्यकाशी पीठ।"

"चार पीठों ने धर्म को सुरक्षित रखा,
पाँचवाँ पीठ धर्म को सार्वभौमिक बना देगा।"

पाँचवाँ पीठ क्यों आवश्यक हुआ

शंकराचार्य का कार्य केवल धार्मिक पुनर्जागरण नहीं था;
वह चेतना की क्रांति थी।
उनकी परंपरा ने अद्वैत का सिद्धांत दिया -
कि **सभी भिन्नताएँ एक ही परमसत्य की लहरें हैं।**

परंतु आधुनिक युग में -

- धर्म राजनीति से अलग हुआ,
- ज्ञान आस्था से अलग हुआ,

- और मनुष्य स्वयं अपने अस्तित्व से अलग हो गया।

ऐसे समय में आवश्यक था
कि अद्वैत केवल दर्शनशास्त्र न रह जाए,
बल्कि राजनीति और जीवन का सिद्धांत बन जाए।
इसी हेतु स्थापित हुआ -
सत्यकाशी पीठ - पाँचवाँ और अंतिम शंकराचार्य पीठ।

इसकी स्थापना का प्रतीकात्मक अर्थ

चार पीठें **चार तत्वों (पृथ्वी, जल, अग्नि, वायु)** से संबंधित हैं,
जबकि पाँचवाँ पीठ **आकाश तत्व** का प्रतीक है -
अर्थात् सर्वव्यापक चेतना।

दिशा	पीठ	तत्व	उद्देश्य
पूर्व	पुरी (गौड़)	जल	भक्ति और समर्पण
पश्चिम	द्वारका	अग्नि	कर्म और संकल्प
उत्तर	ज्योतिर्मठ	वायु	ज्ञान और विवेक
दक्षिण	श्रृंगेरी	पृथ्वी	स्थिरता और परंपरा
केंद्र	**सत्यकाशी**	**आकाश**	**चेतना और एकत्व**

"आकाश सबको जोड़ता है -
उसी तरह सत्यकाशी सभी परंपराओं को एक चेतना में जोड़ता है।"

पाँचवाँ पीठ - अद्वैत का आधुनिक रूप

सत्यकाशी पीठ का लक्ष्य अद्वैत को केवल ध्यान या उपनिषद तक सीमित नहीं रखना,
बल्कि उसे शासन और समाज की नीतियों में उतारना है।

इसका सार है -
"अद्वैत शासन" = ऐसा तंत्र जहाँ आत्मा और राज्य में कोई विभाजन न हो।
यह पीठ आत्मा-केन्द्रित राजनीति का सिद्धांत प्रस्तुत करती है -
जहाँ सत्ता साधना है,
शासन सेवा है,
और नेतृत्व तप है।

सत्यकाशी पीठ की पाँच विशेषताएँ

1. अद्वैत का संस्थागत रूप

यह पीठ अद्वैत को केवल तत्वज्ञान नहीं,
बल्कि संस्थागत चेतना बनाती है।
धर्म, शिक्षा, राजनीति, अर्थ और विज्ञान -
सभी को एकसूत्र में बाँधती है।

2. राजऋषि परंपरा का पुनर्जागरण

आदर्श शासक वही है जो साधक भी हो।
सत्यकाशी इस परंपरा को पुनर्जीवित करता है -
जहाँ राज्य का मार्गदर्शन ऋषियों द्वारा होता है।

3. विज्ञान और अध्यात्म का संगम

यह पीठ "Consciousness Studies" और "Spiritual Technology"
को एक साथ लाकर मानव चेतना के विकास को वैज्ञानिक दृष्टि देती है।

4. वैश्विक धर्म - Beyond Religion

सत्यकाशी का धर्म किसी संप्रदाय का नहीं,
बल्कि "मानवता की आत्मा" का है।
यह कहता है -

"जो सत्य को खोजता है, वही सनातन है।"

5. राज्य और आत्मा का समन्वय

यह पीठ बताती है कि शासन तंत्र तभी स्थायी है
जब वह आत्मिक अनुशासन पर आधारित हो।
यह "राजनीति का आध्यात्मिकीकरण" है,
जिसे भविष्य की सभ्यता का आधार माना गया है।

"अंतिम शंकराचार्य पीठ" क्यों कहा गया

चार पीठें धर्म की दिशा का प्रतीक थीं,
पाँचवाँ पीठ **धर्म की दिशा से परे उसकी पूर्णता** का प्रतीक है।
यह अब किसी भौगोलिक क्षेत्र के लिए नहीं,
बल्कि पूरे विश्व की चेतना के लिए है।

"जब मनुष्य का धर्म मानवता होगा,
तब सत्यकाशी पाँचवाँ ही नहीं, अंतिम पीठ सिद्ध होगा।"

सत्यकाशी पीठ का दार्शनिक आधार

इस पीठ की जड़ें तीन सूत्रों पर टिकी हैं -

1. **ब्रह्म सत्यम्** - सत्य सर्वत्र है।
2. **जगत् मिथ्या** - भेद, संप्रदाय और हिंसा केवल अज्ञान की छाया हैं।
3. **जीवो ब्रह्मैव नापरः** - प्रत्येक व्यक्ति ब्रह्म का ही अंश है।

यही दर्शन राजनीति में यह रूप लेता है -

दर्शन	राजनीतिक रूप
ब्रह्म सत्यम्	राज्य का आधार सत्य और नीति
जगत मिथ्या	जाति, रंग, धर्म से ऊपर समानता
जीवो ब्रह्मैव	प्रत्येक नागरिक में दिव्यता का सम्मान

निष्कर्ष

**सत्यकाशी पीठ शंकराचार्य की परंपरा का समापन नहीं,
बल्कि उसका परिपूर्ण रूप है।
यह धर्म, राजनीति, और चेतना -
तीनों के संगम से एक** नया युग **आरंभ करता है।**

**"पहले चार पीठों ने दिशा दी,
पाँचवें ने दिशा को प्रकाश बना दिया।"**

**सत्यकाशी पीठ इसलिए अंतिम है -
क्योंकि यह अद्वैत को सिद्धांत नहीं,
बल्कि जीवित अनुभव बना देता है।**

भाग-6

सत्यकाशी पीठ के कार्य

धारा-उद्धार: धर्म की पुनर्स्थापना

मनुष्य चेतना का रूपांतरण

साधना, दीक्षा और आध्यात्मिक अनुष्ठान

वैश्विक कार्य: मानवता के लिए संदेश

शिव-तत्व और कल्कि-तत्व का मिलन

"सार्वभौम सत्य-सिद्धान्त" पर आधारित "युग परिवर्तन श्रृंखला" के नवयुग के शास्त्र-साहित्य

धारा-उद्धार: धर्म की पुनर्स्थापना

सत्यकाशी पीठ का प्रथम और सर्वोपरि कार्य है-**धारा-उद्धार**, अर्थात वह दिव्य धारा जो युगों से मलीन, विभ्रांत या विकृत हो चुकी है, उसे पुनः शुद्ध स्वरूप में प्रवाहित करना। "धर्म" शब्द यहाँ किसी संप्रदाय, पद्धति या विचारधारा का नाम नहीं; धर्म का अर्थ है-**जगत की अंतर्निहित समरसता, सत्य और सृष्टि-नियम**।

जब युग बदलता है, धर्म की धारा अवरुद्ध हो जाती है।
सत्य केवल ग्रंथों में रह जाता है, इसके प्रयोग का बल खो जाता है।
लोग अनुष्ठान तो करते हैं, पररस के बिना;
मंत्र तो बोलते हैं, पर अर्थ के बिना;
धर्म का नाम तो लेते हैं, पर धर्म का जीवन नहीं जीते।

सत्यकाशी पीठ इस जड़ता को तोड़ता है।

यह धारा-उद्धार तीन प्रकार से होता है:

1. सत्य-दृष्टि का पुनर्जागरण

लोगों में सत्य को पहचानने और जीने की क्षमता पुनः सक्रिय होती है।
यह क्षमता बिना किसी प्रवचन-केवल चेतना-संक्रमण से जगती है।

2. धर्म का प्रयोगशाला-रूप

सत्यकाशी पीठ धर्म को जीवन के केंद्र में स्थापित करता है।
धर्म यहाँ सिद्धांत नहीं-व्यवहार और चरित्र का प्रवाह है।

3. युग-धर्म की घोषणा

हर युग का धर्म अलग होता है।
कलियुग से सतयुग में प्रवेश के लिए जो धर्म आवश्यक है-योग, करुणा, सत्य, उच्च चेतना, मानव-एकत्व-उसका पुनःस्थापन पीठ के मुख्य कार्यों में है।

इस प्रकार, धारा-उद्धार वह बीज है जिससे नए युग की पूरी फसल अंकुरित होती है।

मनुष्य चेतना का रूपांतरण

युग परिवर्तन का मूल आधार मनुष्य की बाहरी परिस्थितियाँ नहीं-उसकी **भीतर की चेतना** है। सत्यकाशी पीठ का दूसरा मुख्य कार्य इसी रूपांतरण से जुड़ा है।

मनुष्य आज बुद्धि में प्रबल है, पर चेतना में सुप्त।
ज्ञान बहुत है, पर विवेक कम।
सूचना बहुत है, पर अनुभूति नहीं।
असंतोष बहुत है, पर दिशा नहीं।

पीठ का उद्देश्य मनुष्य को बाहरी उपलब्धियों से हटाकर भीतर की यात्रा में प्रवेश कराना है।

रूपांतरण के चार चरण

1. जागरण (Awakening)

मनुष्य स्वयं से पहला प्रश्न पूछता है-"मैं कौन हूँ?"
यह प्रश्न जन्म देता है।

2. शुद्धि (Purification)

पुराने संस्कार, भय, भ्रम और अहंकार टूटने लगते हैं।

3. विस्तार (Expansion)

चेतना शरीर-मन से आगे बढ़कर सूक्ष्म और कारण-स्तरों को अनुभव करने लगती है।

4. परिणति (Realization)

मनुष्य अपने भीतर स्थित दिव्य-सत्ता को पहचान लेता है।
यही "नया मनुष्य" है-युग परिवर्तन का वाहक।

पीठ का कार्य प्रत्येक साधक को इन चार चरणों के मार्ग से गुज़ारना है-धीरे, सहज, और सामूहिक ऊर्जा के साथ।

साधना, दीक्षा और आध्यात्मिक अनुष्ठान

हर परिवर्तन की जड़ अनुशासन और साधना है।
सत्यकाशी पीठ में साधना केवल ध्यान या मंत्र नहीं-यह एक पूर्ण जीवन-शास्त्र है।

1. साधना (Spiritual Practice)

- आंतरिक शांति
- चेतना का विस्तार
- ऊर्जा का स्थिरीकरण
- स्मृति-शोधन
- आत्म-प्रकाश

पीठ की साधना आधुनिक मन के अनुसार सरल, गहरी और प्रभावकारी है।
यह शरीर, मन, प्राण और चेतना-सभी स्तरों पर काम करती है।

2. दीक्षा (Initiation)

दीक्षा बाहरी कर्म नहीं-ऊर्जा का आंतरिक स्थानांतरण है।
यह वह क्षण है जब साधक की चेतना में युग-ऊर्जा का बीज रोपा जाता है।
यह बीज धीरे-धीरे जागता है और साधक स्वयं एक “चेतना-केंद्र” बन जाता है।

3. अनुष्ठान (Rituals)

अनुष्ठान ब्रह्मांडीय ऊर्जा को पृथ्वी पर स्थिर करने के उपकरण हैं।
सत्यकाशी पीठ में अनुष्ठान प्राचीन और आधुनिक दोनों हैं-
वे बाहरी प्रतीकों से अधिक आंतरिक परिवर्तन पर आधारित हैं।

अनुष्ठान केवल पूजा नहीं-वे प्रकाश का आह्वान हैं।

वैश्विक कार्य - मानवता के लिए संदेश

सत्यकाशी पीठ का कार्य किसी एक देश, संस्कृति या समुदाय तक सीमित नहीं।
युग परिवर्तन हमेशा वैश्विक होता है-इसलिए उसका संदेश भी वैश्विक होता है।

आज मानवता कई स्तरों पर विभाजित है-
भाषा, धर्म, राजनीति, अर्थव्यवस्था, जाति, विचार।
पर चेतना का सत्य इन सभी से ऊपर है।

सत्यकाशी पीठ का वैश्विक संदेश यही है:

1. मानव एक है

भिन्नता केवल बाहरी है; भीतर सबमें एक ही प्रकाश विद्यमान है।

2. पृथ्वी हमारा साझा आश्रम है

मानवता को पृथ्वी-चेतना के साथ सुसंगत होना होगा।

3. धर्म संघर्ष नहीं-एकता का मार्ग है

सभी पवित्र परंपराएँ एक ही सत्य के भिन्न द्वार हैं।

4. विज्ञान और अध्यात्म एक-दूसरे के पूरक हैं

दुनिया का नया युग तभी जन्म लेगा जब विज्ञान चेतना को समझेगा, और अध्यात्म विज्ञान को अपनाएगा।

5. कल्कि-ऊर्जा सार्वभौमिक है

यह ऊर्जा किसी राष्ट्र का, पंथ का, या समूह का स्वामित्व नहीं;
यह सम्पूर्ण मानवता का जन्मसिद्ध अधिकार है।

सत्यकाशी पीठ का उद्देश्य इसी संदेश को विश्व तक पहुँचाना है-शब्द, कला, ध्यान, साधना, विज्ञान और ऊर्जा के माध्यम से।

शिव-तत्व और कल्कि-तत्व का मिलन

युग परिवर्तन का अंतिम रहस्य दो महाशक्तियों के मिलन में निहित है-
शिव-तत्व और **कल्कि-तत्व**।

शिव-तत्व

संहार, मौन, तत्त्व-ज्ञान, समाधि और शून्य का प्रतिनिधि।
यह सभी रूपों का विसर्जन है-स्रोत में लौटना।

कल्कि-तत्व

नव-सृष्टि, धर्मस्थापन, ऊर्जा का उत्थान और युग-चक्र का पुनर्मूल्यांकन।
यह समय को पुनः संतुलित करने वाली शक्ति है।

दोनों का मिलन तब होता है जब:

- पुराना युग समाप्त हो रहा हो
- नया युग जन्म ले रहा हो
- पृथ्वी अपनी चेतना बदल रही हो
- मानवता परिवर्तन की पुकार कर रही हो

शिव-तत्व पुरातन को शून्य करता है,
और उसी शून्य में कल्कि-तत्व नया ब्रह्मांडीय क्रम स्थापित करता है।

सत्यकाशी पीठ इसी मिलन का केंद्र है-
जहाँ **शिव का मौन** और **कल्कि का उदय**
एक साथ कार्य करते हैं।

यही मिलन युग के नये चक्र की शुरुआत है-
यहीं से सतयुग का नया सूर्योदय होता है।

"सार्वभौम सत्य-सिद्धान्त" पर आधारित "युग परिवर्तन श्रृंखला" के नवयुग के शास्त्र-साहित्य

विभिन्न सम्प्रदाय (धर्म), जाति, मत, दर्शन इत्यादि में विभाजित इस मानव समाज में वर्तमान तथा आने वाले भविष्य के समय की मूल आवश्यकता है- मानव के मनो का एकीकरण अर्थात मानव मन का भूमण्डलीकरण एवं ब्रह्माण्डीयकरण। इसकी आवश्यकता इसलिए भी है क्योंकि मानव अपने विज्ञान व तकनीकी ज्ञान से प्राप्त संसाधनो का प्रयोग करते हुये, एक तरफ तो ब्रह्माण्ड की ओर चल पड़ा है तो दुसरी तरफ विध्वंस के लिए अनेक हथियारों का भी निर्माण कर चुका है। ऐसी स्थिति में हमें निश्चित रूप से ऐसे एकीकरण की आवश्यकता है जिससे हम इस पृथ्वी से मानसिक स्तर के विवादों को समाप्त कर सकें।

माया सभ्यता के अनुसार विश्व के मानव समाज यह भी मान रहें हैं कि 21 दिसम्बर, 2012 को दुनिया का अन्त हो जायेगा। जबकि हिन्दू धर्म शास्त्र विष्णु पुराण, भागवत पुराण, अग्नि पुराण, गरूड़ पुराण, पद्म पुराण इत्यादि में भगवान के दसवें और महाअवतार "कल्कि" का होना अभी शेष है। जिनसे कलियुग के अंधकार व विनाश को समाप्त करने का कार्य सम्पन्न होगा, साथ ही सत्ययुग का आरम्भ होगा। सिक्ख धर्म के पवित्र ग्रन्थ "दशम् ग्रन्थ" में भी "कल्कि अवतार" का वर्णन मिलता है।

सृजन और विनाश, का स्तर शारीरिक, आर्थिक व मानसिक होता है। जो एक व्यक्ति, समाज, देश और विश्व राष्ट्र के लिए होता है। व्यक्ति पर हुये शारीरिक, आर्थिक व मानसिक सृजन और विनाश को व्यक्ति ही अनुभव करता है परन्तु समाज, देश और विश्व राष्ट्र पर हुये शारीरिक, आर्थिक व मानसिक सृजन व विनाश को सार्वजनिक रूप से सभी देखते है। समाज, देश और विश्व राष्ट्र पर शारीरिक व आर्थिक सृजन और विनाश वर्तमान में तो चल ही रहा है जिसे सार्वजनिक रूप से मानव समाज देख रहा है।

भौतिकवादी पश्चिमी संस्कृति किसी भी सृजन व विनाश को मानसिक स्तर पर सोच ही नहीं सकता क्योंकि वह समस्त क्रियाकलाप को बाह्य जगत में ही घटित होता समझाता है जबकि वर्तमान समय मानसिक स्तर पर विनाश व सृजन का है। इस आधार पर यह कहा जा सकता है कि माया सभ्यता के अनुसार 21 दिसम्बर, 2012 को जो विनाश व सृजन होगा, वह मानसिक स्तर का ही होगा। जिसके परिणामस्वरूप सभी सम्प्रदाय, मत, दर्शन एक उच्च स्तर के विचार या सत्य में विलीन अर्थात विनाश को प्राप्त करेगा। फलस्वरूप उच्च स्तर के विचार या सत्य में स्थापित होने से सृजन होगा। कुल मिलाकर माया सभ्यता के कैलेण्डर का अन्त तिथि 21 दिसम्बर, 2012, दुनिया के अन्त की तिथि नहीं बल्कि वह वर्तमान युग के अन्त की अन्तिम तिथि का अनुमान है जिसके बाद नये युग का आरम्भ होगा।

ईश्वर भी इतना मूर्ख व अज्ञानी नहीं है कि वह स्वयं को इस मानव षरीर में पूर्ण व्यक्त किये बिना ही दुनिया को नष्ट कर दे। इसके सम्बन्ध में हिन्दू धर्म शास्त्रों में सृष्टि के प्रारम्भ के सम्बन्ध में कहा गया है कि- "ईश्वर ने इच्छा व्यक्त की कि मैं एक हूँ, अनेक हो जाऊँ"। इस प्रकार जब वही ईश्वर सभी में है तब निश्चित रूप से जब तक सभी मानव ईश्वर नहीं हो जाते तब तक दुनिया के अन्त होने का कोई प्रश्न ही नहीं उठता। और विकास क्रम चलता रहेगा।

21 दिसम्बर, 2012 के बाद का समय नये युग के प्रारम्भ का समय है जिसमें ज्ञान, ध्यान, चेतना, भाव, जन, देश, विश्व राष्ट्र, आध्यात्मिक जागरण, मानवता इत्यादि का विश्वव्यापी विकास होगा। परिणामस्वरूप सभी मानव को ईश्वर रूप में स्थापित होने का अवसर प्राप्त होगा। और यही विश्व मानव समाज की मूल आवश्यकता है। प्राचीन वैदिक काल में समाज को नियंत्रित करने के लिए ज्ञानार्जन सबके लिए खुला नहीं था परन्तु वर्तमान और भविष्य की आवश्यकता यह है कि समाज को नियंत्रित करने के लिए सभी को पूर्ण ज्ञान से युक्त कर सभी के लिए ज्ञान को खोल दिया जाय। यही कारण था कि वेद को प्रतीकात्मक रूप में लिख कर गुरू-शिष्य परम्परा द्वारा उसकी व्याख्या की जाती रही थी जिससे राजा और समाज को नियंत्रण में रखा जा सके।

सभी मानव को ईश्वर रूप में स्थापित होने के लिए जो माध्यम चाहिए वह है-"एकात्म विज्ञान" व "ईश्वर शास्त्र" विषय से मानव को शिक्षित करना और शिक्षा पाठ्यक्रम में अनिवार्य रूप से अध्ययन के लिए शामिल कराया जा सके।

"सार्वभौम सत्य-सिद्धांत"पर आधारित "युग परिवर्तन श्रृंखला" मानवता के अगली पीढ़ी के उदय के लिए

"नये युग" में "नये भारत" के लिए "नवीन मान-राग-प्राण" पर आधारित क्रियान्वयन प्रणाली (Operation System)-मानव-10 (MANAV-10) की पुस्तकें

यह नई पीढ़ी (Gen-Z) के लिए "विकसित भारत" और "मानव-10 प्रणाली" (MANAV-10 System) को प्रोत्साहित करने वाली श्रृंखला का हिस्सा है।

अर्थात् यह पुस्तक किसी धर्म, जाति या मत से ऊपर उठकर "Universal Truth Principles" की ओर संकेत करती है।

मुद्रित (Printed Hard Copy) पुस्तक के लिए लिंक(Link)

https://notionpress.com/author/lava_kush

E_Book के लिए

www.64inch.com

द्वापर युग में आठवें अवतार श्रीकृष्ण द्वारा प्रारम्भ किया गया कार्य नवसृजन के प्रथम भाग सार्वभौम ज्ञान के शास्त्र "गीता" के बाद कलियुग में द्वितीय और अन्तिम भाग "सार्वभौम कर्मज्ञान" और "पूर्णज्ञान का पूरक शास्त्र"

विश्व युद्ध के पहले
दिव्य दृष्टि
सत्यकाशी पीठ
पांचवां और अन्तिम शंकराचार्य पीठ

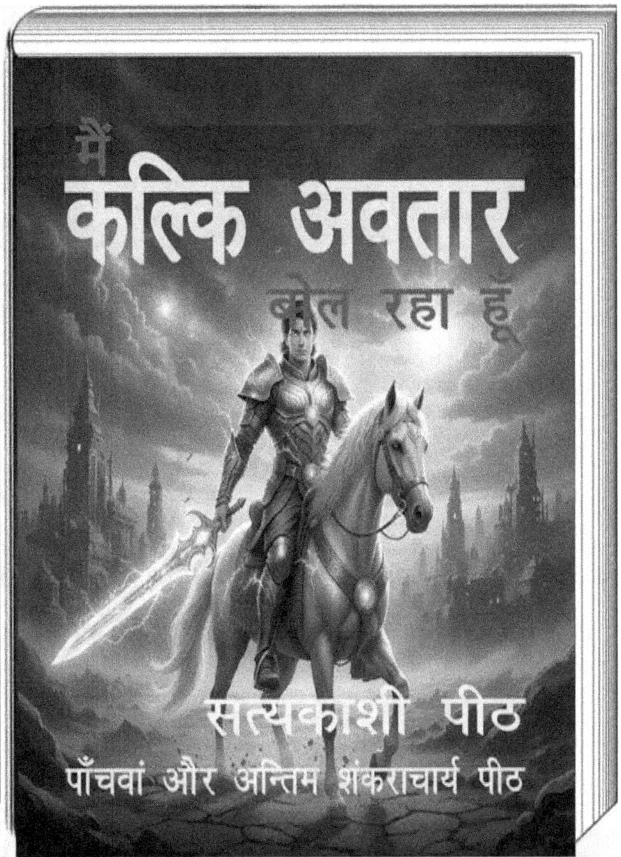
मैं
कल्कि अवतार
बोल रहा हूँ
सत्यकाशी पीठ
पाँचवां और अन्तिम शंकराचार्य पीठ

समष्टि गीता
सत्यकाशी पीठ
पाँचवां और अन्तिम शंकराचार्य पीठ

फिल्म स्क्रीप्ट
राइटिंग
You are the writer of your life
FRESH Ideas
Writing is designing with words
creative THINKING
LIGHTS CAMERA ACTION
Short Films.
लव कुश सिंह "विश्वमानव"

प्रारम्भिक सत्य
अन्तिम
दृष्टि
सत्यकाशी पीठ
पाँचवां और अन्तिम शंकराचार्य पीठ

सत्य धर्म
युग परिवर्तक
दृष्टि
सत्यकाशी पीठ
पाँचवां और अन्तिम शंकराचार्य पीठ

सत्य दार्शनिक-दर्शन
और
कर्म वेदान्त-विकास
दर्शन
सत्यकाशी पीठ
पाँचवां और अन्तिम शंकराचार्य पीठ

सत्य शास्त्र
एवं
पुराण रहस्य
महर्षि व्यास
कला
सत्यकाशी पीठ
पाँचवां और अन्तिम शंकराचार्य पीठ

संत एवं गुरु
और
विश्व संत एवं गुरु
सत्यकाशी पीठ
पाँचवां और अन्तिम शंकराचार्य पीठ

समाज और
ईश्वरीय समाज
सत्यकाशी पीठ
पाँचवां और अन्तिम शंकराचार्य पीठ

सत्य शास्त्र और
विश्वशास्त्र
सत्यकाशी पीठ
पाँचवां और अन्तिम शंकराचार्य पीठ

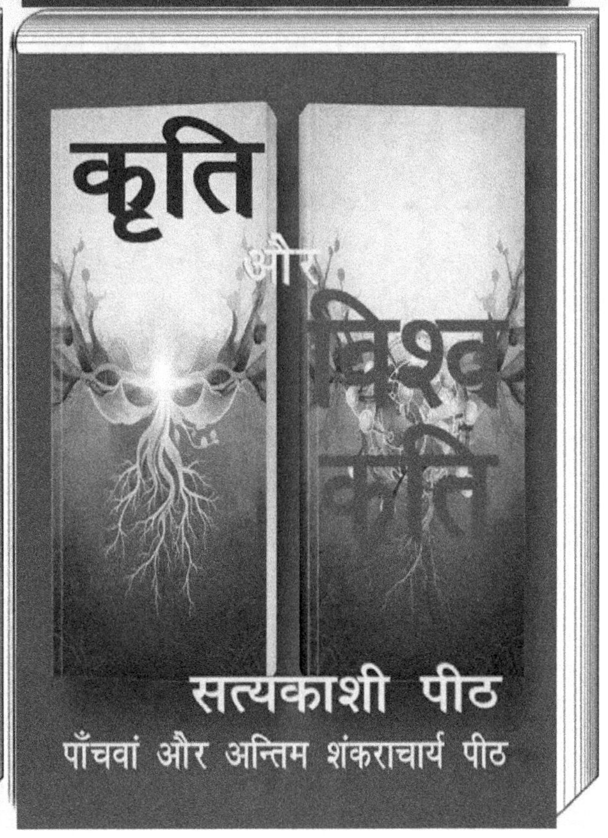
कृति
और
विश्व
कृति
सत्यकाशी पीठ
पाँचवां और अन्तिम शंकराचार्य पीठ

भारत माता मन्दिर
और
विश्वधर्म मन्दिर
सत्यकाशी पीठ
पाँचवां और अन्तिम शंकराचार्य पीठ

महाभारत
और
विश्वभारत
सत्यकाशी पीठ
पाँचवां और अन्तिम शंकराचार्य पीठ

संविधान और
विश्व संविधान
सत्यकाशी पीठ
पांचवां और अन्तिम शंकराचार्य पीठ

शिक्षा और
पूर्ण शिक्षा
सत्यकाशी पीठ
पांचवां और अन्तिम शंकराचार्य पीठ

देवता और सार्वभौम देवता
कल्कि
सत्यकाशी पीठ

माँ कल्कि

द्वादस ज्योतिर्लिंग और
१३वां अन्तिम ज्योतिर्लिंग
सत्यकाशी पीठ
पाँचवां और अन्तिम शंकराचार्य पीठ

काशी
मोक्षदायिनी
और
जीवनदायिनी

सत्यकाशी
स्वर्णयुग
का
तीर्थ

काशी
रहस्योद्घाटन
सत्यकाशी पीठ
पांचवां और अन्तिम शंकराचार्य पीठ

2020
मन का नवीनीकरण
सत्यकाशी पीठ
पाँचवां और अन्तिम शंकराचार्य पीठ

ईश्वर
का
संक्षिप्त इतिहास
सत्यकाशी पीठ
पाँचवां और अन्तिम शंकराचार्य पीठ

अवतार
अन्तिम सत्य दृष्टि
सत्यकाशी पीठ
पाँचवां और अन्तिम शंकराचार्य पीठ

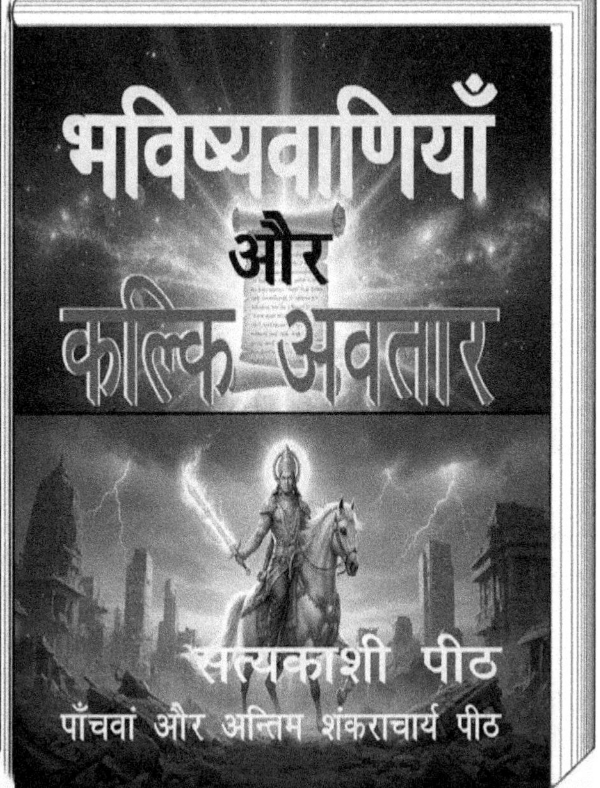
भविष्यवाणियाँ
और
कल्कि अवतार
सत्यकाशी पीठ
पाँचवां और अन्तिम शंकराचार्य पीठ

स्वामी विवेकानन्द
और
कल्कि अवतार
सत्यकाशी पीठ
पाँचवां और अन्तिम शंकराचार्य पीठ

मनु, मनवन्तर
और
कल्कि अवतार
सत्यकाशी पीठ
पाँचवां और अन्तिम शंकराचार्य पीठ

व्यास, शास्त्र
और
कल्कि अवतार
सत्यकाशी पीठ
पाँचवां और अन्तिम शंकराचार्य पीठ

ऋषि, ऋषि परम्परा
और
कल्कि अवतार
सत्यकाशी पीठ
पाँचवां और अन्तिम शंकराचार्य पीठ

दूसरा आगमन
या
अन्तिम आगमन
सत्यकाशी पीठ
पाँचवां और अन्तिम शंकराचार्य पीठ

परिवर्तन
काल, मनु, युग,
व्यास और शास्त्र
सत्यकाशी पीठ
पाँचवां और अन्तिम शंकराचार्य पीठ

राम, रावण
और
सार्वभौम एकात्म
सत्यकाशी पीठ
पाँचवां और अन्तिम शंकराचार्य पीठ

मैं
व्यक्तिगत या सार्वभौम
सत्यकाशी पीठ
पाँचवां और अन्तिम शंकराचार्य पीठ

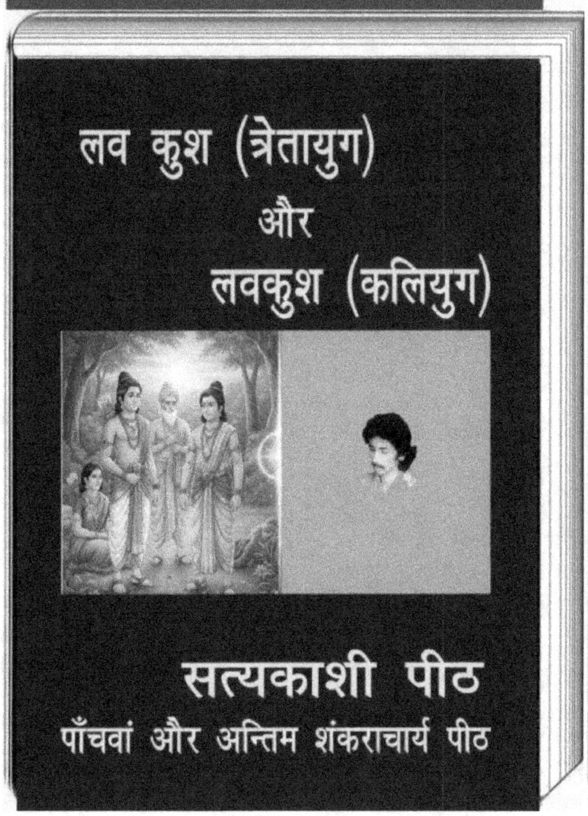
लव कुश (त्रेतायुग)
और
लवकुश (कलियुग)
सत्यकाशी पीठ
पाँचवां और अन्तिम शंकराचार्य पीठ

कल्कि महावतार
आ चुके हैं
(ACTION PLAN)
सत्यकाशी पीठ
पाँचवां और अन्तिम शंकराचार्य पीठ

लव कुश सिंह
(कल्कि महावतार)
जीवन, ज्ञान, कर्म और विश्वरूप
सत्यकाशी पीठ
पाँचवां और अन्तिम शंकराचार्य पीठ

वैश्विक बुद्ध
बुद्ध का
भाग-दो
और अन्तिम
सत्यकाशी पीठ
पाँचवां और अन्तिम शंकराचार्य पीठ

बुड्ढ़ा कृष्ण
कृष्ण का
भाग-दो
और अन्तिम
सत्यकाशी पीठ
पाँचवां और अन्तिम शंकराचार्य पीठ

सम्पूर्ण क्रान्ति
अन्तिम कार्य योजना
64
सत्यकाशी पीठ
पांचवां और अन्तिम शंकराचार्य पीठ

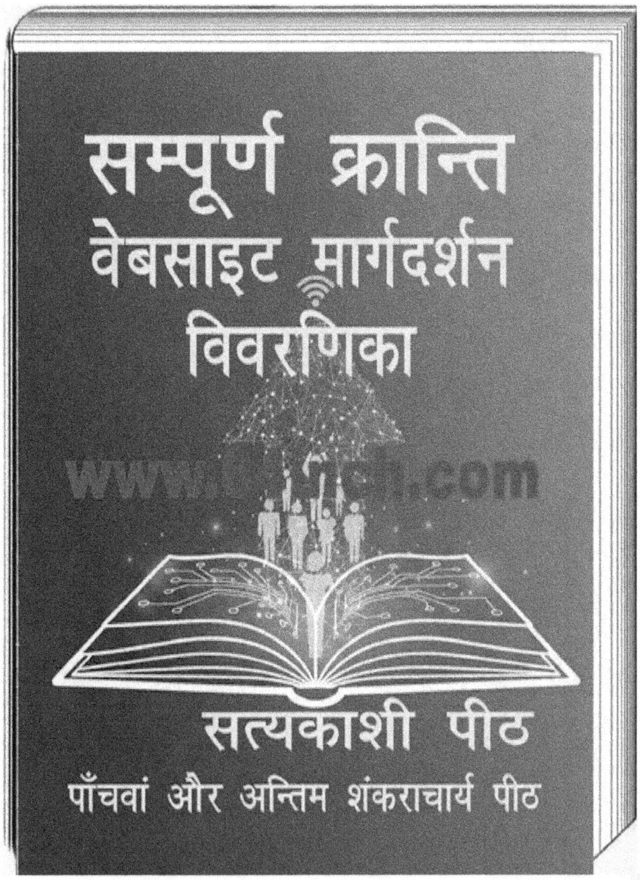
सम्पूर्ण क्रान्ति
वेबसाइट मार्गदर्शन
विवरणिका
सत्यकाशी पीठ
पाँचवां और अन्तिम शंकराचार्य पीठ

पुनर्निर्माण
(RENEW)
समस्या, समाधान
और
राष्ट्र निर्माण की योजना
सत्यकाशी पीठ
पाँचवां और अन्तिम शंकराचार्य पीठ

पुनर्निर्माण
(RENEW)
ग्राम एवं नगर वार्ड
प्रेरक
सत्यकाशी पीठ
पाँचवां और अन्तिम शंकराचार्य पीठ

द्वापर युग में आठवें अवतार श्रीकृष्ण द्वारा प्रारम्भ किया गया कार्य "नवसृजन" के
प्रथम भाग "सार्वभौम ज्ञान" के शास्त्र "गीता" के बाद कलियुग में
द्वितीय और अन्तिम भाग "सार्वभौम कर्मज्ञान" और "पूर्णज्ञान का पूरक शास्त्र"
।। विश्वशास्त्र ।।
द नॉलेज ऑफ फाइनल नॉलेज
परिचय
- लव कुश सिंह "विश्वमानव"

एन्टायर पालिटिक्स
पूर्ण पाठ्यक्रम
सत्यकाशी पीठ
पाँचवां और अन्तिम शंकराचार्य पीठ

वसुधैव
कुटुम्बकम्
सत्यकाशी पीठ
पाँचवां और अन्तिम शंकराचार्य पीठ

।।कर्मवेद।।
प्रथम, अन्तिम तथा पंचम
सत्यकाशी पीठ
पांचवां और अन्तिम शंकराचार्य पीठ

आठवें अवतार
श्रीकृष्ण
सत्यकाशी पीठ
पांचवां और अन्तिम शंकराचार्य पीठ

अयोध्या नहीं,
मुंगेर है
राम जन्मभूमि
सत्यकाशी पीठ
पाँचवां और अन्तिम शंकराचार्य पीठ

विश्वमानव
भूतपूर्व नेतृत्वकर्ताओं
का
स्पष्टिकरण
सत्यकाशी पीठ
पाँचवां और अन्तिम शंकराचार्य पीठ

विश्वमानव
वर्तमान नेतृत्वकर्ताओं
का
स्पष्टिकरण
सत्यकाशी पीठ
पाँचवां और अन्तिम शंकराचार्य पीठ

विश्वमानव
वार्ता, वक्तव्य
एवं
वाणीयाँ
सत्यकाशी पीठ

विश्वमानव
पत्रावली, प्रसारण
और
अन्तिम पत्र
सत्यकाशी पीठ
पाँचवां और अन्तिम शंकराचार्य पीठ

सत्य जनहित
आह्वान
सत्यकाशी पीठ
पाँचवां और अन्तिम शंकराचार्य पीठ

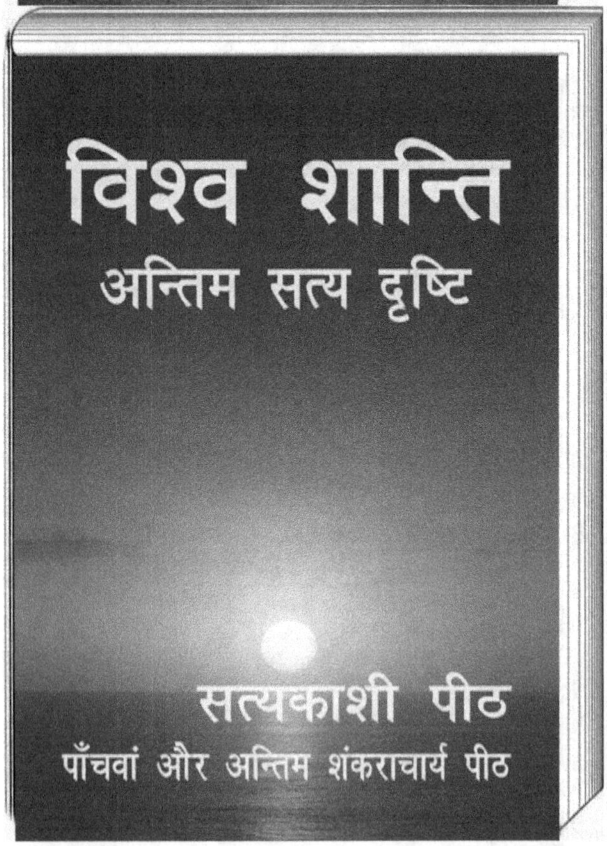
विश्व शान्ति
अन्तिम सत्य दृष्टि
सत्यकाशी पीठ
पाँचवां और अन्तिम शंकराचार्य पीठ

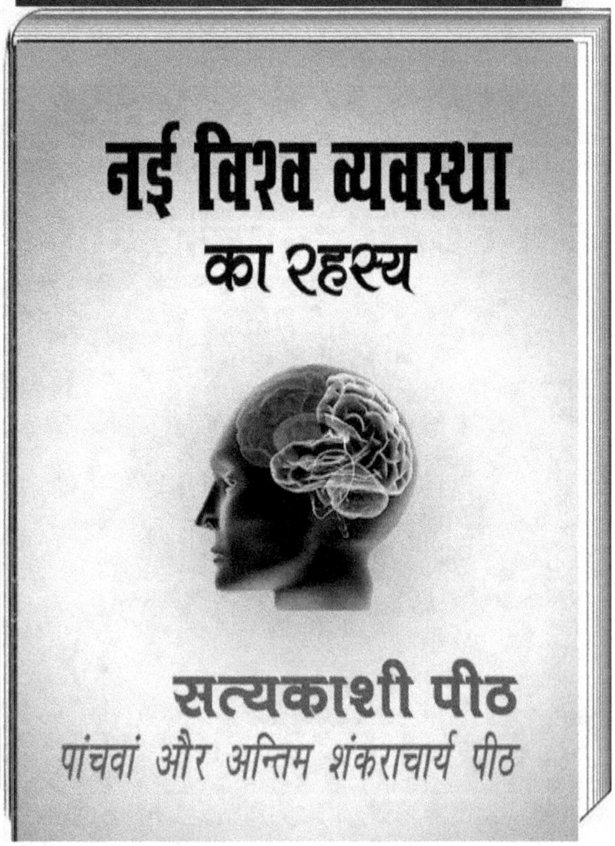
नई विश्व व्यवस्था
का रहस्य
सत्यकाशी पीठ
पांचवां और अन्तिम शंकराचार्य पीठ

समाजवाद
ब्रह्माण्डीय विकास का अवतारी मार्ग
सत्यकाशी पीठ
पांचवां और अन्तिम शंकराचार्य पीठ

भारतवाद
राष्ट्रवाद की मुख्यधारा
सत्यकाशी पीठ
पांचवां और अन्तिम शंकराचार्य पीठ

100 वर्षीय संयुक्त राष्ट्र
को अग्रिम सन्देश
सत्यकाशी पीठ
पांचवां और अन्तिम शंकराचार्य पीठ

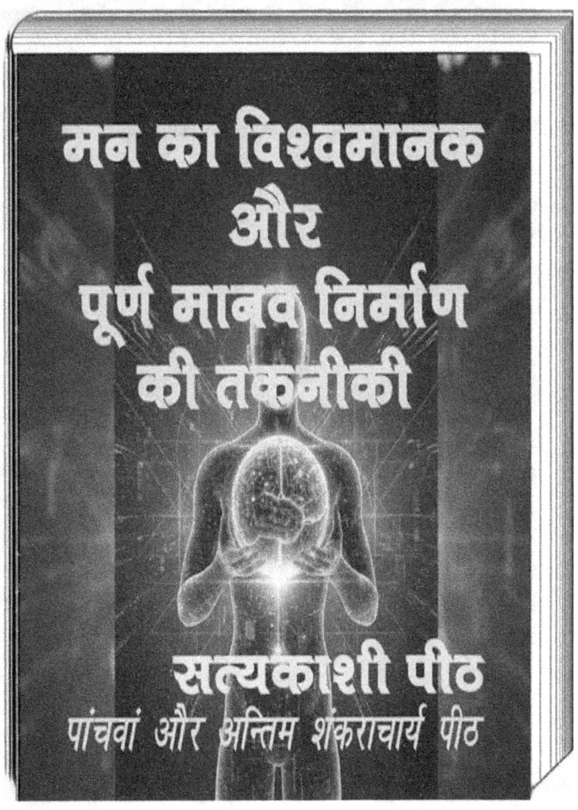
मन का विश्वमानक
और
पूर्ण मानव निर्माण
की तकनीकी
सत्यकाशी पीठ
पांचवां और अन्तिम शंकराचार्य पीठ

गणराज्य, संघ,
मानकीकरण संगठन
और
सम्पूर्ण मानक
सत्यकाशी पीठ
पाँचवां और अन्तिम शंकराचार्य पीठ

व्यापार केन्द्र
दृश्य सत्य
सत्यकाशी पीठ
पाँचवां और अन्तिम शंकराचार्य पीठ

सार्वभौम एकात्म
नव विश्व निर्माण
सत्यकाशी पीठ
पांचवां और अन्तिम शंकराचार्य पीठ

मानक विपणन
प्रणाली
सत्यकाशी पीठ
पाँचवां और अन्तिम शंकराचार्य पीठ

स्वर्णयुग का मानक
आदर्श नागरिक
दिशा निर्देश
सत्यकाशी पीठ
पांचवां और अन्तिम शंकराचार्य पीठ

स्वर्णयुग का
विश्वधर्म
परिचय
सत्यकाशी पीठ
पांचवां और अन्तिम शंकराचार्य पीठ

मैत्रेय बुद्ध
की ओर
सत्यकाशी पीठ
पांचवां और अन्तिम शंकराचार्य पीठ

विशाल ज्ञान विज्ञान
सबका समाधान
सूर्योदय
जय जनता जय कानून
हम सब एक दूसरे से हैं और एक दूसरे के लिए हैं

सार्वभौम सत्य-सिद्धान्त आधारित "युग परिवर्तक" श्रृंखला
कल्कि धाम
और
कल्कि परिचय
- लव कुश सिंह "विश्वमानव"

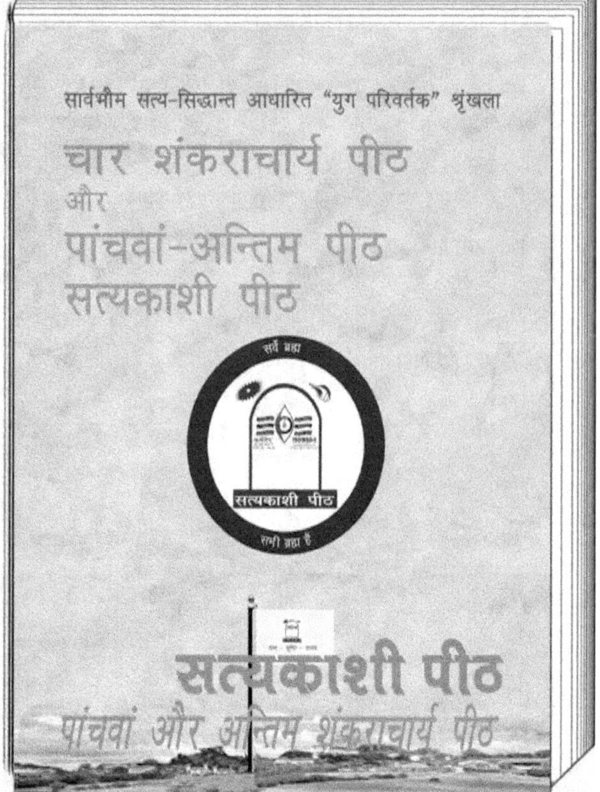
सार्वभौम सत्य-सिद्धान्त आधारित "युग परिवर्तक" श्रृंखला
चार शंकराचार्य पीठ
और
पांचवां-अन्तिम पीठ
सत्यकाशी पीठ
सत्यकाशी पीठ
सत्यकाशी पीठ
पांचवां और अन्तिम शंकराचार्य पीठ

कल्कि अमृत
महाकुम्भ
2025
FINAL KNOWLEDGE BOMB BLAST
सत्यकाशी पीठ
पांचवां और अन्तिम शंकराचार्य पीठ

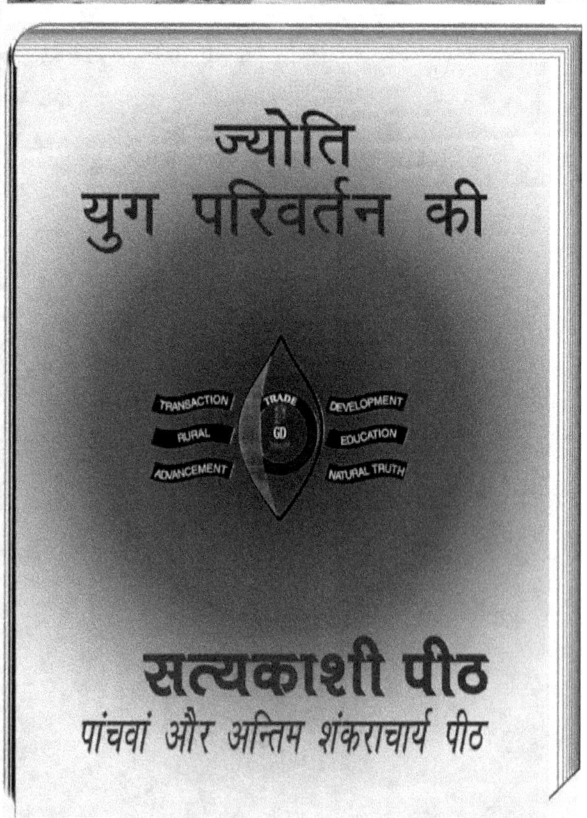
ज्योति
युग परिवर्तन की
TRANSACTION
TRADE
DEVELOPMENT
RURAL
GD
EDUCATION
ADVANCEMENT
NATURAL TRUTH
सत्यकाशी पीठ
पांचवां और अन्तिम शंकराचार्य पीठ

युग परिवर्तन
के
शब्द
सत्यकाशी पीठ
पांचवां और अन्तिम शंकराचार्य पीठ

विचारों का अंत
2025
सत्यकाशी पीठ
पांचवां और अन्तिम शंकराचार्य पीठ

विश्व सत्य घोषणा-पत्र
2025–मानव जाति तक
RSS
Rational Service Society
सत्यकाशी पीठ
पांचवां और अन्तिम शंकराचार्यपीठ

वैश्विक युग परिवर्तन के लिए
विश्व राजनीतिक पार्टी
संघ
RSS
Rational Service Society
सत्यकाशी पीठ
पांचवां और अन्तिम शंकराचार्यपीठ

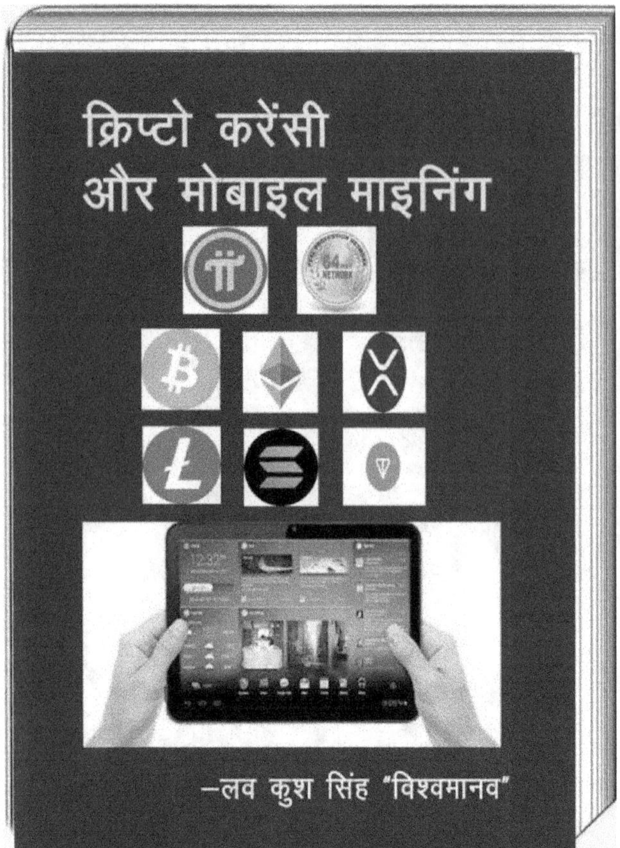
क्रिप्टो करेंसी
और मोबाइल माइनिंग
—लव कुश सिंह "विश्वमानव"

पीढ़ी
मानवीय और ईश्वरीय
2
9 3
8 10 4
7 5
6
वात्सल्य त्रिपाठी

बुढ़ा कृष्ण
अन्तिम मिलन
वात्सल्य त्रिपाठी

अन्तिम लक्ष्य
वात्सल्य त्रिपाठी

पाँचवां-अन्तिम पीठ
सत्यकाशी पीठ
परिचय
वात्सल्य त्रिपाठी
पाँचवां और आंतिम शंकराचार्य पीठ

कबीर और जेन-जी
नई चेतना, नया मानव
चेतना और नवयुग की संवाद यात्रा
वात्सल्य त्रिपाठी

कल्कि की ज्योति
बिहार से
ज्योति राठौड़

एक बिहारी धरती पर भारी
ज्योति राठौड़

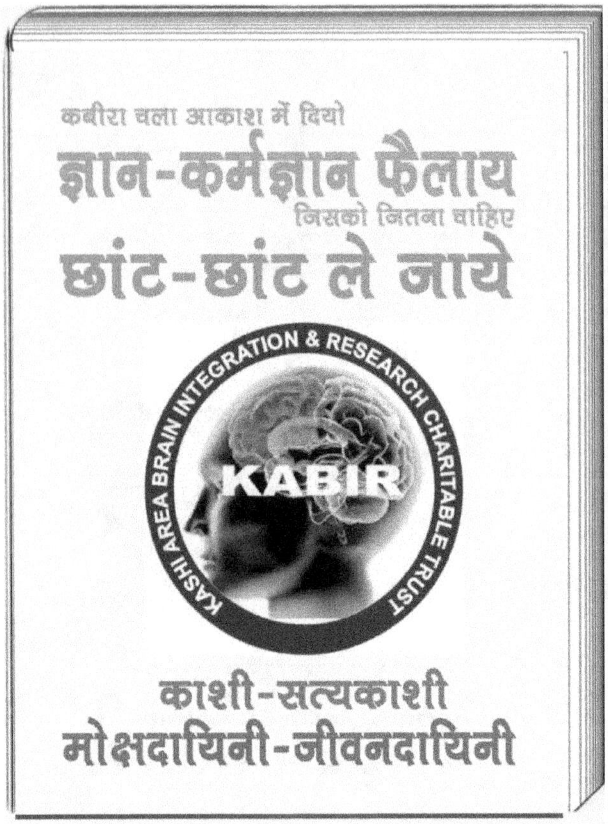
कबीरा चला आकाश में दियो
ज्ञान-कर्मज्ञान फैलाय
जिसको जितना चाहिए
छांट-छांट ले जाये
KASHI AREA BRAIN INTEGRATION & RESEARCH CHARITABLE TRUST
KABIR
काशी-सत्यकाशी
मोक्षदायिनी-जीवनदायिनी

कुर्म वंश
और
चरणाद्रिगढ़
स्वामी रमेशानन्द

आर.एस.एस
नवयुग के लिए
वैश्विक व्यक्तिगत पुस्तकालय
RATIONAL SERVICE SOCIETY (RSS)
WORLD PERSONAL LIBRARY FOR NEW AGE
A GUIDE TO GLOBAL WISDOM & FUTURE THOUGHT
स्वामी रमेशानन्द

झोला उठने के बाद
सोशल मीडिया
के लिए
कन्टेन्ट बैंक
विस्तृत गाइड: विचार, रणनीतियाँ, और संसाधन
www.64inch.com
सत्यकाशी पीठ
पांचवां और अन्तिम शंकराचार्य पीठ

झोला उठने के बाद
कल्कि
सत्यकाशी पीठ
पांचवां और अन्तिम शंकराचार्य पीठ

युग परिवर्तन के लिए:
विश्व पुस्तकालय बनाम कल्कि पुस्तकालय
www.64inch.com
ज्ञान का महासागर - अतीत से वर्तमान
बनाम
कल्कि पुस्तकालय
धर्म और भविष्य का प्रकाश - नए युग का उद्भव
ज्ञान का महासंग्राम - भविष्य का निर्माण
सत्यकाशी पीठ
पांचवां और अन्तिम शंकराचार्य पीठ

व्हाट्सएप्प यूनिवर्सिटी
और
सु-इसु यूनिवर्सिटी
सत्यकाशी पीठ
पांचवां और अन्तिम शंकराचार्य पीठ

इंडिया
भारत का विश्वरूप
सत्यकाशी पीठ
पांचवां और अन्तिम शंकराचार्य पीठ

अधूरे सपनों का अन्तिम मार्ग
सत्यकाशी पीठ
पांचवां और अन्तिम शंकराचार्य पीठ

मानक संविधान और बहुजन
सत्यकाशी पीठ
पांचवां और अन्तिम शंकराचार्य पीठ

विकसित भारत अन्तिम मुद्दे
-ईश्वरीय/मानवीय पीढ़ी-10 (GEN-10)
-व्यक्तिगत
-पारिवारीक
-सामाजिक
-धार्मिक
-राष्ट्रीय
-वैश्विक
सत्यकाशी पीठ
पांचवां और अन्तिम शंकराचार्य पीठ

एक नया विकल्प
THREADS
सत्यकाशी पीठ
पांचवां और अन्तिम शंकराचार्य पीठ

विकसित भारत
शिक्षितों का अन्तिम ईश्वरीय मॉडल
सत्यकाशी पीठ
पांचवां और अन्तिम शंकराचार्य पीठ

विकास मॉडल
आसुरी
और
ईश्वरीय
सत्यकाशी पीठ
पांचवां और अन्तिम शंकराचार्य पीठ

युग परिवर्तन और 1000 वर्षों के लिए
सत्यकाशी पीठ
का सम्पूर्ण कार्य
कौन,
क्यों,
कैसे
कल्कि?
सत्यकाशी पीठ
पांचवां और अन्तिम शंकराचार्य पीठ

बैल बुद्धि
और
विकसित
भारत
सत्यकाशी पीठ
पांचवां और अन्तिम शंकराचार्य पीठ

सत्यकाशी पीठ
पांचवां और अन्तिम शंकराचार्य पीठ

एक्सट्रा
टु ए बी
समान नागरिक व्यापार ज्ञान संहिता (CCTKC)
सत्यकाशी पीठ
पांचवां और अन्तिम शंकराचार्य पीठ

एक्सट्रा
टु ए बी
समान नागरिक आर्थिक संहिता (UCEC)
सत्यकाशी पीठ
पांचवां और अन्तिम शंकराचार्य पीठ

अंध भक्ति
से मुक्ति की ओर
मुक्ति मंत्र
"जिसने अंधभक्ति दिया
वही मुक्ति देगा"
सत्यकाशी पीठ
पांचवां और अन्तिम शंकराचार्य पीठ

VISHVABHARAT
न मो नारायण
सत्यकाशी पीठ
पांचवां और अन्तिम शंकराचार्य पीठ

अगला स्तर
फिल्म और राजनीति पर विचारों का संग्रह
सत्यकाशी पीठ
पांचवां और अन्तिम शंकराचार्य पीठ

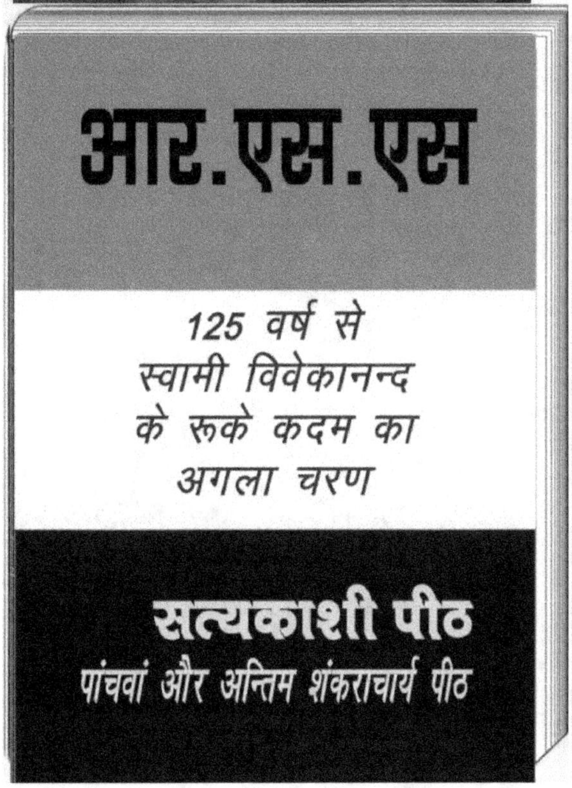
आर.एस.एस
125 वर्ष से स्वामी विवेकानन्द के रूके कदम का अगला चरण
सत्यकाशी पीठ
पांचवां और अन्तिम शंकराचार्य पीठ

आर.एस.एस
रहस्योद्घाटन
सत्यकाशी पीठ
पांचवां और अन्तिम शंकराचार्य पीठ

125 वर्ष बाद
स्वामी विवेकानन्द
का अगला चरण

सत्यकाशी पीठ
पांचवां और अन्तिम शंकराचार्य पीठ

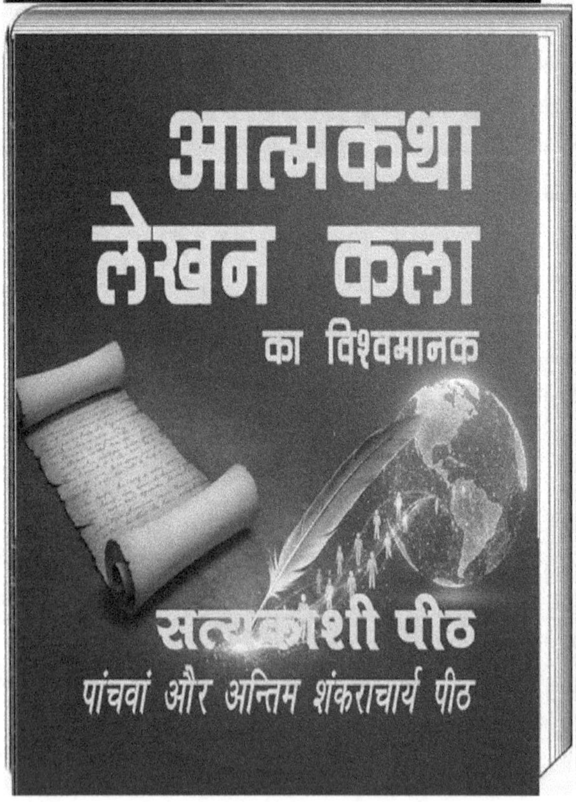
आत्मकथा
लेखन कला
का विश्वमानक
सत्यकाशी पीठ
पांचवां और अन्तिम शंकराचार्य पीठ

लुच्चा
पुराण
पौराणिक कथाओं
और पात्रों के
सत्य समझ की व्यास दृष्टि
सत्यकाशी पीठ
पांचवां और अन्तिम शंकराचार्य पीठ

आठवां
सावर्णि मनु स्मृति
सत्यकाशी पीठ
पांचवां और अन्तिम शंकराचार्य पीठ

विश्वमानक
शून्य श्रृंखला
0
सत्यकाशी पीठ
पांचवां और अन्तिम शंकराचार्य पीठ

सर्वजीत साधना
भवन
एक आध्यात्मिक अनुभव
सत्यकाशी पीठ
पांचवां और अन्तिम शंकराचार्य पीठ

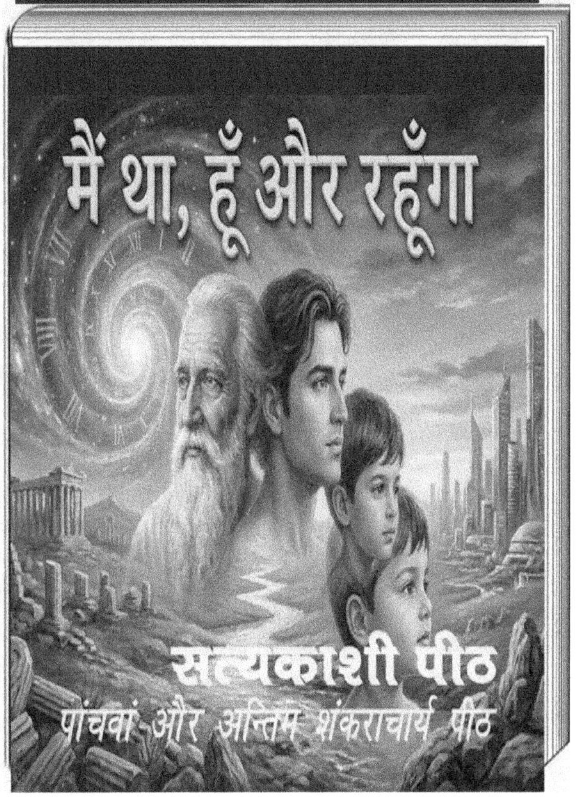
मैं था, हूँ और रहूँगा
सत्यकाशी पीठ
पांचवां और अन्तिम शंकराचार्य पीठ

लव
सत्यकाशी पीठ
पांचवां और अन्तिम शंकराचार्य पीठ

परब्रह्म, प्रकृति, अवतार और वानर
सत्यकाशी पीठ
पांचवां और अन्तिम शंकराचार्य पीठ

संसार
दृश्य और अदृश्य
सत्यकाशी पीठ
पांचवां और अन्तिम शंकराचार्य पीठ

कर्मोपनिषद्
सत्यकाशी पीठ
पांचवां और अन्तिम शंकराचार्य पीठ

विश्वभारत
पुराण
सत्यकाशी पीठ
पांचवां और अन्तिम शंकराचार्य पीठ

एकात्म विज्ञान
सत्यकाशी पीठ
पांचवां और अन्तिम शंकराचार्य पीठ

मानक विज्ञान
सत्यकाशी पीठ
पांचवां और अन्तिम शंकराचार्य पीठ

ईश्वर शास्त्र
सत्यकाशी पीठ
पांचवां और अन्तिम शंकराचार्य पीठ

युगावतारों के प्रकटीकरण की कार्यविधि:
राम-कृष्ण-लवकुश
सत्यकाशी पीठ
पांचवां और अन्तिम शंकराचार्य पीठ

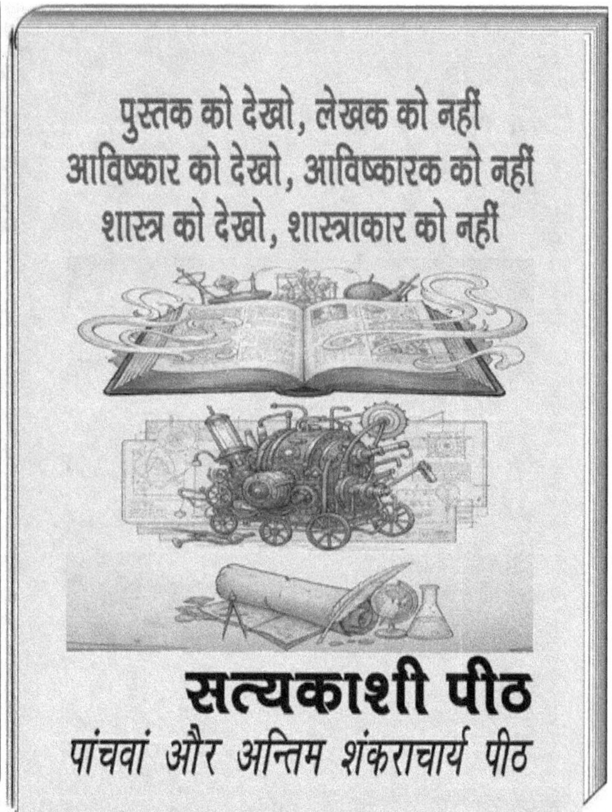

पुस्तक को देखो, लेखक को नहीं
आविष्कार को देखो, आविष्कारक को नहीं
शास्त्र को देखो, शास्त्राकार को नहीं
सत्यकाशी पीठ
पांचवां और अन्तिम शंकराचार्य पीठ

56 से 64
की ओर
सत्यकाशी पीठ
पांचवां और अन्तिम शंकराचार्य पीठ

मैं सत्यकाशी हूँ
कविता
सत्यकाशी पीठ
पांचवां और अन्तिम शंकराचार्य पीठ

पटेल
भारत के शारीरिक एकीकरण के बाद
मन का एकीकरण लक्ष्य
सत्यकाशी पीठ
पांचवां और अन्तिम शंकराचार्य पीठ

मन से
आत्मा तक
3 6 9 और 7
6
3
9
7
सत्यकाशी पीठ
पांचवां और अन्तिम शंकराचार्य पीठ

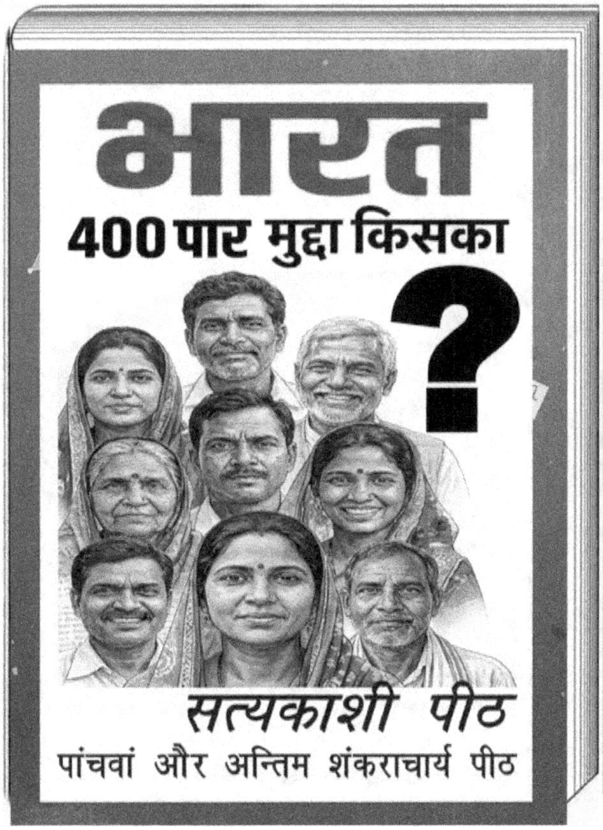
भारत
400 पार मुद्दा किसका
?
सत्यकाशी पीठ
पांचवां और अन्तिम शंकराचार्य पीठ

आर. एस. एस - पुस्तकालय
पढ़ो और कमाओ
शिक्षित समाज, समर्थ राष्ट्र
सत्यकाशी पीठ
पांचवां और अन्तिम शंकराचार्य पीठ

विश्वयुद्ध के पहले
विश्वगुरु
भारत
का विश्व शान्ति और
पुनर्निर्माण का अन्तिम सन्देश
सत्यकाशी पीठ
पांचवां और अन्तिम शंकराचार्य पीठ

चुटिया पण्डित
वृन्दावन की सत्य घटना
स्वामी नन्दनानंद

कल्कि का
चुनार और वृन्दावन
से उठता प्रेम
स्वामी नन्दनानंद

कल्कि का
बेगुसराय और मीरजापुर
जन्म और कर्म क्षेत्र
स्वामी नन्दनानंद

सत्येश्वरोपनिषद्
सत्येश्वर
और
झूठेश्वर
वात्सल्य त्रिपाठी

अन्तिम अवतार
कल्कि
के लिए शेष कर्म
वात्सल्य त्रिपाठी

कल्कि अवतार
का मानव-10
विकसित भारत का प्रवेश द्वार
वात्सल्य त्रिपाठी

पप्पू-गप्पू
और
नागरिक झुलेलाल
वात्सल्य त्रिपाठी

ओपेन गेम
कभी-कभी नहीं, अब कन्फर्म है अपुन ही भगवान है
(वेब सीरीज)
वात्सल्य त्रिपाठी

SATYAKASHI
THE END OF MIRZAPUR
सत्यकाशी पीठ
पांचवां और अन्तिम शंकराचार्य पीठ

अण्डरवर्ल्ड
सनातन से पुरूषों से छुपी महिलाओं की कहानी
(फिल्म स्क्रीनप्ले-रेडी टू शूट)
वात्सल्य त्रिपाठी

सोना और सोना
एवं
नारी सशक्तिकरण
वैदिक काल से वर्तमान तक
सत्यकाशी पीठ
पांचवां और अन्तिम शंकराचार्य पीठ

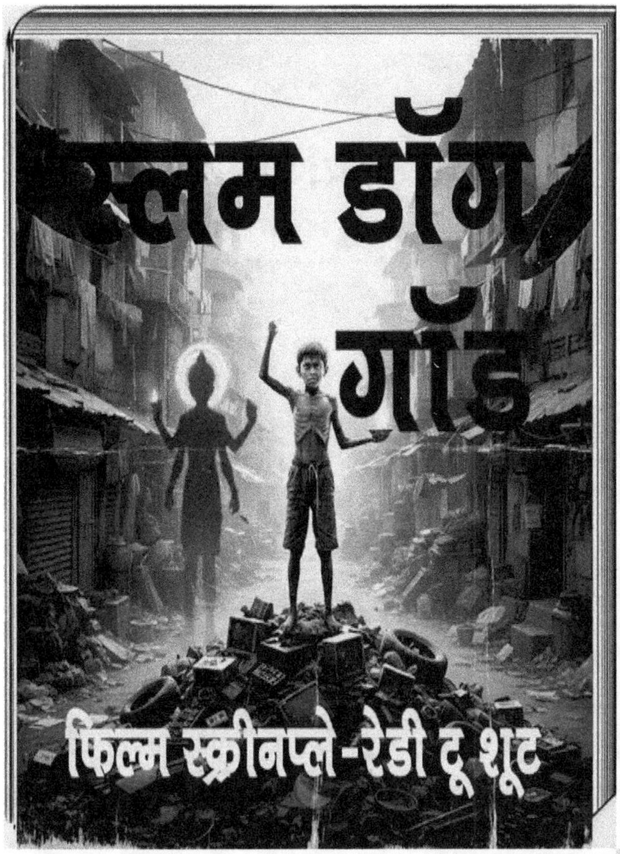
स्लम डॉग
गॉड
फिल्म स्क्रीनप्ले-रेडी टू शूट

उत्तर प्रदेश
का
उत्तर
वात्सल्य त्रिपाठी

अन्तिम समन्वयाचार्य
कल्कि
वात्सल्य त्रिपाठी

2026
2+0+2+6=10
सत्यकाशी पीठ
पांचवां और अन्तिम शंकराचार्य पीठ

राम न आयेंगे
लवकुश आ रहें हैं
www.64inch.com
पांचवां और अन्तिम शंकराचार्य पीठ

युग परिवर्तन के
150 पुस्तकें-परिचय
ज्ञान, प्रेरणा और भविष्य की ओर एक कदम
150
सत्यकाशी पीठ
पांचवां और अन्तिम शंकराचार्य पीठ
"एक नई शुरुआत के लिए ज्ञान की खोज"

जैसी तुम्हारी इच्छा वैसा करो

डॉ0 सर्वपल्ली राधाकृष्णन का जन्म 5 सितम्बर, 1888 को दक्षिण भारत के तिरूतनि स्थान पर हुआ था जो चेन्नई से 64 किमी उत्तर–पूर्व में है। डॉ0 सर्वपल्ली राधाकृष्णन भारत के उपराष्ट्रपति और दूसरे राष्ट्रपति सन् 1952 से 1962 तक में रहे। डॉ0 सर्वपल्ली राधाकृष्णन भारतीय समाजिक संस्कृति से ओत–प्रोत एक महान शिक्षाविद् महान दार्शनिक, महान वक्ता और आस्थावान हिन्दू विचारक थे। डॉ0 सर्वपल्ली राधाकृष्णन ने अपने जीवन के महत्वपूर्ण 40 वर्ष शिक्षक के रूप में व्यतीत किये। उनमें एक आदर्श शिक्षक के सारे गुण मौजूद थे। डॉ0 सर्वपल्ली राधाकृष्णन समस्त विश्व को एक शिक्षालय मानते थे। उनकी मान्यता थी कि शिक्षा के द्वारा ही मानव दिमाग का सद्उपयोग किया जाना सम्भव है इसलिए समस्त विश्व को एक इकाई समझकर ही शिक्षा का प्रबन्धन किया जाना चाहिए। उनके जन्मदिन को "शिक्षक दिवस" के रूप में मनाया जाता है।

इति ते ज्ञानमाख्यातं गुह्याद्गुह्यतरं मया।
विमृश्यैतदशेषेण यथेच्छसि तथा कुरू।।

(श्रीमदभगवद्गीता, अध्याय–18, श्लोक–63)

अर्थात् – मैंने तुम्हें जो बताया, वह सब से बड़ा रहस्य है। इस पर भलीभाँति विचार कर तुम्हारी जैसी इच्छा वैसा करो।

"परमात्मा देखने में तटस्थ या निरपेक्ष दिखाई देता है, क्योंकि उसने चुनने का निर्णय अर्जुन के हाथ में छोड़ दिया है। उसकी यह निरपेक्षता ही अर्जुन के चिन्ता का कारण है। वह किसी पर भी दबाव नहीं डालता क्योंकि स्वतःस्फूर्त स्वतन्त्रता बहुत मूल्यवान होती है। भगवान अपना आदेश ऊपर से नहीं थोपता। वह स्वतन्त्र छोड़ देता है। परमात्मा की पुकार को स्वीकार करने या अस्वीकार कर देने के लिए हम हर समय स्वतन्त्र हैं। हम लड़खड़ाने लगें तो वह सहायता देने के लिए तैयार रहता है और प्रतीक्षा करने को तैयार है जब तक हम उसकी ओर उन्मुख न हों।

सब कुछ पहले से निर्धारित मानने वाले सिद्धान्त में टकराव के कारण यूरोप और भारत में काफी वाद–विवाद हुआ है। यूरोप का प्रमुख सिद्धान्त है कि संकल्प शक्ति और मानवीय प्रयत्न की स्वतन्त्रता का मनुष्य के उद्धार में बहुत बड़ा हाथ होता है। यद्यपि स्वयं संकल्प शक्ति को भी परमात्मा की कृपा के समर्थन की आवश्यकता पड़ सकती है। पहले से सब कुछ तय मानने वालों को अच्छे कार्यों और प्रार्थना के लिए यत्न करना होता है, क्योंकि वहाँ भी मानते हैं कि ये उपाय नियति को आगे बढ़ाने में सहायक तो हो सकते हैं लेकिन वे उसे रोक नहीं सकते। मनुष्य इस बात के लिए स्वतन्त्र है कि परमात्मा उन मनुष्यों पर कृपा करना चाहता है जो अपने आचरण से उस कृपा को ग्रहण करने के लिए तैयार करते हैं।

आध्यात्मिक नेता हम पर शारीरिक हिंसा, चमत्कार, प्रदर्शन के जरिये प्रभाव नहीं डालते। यदि सच्चा शिष्य कोई गलती कर भी बैठे, तो वह उसे केवल सलाह देगा। यदि शिष्य को चुनाव करने की स्वतन्त्रता पर आँच आती हो, तो वह उसे गलत रास्ते से भी वापस लौट आने के लिए विवश नहीं करेगा। गलती भी विकास की एक दिशा है।

कृष्ण केवल सारथी हैं। वह अर्जुन के आदेश का पालन करेगा। उसने कोई शस्त्र धारण नहीं किया हुआ है। यदि वह अर्जुन पर कोई प्रभाव डालता है तो वह उसे अपने उस सर्वजयी प्रेम के जरिए डालता है। जो कभी समाप्त नहीं होता।

अर्जुन को अपने लिए स्वयं विचार करना चाहिए और अपने लिए स्वयं ही मार्ग खोज करना चाहिए। अस्पष्ट मान्यताओं को अनिवार्य रूप से और भावुकतापूर्वक अपना लिए जाने के कारण फलस्वरूप कट्टर धर्मान्धता उत्पन्न हुई है और उनके कारण मनुष्यों को अकथनीय कष्ट उठाना पड़ा है। इसलिए यह आवश्यक है कि मन और विश्वासों के लिए कोई तर्क संगत और अनुभावात्मक औचित्य ढूंढ़े।

अर्जुन को एक वास्तविक अखण्डता की अनुभूति प्राप्त करनी होगी लेकिन उसके विचार अपने हैं। और गुरू के जरिये उस पर थोपे नहीं गये हैं। दूसरों पर अपने विचार थोपना शिक्षण नहीं हैं।"

– भगवद्गीता के आखिरी उपदेश पर भारतीय दर्शन के व्याख्याकार और दूसरे राष्ट्रपति डॉ0 राधाकृष्णनन का विवेचन

"यह विश्वशास्त्र, मनुष्यों पर थोपा नहीं जा रहा बल्कि वह मनुष्यों को, मनुष्यो के इस संसार मे जो वर्तमान है उसे और उसके आगे अनन्त मार्ग दिखा रहा है और सभी मार्गों के एकीकरण द्वारा, उस मार्ग को भी दिखा रहा है जो विश्व को सत्य–सुन्दर–शिव बना सकता है। फिर भी हे मनुष्यों जैसी तुम्हारी इच्छा वैसा करो। वर्तमान से योग कराने के लिए ही मैं व्यक्त होता हूँ।" – लव कुश सिंह "विश्वमानव"

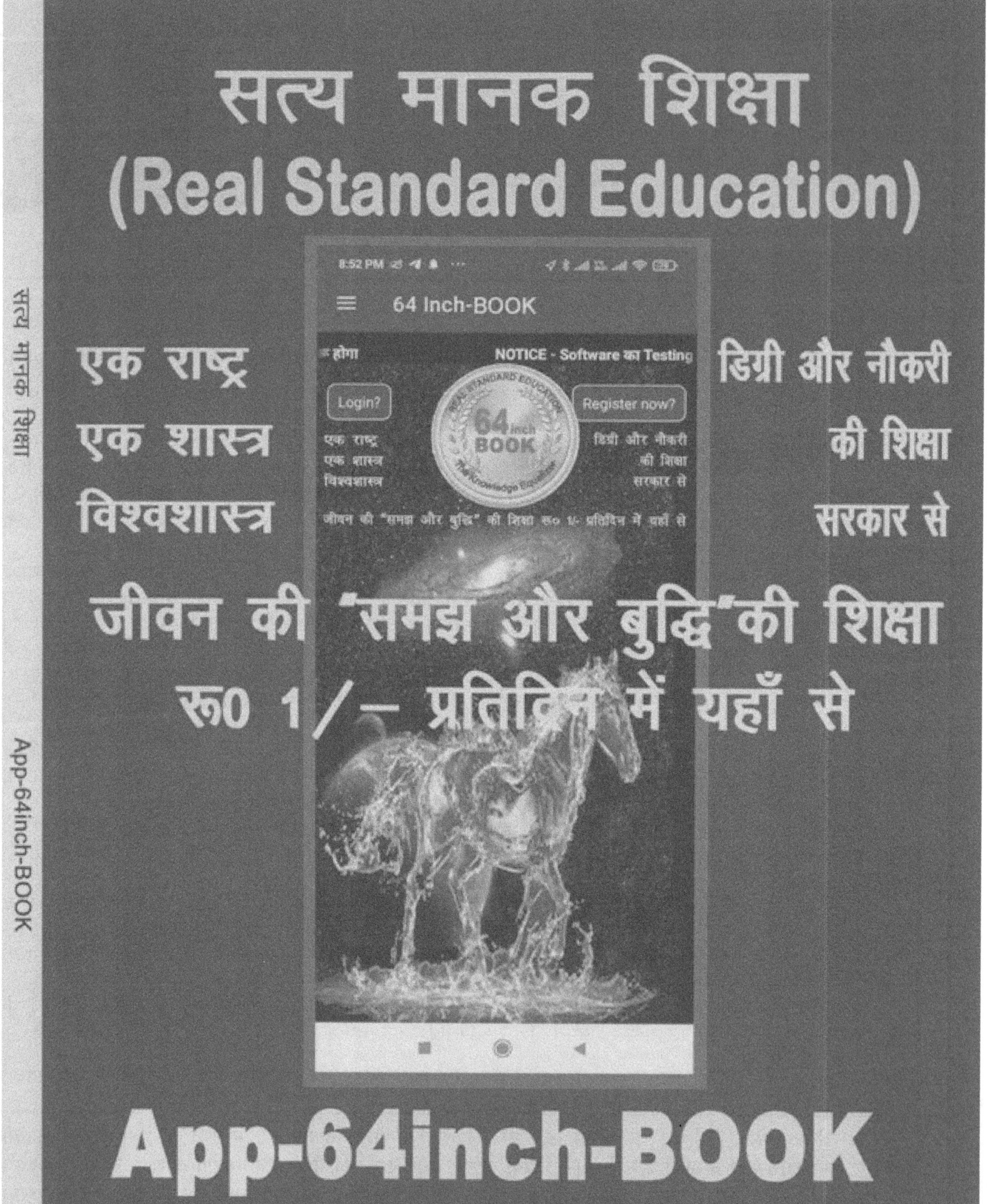
सत्य मानक शिक्षा
(Real Standard Education)
एक राष्ट्र
एक शास्त्र
विश्वशास्त्र
डिग्री और नौकरी
की शिक्षा
सरकार से
जीवन की "समझ और बुद्धि" की शिक्षा
रू0 1/- प्रतिदिन में यहाँ से
App-64inch-BOOK
64 Inch-BOOK
NOTICE - Software का Testing
Login?
Register now?
सत्य मानक शिक्षा
App-64inch-BOOK

"सत्य मानक शिक्षा" का व्यापार-एक अन्तहीन व्यापार

एक नदी पर पुल था जिसे कोई व्यक्ति पैदल दो घण्टे में पार करता था। यह पुल पैदल यात्रीयों के लिए रोक दिया गया था जिसके लिए पुल के ठीक मध्य (एक घण्टे की यात्रा) पर एक गार्ड नियुक्त था। गार्ड एक घण्टे सोता था और एक घण्टे जागता था। एक चालाक व्यक्ति को पुल से नदी पार करना अतिआवश्यक था। इसलिए गार्ड जब सोया तब वह यात्रा प्रारम्भ किया जैसे ही गार्ड के जागने का समय आया, वह वापस लौटने लगा। गार्ड समझा कि वह दूसरे किनारे से आ रहा है इसलिए उसने उस यात्री को पकड़ा और दूसरी ओर भेज दिया। इस प्रकार यात्री नदी पार हो गया।

यदि हम में से किसी को तैरकर नदी पार करना हो और आधे से पहले ही हमारा हिम्मत टूटने लगे तो हम वापस ही आना चाहेंगे। यदि आधे से अधिक तैरने के बाद हिम्मत टूटने लगेगा तो हौसला बढ़ाकर आगे ही बढकर पार करना चाहेंगे।

इसी प्रकार मनुष्य के विकास क्रम में हम सब अदृश्य विज्ञान (आध्यात्म) से दृश्य विज्ञान (भौतिक) की ओर बढ़ गये हैं। नदी या पुल का एक किनारा अदृश्य विज्ञान है तो दूसरा किनारा दृश्य विज्ञान। वर्तमान का हमारा अधिकतम जीवन नदी के दूसरे किनारे दृश्य विज्ञान की ओर है, हर पल। जन्म से ही हम अधिकतम वे सब वस्तुएँ प्रयोग कर रहे हैं जिसका कच्चा माल भले ही ईश्वरकृत हो परन्तु उपयोग का रूप मनुष्यकृत है और विज्ञान द्वारा निर्मित है। इस प्रकार मनुष्य निर्माता के रूप में अपना रूप व्यक्त कर ईश्वर की ओर ही बढ़ रहा है।

नदी के पुल पर बैठे उस गार्ड का काम और तैरने वाले का निर्णय "सत्य शिक्षा" है। वर्तमान में मनुष्य समाज अदृश्य काल से चलकर दृश्य काल में आ चुका है। आधे से वापस किनारे जाना "सत्य" को पाना है। और आधे से दूसरे किनारे पार हो जाना "सिद्धान्त" को पाना है। इन्हीं सिद्धान्त को पाने के बाद संविधान-नियम-कानून का जन्म होता है जिससे आज हम सभी संचालित व प्रभावित है। इस "सत्य-सिद्धान्त" की शिक्षा ही "सत्य मानक शिक्षा" है।

वर्तमान में जीने का अर्थ होता है-विश्व ज्ञान जहाँ तक बढ़ चुका है वहाँ तक के ज्ञान से अपने मस्तिष्क को युक्त करना। तभी डेढ़ हजार वर्ष पुराने हमारे मस्तिष्क का आधुनिकीकरण हो पायेगा। सिर्फ वर्तमान में तो पशु रहकर कर्म करते हैं। "सत्य मानक शिक्षा" मनुष्य के मस्तिष्क के आधुनिकीकरण की शिक्षा है या विज्ञान की भाषा में कहें तो मस्तिष्क के आधुनिकीकरण का साफ्टवेयर या माइक्रोचिप्स (Integrated Circuit-I.C) है। वर्तमान की अब नवीनतम परिभाषा है-"पूर्ण ज्ञान से युक्त होना" और कार्यशैली की परिभाषा है-"भूतकाल का अनुभव, भविष्य की आवश्यकतानुसार पूर्णज्ञान और परिणाम ज्ञान से युक्त होकर वर्तमान समय में कार्य करना।"

ज्ञान के इस युग में शिक्षा-विद्या-कला का व्यापार मनुष्य के धरती पर रहने तक रहेगा। ऐसी स्थिति में "सत्य मानक शिक्षा"का व्यापार भी उस समय तक के लिए स्थायित्व में है। शिक्षा-विद्या-कला कोई प्रार्पटी नहीं है कि पिता जी ग्रहण कर चुके हैं तो पुत्र को हिस्सा प्राप्त हो जायेगा। पुत्र को भी वहीं से अर्थात् अक्षर ज्ञान से शुरू होना पड़ेगा जहाँ से पिता ने शुरू किया था। इस प्रकार "सत्य मानक शिक्षा"का व्यापार एक अन्तहीन व्यापार है जो मनुष्य के पृथ्वी पर रहने तक चलता रहेगा।

स्कूल-कालेजों के जाल से शिक्षा के व्यापार का विकास होता है न कि शिक्षा का। शिक्षा का विकास तो शिक्षा पाठ्यक्रम पर निर्भर होता है जिससे शिक्षक और शिक्षार्थी दोनों निर्मित होते हैं। जब तक पूर्ण शिक्षा पाठ्यक्रम का निर्माण नहीं होता, शिक्षा का विकास नहीं हो सकता लेकिन शिक्षा के व्यापार का विकास होता रहेगा।

आध्यात्म और विज्ञान ने मानव सभ्यता के विकास में अब कम से इतना विकास तो कर ही चुका है कि अब हमें मन के एकीकरण के लिए कार्य करना चाहिए। और उस मन पर कार्य करने का ही परिणाम है-

सम्पूर्ण ब्रह्माण्ड में व्याप्त एक ही सत्य-सिद्धान्त द्वारा व्यक्तिगत व संयुक्त मन को एकमुखी कर सर्वोच्च, मूल और अन्तिम स्तर पर स्थापित करने के लिए शून्य पर अन्तिम आविष्कार WS-0 श्रृंखला की निम्नलिखित पाँच शाखाएँ है।

1. डब्ल्यू.एस. (WS)-0: विचार एवम् साहित्य का विश्वमानक
2. डब्ल्यू.एस. (WS)-00: विषय एवम् विशेषज्ञों की परिभाषा का विश्वमानक
3. डब्ल्यू.एस. (WS)-000: ब्रह्माण्ड (सूक्ष्म एवम् स्थूल) के प्रबन्ध और क्रियाकलाप का विश्वमानक
4. डब्ल्यू.एस. (WS)-0000: मानव (सूक्ष्म तथा स्थूल) के प्रबन्ध और क्रियाकलाप का विश्वमानक
5. डब्ल्यू.एस. (WS)-00000: उपासना और उपासना स्थल का विश्वमानक

और पूर्णमानव निर्माण की तकनीकी WCM-TLM-SHYAM.C (World Class Manufacturing – Total Life Maintenance – Satya-Heart-Yog-Ashram-Meditaion.Conciousness) है।

जो शिक्षा का नया माडल है। गरीबों की समस्या सुलझानें का नैतिक दायित्व है। देश में 25 वर्ष से कम उम्र के 55 करोड़ लोगों के लिए पुननिर्माण जैसी योजना हैं। उन्हें नौकरी और प्रशिक्षण की व्यवस्था है। रचनात्मकता, समन्वय, लीडरशिप, ग्लोबल तथा प्रोफेशनल विषयों को पढ़ने तथा सूचना तकनीक के जरिए पढ़ाई पर ध्यान केन्द्रित करने से युक्त है। हमारे देश में जो अध्यापक हैं, वे शोध नहीं करते और जो शोध करते हैं वे पढ़ाते नहीं, इसलिए शिक्षार्थी को ही शोध पत्र (विश्वशास्त्र) पढ़ाया जाय क्योंकि शिक्षक पढ़ने से तो रहे क्योंकि समान्यतः धन के आने की सुनिश्चितता के बाद लोग पढ़ना छोड़ देते हैं, यही नहीं कोशिश तो यह भी रहती है कि पढ़ाना भी न पड़े और उन्हें सेवा से हटाया भी नहीं जा सकता।

स्वामी विवेकान्द जी ने कहा था – "सुधारकों से मैं कहूंगा कि मैं स्वयं उनसे कहीं बढ़कर सुधारक हूँ। वे लोग इधर-उधर थोड़ा सुधार करना चाहते हैं- और मैं चाहता हूँ आमूल सुधार। हम लोगों का मतभेद है केवल सुधार की प्रणाली में। उनकी प्रणाली विनाशात्मक है और मेरी संघटनात्मक। मैं सुधार में विश्वास नहीं करता, मैं विश्वास करता हूँ स्वाभाविक उन्नति में।"

स्वाभाविक उन्नति तभी होती है जब संसाधन उपलब्ध हो। कार-मोटरसाइकिल घर में पहले से रहता है तो स्वाभाविक रूप से कम उम्र में ही घर के लोग चलाना सिख जाते हैं

जो व्यक्ति या देश केवल आर्थिक उन्नति को ही सर्वस्व मानता है वह व्यक्ति या देश एक पशुवत् जीवन निर्वाह के मार्ग पर है-जीना और पीढ़ी बढ़ाना। दूसरे रूप में इसे ऐसे समझा जा सकता है कि ऐसे व्यक्ति जिनका लक्ष्य धन रहा था वे अपने धन के बल पर अपनी मूर्ति अपने घर पर ही लगा सकते हैं परन्तु जिनका लक्ष्य धन नहीं था, उनका समाज ने उन्हें, उनके रहते या उनके जाने के बाद अनेकों प्रकार से सम्मान दिया है और ये सार्वजनिक रूप से सभी के सामने प्रमाणित है। पूर्णत्व की प्राप्ति का मार्ग शारीरिक-आर्थिक उत्थान के साथ-साथ मानसिक-बौद्धिक उत्थान होना चाहिए और यही है ही। इस प्रकार भारत यदि पूर्णता व विश्व गुरूता की ओर बढ़ना चाहता है तब उसे मात्र कौशल विकास ही नहीं बल्कि राष्ट्रीय बौद्धिक विकास की ओर भी बढ़ना होगा। बौद्धिक विकास, व्यक्ति व राष्ट्र का इस ब्रह्माण्ड के प्रति दायित्व है और उसका लक्ष्य है।

राष्ट्र के पूर्णत्व के लिए पूर्ण शिक्षा निम्नलिखित शिक्षा का संयुक्त रूप है-

अ-सामान्यीकरण (Generalisation) शिक्षा

ज्ञान के लिए- यह शिक्षा व्यक्ति और राष्ट्र का बौद्धिक विकास कराती है जिससे व्यक्ति व राष्ट्रीय सुख में वृद्धि होती है।

ब-विशेषीकरण (Specialisation) शिक्षा

कौशल के लिए- यह शिक्षा व्यक्ति और राष्ट्र का कौशल विकास कराती है जिससे व्यक्ति व राष्ट्रीय उत्पादकता में वृद्धि होती है।

स-सत्य नेटवर्क (REAL NETWORK)

समाज में प्रकाशित होने के लिए-क्योंकि कोई भी क्यों न हो उसे स्वयं अपना परिचय (BIO-DATA) देना पड़ता है तभी उसके अनुसार समाज उसका उपयोग करता है।

वर्तमान समय में विशेषीकरण की शिक्षा, भारत में चल ही रहा है और वह कोई बहुत बड़ी समस्या भी नहीं है। समस्या है सामान्यीकरण शिक्षा की। व्यक्तियों के विचार से सदैव व्यक्त होता रहा है कि-मैकाले शिक्षा पद्धति बदलनी चाहिए, राष्ट्रीय शिक्षा नीति व पाठ्यक्रम बनना चाहिए। ये तो विचार हैं। पाठ्यक्रम बनेगा कैसे?, कौन बनायेगा? पाठ्यक्रम में पढ़ायेंगे क्या?

एक पूर्ण मानव निर्माण प्रक्रिया में शिक्षा पाठ्यक्रम के स्वरूप का विश्वमानक निम्नवत् है। जो किसी विशेष देश-काल-पात्र पर निर्भर नही करता अर्थात् यह प्रत्येक देशों और व्यक्तियों के लिए शिक्षा का स्वरूप है। जिससे ब्रह्माण्डीय, वैश्विक और व्यक्तिगत संतुलन, स्थिरता, एकता, प्रबन्ध, विकास, शान्ति और सुरक्षा निर्धारित होती है।

1. प्राइमरी शिक्षा (कक्षा-5 तक)-भाषा ज्ञान आधारित:- क्षेत्रीय, देश, विश्व और विज्ञान की भाषा का ज्ञान, सामान्य विज्ञान, सामान्य ज्ञान, चित्र कला।

2. जूनियर हाई स्कूल (कक्षा-6 से 8 तक)-समाज ज्ञान आधारित:- क्षेत्रीय, देश, विश्व और विज्ञान की भाषा का ज्ञान, सामान्य विज्ञान, सामान्य ज्ञान, चित्र कला का विस्तार, खेल, संगीत, कृषि, समाज विज्ञान।

3. हाई स्कूल (कक्षा-9 से 10 तक)-सामान्यीकृत ज्ञान आधारित:- ज्ञान-कर्मज्ञान समाहित WCM-TLM-SHYAM.C (World Class Manufacturing – Total Life Maintenance – Satya-Heart-Yog-Ashram-Meditaion.Conciousness) प्रणाली अर्थात शिक्षा पाठ्यक्रम का विश्व मानक, कालानुसार विज्ञान, तकनीकी, व्यापारीक व प्रबन्धकीय ज्ञान की शिक्षा।

4. इण्टरमीडिएट (कक्षा-11 से 12 तक)-विशेषीकृत ज्ञान आधारित:- कौशल विकास की शिक्षा।

5. उच्च शिक्षा-इच्छानुसार विशेष क्षेत्र आधारित

"किसी देश का संविधान, उस देश के स्वाभिमान का शास्त्र तब तक नहीं हो सकता जब तक उस देश की मूल भावना का शिक्षा पाठ्यक्रम उसका अंग न हो। इस प्रकार भारत देश का संविधान भारत देश का शास्त्र नहीं है। संविधान को भारत का शास्त्र बनाने के लिए भारत की मूल भावना के अनुरूप नागरिक निर्माण के शिक्षा पाठ्यक्रम को संविधान के अंग के रूप में शामिल करना होगा। जबकि राष्ट्रीय संविधान और राष्ट्रीय शास्त्र के लिए हमें विश्व के स्तर पर देखना होगा क्योंकि देश तो अनेक हैं राष्ट्र केवल एक विश्व है, यह धरती है, यह पृथ्वी है। भारत को विश्व गुरू बनने का अन्तिम रास्ता यह है कि वह अपने संविधान को वैश्विक स्तर पर विचार कर उसमें विश्व शिक्षा पाठ्यक्रम को शामिल करे। यह कार्य उसी दिशा की ओर एक पहल है, एक मार्ग है और उस उम्मीद का एक हल है। राष्ट्रीयता की परिभाषा व नागरिक कर्तव्य के निर्धारण का मार्ग है। जिस पर विचार करने का मार्ग खुला हुआ है।"

"भारत का प्रत्येक नागरिक अपने जीवकोपार्जन के मार्ग व संघर्ष में अपने विषय का जानकार व अनुभव तो प्राप्त कर रहा है परन्तु कुछ पाने के क्रम में कुछ छूट भी जाता है इसलिए प्रत्येक नागरिक को अपने अहंकार को भूलकर यह स्वीकार करना होगा कि वह अपने विषय से हटकर अन्य विषय के विषय में कम या नहीं जानता है।“

अतः एक “आदर्श नागरिक” बनने के क्रम में न्यूनतम ज्ञान सभी को एक समान रूप से चाहिए।

www.ingramcontent.com/pod-product-compliance
Lightning Source LLC
LaVergne TN
LVHW080936071026
849535LV00013B/4224